Alles unter Kontrolle

Neumann/Pfützner/Hottenrott

Alles unter Kontrolle

Ausdauertraining

Meyer & Meyer Verlag

Die Deutsche Bibliothek – CIP Einheitsaufnahme

Neumann, Georg:
Alles unter Kontrolle: Ausdauertraining ∕ Georg Neumann∕
Arndt Pfützner∕Kuno Hottenrott.
– 6. überarb. Neuaufl. – Aachen Meyer und Meyer, 2000
ISBN 3-89124-581-5

© 2000 by Meyer & Meyer Verlag, Aachen
Olten, Wien, Oxford, Québec, Lansing∕Michigan, Findon∕Adelaide, Auckland, Sandton∕
Johannesburg, Budapest
6. überarb. Neuaufl. 2000
Titelfoto: Polar
Bildmaterial: G. Neumann, K. Hottenrott, A. Pfützner, Adidas-Salomon, Avantronic, Ciclo-
sport, Polar, SRM (Schoberer)
Lektorat: Dr. Irmgard Jaeger, Aachen
Umschlaggestaltung: Birgit Engelen, Stolberg
Schrift: Quay
Umschlag- und Satzbelichtung, Lithos: frw, Reiner Wahlen, Aachen
Druck: Burg Verlag Gastinger GmbH, Stolberg
ISBN 3-89124-581-5
Printed in Germany
E-Mail: verlag@meyer-meyer-sports.com

Inhalt

Vorwort zur 1. Auflage

Sportliche Betätigung gehört zu den Selbstverständlichkeiten in der Freizeit. Sporttreiben ist nicht mehr ausschließlich eine Sache der Jugend. Immer mehr Menschen in den mittleren Lebensjahren erschließen den Sport als wesentlichen Bestandteil ihres Lebens. Der Leistungssport hat für das Sporttreiben prinzipiell viele Erkenntnisse und Erfahrung eingebracht. Allgemein nützliches Wissen bleibt nicht mehr allein dem Leistungssport vorbehalten. Jeder Sportler hat ein Recht darauf zu erfahren, wie er sein Training steuern soll. Die Trainingssteuerung war bislang Angelegenheit von Fachleuten und Darstellungen darüber erfolgten meist einseitig. Sportmethodisch wurde über Erfolgskonzepte einzelner Spitzenathleten berichtet. Aus der Sicht der Sportmedizin erfolgten Darstellungen biologischer Daten, die losgelöst vom Training interpretiert wurden.

Die Autoren dieser Schrift, die seit vielen Jahren im Leistungs- und Freizeitsport arbeiten, haben es sich zur Aufgabe gemacht, die Komponenten der Trainingssteuerung – Planung, Durchführung, Auswertung, Kontrolle und Korrektur - ganzheitlich vorzustellen. Die sportmethodische Belastungsplanung und Gestaltung ist immer mit der realen Belastbarkeit des Sportlers in Einklang zu bringen. Die Belastbarkeit ist ihrerseits abhängig vom erreichten Anpassungsniveau und der Verarbeitungsmöglichkeit der Trainingsreize durch den Organismus.

Als sensible Messgröße der Beanspruchung des Organismus hat sich die Herzschlagfrequenz (Hf) erwiesen. Technologische Weiterentwicklungen in der Messtechnik brachten es mit sich, dass die auf den Körper einwirkende Belastung in ihrer Auswirkung beim Sport bequem und sicher als Hf von einer Armbanduhr (Sport-Tester) abgelesen werden kann. Damit ist objektiv die Voraussetzung gegeben, dass jeder interessierte Sportler oder Patient, gleich ob im Rehabilitationssport, Sporttherapie, Freizeitsport oder Leistungssport, die Belastungsintensität selbst kontrollieren kann. In der Schrift werden hierzu Anregungen gegeben. Darüber hinaus werden Beispiele zur Trainingssteuerung der Ausdauersportarten im Freizeit-, Leistungs- und Hochleistungssport dargestellt und erläutert. Hier finden sich auch praktische Tipps für den Sportler, die ihm bei der Durchführung des Trainings helfen.

Das vorliegende Buch richtet sich an Trainer, Sportlehrer, Übungsleiter, Athleten, Studenten und Sportärzte. Natürlich konnten nicht alle Aspekte der Trainingssteuerung umfassend und ausführlich behandelt werden. Für kritische Hinweise und Anregungen sich wir daher dankbar.

Die Abfassung dieser Schrift wurde mit Nachdruck von Herrn Feyerabend angeregt. Viel Verständnis für unser Anliegen zeigte Herr Meyer vom Verlag Meyer & Meyer, Aachen; er ermöglichte die rasche Drucklegung. An dieser Stelle möchten wir auch den Sportlerinnen und Sportlern danken, die sich bereitwillig für Kontrollbelastungen zur Verfügung stellten.

Neumann/Pfützner/Hottenrott
Leipzig/Kassel, Oktober 1992

Vorwort zur vollständig überarbeiteten Neuauflage

Als wir 1992 der Bitte nachkamen, unsere Erfahrungen zur Trainingssteuerung niederzuschreiben, ahnten wir nicht, welches große Interesse seitens der Sportpraxis dafür vorlag. Inzwischen ist dieses Buch fast unverändert in 5 Auflagen erschienen.

In der Trainingssteuerung sind umfangreiche Erkenntnisse hinzugekommen, sodass wir übereinkamen, eine gründliche Überarbeitung vorzunehmen. Die grafischen Darstellungen wurden überarbeitet und teilweise mit neuen Daten versehen. Das fotografische Material wurde vollständig ausgetauscht. Auch haben wir uns bemüht, die technologischen Weiterentwicklungen in der Herzfrequenzmessung und Bestimmungen anderer Leistungs- und Umweltkomponenten darzustellen. Aufgenommen haben wir nur die Technologien, mit denen wir eigene Erfahrungen sammeln konnten. Das Arsenal der Messgrößen wurde erweitert, vor allem im Hinblick auf aktuell diskutierte Parameter, wie Hämatokrit und Hämoglobin.

Neu aufgenommen wurden die Kapitel Belastbarkeit (Kap. 1), Leistungsaufbau (Kap. 4) und Leistungsreserven (Kap. 12). Eingefügt wurde die Trendsportart Inlineskating. In der Trainingsmethodik hat sich kein revolutionärer Wissenszuwachs vollzogen, nur wurde uns klar, dass das Beherrschen der Komplexität des Trainings nach wie vor ein Problem darstellt, zumal die Qualifikation der Trainer und Sportlerbetreuer sehr unterschiedlich ist.

Wir haben uns bemüht, die Sachverhalte verständlich darzustellen, damit der interessierte Fitness- und Leistungssportler genügend Anregungen bekommt. Wir bitten um kritische Hinweise und wünschen viel Freude bei der Durchsicht der Schrift.

Neumann/Pfützner/Hottenrott
Leipzig/Kassel, Oktober 1999

1 Belastbarkeit des Organismus durch Training

1.1 Kinder- und Jugendtraining

Die Entwicklung der sportlichen Leistungsfähigkeit im Kindes- und Jugendalter ist abhängig vom Lebensalter und vom Zeitraum des Trainings. Nach den Erfahrungen in der Belastbarkeit von Kindern- und Jugendlichen haben sich bestimmte Klassifizierungen der Inhalte in der Belastungsgestaltung herausgebildet.

Diese sind nach MARTIN/ROST (1996):
- Allgemeine Grundausbildung (AGB)
- Grundlagentraining (GLT)
- Aufbautraining (ABT)
- Anschlusstraining (AST)
- Hochleistungstraining (HLT).

Die allgemeine Grundausbildung ist ein vorbereitendes Training für die Sportart und beinhaltet sportartübergreifende Bewegungsschulungen (**Abb. 1/1.1**). Das Trainingsalter ist in der AGB unterschiedlich. In den technisch-kompositorischen

Mehrjähriger Leistungsaufbau in Ausdauersportarten

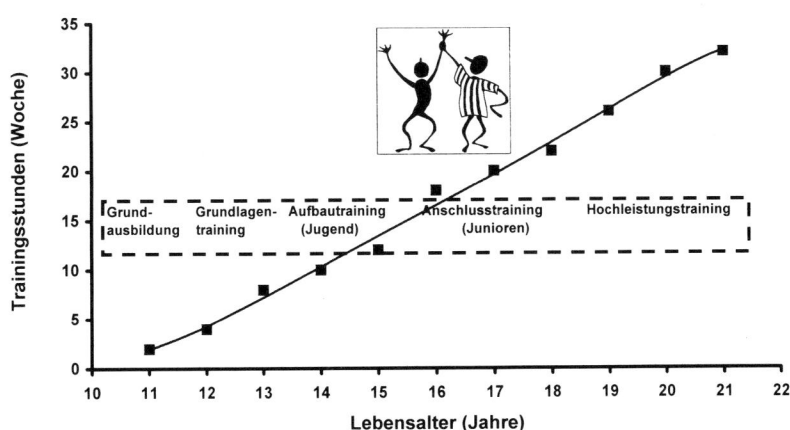

Abb. 1/1.1: Darstellung der Etappen des langfristigen Leistungsaufbaus von der Grundausbildung bis zum Hochleistungstraining

Sportarten (Eiskunstlauf, Turnen) fängt die allgemeine Grundausbildung bereits im Kindergarten oder in den ersten Schuljahren an (6. bis 7. Lebensjahr). In einigen Bundesländern gibt es Talentaufbaugruppen zusätzlich zum Schulsport. Das Aufbautraining in den Ausdauersportarten wird, mit Ausnahme von Schwimmen, später begonnen. Der Belastungsumfang beträgt bei der AGB 2-4 Stunden/Woche.

Nachdem das Kind sich mit der Sportart identifiziert hat, beginnt die 1. Etappe des Nachwuchstrainings, das GLT. Das GLT ist durch vielseitige Ausbildung gekennzeichnet und enthält bereits Elemente der Sportartspezifik. Die wöchentliche Belastung beträgt durchschnittlich drei bis fünf Stunden. Schwimmkinder werden frühzeitiger und höher belastet. Ihr Belastungsumfang beträgt sechs bis zehn Stunden/Woche. Diese höhere Belastung ist möglich, weil das Stütz- und Bewegungssystem im Wasser mehr geschont wird als beim Landtraining.

Das im Anschluss an das GLT durchgeführte Aufbautraining ist durch eine vielseitige Entwicklung der sportlichen Leistungsfähigkeit gekennzeichnet. Das ABT beinhaltet Anfänge der Spezialisierung und erfordert einen Übungsaufwand von acht bis zwölf Stunden/Woche. Auf die Entwicklung der Grundelemente der sportartspezifischen Technik ist beim GLT besonders zu achten. Da sich zwischen dem 8. bis 12. Lebensjahr das beste motorische Lernalter befindet, sollte dieses für die vollkommene Beherrschung der sportartspezifischen Technik und für die bevorzugte Entwicklung von Schnelligkeitsvoraussetzungen für die Sportart genutzt werden. In der sich daran anschließenden Zeitspanne der Pubertät treten, infolge des Wachstums und besonders bei Wachstumsschüben, bei vielen Kindern motorische Instabilitäten auf. Diese führen oft zu Leistungsrückschlägen, weil eingeübte Motorikprogramme vorübergehend gestört sind. Dieser Zustand äußert sich bei motorisch anspruchsvollen Sportarten deutlicher als bei weniger anspruchsvollen.

Die körperliche Entwicklung von Kindern verläuft nicht unbedingt biologisch parallel zu ihrem kalendarischen Alter. Nur 64% der Kinder entwickeln sich normal, d.h. sie zeigen nur geringe Unterschiede zwischen biologischem und kalendarischen Alter. Jeweils etwa 18% der Population weichen von der Normalentwicklung im Zeitraum der Pubertät ab. Diejenigen mit beschleunigter Entwicklung (schnelleres Wachstum) werden als Frühentwickler und diejenigen mit verzögerter Entwicklung (langsames Wachstum) als Spätentwickler bezeichnet. Die Frühentwickler wachsen vorzeitig etwa 10 bis 14 cm/Jahr und bestimmen aufgrund ihrer körperbaulichen Vorteile die Leistungsspitze in den Sportarten. Die Kinder mit verzögertem Wachstum sind in den Kindersportgruppen die Leistungsschwächsten. Die Wachstumsverzögerung ist aber nur vorübergehend und gleicht sich am Ende der Pubertät aus. Alle retardierten Kinder gleichen das Entwicklungsdefizit später wieder voll aus.

Die Diskrepanz zwischen dem kalendarischen und biologischen Alter ist für die Belastungsvorgabe im Training praktisch bedeutungsvoll. Die Mädchen haben im Pubertätsalter einen Entwicklungsvorsprung vor den Jungen von zwei Jahren. Dieser wird aber zum Abschluss der Pubertät wieder ausgeglichen. Innerhalb der Geschlechter können Differenzen zwischen dem biologischen und kalendarischen Alter von zwei bis vier Jahren auftreten. Die durch die Körperkonstitution (Körperlänge, Körpergewicht) auffallenden Frühentwickler (Akzelerierte) halten das höhere Leistungsniveau in der Sportart nur kurzzeitig. Zunehmend werden sie von den sich normal entwickelnden Sporttalenten von der Leistungsspitze verdrängt. Zu den Talenten zählen diejenigen Sportler, die mit dem geringsten Trainingsaufwand die besten Leistungen erbringen. Sie qualifizieren sich zusammen mit den Trainingsfleißigen meist für den D-Kaderkreis der Sportart und trainieren mit diesem Status 3-4 Jahre.

Im Anschluss an das Aufbautraining folgt das Anschlusstraining. Dieses vollzieht sich im Übergang vom Jugend- zum Juniorenalter in den Sportarten, d.h. vom 14. bis 19. Lebensjahr. Entsprechend dem körperlichen Entwicklungsstand erfolgt im AST die sportartspezifische Belastung, die ständig gesteigert wird. Die Trainingsgesamtbelastung erhöht sich auf zwölf bis zwanzig Stunden. Im Juniorenalter ist eine extreme Umfangssteigerung nicht notwendig, weil die konditionelle Fähigkeit Ausdauer nicht speicherbar ist. Der Umfang sollte im Juniorenalter nur dann kurzzeitig erhöht werden, wenn unmittelbare internationale Leistungsvergleiche anstehen.

In einigen Sportarten (z.B. Schwimmen) erfolgt die Belastungssteigerung frühzeitiger, weil hier bereits Höchstleistungen in jüngeren Lebensjahren möglich sind. Frühzeitige Spitzenleistungen sind jedoch generell abhängig vom Sporttalent in der Sportart (genetische Voraussetzungen), der Trainingsmethodik und der möglichen Gesamttrainingsbelastung. Talentierte Athleten erreichen in ihrer Sportart meist den Status eines C-Kaders. Das Pyramidensystem der Auswahl beginnt von hier ab, objektiv zu funktionieren, da die weniger erfolgreichen Kinder und Jugendlichen das leistungsorientierte Training am Ende des Aufbautrainings oder zu Beginn des Anschlusstrainings vorzeitig beenden.

Von etwa 1.000 Kindern, die im frühen Schulalter für eine Sportart vorgesehen waren, erreichen nur 5-10 den A-/B-Kaderstatus der Sportart. Das von den ehemaligen Junioren begonnene Hochleistungtraining dauert mehrere Jahre und ist anfangs mehr von Misserfolgen als von Erfolgen begleitet. Das internationale Leistungsniveau hat in den Ausdauersportarten ein so hohes Niveau erreicht, sodass ein Anschluss objektiv mehrere Jahre beansprucht. Nahtlose Übergänge von der Juniorenklasse zum Erfolg in der Männer- oder Frauenklasse sind heute die Ausnahme und nicht mehr die Regel. Aufgrund dieser allgemeinen Erkenntnisse sollten die Betreuer das junge Talent nicht vorzeitig aufgeben.

1.2 Fitness- und Leistungstraining

Zwischen der Höhe der Trainingsbelastung und der Leistungsfähigkeit besteht eine grundsätzliche Beziehung. Die Grenzen zwischen Fitnesssport und Leistungssport sind formal und im Einzelfall schwer festzulegen. Nach wie vor ist das überzeugendste Einteilungsprinzip die Höhe der wöchentlichen Trainingsbelastung (Tab. 1/1.2).

Trainingsbelastung pro Woche (Angaben in km)							
Sportbereiche	Spezialsportarten			Kurztriatlon			Stunden pro Woche
	Schwimmen	Rad	Lauf	Schwimmen	Rad	Lauf	
Freizeitsport (Fitnesssport)	5-10	100-500	30-50	2-5	30-60	20-40	2-5
Breitensport	10-20	300-600	60-80	5-10	60-120	50-80	6-14
Leistungssport	20-30	500-700	80-120	10-15	150-300	60-100	15-25
Spitzensport	30-120	700-1.200	120-150	15-20	300-600	100-200	25-40

Tab 1/1.2

Nicht alle Sporttalente schlagen den Weg des professionalisierten Hochleistungstrainings ein. Sie versuchen, sich neben ihrer Berufstätigkeit anfangs noch in leistungssportlichen Wettkämpfen zu messen. Das leistungssportliche Training beginnt nach heutigen Maßstäben mit etwa zwanzig Trainingsstunden je Woche und erfordert mindestens 280 Trainingstage im Jahr. In Spitzenbelastungswochen sind in den Ausdauersportarten 35 bis 45 Stunden zu verkraften. Die Gesamtbelastung beträgt im Hochleistungssport 1.000-1.500 Stunden im Trainingsjahr. Dieses hohe Belastungsmaß muss in seiner Verträglichkeit über mehrere Trainingsjahre vorbereitet werden. In der Trainingspraxis unterliegt der bereits erfolgreiche Sportler immer wieder der Illusion, mit weniger Training und bei Nutzung höherer intensiver Anteile die Erfolge wiederholen zu können. Das scheinbar einfache Training erweist sich bei der Vielzahl der Gestaltungsmöglichkeiten komplizierter als angenommen. Nachfolgend wird in den einzelnen Kapiteln das Gefüge der Voraussetzungen für das Leistungstraining, besonders unter dem Aspekt der Belastungsgestaltung, dargestellt.

Der Zeitraum für das Erreichen sportlicher Spitzenleistungen beträgt acht bis zwölf Jahre. Nur wenige Sportler schaffen es, sich über viele Jahre unter den Top Ten zu behaupten. Einmalige Erfolge erregen noch kein besonderes öffentliches

Interesse. Eine voraussagbare Leistungsgrenze ist in allen Sportarten noch nicht bekannt. Auffallend ist, dass sich die Leistungsgrenze immer mehr ins höhere Lebensalter verschiebt. Das Phänomen steht häufig im Zusammenhang mit dem Älterwerden der Topathleten. Am Beginn des vierzigsten Lebensjahres beenden die Spitzensportler meistens ihre Hochleistungskarriere und bleiben in der Regel weiter sportlich aktiv.

1.3 Seniorentraining

Wo beginnt der Alterssport? Die einfachste Antwort wäre, dort, wo der Leistungssport aufhört. In der Regel machen die Athleten nach Beendigung ihrer Leistungssportkarriere eine Trainingspause und besinnen sich danach auf die einfachen Formen sportlicher Betätigung, wie z.B. Laufen.

Alle Leistungen nach dem 35. Lebensjahr werden in den Sportverbänden den Altersklassen zugeordnet. Ausnahmen sind, wenn der Sportler sich im Elitefeld der Jüngeren bewegt. Die Altersklassen werden entweder in Dekaden oder bei hoher Teilnehmerzahl auch in halben Dekaden gewertet. Die Grenze im Erreichen hoher sportlicher Leistungen verschiebt sich bei beiden Geschlechtern in immer höhere Altersbereiche. Aus der Sicht der Biologie sind derzeit noch keine sicheren Höchstleistungsgrenzen zu fixieren. Unabhängig vom kalendarischen Alter gibt es eine große Spannbreite im biologischen Alter. Das betrifft nicht nur das Kindesalter, sondern auch das Erwachsenenalter. Bei Kindern ist der biologische Entwicklungsvorsprung von Einfluss auf die Leistung und bei Erwachsenen ist es die anhaltende Aktivität und Vitalität. Wahrscheinlich altern die sportlich Aktiven aus biologischer und/oder genetischer Sicht langsamer.

Kennzeichnung des Lebensalters

Kalendarisches (chronologische Alter)	Zahl der Lebensjahre
Biologisches (funktionale Alter)	Entwicklungsstand, Leistungsfähigkeit
Lebensalter	Kennzeichnung eines Lebensabschnittes (Kindheit, Berufstätigkeit, Ruhestand, Alter/motorischer Leistungsrückgang)

Tab 1/1.3

Unabhängig von den großen Unterschieden in der Leistungsfähigkeit mit zunehmendem Lebensalter ist es eine objektive Tatsache, dass die sportliche Leistungsfähigkeit, wenn auch individuell unterschiedlich, abnimmt. Die physiologischen
Ursachen sind noch unklar. Dennoch ist eine Zahl von Fakten für den allgemeinen
Leistungsrückgang belegt **(Tab. 1/1.3)**. Einen Haupteinfluss scheinen hormonelle
Umstellungen bei beiden Geschlechtern zu haben. Auch wenn sich die Alterssportler bemühen, ihr Leistungsniveau zu halten oder zu verbessern, so gelingt es ihnen
nicht.

Auch mit hohem Trainingsaufwand wurde jenseits des 40. Lebensjahres bisher
keine Marathonweltbestleistung unter 130 min erbracht. Die Marathonweltre-
kordler waren alle zwischen 20 und 30 Jahre alt. Trotzdem werden zwischen dem
40. und 60. Lebensjahr noch bemerkenswerte Leistungen in den Altersklassen
(AK) erbracht, so im 100 m- und 10.000 m-Lauf **(Abb. 1/1.3)** oder im Weitsprung
(Abb. 2/1.3). Mit zunehmendem Lebensalter lassen Schnelligkeit und Schnellkraft (Sprungkraft) bei beiden Geschlechtern nach. Der Rückgang der Schnelligkeit (Schnellkraft) wird mit 7 bis 10% je Lebensdekade angegeben (CRASSELT et
al., 1984). Die Verbesserung der AK-Rekorde hält in allen Ausdauersportarten an,
sodass es sein kann, dass die Ausdauerweltbestleistungen in höheren Altersklassen erreicht werden **(Abb. 3/1.3)**.

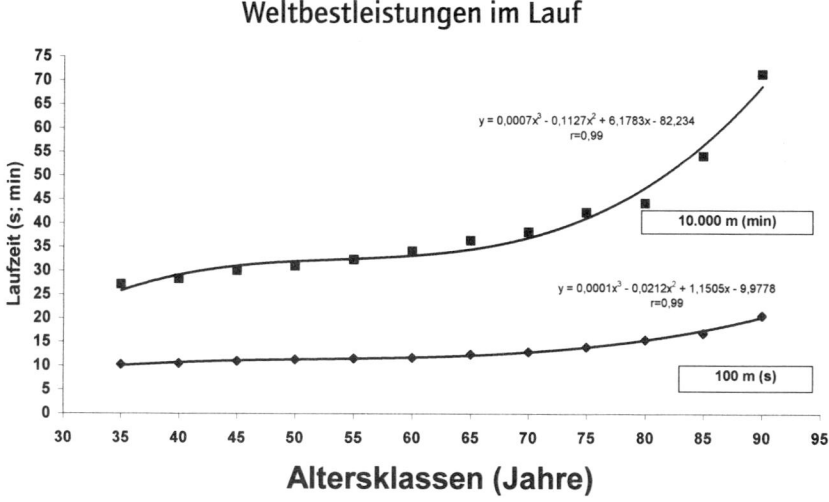

*Abb. 1/1.3: Weltbestleistungen im Lauf über 100 m und 10.000 m der Männer in
den einzelnen Altersklassen*

Weltbestleistungen im Weitsprung

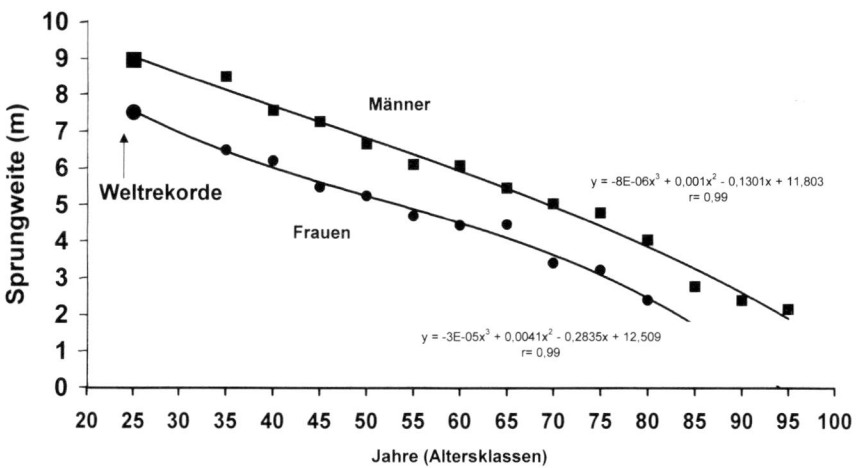

Abb. 2/1.3:
Weltbestleistungen der Frauen und Männer in den Altersklassen im Weitsprung

Weltbestleistungen im 12-, 24- und 48-Stunden-Lauf
(Frauen)

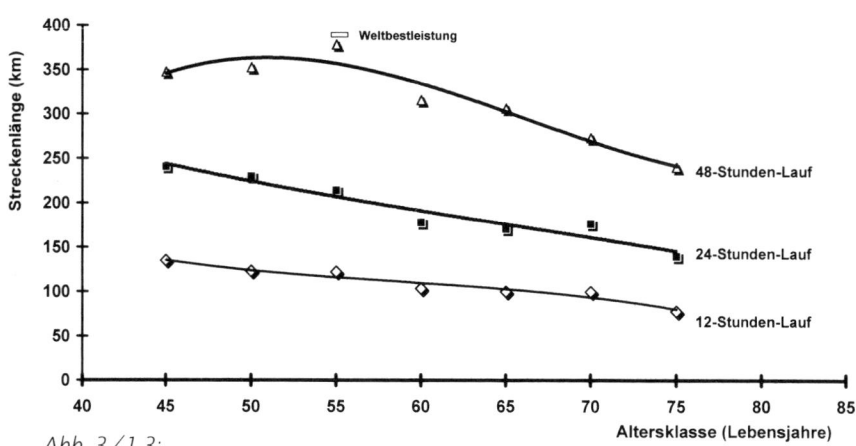

Abb. 3/1.3:
Weltbestleistungen der Frauen im Dauerlauf von 12 bis 48 Stunden in den einzelnen Altersklassen

Die Rückbildung der motorischen Fähigkeiten (Ausdauer, Kraft, Schnelligkeit, Beweglichkeit, Koordination) erfolgt im Alternsgang ungleich. Eine Ursache dafür ist die Beweglichkeitsabnahme. Das erhöhte Verletzungsrisiko für Schnelligkeits- und Schnellkraftleistungen im Alternsgang verpflichtet, diese Belastungen sorgfältig vor- und auch nachzubereiten. Das Koordinationstraining gewinnt im Alterssport zunehmend an Bedeutung, weil der Einbuße in der Motorik durch aktive Übungen entgegengewirkt werden muss. Für die Bewältigung von Alltagsbelastungen ist die ständige Verfügbarkeit motorischer Grundfunktionen bedeutsam. Inzwischen ist auch wissenschaftlich belegt, dass für die Prophylaxe der Entmineralisierung der Knochen (Osteoporose) bestimmte Schnelligkeitsleistungen und insbesondere Krafttraining notwendig sind, um der Osteoporose entgegenzuwirken.

Training und Leistung im Alternsgang

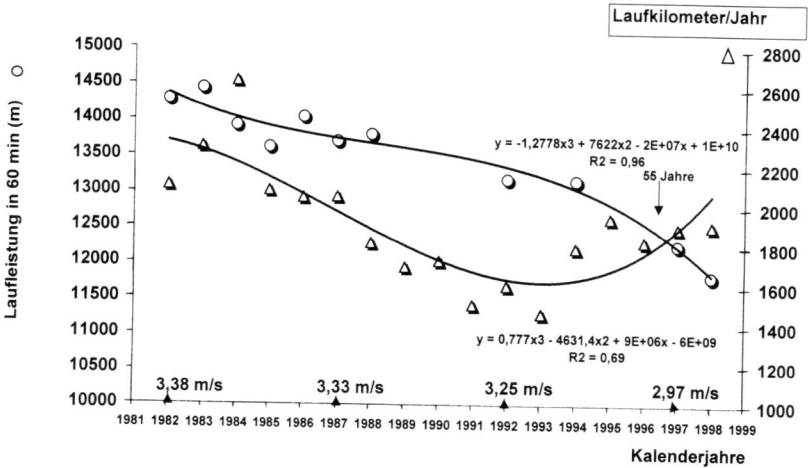

Abb. 4/1.3: Lauftraining (Gesamttrainingsumfang pro Jahr und Bestleistungen im Stundenlauf) über 17 Jahre eines 60-jährigen Freizeitläufers. Nach dem 55. Lebensjahr fällt die Laufgeschwindigkeit trotz versuchter Umfangssteigerung deutlich ab.

Im Alterssport lässt die durchschnittliche Trainingsgeschwindigkeit nach. Aus Analysen von Fitnesssportlern, die akribisch ihre Trainingsdaten registrierten, ist das belegbar. Ab der Mitte des 50. Lebensjahres entsteht eine Schere zwischen Umfang und Geschwindigkeit **(Abb. 4/1.3)**. Trotz der Bemühung, die Belastung zu erhöhen, geht die Trainings- und Wettkampfgeschwindigkeit langsam zurück. Das

Bevorzugte Ausdauersportarten

Abb. 5/1.3:
Von beiden Geschlechtern bevorzugte Ausdauersport-
arten (nach PACHE, 1998)

sollte die Alterssportler veranlassen, über Aufwand und Nutzen des Trainings nachzudenken. Im Zweifelsfall sollte die Entscheidung für das kleinere Belastungsmaß fallen, welches regelmäßig und störfrei wiederholt werden kann.

Mit zunehmendem Lebensalter steigt der notwendige Zeitraum für die Regeneration von Trainings- und Wettkampfbelastungen an.

Nach dem 60. Lebensjahr ist die Zahl der Wiedereinsteiger in den Sport gering, sie beträgt etwa 11%. Alterssportler und Gelegenheitssportler bevorzugen die muskel- und gelenkschonenden Sportarten, die in der Beliebtheitsskala für beide Geschlechter an vorderer Stelle rangieren **(Abb. 5/1.3)**. Die Zuordnung des Lebensalters ist international nicht einheitlich (MEUSEL, 1996). Die Vorstellungen der Weltgesundheitsorganisation (WHO), der Alternsforschung (Gerontologie) und der Sportwissenschaft differieren. Der ältere Mensch (elderly, old age) ist im Fitnesssport, zwischen 60. und 75. Jahre alt. Als alt (aged, very old age) gelten Sporttreibende zwischen dem 75. und 85. Lebensjahr. Als Raritäten gelten gegenwärtig Bürger, die sich nach dem 85. Lebensjahr noch sportlich betätigen, sie gelten als sehr alte Menschen (extreme old age). Nach Vorausberechnungen der Lebenserwartung wird die Zahl der alten und sehr alten Menschen in den nächsten zwanzig Jahren deutlich ansteigen.

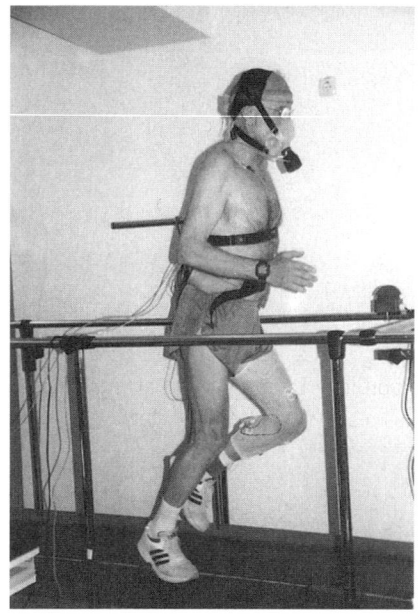

2 Umstellung und Anpassung durch Training

Die Trainingsbelastung beansprucht den Körper und löst unterschiedliche Reaktionen aus. Das Training ist eine von außen auf den Menschen einwirkende Belastung, die seine körperlichen und psychischen Zustände verändert. Die sportliche Belastung führt zu einer inneren Beanspruchung des Gesamtorganismus, die individuell unterschiedliche Ausmaße annimmt **(Abb. 1/2)**.

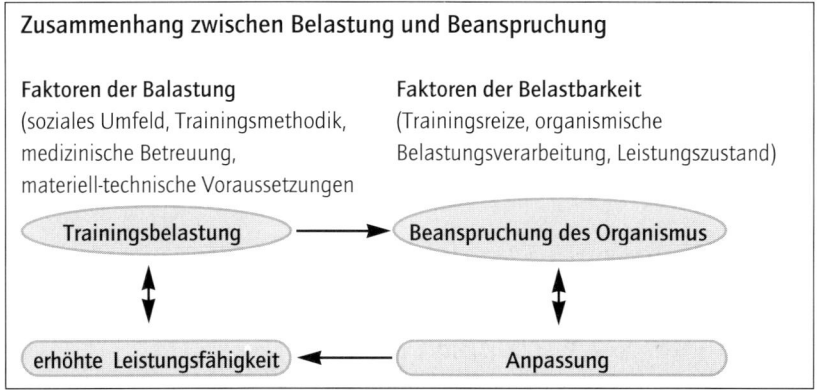

Abb. 1/ 2:
Schematische Darstellung des Zusammenhangs zwischen Belastung und Beanspruchung, die die elementaren Voraussetzungen für die Anpassung und erhöhte Leistungsfähigkeit darstellen.

Die Größe des Belastungsstörreizes ist vom augenblicklichen Trainingszustand abhängig. Der Organismus des Sportlers verarbeitet die Belastungsreize nicht sofort, sie schwingen als Restermüdung nach. Die unmittelbare und nachwirkende Ermüdung durch Training ist ein gewollter und notwendiger Zustand. Das leistungssportliche Training baut stets auf einem Zustand der Restermüdung auf. Der Organismus steht mit seiner Umwelt in einer ständigen Wechselbeziehung, die überwiegend selbst regulierend abläuft und gegenüber inneren und äußeren Störfaktoren relativ stabil ist.

Das Großhirn ist die Schaltzentrale für die Selbstregulation bei der Verarbeitung von Belastungsreizen. Der psychische (mentale) Zustand stellt für das Vollziehen des regelmäßigen Trainings und den damit verbundenen Störreizen eine wesentliche Führungsgröße dar. Der Entschluss zum Trainieren fällt auf der mentalen

Ebene, sie ist der unmittelbare Antrieb hierfür. In den informationsverarbeitenden Gehirnregionen erfolgt der Bewegungsentwurf, der auf stabile motorische Programme zurückgreift. Mit der persönlichen Entscheidung zur motorischen Belastung in einer Sportart entwirft das Kleinhirn das auszuführende Bewegungsprogramm. Die in das motorische Programm einbezogenen, schnell und langsam kontrahierenden Muskelfasern (FTF und STF) werden über Nervenleitungen erregt. Die sportartspezifische Motorik wird dabei von zahlreichen Funktionssystemen, in Abhängigkeit von der Dauer und der Intensität der Belastung, unterstützt.

Zu den die sportliche Leistung beeinflussenden und sichernden Systemen gehören: vegetatives Nervensystem, Herz-Kreislauf-System, Energiestoffwechsel, Hormonsystem, Immunsystem, Temperaturregulation, Wasser- und Elektrolythaushalt und andere Systeme.

Jede motorische und sportartspezifische Fortbewegung wird durch das Training konditionell gestärkt. Damit kann eine Distanz in einer bestimmten Geschwindigkeit und über eine bestimmte Dauer bewältigt werden. Praktisch ist es ein großer Unterschied, ob man z.B. durchgehend 100 m oder 1.000 m schwimmen oder laufen kann.

Die beim Training empfundene Organbelastung repräsentiert die Beanspruchung. Mutet sich der Sportler eine zu hohe Belastung zu, dann überschreitet er seine Beanspruchungstoleranz, er ermüdet vorzeitig. Die zunehmende Ermüdung zwingt zur Freisetzung von Leistungsreserven, der Körper kommt in eine Stresssituation. Der innere (biologische) Aufwand zur Bewältigung der Belastung steigt. Erst bei Fortführung des Trainings unter Ermüdungsnachwirkungen wird selbst regulierend der Weg zur Bewältigung der Anforderungen geebnet. Der Organismus beginnt, sich an die Belastungsanforderungen anzupassen.

Jede hohe und anstrengende, wiederholte Beanspruchung ist durch Pausen zu unterbrechen. Die trainingsbedingte Ermüdung bestimmt die Länge der Erholungspause. Der Sportler prüft seine Belastungsverträglichkeit und entscheidet selbst über die zeitliche Wiederaufnahme des Trainings. Das Wohlfühlen beim Training ist nicht immer ein zuverlässiges Signal für das Einhalten von Pausen oder Entlastungszeiträumen. Belastung und Entlastung (Regeneration) gehört zum modernen Leistungstraining. Praktisch ist das ein sehr komplexes Geschehen, das überwiegend mit Hilfe erfahrener Trainer gelöst wird. Die erfolgreiche Bewältigung von Trainingsbelastungen ist an der allmählichen Zunahme der Belastbarkeit erkennbar. Jeder Sportler kann bei angestiegener Belastungsverträglichkeit häufiger und mehr trainieren.

Die entscheidende Voraussetzung für die höhere Belastbarkeit oder Belastungsverträglichkeit ist die erreichte Anpassung (Adaptation). Die Anpassung ist ein stabiler Umbauprozess in Organen und Funktionssystemen und benötigt längere

Zeit (mehrere Wochen). Bevor es nach vier bis sechs Wochen Training zur Anpassung auf einem höheren Belastungsniveau kommt, müssen verschiedene Zustandsänderungen im Organismus durchlaufen werden. Die wesentlichen Phasen der Zustandsänderung sind:

1. Aktuelle funktionelle Umstellung an eine Belastung,
2. Regeneration (Wiederherstellung) von der Belastung und
3. Senkung des biologischen Aufwandes zur Belastungsbewältigung (Funktionsökonomisierung, Anpassung).

Der verminderte biologische Aufwand und die leichtere Belastungsbewältigung sind das Kennzeichen der Anpassung.

Die drei hauptsächlichen Phasen für das Auslösen von Anpassungen sind:

Aktuelle Umstellungsphase

Die aktuelle Umstellung ist die Reaktion des Organismus auf eine konkrete Leistungsanforderung. In der Umstellungssituation bewältigen die Funktionssysteme des Organismus die Leistungsanforderung. Der Sportler legt eine Distanz in einer für ihn zumutbaren Geschwindigkeit zurück. Das Ausmaß der Funktionsumstellung hängt von Art, Intensität und Dauer der Belastung bzw. Reizeinwirkung ab. Die durch die Trainingsbelastung ausgelösten abbauenden (katabolen) Prozesse, besonders in der Muskulatur, zwingen zur Gegenreaktion. Die Stärke dieser Reaktion bestimmt die Höhe der erreichbaren Anpassung. Bevor es aber zur Anpassung kommt, muss der Organismus die Belastungsreize aktuell durch Funktionsumstellungen kompensieren und Strukturveränderungen einleiten.

Regenerationsphase (Wiederherstellung)

In der Phase der Regeneration wird der durch die Belastung gestörte Gleichgewichtszustand in den Körperfunktionen wiederhergestellt. Die Wiederherstellung verläuft in den einzelnen Systemen unterschiedlich schnell (s. Tab. 1/10, S. 242). Nach dem Belastungsende beginnen die aufbauenden (anabolen) Prozesse. Die verbrauchten Energievorräte werden zuerst aufgefüllt, die verbrauchten Zellbestandteile umgebaut, das Immunsystem auf volle Funktionsbereitschaft eingestellt, die psychische Entspannung eingeleitet u.a.

Der Organismus erreicht in der Regeneration einen Zustand, der ihm die weitere Fortführung des Trainings am Tag oder Folgetag ermöglicht. Die Muskulatur ist erneut belastbar. Wird eine zuvor erbrachte Trainingsgeschwindigkeit nicht erreicht, dann ist das ein Anzeichen für eine unvollständige Erholung bzw. Regeneration. Durch Kompensationstrainingseinheiten können Ermüdungszustände abgebaut werden. Die Restermüdung ist ein permanenter Bestandteil des Leistungstrainings. Werden die Trainingsbelastungen ständig nach unvollkommener Regeneration fortgesetzt, dann verlangsamt sich der Anpassungsprozess oder er bleibt aus. Nach längerem Training gibt es dann nur geringe oder keine Leistungsverbesserungen. Der Organismus muss sich bei ständiger Trainingsbelastung zuerst mit der belastungsbedingten Ermüdung auseinander setzen und erst bei Entlastung kann er die neuen Trainingsreize leistungsförderlich verarbeiten.

Anpassungsphase

Im Ergebnis des regelmäßigen und über Wochen durchgeführten Trainings entwickelt sich eine höhere Leistungsfähigkeit. Das ist ein Anzeichen für die eingetretene Adaptation. Für das Leistungstraining ist kennzeichnend, dass sich die belastungsbedingten Funktionsumstellungen bei noch ablaufenden Regenerationsprozessen und allmählich zunehmender Anpassung vollziehen. Während des Trainings überlagern sich Regenerationsprozesse (Ermüdung) und Zustände der Funktionsverbesserung. Zusammen kennzeichnen sie die sich herausbildende Anpassung. Die in den Organen und Funktionssystemen ablaufende Anpassung schwächt die einwirkenden Trainingsreize für den Organismus ab und ist somit die

Belastungs-Entlastungs-Rhythmus im Leistungstraining zur Auslösung effektiver Anpassungen

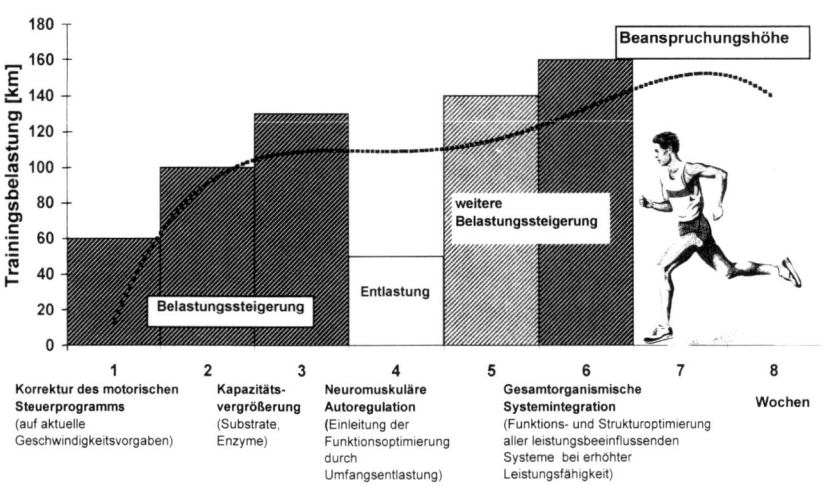

Abb. 2/2: Vereinfachtes Prinzip der Organisation von Anpassungen im Leistungstraining. Zu beachten ist der 3 : 1-Belastungs-Entlastungs-Zyklus, als entscheidende Voraussetzung für den ungestörten Ablauf der körpereigenen Anpassung.

Grundlage für die höhere physische Leistungsfähigkeit. Der an die Belastung angepasste Organismus bewältigt die durch den Sport ausgelösten Störreize besser. Die Anpassung verläuft schrittweise. Nach gegenwärtiger Vorstellung können vier Anpassungsschritte beschrieben werden (**Abb. 2/2**):

1. Anpassungsstufe: Änderung im Bewegungsprogramm

Das sportartspezifische Bewegungsprogramm wird bei seiner ständigen Wiederholung zur effektiven Arbeitsweise gezwungen. Verantwortlich dafür sind die zentralnervalen Steuerprogramme, die ohne eigene Einflussnahme die neuen Motorikreize verarbeiten und in der Ausführung korrigieren oder verbessern. Bei der Ausführung der Sportart werden unnötige Mitbewegungen eingeengt, die Bewegungsökonomie wird optimiert.

Allein durch das Erlernen eines guten Laufstils können 3 ml/kg.min Sauerstoff eingespart werden. Durch die verbesserte Bewegungsausführung in der Sportart, wie Laufen, Schwimmen, Rad fahren u.a. wird in submaximalen Belastungsstufen Energie gespart und bei maximaler Belastung der Energiedurchsatz erhöht. Der Ermüdungszeitpunkt wird verzögert. Diese Regulationsumstellung in der sportartspezifischen Motorik dauert etwa zehn Tage. Dieser Zeitraum ist notwendig, wenn vom überwiegenden Grundlagenausdauertraining (GA 1-Training) ausgehend das wettkampfspezifische Training in allen seinen verschiedenen Formen begonnen wird. Nicht inbegriffen ist hierbei das Erlernen eines völlig neuen Bewegungsprogramms.

2. Anpassungsstufe: Vergrößerung der Energiespeicher

Wiederholte und ansteigende Trainingsbelastungen führen in der sportartspezifisch beanspruchten Muskulatur in wenigen Tagen zu energetischen Engpässen. Nach drei bis vier Tagen eines mehrstündigen Trainings sind die Glycogenspeicher weitgehend entleert. Die nachfolgende Belastung wird mit nicht völlig aufgefüllten Energiereserven begonnen und ist in höheren Geschwindigkeiten immer schwerer auszuführen. Als Antwort auf den Mangel an Glycogen wird die Neubildung von Glycogen stark angekurbelt.

Im Endeffekt eines längeren Ausdauertrainings hat der Sportler vergrößerte Glycogenvorräte, der nutzbare Glycogenspeicher nimmt von 200 g bis auf 400 g zu. Bei entsprechender Kohlenhydratdiät sind die Glycogenspeicher noch höher. Überwiegt ein Langzeittraining, dann ist nicht nur das Muskelglycogen erhöht, sondern auch die Muskeltriglyceride (Neutralfette) nehmen zu. Der Muskel lagert sich neben den Mitochondrien auch Fettreserven ein.

Neben der energetisch bedingten Ermüdung durch Training versucht der Muskel, auch sein Kraftpotenzial zu vergrößern, um die Belastung leichter zu bewältigen. Der Austausch von Proteinen in der Muskulatur steigt an und führt zu einer leichten Muskelfaserverdickung, falls die Belastung mit einer bestimmten Widerstandskomponente (Krafttraining) verbunden war. Ein Muskelumbau findet nur statt, wenn ein bestimmter Verschleiß seiner Struktur und ein Energiemangel vorgelegen hat. Nach etwa zwanzig Trainingstagen haben sich die Energiespeicher, besonders das Muskelglycogen, vergrößert. Der Umbau von Aminosäuren beträgt 2-3% pro Tag. Das bedeutet, dass in zwanzig Tagen eine Erneuerung in der Muskelstruktur von 40-60% eintreten kann.

3. Anpassungsstufe: Neuromuskuläre Funktionsoptimierung

Wenn nach drei Wochen Training der Muskel seinen inneren Aufbau verändert hat, muss er ein neues Gleichgewicht mit seiner nervalen Ansteuerung herstellen. Die Ansteuerung der schnell und langsam kontrahierenden Muskelfasern (FT- und ST-Fasern) muss sich an die Erfordernisse des Trainings anpassen (**Abb. 3/2**). Je höher der Widerstandsreiz (intensives Krafttraining) ist, desto mehr FT-Fasern werden in das Bewegungsprogramm eingeschaltet (rekrutiert).

Muskelfaserrekrutierung bei ansteigender Muskelkraft (%)

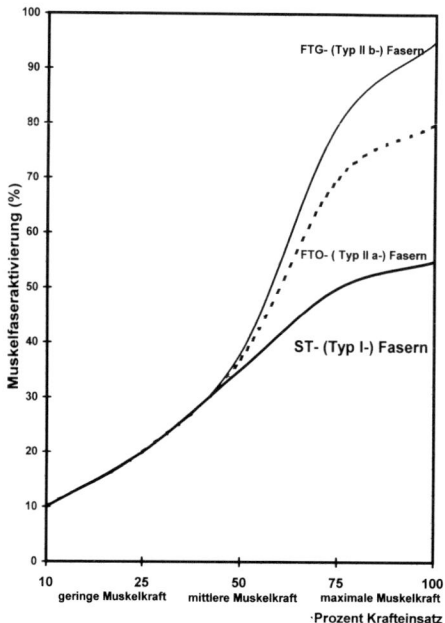

Abb. 3/2:
Modell der zunehmenden Einbeziehung der schnell kontrahierenden oxidativen und glycolytischen Muskelfasern (FTO und FTG oder Typ II a- und b-Fasern) in das Bewegungsprogramm mit ansteigender Geschwindigkeit oder Krafteinsatz. In aerober Stoffwechsellage wird die Leistung überwiegend durch die langsam kontrahierenden Muskelfasern (STF oder Typ I-Fasern) erbracht.

Je intensiver (schneller) eine sportartspezifische Bewegung ausgeführt wird, desto mehr FT-Fasern kommen in das Bewegungsprogramm. Die FT-Fasern entwickeln eine höhere Kraft, haben eine größere anaerobe Kapazität, ermüden aber schneller. Das Nerv-Muskel-System sammelt selbstständig Regulationserfahrung und schaltet die Muskelfasern in die Programme, die erforderlich sind.

Würde das Training nur monoton im GA 1-Bereich ausgeführt werden, dann entwickeln sich nur die ST-Fasern. Die FT-Fasern bleiben in ihrem alten Zustand, wenn sie nicht in das Programm einbezogen werden. Werden sie rekrutiert, dann werden beim intensiven GA 2-Training, entsprechend den Anpassungsmöglichkeiten des Stoffwechsels, nur die oxidativ arbeitenden FT-Fasern (FTO) entwickelt, die auch als Fasern vom Typ II a bezeichnet werden. Entsprechend der sportartspezifischen Geschwindigkeit und der Erfahrung in der Intensitätsbewältigung werden selbstregelnd die dafür geeigneten Muskelfasern hinzugeschaltet oder wieder aus dem Programm abgeschaltet. Für die neuromuskuläre Funktionsoptimierung und die Stoffwechselumstellung in den Fasern werden etwa dreißig Tage benötigt. Muskelfunktion und Muskelstruktur verändern sich entsprechend den sportartspezifischen Anforderungen autoregulativ.

4. Anpassungsstufe: Zusammenwirken übergeordneter Funktionszentren

Die trainingsbedingte Anpassung in einer einzelnen Muskelgruppe wäre für den Organismus wenig sinnvoll, wenn sie nicht in das zentrale motorische Steuerprogramm integriert wird. In der Funktionsabstimmung zwischen dem Zentralnervensystem und der Arbeitsmuskulatur gibt es viele Möglichkeiten. Diese Vielfalt resultiert daraus, dass jeder Sportler ein unterschiedliches Verteilungsmuster seiner Muskelfasern hat. In den Muskelfasern sind die Stoffwechseleigenschaften trainierbar, nicht aber das ererbte Verteilungsverhältnis von FT- und ST-Fasern. Die Fortbewegung wird nicht nur vom Nervensystem gesteuert, sondern durch weitere zentrale Systeme gesichert. Hierzu gehören das vegetative Nervensystem (Bremsung durch das Parasympathische Nervensystem und Aktivierung durch das Sympathikussystem), das Hormonsystem (z.B. Aktivierung durch Adrenalin, Substratbereitstellung durch Cortisol), das Regelzentrum des Herz-Kreislauf-Systems (z.B. Sicherung der Durchblutung, des Blutdrucks, des Stoffwechsel- und Wärmeaustausches), das Temperaturregelzentrum im Hypothalamus (Abgabe überschüssiger Muskelwärme durch Schwitzen), das Immunsystem (z.B. Abbau von freigesetzten Muskeltrümmern) und andere Systeme.

Die muskuläre Arbeitsweise ist fein abgestuft und erfordert das Mitwirken der an der Sicherung der Leistung beteiligten Systeme. Um das Zusammenspiel dieser unterschiedlichen zentralen Systeme zu bewältigen, vergeht etwa ein Zeitraum von zehn Tagen. Wird dieser Prozess in das Gesamtkonzept der Anpassung eingeordnet, dann findet das Zusammenspiel der leistungsbestimmenden Funktionssysteme zwischen dem 30. bis 40. Tag der Anpassung statt. Sportmethodisch kann die angestiegene aerobe Leistungsfähigkeit mit den intensiveren Belastungseinheiten, d.h. höheren Geschwindigkeiten beim Motoriktraining, verknüpft werden.

Das Umsetzen des erreichten Anpassungsniveaus in Richtung Wettkampfleistungsfähigkeit wird als **Transformationsphase** bezeichnet. Das in der Transformationsphase ansteigende geschwindigkeitsorientierte Training erfordert eine Entlastung vom Trainingsumfang, damit kein Defizit in der Energieversorgung entsteht. Da die aufgeführten Anpassungsprozesse teilweise nebeneinander ablaufen und kein Sportler beim Leistungszustand null anfängt, ist der Zeitpunkt für das Erreichen des höheren Anpassungsniveaus nicht genau festzulegen. Um dennoch eine Vorstellung von der Zeitbezogenheit im Ablauf der Anpassung zu haben, sind hierfür erfahrungsgemäß vier bis sechs Wochen Training notwendig (NEUMANN/ BERBALK, 1991).

Nach vier bis sechs Wochen reizwirksamer Trainingsbelastung wird stets ein höheres Leistungsniveau erreicht **(Abb. 4/2)**. Wenn dieser Zustand in der verbesserten Funktion und Ökonomisierung der Bewegungsabläufe registriert wird, dann muss die Belastung weiter ansteigen. Geschieht dies nicht, dann stagniert die Leistungsentwicklung oder die Leistungsfähigkeit schwankt um das erreichte Niveau. Die Zunahme der Leistungsfähigkeit erfolgt nicht linear zur Trainingsbelastung, ihr Anstieg flacht langsam ab. Je höher die Leistungsfähigkeit ist, desto geringer wird die Leistungszunahme trotz hoher Trainingsbelastung. Die Trainingsbelastung muss überproportional ansteigen, um einen geringen Leistungszuwachs zu erreichen. Förderlich ist es, für diesen Zustand nach neuen Belastungsreizen zu suchen, vor allem für trainingsältere Sportler. Zur Reizerhöhung gehören Sportartenwechsel, Pausen, Höhen- oder Klimatraining u.a.

Wenn es trotz hoher Trainingsbelastung zu keinem Leistungsfortschritt kommt, dann muss das Trainingskonzept insgesamt überprüft werden. Zur Sicherung reizwirksamer Belastungen in den Ausdauersportarten ist die Kontrolle der Belastungsintensität (Geschwindigkeit) mit Messungen der Lakatatkonzentration bei Anwendung der verschiedenen Trainingsmethoden von Vorteil **(Tab. 1/2 und s. Kap. 4)**.

Ausdauertraining

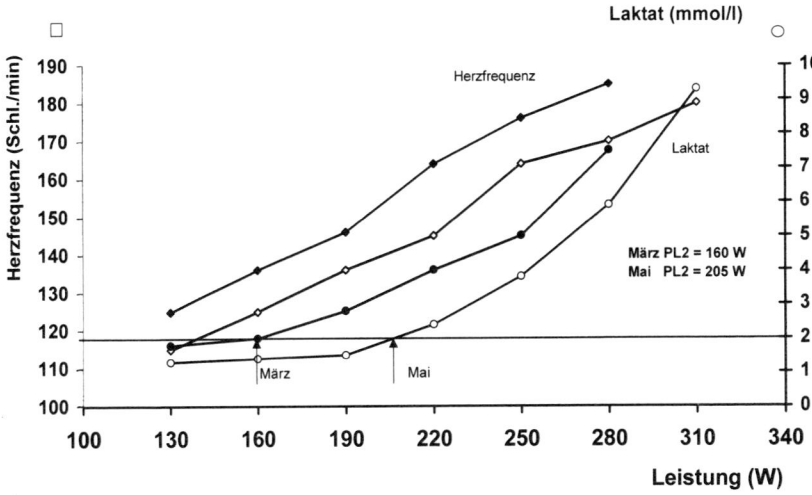

Abb. 4/2:
Abnahme von Herzfrequenz und Laktatkonzentration eines Radsportlers bei Wiederholung eines Ergometerstufentests nach zwei Monaten. Beurteilungskriterium ist Watt bei Laktat 2 mmol/l (PL2).

Training	Schwimmtraining			Radtraining				Lauftraining		
Trai-ning	Intensität Laktat (mmol/l)	Umfang (km)	Belastungs-serien (P = Pause)	Intensität Laktat (mmol/l)	Dauer (h)	Tret-frequenz (P = Pause)	Umfang (km) (P = Pause)	Intensität Laktat (mmol/l)	Dauer (h)	Umfang (km)
WSA	>7	1-2	10-20x100 m P = 2 - 4 min	>6	0,5-1	90 - 130	20 - 40	>6	0,1 - 0,5	3 - 10
GA 2	5-7	1,5 - 3 P = 1 - 2 min	5 -10 x 300 m	3 - 6	1 - 2	90 - 120	30 - 75 5 - 10 x 6 km P = 3 min	3 - 6	0,3 - 0,5	4 - 15 6 - 12 x 1 km P = 1 - 3 min
KA 2	7 - 10	0,2 - 1	6 - 12 x 75 m P = 2 - 3 min	>6	0,5 - 1	50 - 70	5 - 10 x 1 km; P = 6 min	-	-	-
KA 1	3 - 6	1,5 - 3	5 - 10 x 300 m P = 1 - 3 min	3 - 6	1-2	60 - 70	5 - 10 x 6 km; P = 3 min	3 - 6	0,5 - 1	10 - 15 x 800 m; P = 1 - 3 min
GA 1	< 2 < 3	3 - 8 P = 1 - 3 min 1,5 - 3	4 -10 x 800 m P = 1 - 3 min 4 - 8 x 400 m P = 0,5 -1 min	< 2,0 < 2,5	3 - 6 2 - 3	90 - 110 90 - 120	75 - 200 50 - 100	<2 <2,5	1 - 3 1 - 1,5	10 - 40 12 - 20
REKOM	< 2	1 - 2	keine	> 1,5	1 - 2	80 - 110	20 - 55	<2	1	5 - 10 km

Tab 1/2: Kontrolle der Belastungsintensität mit Laktat beim Ausdauertraining

3 Leistungsstruktur

Jede Sportart hat bestimmte Anforderungen und ein voraussetzendes Gefüge für das Zustandekommen der Leistung, das mit dem Begriff der Leistungsstruktur zu kennzeichnen ist. In die Leistungsstruktur werden die Trainings- und Wettkampfanforderungen der Sportart oder Distanz mit einbezogen. Die Anforderung an die Leistungsstruktur einer Sportart unterliegt ständigen Beeinflussungen, die sich aus der Verkürzung oder Verlängerung der Wettkampfstrecken, den Veränderungen des Reglements, der veränderten Sporttechnik, dem neuen Sportgerät u.a. ergeben. Diese Veränderungen können gravierende Einflüsse und Auswirkungen auf das Trainingskonzept und die Belastung des Sportlers haben.

Großen Einfluss auf die Sportarten hatte z.B. die Aufhebung der Windschattenregel im Kurztriathlon, die Einführung der Freistiltechnik im Skilanglauf, die Zulassung des V-Stils im Skisprung, die Verkürzungen der Wettkampfdistanzen u.a. Das Trainingskonzept muss z.B. für einen 50 m-Schwimmer anders aufgebaut sein als für 800- oder 1.500 m-Schwimmer. Deutliche Unterschiede in der Trainingsmethodik bestehen für den 800 m-Läufer im Vergleich zum 10.000 m-Läufer oder Marathonläufer.

Für die Kennzeichnung der Leistungsstruktur sind aus sportmethodischer und sportmedizinisch-physiologischer Sicht die Zeitbereiche der Belastung entscheidend. Beim Gebrauch des Begriffes „Ausdauer" ist es wesentlich, zu differenzieren, welche Belastungsdauer gemeint ist. Die Ausdauerfähigkeit ist kein einheitlicher Zustand, deshalb werden **Kurz-, Mittel- und Langzeitausdauer** unterschieden. Bei der Belastungssteuerung ist zu beachten, dass mit zunehmender Streckenlänge der aerobe Stoffwechsel zunimmt und der anaerobe abnimmt. Je länger die Wettkampfstrecke ist, desto weniger wird Laktat gebildet. Auch unter größter Anstrengung ist es z.B. beim Marathonlauf nicht möglich, mit mehr als 3 mmol/l Laktat das Ziel zu erreichen.

3.1 Leistungsstruktur Lauf

Im leichtathletischen Lauf finden Wettkämpfe in einer großen Zeitspanne statt. Die Herz-Kreislauf-Belastung (Herzfrequenz) ist bei den kürzeren Strecken deutlich höher als bei den längeren (**Tab. 1/3.1**).

Mit zunehmender Streckenlänge gewinnt der aerobe Energiestoffwechsel an Bedeutung. Bereits beim 400 m-Lauf betragen die aeroben Anforderungen 50%. Nicht zufällig wird das Ausdauertraining zu 60-70% in aerober Stoffwechsellage ausgeführt. Mit zunehmender Belastungsdauer steigt der Gesamtenergieverbrauch an und nimmt, bezogen auf die Zeiteinheit (Energieverbrauch/min), ab. Bei Extremlaufbelastungen über 24 Stunden beträgt der Gesamtenergieverbrauch im Durchschnitt 12.000 kcal. Hingegen können bei schnellen Stundenläufen bis 1.800 kcal/60 min umgesetzt werden **(Abb. 1/3.1)**.

Die Abnahme des Energieverbrauchs bei längeren Laufstrecken steht mit der maximal realisierbaren Geschwindigkeit im Zusammenhang **(Abb. 2/3.1)**. Der anaerobe Energiestoffwechsel nimmt mit zunehmender Streckenlänge ab und wird durch den Anstieg des aeroben Kohlenhydrat- und Fettsäurenumsatzes kompensiert. Ein Beleg dafür ist der Anstieg der Konzentration der freien Fettsäuren (FFS) mit zunehmender Belastungsdauer **(s. Tab. 1/3.1)**.

Der Kohlenhydratmangel ist bei längeren Belastungen aus dem deutlichen Anstieg des Serumharnstoffs abzuleiten. Die Orientierung in der Trainingssteuerung ist von der Belastungsdauer und der geforderten Belastungsintensität abzuleiten **(s. Tab. 1/3.1)**.

Leistungsstruktur Lauf (Wettkampf)

Messgrößen	KZA	MZA	LZA I	LZA II	LZA III	LZA IV
	35 s - 2 min	>2 min - 10 min	>10 min - 30 min	>30 min - 90 min	>90 min - 360 min	>360 min
	400m, 800m	1.000m, 1.500m 3.000m 3.000m Hindernis	5.000 m, 10.000m	12km-25 km	42,2km-80km	100km, 160km, 24 h, 48 h
Herzfrequenz (Schläge/min)	190-205	190-205	180-195	175-190	120-180	100-150
Sauerstoffaufnahme (% VO₂ max)	95-100	97-100	88-96	85-93	60-85	50-65
Energiegewinnung % aerob % anaerob (alaktazid)	47-60 53-40	70-80 20-30	75-80 20-25	85-90 10-15	97-99 1-3	99 (1)
Energieverbrauch* kcal/min kcal gesamt	59 50-100	45 100-350	34-38 400-800	24-27 850-2.200	18-23 3.100-6.480	14-17 6.800-12.000 (24 h)
Laktat (mmol/l)	18-25	16-22	8-14	8-12	1-3	1-2
Freie Fettsäuren (mmol/l)	0,400**	0,400**	0,800	0,900	1,2-2,5	1,8-3,0
Serumharnstoff (mmol/l)	5-6	5-6	6-7	6-8	8-10	9-16
Cortisol (nmol/l)	200-400**	200-400**	200-500	400-800	500-1.000	800-1.200

Tab 1/3.1:
*Stresslipolyse ; **abhängig von Geschwindigkeit in Teildisziplinen und Körpergewicht

Energieverbrauch beim Lauf

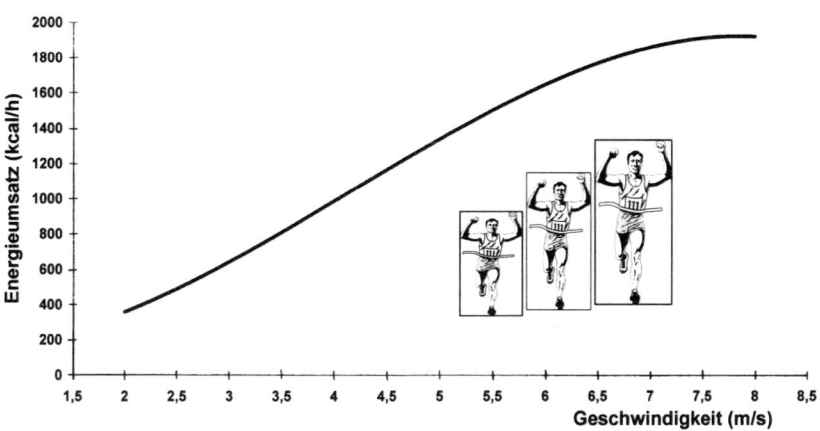

Abb.1/3.1: Abhängigkeit des Energieumsatzes von der Laufgeschwindigkeit

Weltrekorde Lauf
(Stand 1998)

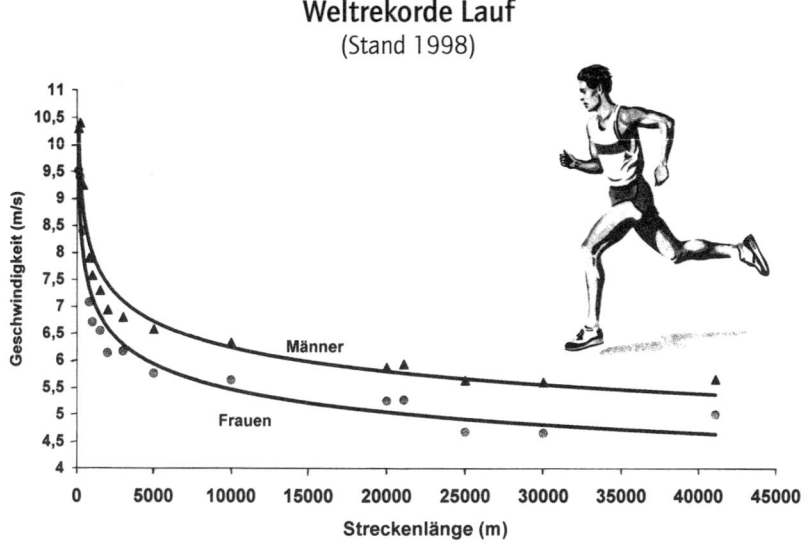

Abb. 2/3.1: Durchschnittliche Abnahme der Laufgeschwindigkeit bei Weltrekorden über 100 m bis zum Marathonlauf bei Männern

3.2 Leistungsstruktur Rad

Im Radsport wird die Wettkampfleistung in einer großen Spannbreite absolviert. Entsprechend sind die biologischen Beanspruchungen in der Leistungsstruktur der Wettkampfleistung unterschiedlich (Tab. 1/3.2). Ähnlich wie beim Lauf sind Radbelastungen von wenigen Minuten Dauer (Bahnradsport) bis über 24 Stunden hintereinander (Extremstraßenrennen) üblich.

Leistungsstruktur Rad (Wettkampf)

Messgrößen	KZA 35 s - 2 min	MZA >2 min - 10 min	LZA I >10 min - 30 min	LZA II >30 min - 90 min	LZA III >90 min - 360 min	LZA IV >360 min
	1.000 m Bahn Radsprint	3.000 m Frauen 4.000 m Männer (Einzel, Mannschaft) Keirin, MB-Downhill	Bergzeitfahren Punktefahren	30-60 km Zeitfahren, 40 km Triathlon, 30 - 50 km MB	60-80 km Zeitfahren 80 - 250 Straße, 180 km Langtriathlon 55 - 70 km MB	> 250 km Straße, Mehrfachtriathlon Extremrennen < 500 km
Herzfrequenz (Schläge/min)	185 - 205	190 - 210	180 - 195	175 - 190	140 - 180	110 - 150
Sauerstoffaufnahme (% VO_2 max)	95 - 100	97 - 100	90 - 95	80 - 95	60 - 85	40 - 55
Energiegewinnung % aerob % anaerob	50 50	80 20	85 15	95 5	98 2	99 (1)
Energieverbrauch* kcal/min kcal gesamt	55 - 60 60 - 70	40-45 150 -230	22 - 28 280 - 660	20 - 25 750 - 1.800	12 - 20 18.00 - 9.900	8 - 12 8.600 - 12.000 (24 Stunden) und mehr
Laktat (mmol/l)	14 - 18	16 - 22	12 - 14	8 - 12	1,5 - 4	1,0 - 2,0
Freie Fettsäuren (mmol/l)	0,50*	0,50*	0,80	0,90 - 1,0	1,2 - 2,0	1,5 - 3,0
Serumharnstoff (mmol/l)	6	6	7	7 - 9	8 - 10	9 - 15
Cortisol (nmol/l)	200 - 400*	200 - 400*	200 - 450	400 - 800	500 - 900	600 - 1.200

*Tab 1/3.2: *Stresslipolyse (Adrenalinstress); **abhängig von Geschwindigkeit in Teildisziplinen und Körpergewicht*

Bei Bahnradsportbelastungen wird der anaerobe Stoffwechsel deutlich höher beansprucht als beim Straßenradfahren. Nach Wettkämpfen auf der Radrennbahn sind Laktatkonzentrationen von über 15 mmol/l normal. Hingegen ist bei Etappenfahrten im Straßenrennsport eine durchschnittliche Laktatkonzentration von < 2 mmol/l normal. Der Energieverbrauch schwankt im Straßenrennsport stark. Durch Windschattenfahren wird bis zu 30% weniger Energie benötigt. Diese Erkenntnis wird renntaktisch ausgenutzt, indem die Mannschaftskapitäne oder potenzielle Favoriten während eines Rennens im Windschatten fahren dürfen. Durch den niedrigeren Energieverbrauch in aerober Stoffwechsellage können die schonend fahrenden Athleten vermehrt Fette verbrennen und ihre Glycogenreserven für die Endspurtgestaltung aufsparen.

Bei Radbelastungen über zwei Stunden Dauer müssen ständig Kohlenhydrate aufgenommen werden, damit der Energiestoffwechsel intakt bleibt. Ohne normalen Blutzucker könnten die Fettsäuren nicht umgesetzt werden. Im Radsport werden mit die größten Trainingsbelastungen absolviert, diese betragen teilweise über 40 Stunden/Woche oder entsprechend 1.300 km/Woche.

3.3 Leistungsstruktur Schwimmen

Das Schwimmen wird in verschiedenen Zeitbereichen ausgeführt, die jedoch nicht so extrem auseinander liegen wie im Laufen oder Radfahren. In der Leistungsstruktur ist das Kurzstreckenschwimmen über 50 m neu und wird auf 25 m-Bahnen ausgeführt. Das 1.500 m-Schwimmen ist nicht mehr die längste Distanz. Das Langstreckenschwimmen über 5, 10 und 25 km ist inzwischen offizieller Bestand-

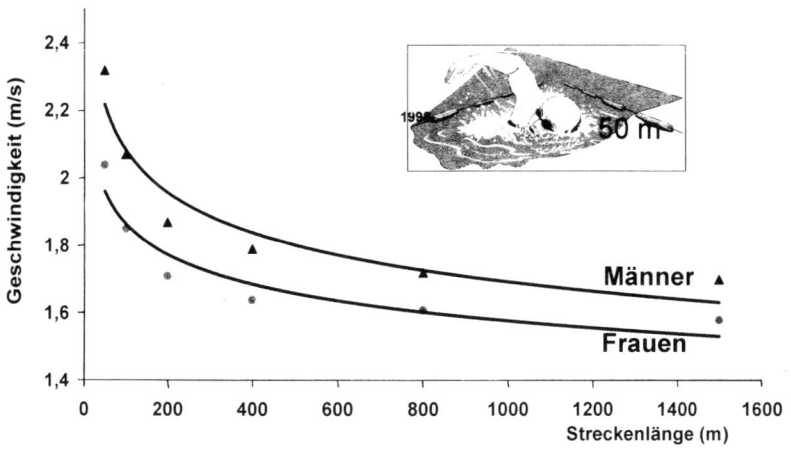

Abb. 1/3.3: Durchschnittliche Abnahme der Schwimmgeschwindigkeit im Freistil bei Weltrekorden über 100 m bis zu 1.500 m bei Männern und Frauen

teil von nationalen und internationalen Meisterschaften. Je länger die Schwimmstrecke ist, desto niedriger ist die Schwimmgeschwindigkeit, die Spanne beträgt im Schwimmen bei beiden Geschlechtern etwa 0,5 m/s **(Abb. 3/3)**.

Auf noch längeren Strecken wird das spektakuläre Meeresschwimmen ausgeführt und hat die altbekannte Leistungsstruktur im Schwimmen verändert **(Tab. 1/3. 3)**.

Spitzenschwimmer müssen bis zu 3.000 km im Jahr im Training schwimmen. Das Schwimmen ist auch wesentlicher Bestandteil von Kombinationssportarten, wie Triathlon, Aquathlon (Lauf, Schwimmen, Lauf), Quadrathlon (Schwimmen, Kanufahren, Radfahren, Laufen), Flossenschwimmen oder Tauchen.

Das Schwimmen setzt die Beherrschung der Schwimmtechnik voraus, welche effektiv im Kindes- und Jugendalter erlernt werden kann. Das Defizit in der Schwimmtechnik macht sich besonders in den Kombinationssportarten bemerkbar, wenn die Athleten nicht aus dem „Schwimmerlager" kommen und so genannte Quereinsteiger sind. Bei der derzeitigen Leistungsstruktur im Kurztriathlon (olympische Distanz) haben schlechte Schwimmer kaum eine Siegeschance.

Leistungsstruktur Schwimmen (Wettkampf)

Messgrößen	KZA 35 s - 2 min	MZA >2 min - 10 min	LZA I >10 min - 30 min	LZA II >30 min - 90 min	LZA III >90 min - 360 min	LZA IV >360 min
Schwimmstrecken	50 m 100 m (200 m)	200 m 400 m	800 m 1.500 m	5 km	10 km 25 km	>30 km
Herzfrequenz (Schläge/min)	180 - 200	180 - 195	170 - 185	150 - 160	120 - 140	100 - 130
Laktat (mmol/l)	13 - 16	10 - 13	8 - 10	4 - 8	2 - 4	1 - 2
Energiegewinnung % aerob % anaerob (alaktazid)	20 80 (20)	40 60 (10)	80 20	90 10	95 5	98 2
Energieverbrauch** kcal/min kcal gesamt	60 - 80 50 - 160	45 90 - 450	30 450 - 870	25 870 - 2.250	20 - 25 2.250 - 6.120	15 - 20 >6.120
Freie Fettsäuren (mmol/l)	0,400 - 0,500*	0,400 - 0,500*	0,600 - 0,900	0,600 - 1,400	0,700 - 1,900	0,800 - 2,000
Serumharnstoff (mmol/l)	4 - 6	4 - 6	4 - 6	5 - 8	6 - 9	7 - 11
Cortisol (nmol/l)	150 - 250	150 - 250	400 - 700	400 - 800	400 - 900	500 - 800

*Tab 1/3.3: *Stresslipolyse; **abhängig von Geschwindigkeit in Teildisziplinen und Körpergewicht*

3.4 Leistungsstruktur Triathlon

Der Triathlon ist eine Langzeitausdauersportart, die über unterschiedliche Distanzen geht. Der Triathlon ist ein Extremwettbewerb, der 1978 auf Hawaii entstand, und über zwölf Stunden dauerte. Der Kurztriathlon hat im Jahr 2000 erstmals Olympiapremiere. Im Gegensatz zum olympisch anerkannten Kurztriathlon wird der Langtriathlon als spektakuläre Veranstaltung gepflegt. Die Idee des Langtriathlons findet in der Mehrfachbewältigung der Hawaiistrecken (3,8 km Schwimmen, 180 km Radfahren und 42,2 km Lauf) ständige Steigerungen **(Tab. 1/3.4)**.

Der Triathlon repräsentiert die drei beliebtesten Ausdauersportarten, die nach mehrfach verändertem Regelwerk in der Reihenfolge Schwimmen, Radfahren und Laufen ausgeführt werden. Durch die zeitlich begrenzte Trainingsmöglichkeit für die drei Sportarten erreicht ein Spitzentriathlet nicht die Absolutleistung der Spezialisten im Schwimmen, Radfahren und Laufen. Der Leistungsrückstand beträgt jeweils etwa 10% gegenüber den Spezialisten.

Leistungsstruktur Triathlon (Wettkampf)

	LZA II > 30 min - 90 min	LZA III > 90 min - 360 min (105 - 180 min)	(LZA III) (240 - 300 min)	LZA IV > 360 min (8 - 15 h)	(LZA IV) (22 - 30 h)	(LZA IV) (33 - 57 h)**
Messgrößen	Sprinttriathlon (750 m S, 20 km R, 5 km L)	Kurztriathlon (1,5 km S, 40 km R, 10 km L)	Mitteltriathlon (2 km S, 80 km R, 20 km L)	Langtriathlon (3,8 km S, 180 km R, 42,2 km L)	Doppellangtriathlon (7,6 km S, 360 km R, 84,4 km L)	Dreifachlangtriathlon (11,4 km S, 540 km R, 126,6 km L)
Herzfrequenz (Schläge/min)	180-195	160-190	140-160	120-150	110-140	100-130
Sauerstoffaufnahme (% VO_2 max)	85-95	80-90	70-80	60-70	55-65	40-60
Energiegewinnung % aerob % anaerob	90 10	95 5	98 2	99 1	99 (1)	99 (1)
Energieverbrauch* kcal/min kcal gesamt	25 1.500	20 2.400-3.600	15-18 4.320-6.480	11-15 7.200-9.900	10-12 12.000-16.000	8-10 19.800-25.000
Laktat (mmol/l)	8-12	5-9	2-4	1-2	1-2	1-2
Freie Fettsäuren (mmol/l)	0,800	1,000-1,400	1,300-1,900	2,0-2,5	2,0-2,7	2,0-3,0
Serumharnstoff (mmol/l)	5-7	7-9	8-10	9-12	9-14	9-16
Creatinkinase (µmol/s.l)	10	10-25	10-30	10-60	20-70	20-70
Cortisol (nmol/l)	400	300-600	400-600	600-1.000	800-1.000	800-1.200

Tab 1/3.4: • *abhängig von Geschwindigkeit in Teildisziplinen und Körpergewicht;*
***Unterbrechungen durch Schlaf.* • *S = Schwimmen, R = Rad, L = Lauf*

Im Triathlon kommt die Ermüdung in den Muskelprogrammen der Sportart besonders zur Geltung. Nach dem Schwimmen gibt es keine wesentliche Leistungsbehinderung für das Radfahren. Selbst nach dem Radfahren ist eine anspruchsvolle Laufbelastung möglich, die jedoch vom Leistungseinsatz beim Radfahren abhängig ist. Athleten, die außerordentlich viel Führungsarbeit beim Radfahren geleistet haben, sind beim Laufen benachteiligt. Sie haben eine hohe Restermüdung in der Beinmuskulatur. Das Radfahren beansprucht andere Muskelgruppen als das Laufen und auch die Arbeitsweise der Hauptmuskelgruppen ist verschieden. Beim Laufen wird die Muskulatur exzentrisch und konzentrisch beansprucht und beim Radfahren hingegen isometrisch-konzentrisch belastet. Somit ist eine gegenseitige Beeinflussung der Muskelprogramme bei höchsten Belastungen in der jeweiligen Sportart wahrscheinlich.

Die Möglichkeit des Windschattenfahrens bedeutet eine „Schonung" für den nachfolgenden Lauf. Damit müssen die Sportler in der Wahl der Renntaktik umdenken. Gemeinsame Aktionen sind dabei Erfolg versprechender als Individualtaktiken. Das effektive Teamverhalten, unter Nutzung individueller Stärken, kann besonders bei internationalen Starts von Vorteil sein.

Die abwechselnde Belastung in der Schultergürtel-Arm-Muskulatur (Schwimmen) und in der Beinmuskulatur (Übergang Schwimmen zum Radfahren) sowie der Wechsel vom Radfahren zum Laufen und umgekehrt, erlaubt insgesamt eine hohe Gesamtbelastung im Triathlon. Die Spitzentriathleten im Langtriathlon bewältigen bis zu 1.600 Trainingsstunden im Jahr. Diese hohen Trainings- und Wettkampfbelastungen sind in Einzelsportarten nicht zu realisieren, weil die monotone Beanspruchung des Stütz- und Bewegungssystems hierbei Grenzen setzt.

3.5 Leistungsstruktur Skilanglauf

Der Skilanglauf ist vom Trend der Verlängerung und Verkürzung der Distanzen nicht ausgenommen. Die bisherige Begrenzung der Wettkampfstrecken auf 5-50 km ergab eine Wettkampfzeit von 15-100 min bei Frauen und 25-135 min bei Männern (Spitzenbereich). Durch technische Weiterentwicklungen des Skimaterials, der Wachstechnik und durch methodische Fortschritte steigt die Skilanglaufgeschwindigkeit stetig (**Abb. 1/3.5**). Inzwischen werden Sprintskiläufe (unter 5 km Länge) im Leistungssportbereich ausgeführt. Hingegen werden im Freizeitbereich die Einzelstrecken immer häufiger in den Mehrstundenbereich verlagert (**Tab. 1/3.5**).

An den Massenskilangläufen nehmen Sportler mit deutlichen Leistungsunterschieden teil. Da der Skilanglauf für viele Ausdauersportler eine beliebte Ausgleichsvariante für das Wintertraining ist, werden die Langstreckenwettbewerbe teilweise ohne größeres Skilanglauftraining bestritten.

Der klassische Skilanglauf ist ohne spezielle Vorbereitung möglich, nicht hingegen der freie Stil. Hierfür ist eine Mindestgrundkraft in der Schultergürtel-Arm-Muskulatur notwendig, vor allem für die Beherrschung der Skatingtechniken. Zur Vorbereitung des Skilanglaufs ist ein Skirollertraining oder Inlineskating im Sommer sinnvoll. Da unterschiedliche Widerstände abgefordert werden, darf nicht einseitig mit nur einer Methode trainiert werden.

Leistungsstruktur Skilanglauf (Wettkampf)

Messgrößen	LZA I > 10 min - 30 min 5 km K 10 km K, F	LZA II > 30 min - 90 min 15 km F, K 30 km F	LZA III > 90 min - 360 min 50 km F, K bis 100 km	LZA IV > 360 min >100 km
Herzfrequenz (Schläge/min)	180 - 200	170 - 195	140 - 175	110 - 140
Sauerstoffaufnahme (% VO$_2$ max)	90 - 95	80 - 90	50 - 85	40 - 60
Energiegewinnung % aerob % anaerob	80 - 90 10 - 20	90 - 95 5 - 10	90 - 98 2 - 10	95 - 99 1 - 5
Energieverbrauch* kcal/min kcal gesamt	25 - 30 500 - 800	20 - 25 800 - 1.800	16 - 20 1.800 - 5.760	14 - 16 5.760 - 12.000 (24 Stunden)
Glycogendepletion (Beinmuskulatur %)	40 - 50	50 - 60	70 - 80	85 - 95
Laktat (mmol/l)	12 - 16	10 - 14	2 - 8	1 - 2
Freie Fettsäuren (mmol/l)	0,400 - 0,600	0,600 - 0,800	0,800 - 1,000	1,2-2,0
Serumharnstoff (mmol/l)	5 - 7	7 - 8	7 - 10	8 - 13
Cortisol (nmol/l)	400 - 500	600 - 700	600 - 900	700 - 1.200

*Tab 1/3.5: *abhängig von Geschwindigkeit und Körpergewicht*

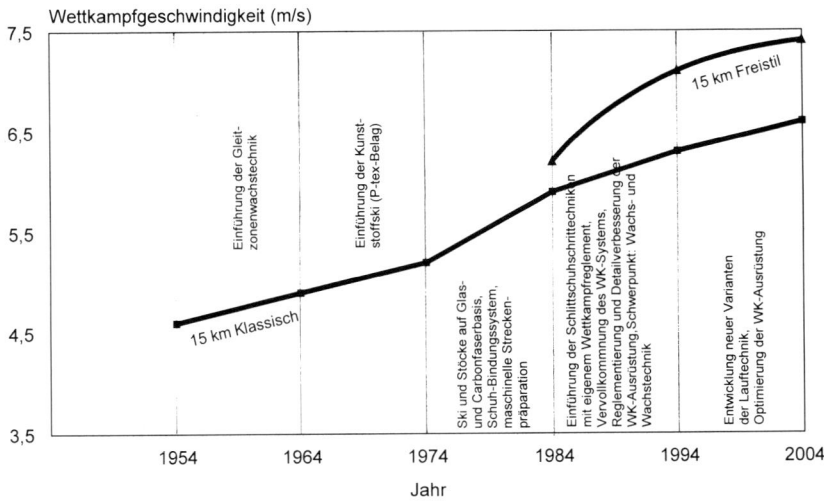

Abb. 3/5

3.6 Leistungsstruktur Inlinespeedskating

Mitte der 90er Jahre wurde der klassische Rollschuhlauf vom Speedskating ab-
gelöst. Die Fortbewegung erfolgt nun mit jeweils fünf Rollen unter dem Spezial-
skatingschuh. Mit dieser techni-
schen Weiterentwicklung des Rollers
hat sich die Fortbewegungsgeschwindigkeit rasant erhöht. Die Bewegungstechnik hat viele Gemein-
samkeiten mit dem Eisschnelllauf
bekommen. Unterschiede zeigen
sich beim Abdruck durch die Dop-
peldrucktechnik (Double Push). Die
Geschwindigkeitszunahme erlaubt
z.B., die Marathondistanz in 65 Minuten (etwa 40 km/h) zurückzule-
gen. Im Kurzsprint werden bis zu 57
km/h erreicht.

In der Wettkampfstruktur werden folgende Strecken bevorzugt:
Sprintstrecken : 100 m, 200 m, 300 m, 400 m, 500 m.
Mittelstrecken : 1.000 m, 1.500 m, 2.000, 3.000 m, 5.000 m.
Langstrecken : 10 km, 15 km, 20 km, 30 km, 50 km, Halbmarathon, Marathon.
Momentan ist eine Spezialisierung, wie im leichtathletischen Lauf, nicht üblich. Der Athlet startet über ein breites Distanzspektrum. Wie bei allen Ausdauersportarten wird die Geschwindigkeit von äußeren Faktoren beeinflusst, wie Straßenbelag, Witterungsverhältnisse, Skatermaterial, Rennverlauf, Taktik u.a. Im Skating werden Massenläufe, ähnlich dem Radfahren und Lauf, veranstaltet. Diese ermöglichen besonders das kräftesparende Windschattenfahren.

Die Beanspruchung der Funktionssysteme ist abhängig von der Streckenlänge **(Tab. 1/3. 6)**. Ähnlich wie in anderen Ausdauersportarten, kann auch im Inlineskating eine zeitabhängige Beanspruchung der Funktionssysteme festgestellt werden und die Distanzen von der Kurz- bis zur Langzeitausdauer eingeordnet werden. Dennoch hat das Inlineskating seine spezifischen Anforderungen, denn die allgemeinen diagnostischen Tests im Rad fahren und Laufen spiegeln nur ungenau die spezifische Leistungsfähigkeit wider (HOTTENROTT 1999).

Eine Besonderheit beim Skaten ist, dass durch die starke Abwinkelung zwischen Oberkörper und Beinmuskulatur, bei Einnahme der aerodynamischen Laufposition, Bein- und Rückenmuskulatur viel stärker beansprucht werden als beim normalen Lauf bzw. der Fortbewegung in aufrechter Position. Die Kreislauf- und Stoffwechselbeanspruchung ist in stark gebeugter Haltung höher, kenntlich an den größeren submaximalen Hf- und Laktatwerten (RUNDELL, 1996). Bei gleich hoher Sauerstoffaufnahme ist die Hf beim Speedskating höher als beim Rad fahren und Laufen (SNYDER et al., 1993, SCHULZ et al., 1999). Zur Vorbereitung einer hohen Speedskateleistung gelten dieselben Trainingsprinzipien wie in den anderen Kurz- bis Langzeitausdauersportarten.

Leistungsstruktur Inlinespeedskating (Wettkampf)

Messgrößen	KZA 35 s - 2 min	MZA > 2 min - 10 min	LZA I > 10 min - 30 min	LZA II > 30 min - 0 min	LZA III > 90 min - 360 min
	300 m, 400 m, 1.000 m 1.500 m	2.000 m 3.000 m, 5.000 m	10 km, 15 km 20 km Halbmarathon M	Halbmarathon F, 30km, Marathon, 50 km	Marathon F, 100 km
Herzfrequenz (Schläge/min)	190 - 205	190 - 205	180 - 195	180 - 195	130 - 175
Sauerstoffaufnahme (% VO₂ max)	90 - 95	95 - 100	90 - 95	85 - 93	75 - 90
Laktat (mmol/l)	12 - 18	10 - 16	8 - 14	4 - 10	3 - 6
Energieverbrauch % aerob % anaerob	20 - 40 60 - 80	60 - 70 30 - 40	70 - 80 20 - 30	75 - 85 15 - 25	80 - 97 3 - 10

Tab 1/3.6

4 Aufbau der sportlichen Leistungsfähigkeit

4.1 Leistungs- und Trainingsziel

Das Hauptziel für das Training eines Sportlers (Hochleistungs-, Nachwuchs-, Fitnesssportler) ist die Erhöhung der Leistungsfähigkeit, die als Wettkampfleistung messbar wird. Dabei spielt der Leistungsvergleich der Athleten untereinander eine dominante Rolle. Auch Zielstellungen, wie Erlebnis- und Bedürfnisbefriedigung, sind damit verbunden. Im Freizeitsport ist meist eine Mischung der Ziele vorhanden.

Die Realisierungsmöglichkeiten von Leistungszielen stehen in einem direkten Zusammenhang mit dem individuell möglichen Trainingsaufwand (Gesamtbelastungsmaß).

Ein Training „aus dem Bauch heraus und nach Gefühl" gehört in allen Sportarten, in denen eine Spitzenleistung erreicht werden soll, der Vergangenheit an. Interna-

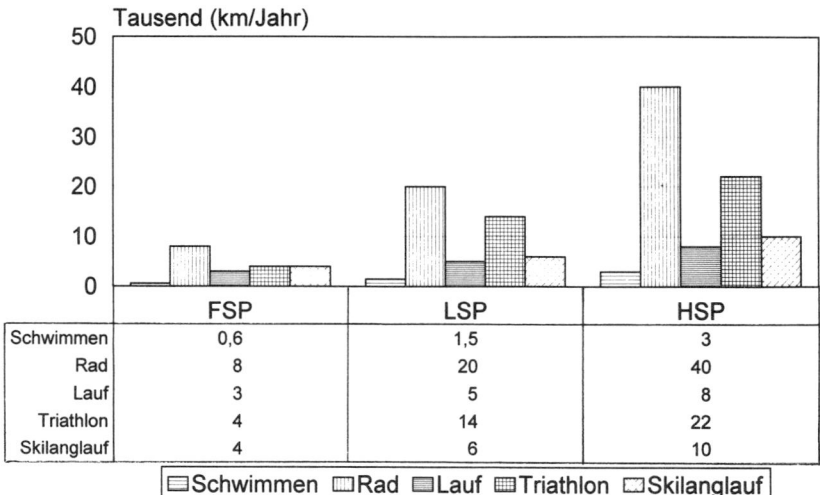

	FSP	LSP	HSP
Schwimmen	0,6	1,5	3
Rad	8	20	40
Lauf	3	5	8
Triathlon	4	14	22
Skilanglauf	4	6	10

☐Schwimmen ▥Rad ▦Lauf ▦Triathlon ☐Skilanglauf

Abb. 1/4.1:
Belastungsumfänge von Freizeit- (FSP), Leistungs- (LSP) und Hochleistungssportlern (HSP) in ausgewählten Ausdauersportarten

tionale Spitzenpositionen in den Ausdauersportarten zu erreichen und sie auch über längere Zeit zu halten, verlangt eine wissenschaftlich gestützte und begründete sportartspezifische Trainingsmethodik, die im Trainingsprozess professionell umgesetzt werden sollte. Aber auch Sportler, die geringere Leistungen anstreben, dürfen sich nicht nur auf ihr Belastungsgefühl verlassen, da auch für sie die Prinzipien des Leistungstrainings gelten. Allerdings vollzieht sich das Training im Freizeit- oder Fitnesssport auf einem niedrigeren Niveau. Entsprechend dieser Gesetzmäßigkeit lassen sich in den Ausdauersportarten im Prinzip drei Kategorien von Sporttreibenden unterscheiden (**Abb. 1 / 4.1**).

Fitnesssportler (Freizeitsportler)

Der Fitness- oder Freizeitsportler übt meist mehrere Sommer- und/oder Wintersportarten aus. Beim Üben und Trainieren ist er vielseitig. Die Trainingsmotive sind der Erhalt der Leistungsfähigkeit über lange Lebenszeiträume und die Steigerung der Leistungsfähigkeit im Rahmen der Altersklasse. Der Trainingsaufwand liegt unter 300 Stunden im Jahr und entspricht einer wöchentlichen Belastung von vier bis sechs Stunden. Die Teilnahme an Wettkämpfen ist nicht obligat, sie wird aber vom Erlebniswert mitbestimmt.

Leistungssportler

Leistungssportler trainieren in der Freizeit neben ihrem Beruf und betreiben einen Trainingsaufwand von über 300 Stunden im Jahr in einer oder benachbarten saisonalen Sportarten. Sie erreichen Trainingsbelastungen teilweise von bis zu 1.000 Stunden im Jahr.

Die wöchentliche Trainingszeit beträgt zehn bis fünfzehn Stunden und wird von der Vorbereitung auf ausgewählte Wettkämpfe aktuell beeinflusst. Die Grenzen

Leistungskategorie	Schwimmen	Rad	Marathon	Triathlon
Fitnesssport (FSP)	6-10	200-500	30-50	5/50/15
Leistungssport (LSP)	30	700	160	12/200/50
Hochleistungssport (HSP)*	70	900	200	20/400/75

Tab 1 / 4.1:
* Grenzen sind noch nicht absehbar
Belastungsdimensionen (km/Woche) der Leistungsklassen in ausgewählten Ausdauersportarten

zum Hochleistungssport sind bei einigen Sportlern fließend, insbesondere dann, wenn Spitzenleistungen in den Altersklassen angestrebt werden. Die Steigerung der Belastung wird durch berufliche und soziale (familiäre) Einflüsse begrenzt. Ein fehlendes Umfeld an Betreuung begünstigt Fehlbelastungen oder Übertraining.

Hochleistungs- oder Spitzensportler
Sportler dieser Kategorie trainieren unter professionellen Bedingungen und erreichen Belastungsumfänge von 1.000 bis 1.600 Stunden im Jahr. Der Trainingsaufwand pro Woche beträgt zwanzig bis fünfunddreißig Stunden. Wochen mit Gipfelbelastungen von vierzig bis zu fünfzig Stunden sind wiederholt möglich. Grundlage des Hochleistungstrainings ist das Sporttalent und die Möglichkeit sozialer und materieller Anerkennung der Leistungen. Der Belastungsrhythmus ist auf die Teilnahme an internationalen Wettkämpfen ausgerichtet.

Das Gesamtbelastungsmaß eines Trainierenden im Jahr entscheidet maßgeblich über das Erreichen seiner Leistungsziele. Eine übersichtliche Belastungsdimension in den Sportarten ist die Angabe über zurückgelegte Kilometer pro Woche **(Tab. 1/4.1)**.

Diese genannten Belastungsdimensionen stehen im direkten Zusammenhang mit der individuellen Leistungsfähigkeit in der entsprechenden Sportart. In **Tab. 2/4.1** werden die Leistungen differenzierter Sportlergruppen dargestellt.

Sportart		Männer		Frauen	
Marathon	HSP	unter	2:30 h	unter	2:45 h
	LSP		2:30 - 3:10 h		2:45 - 3:25 h
	FSP	über	3:10 h	über	3:25 h
10-km-Lauf	HSP	unter	32 min	unter	36 min
	LSP		32-40 min		36-45 min
	FSP	über	40 min	über	45 min
Kurztriathlon	HSP	unter	2:00 h	unter	2:15 h
	LSP		2:00-2:45 h		2:15-3:00 h
	FSP	über	2:45 h	über	3:00 h

Tab 2/4.1:
Einteilung der Sportlergruppierungen auf der Grundlage erreichter sportartspezifischer Leistung (HSP: Hochleistungssport, LSP: Leistungssport, FSP: Freizeitsport)

4.2 Entwicklung der konditionellen Fähigkeiten

Für die Entwicklung sportartspezifischer Fähigkeiten gibt es klare sportmethodische Erkenntnisse (HARRE 1980; MARTIN et al. 1991; GROSSER et al. 1986; LETZELTER 1978; VERCHOJANSKI 1992; REIß/MEINELT 1985; SCHNABEL et. al. 1994).

Beim Aufbau der sportlichen Leistung gelten für den Hochleistungs- oder Freizeitsportler die gleichen Gesetzmäßigkeiten. Leistungsentwicklungen im Bereich der Weltklasse, aber auch in niedrigeren Leistungsklassen, hängen grundsätzlich davon ab, wie es gelingt, die Geschwindigkeit unter aeroben, aerob-anaeroben und unter Wettkampfbedingungen auf ein höheres Niveau zu steigern.

Die Entwicklung von internationalen Spitzenleistungen ist vor allem durch folgende Merkmale gekennzeichnet:

- den Ausbau der Ausdauer- und Kraftausdauerpotenziale der unmittelbar am Vortrieb für sportartspezifische Leistung verantwortlichen Muskelgruppen, gemessen an einer Vergrößerung des Zyklusweges und seiner Stabilität bei gleicher bzw. steigender Bewegungsfrequenz über die jeweilige Wettkampfdistanz.
- einer auf der gesamten Wettkampfdistanz hohen Stabilität und Variabilität der Leistung, einschließlich ihrer optimalen bewegungstechnischen Realisierung auch bei Ermüdung.
- einer an den Prognoseleistungen orientierten Regulationsbreite der Zyklusfrequenzen, verbunden mit der Fähigkeit zur Renntempoüberhöhung, entsprechend den differenzierten taktischen Anforderungen der Start- und Streckenabschnitte, vor allem aber von Zwischen- und Endspurtphasen.
- der Entwicklung und dem gezielten Einsatz neuer vortriebsfördernder Wettkampfausrüstung wie Boote, Räder, Ski, Schlittschuhe, Wachse etc., einschließlich einer entsprechenden sporttechnischen Anpassung.

Charakteristisches Merkmal der Ausdauersportarten ist das Erbringen einer Wettkampfleistung, die durch Ermüdungsprozesse eingeschränkt wird.

Die Fähigkeit, die eine kontinuierliche Dauerbeanspruchung des Organismus sichert und ermüdungsbedingte Leistungsabnahmen begrenzt oder verhindert, wird als AUSDAUER bezeichnet.

Die Ausdauer ist immer an konkrete Bedingungen der Bewegungshandlung geknüpft, d.h., sie ist sportartspezifisch und sie muss entsprechend energetisch abgesichert werden (SCHNABEL et. al., 1994).

Die Ausübung der unterschiedlichen Ausdauersportarten setzt auch ein differenziertes Fähigkeitsspektrum voraus, das von der Grundlagen- und Kraftausdauer, der wettkampfspezifischen Ausdauer bis hin zu den allgemeinen Leistungsvoraussetzungen reicht. Nur die zielgerichtete Gestaltung der Trainingsbelastung führt zusammen mit der richtigen Wahl der Trainingsmittel und -methoden zur effektiven Herausbildung der für die Ausdauersportarten erforderlichen konditionellen Fähigkeiten.

Nachfolgend wird das Training der konditionellen Fähigkeiten, die für den Ausdauersportler und seine Leistungsentwicklung erforderlich sind, beschrieben (**Abb. 1/4.2**).

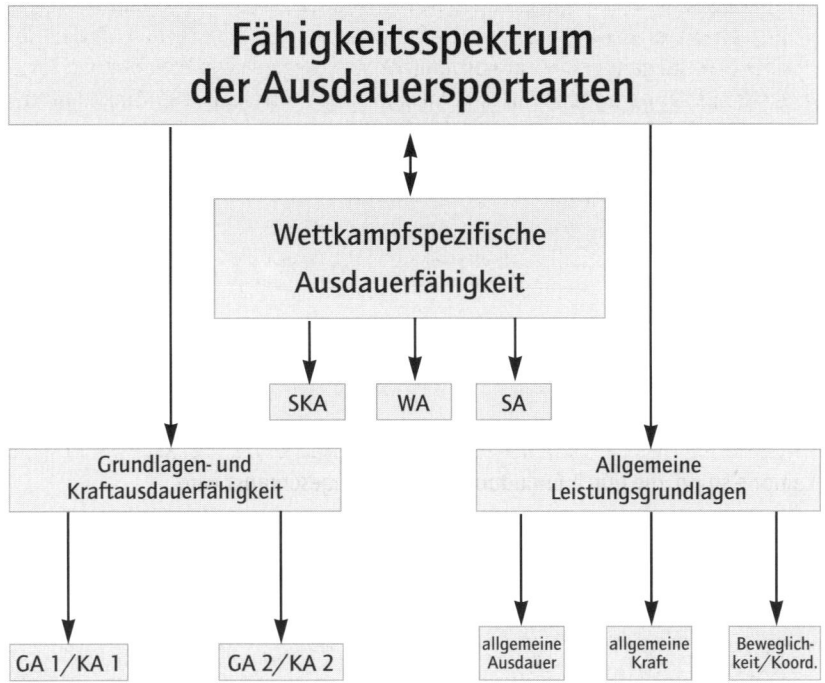

Abb. 1/4. 2: Fähigkeitsspektrum in den Ausdauersportarten

4.2.1 Grundlagenausdauertraining

Das Training der Grundlagenausdauer (GA) besitzt im Trainingsprozess der Ausdauersportarten eine Schlüsselstellung. Die GA-Fähigkeit hat eine Voraussetzungsfunktion für die Bewältigung immer höherer Geschwindigkeiten im Wettkampf.

Mit einem Belastungsanteil von 60-85% des gesamten Trainingsumfanges setzt das GA-Training die entwicklungsbestimmenden Schwerpunkte in der sportartspezifischen Fähigkeitsentwicklung.

Ein wirksames Grundlagentraining hat drei entscheidende Qualitäten aufzuweisen:

1. Das Training, das auf **Dauer** orientiert ist (GA 1-Training).
   Ein wirksames GA 1-Training erfordert einen hohen Trainingsumfang pro Woche. Die Länge der Trainingsstrecken bzw. die Belastungsdauer ist im Zusammenhang mit der Trainingsgeschwindigkeit so zu wählen, dass die Belastung in stabiler aerober Stoffwechsellage erfolgt. Die Trainingsgeschwindigkeiten liegen, in Abhängigkeit von den Streckenlängen, bei 75-85% der individuellen Leistungsfähigkeit. Die Qualitätskriterien des GA 1-Trainings bestehen in einer differenzierten und aufgabenbezogenen Streckenlänge, in der Höhe des geschwindigkeitsbetonten Trainingsanteils sowie in der Jahresdynamik von Umfang und Geschwindigkeit. Die geeignetsten Trainingsmethoden sind die Formen der Dauermethode. Die Energiebereitstellung erfolgt über den aeroben Kohlenhydrat- und Fettstoffwechsel.

2. Das Training, das auf **Geschwindigkeit** orientiert ist (GA 2-Training).
   Ein wirksames GA 2-Training wird durch die methodische Beherrschung seiner beiden differenzierten Belastungsweisen bestimmt: einmal die Entwicklung der aeroben und zum anderen die Entwicklung der aerob/anaeroben Ausdauer. Mit Letzterer wird das wettkampfspezifische Ausdauertraining vorbereitet.

Der Trainingsumfang ist dosiert zu gestalten. In den Ausdauersportarten reicht der Anteil des GA 2-Trainings am Gesamttrainingsumfang von 10 bis 25%. Die Trainingsgeschwindigkeiten liegen in Abhängigkeit von den Streckenlängen bei 85-95% der individuellen Leistungsfähigkeit.

Die Qualitätskriterien bestehen in der Proportion von GA 1- zu GA 2- Training, in der Einhaltung leistungsphysiologischer Normative sowie der Jahresdynamik von Umfang und Geschwindigkeit. Die geeignetsten Trainingsmethoden sind die intensive und variable Dauermethode sowie extensive Formen der Intervallmethode.

3. Das Training, das **widerstandsorientiert** ist (KA 1- und KA 2-Training). Im Rahmen des Grundlagenausdauertrainings (GA 1 und GA 2) kann der Einsatz von zusätzlichen Widerstandsanforderungen die muskuläre Vorbereitung von Ausdauerleistungen unterstützen.

Besonderes Merkmal dieses Trainings ist die Einhaltung biologischer Wirkungen des GA-Trainings bei gleichzeitiger Erhöhung der kraftbetonten Anforderungen. Die kraftsteigernde Wirkung des Trainings muss auf die für die Vortriebsleistung relevanten Muskelgruppen abzielen. Dementsprechend müssen auch die eingesetzten Trainingsmittel den bewegungsstrukturellen Erfordernissen des Wettkampfes entsprechen. Auch bei diesem Training entscheidet die Geschwindigkeitsgestaltung über die Qualität des Trainings. Erfahrungen in den Ausdauersportarten besagen, dass ein immer höherer Anteil des Grundlagenausdauertrainings widerstandsbetont durchgeführt wird.

Bei der Anwendung der Dauer- und Intervallmethode ist auf den Dauerreiz zu achten, d.h. die längeren Strecken (Umfänge) pro Trainingseinheit sind zu bevorzugen.

Untersuchungen bei Läufern ergaben, dass zur Einhaltung der Trainingsbereiche im GA- und KA-Training ein Zugwiderstand von 2 kp eine Geschwindigkeitsreduzierung von 0,25 bis 0,5 m/s gegenüber den normalen Geschwindigkeitsprogrammen ohne Zugwiderstand erfordert. Bei dieser Geschwindigkeitsverminderung beim Zugwiderstandstraining im Lauf veränderte sich die Schrittfrequenz nicht und die aeroben sowie aerob-anaeroben Stoffwechselbereiche konnten eingehalten werden (REIß et al., 1993).

Zur Abgrenzung der widerstandsbetonten Trainingsinhalte vom übrigen GA-Training sollte die Bezeichnung KA 1 für aerobes und KA 2 für aerob/anaerobes, widerstandsorientiertes Training verwendet werden.

4.2.2 Wettkampfspezifisches Ausdauertraining

Bei allen Unterschieden in den jeweiligen Sportarten und Disziplinen ist es gemeinsames Merkmal in den Ausdauersportarten, dass mit den Formen des wettkampfspezifischen Ausdauertrainings die Anforderungen des Wettkampfes vorbereitet werden.

Untersuchungsergebnisse und Erfahrungen von VERCHOJANSKIJ (1992), MADER (1994), REIß et al. (1994) belegen, dass die Wirksamkeit des wettkampfspezifischen Ausdauertrainings entscheidend vom erreichten Niveau der Grundlagenausdauerfähigkeit abhängt.

Durch das Training in den entsprechenden Geschwindigkeits- und Widerstandsbereichen und unter Berücksichtigung entsprechender sportartspezifischer Techniken und Bewegungsstrukturen wird die notwendige Variabilität für den Wettkampf vorbereitet. Auch im wettkampfspezifischen Ausdauertraining (WSA) sind die Trainingssteuerungsmaßnahmen anzuwenden.

Das WSA-Training stellt einen Komplex von mehreren Fähigkeiten dar. Die drei Hauptbestandteile des WSA-Trainings sind:

1. Wettkampfausdauer (WA)
2. Schnelligkeitsausdauer (SA)
3. Schnellkraftausdauer (SKA)

Wettkampfausdauertraining (WA)

Das WA-Training und der Trainingswettkampf gilt als ein sportartspezifisches Training mit komplexen Anforderungen an alle Fähigkeiten und Fertigkeiten des Sportlers in der Variationsbreite der Wettkampfleistung. Das Training erfolgt nach der Wiederholungs- bzw. Kontroll- und Wettkampfmethode bei wettkampfnahen Geschwindigkeiten und Distanzen. Der Trainingsumfang liegt, die Wettkämpfe eingeschlossen, bei weniger als 5% des Gesamttrainingsumfanges, mit Ausnahme des Straßenradsports. Die Trainingsgeschwindigkeiten sollten in Abhängigkeit von den Streckenlängen bei 95-105% der individuellen Leistungsfähigkeit gestaltet werden.

Schnelligkeitsausdauertraining (SA)

Das SA-Training ist eine Art Lerntraining für die Entwicklung der WA. Mit dem SA-Motoriktraining wird eine Vorhalteanpassung angestrebt. Die Schwerpunkte des SA-Trainings orientieren sich auf die Zielgeschwindigkeit im Wettkampf (Erreichen von Prognosegeschwindigkeiten auf kürzeren Strecken), auf die zu erreichende Bewegungsfrequenz und den notwendigen Bewegungsvortrieb. Die eingesetzten Trainingsmethoden sind intensive Formen des Intervalltrainings. Der laktazide Anteil der Energiebereitstellung ist höher als im Originalwettkampf. Der Trainingsumfang liegt bei 2-3% des Gesamttrainingsumfanges und das Spektrum der Trainingsgeschwindigkeiten, bezogen auf die Zielstrecke, reicht von 100-120%.

Schnellkraftausdauertraining (SKA)

Das SKA-Training in den Ausdauersportarten ist in erster Linie als ein Ausdauertraining gegen erhöhte Widerstände aufzufassen. Bezugspunkt ist der mittlere im Wettkampf zu erbringende Widerstand. Unter dem Aspekt der Entwicklung wettkampfspezifischer Fähigkeiten sind die Widerstandserhöhungen auf Teilelemente des Wettkampfes wie Start-, Strecken-, Zwischen- und Endspurtphase, unter Beachtung von Streckenprofilen und Wettkampfgerät, zu konzentrieren.

Hierbei wird im Rahmen des WSA-Trainings der schnellkräftige Krafteinsatz im einzelnen Bewegungszyklus mehrfach wiederholt. Die maximale Mobilisationsfähigkeit für Start-, Zwischen- und Endspurtsituationen wird erhöht. Das Krafttraining wird in seiner Wirkung stets disziplinspezifisch umgesetzt und kommt als disziplinspezifische Schnellkraftausdauer zur Wirkung.

Das SKA-Training dient der sportartspezifisch notwendigen Muskelfaserverdickung (Hypertrophie) und der Verbesserung der intra- und intermuskulären Koordination. Damit kann der Bewegungsvortrieb erhöht werden. Zwischen den Sportarten differiert die Entwicklung der notwendigen Kraftfähigkeiten entsprechend den Wettkampfanforderungen und der Streckenspezifik.

Die sportartspezifischen Formen des SKA-Trainings, welche unter anaerob-aeroben Stoffwechselbedingungen ablaufen, werden nach der Intervall- oder Wettkampfmethode gestaltet. Die Kraftimpulse im Einzelzyklus sollen über dem durchschnittlichen Kraftimpuls des Bewegungszyklus im Wettkampf liegen. Das SKA-Training beinhaltet spezifische Wiederholungszahlen, die den Anforderungen des Wettkampfes entsprechen. Die Trainingsgeschwindigkeiten sind am Wettkampf- und Schnelligkeitsausdauertraining orientiert. Die Bewegungsfrequenzen sind reduziert. Der Trainingsumfang liegt bei 1-3% des Gesamttrainingsumfanges.

4.2.3 Grundlegende Leistungsvoraussetzungen

Das Training grundlegender Leistungsvoraussetzungen ist für die Entwicklung der spezifischen Leistungsfähigkeit und für ein stabileres Niveau aerober Ausdauer- und Kraftfähigkeiten, Schnelligkeitsfähigkeiten sowie technisch-koordinativer Grundlagen erforderlich.

Grundlegende Leistungsvoraussetzungen oder allgemeine Trainiertheit sind wesentliche Voraussetzungen zur Erhöhung der Belastbarkeit des Organismus und zur Optimierung der Wiederherstellung (s. Kap. 12.3). Durch die Anwendung der allgemeinen und semispezifischen Trainingsmittel sind für die konkrete Sportart/Disziplin effektive Wirkungen im Bereich der allgemeinen Ausdauer-, Kraft- und Schnelligkeitsgrundlagen zu erzielen (Tab. 1/4.2.3).

Die allgemeine Ausdauer ist an den Ausbau der aeroben, aerob-anaeroben und alaktaziden Energiepotenziale gebunden. Die allgemeinen Kraftgrundlagen werden in den für die jeweilige Disziplin vorrangigen Muskelgruppen entwickelt. Gezielte neuromuskuläre Ansteuerungen, Anforderungen an Reaktionsfähigkeit und motorische Umschaltfähigkeit fördern vor allem die allgemeinen Schnelligkeitsgrundlagen. Darüber hinaus kommt es im Bereich der allgemeinen Gewandtheit (Koordination) insbesondere auf das Erreichen der notwendigen Beweglichkeit, Dehn- und Lockerungsfähigkeit für die sportartspezifischen Belange an.

Deshalb sollten im langfristigen sowie mehrjährigen Leistungsaufbau die allgemeinen Leistungsgrundlagen immer wieder auf ein neues Niveau gehoben und das Training mit allgemeinen Mitteln auf die spezifischen Erfordernisse ausgerichtet und nach leistungssportlichen Prinzipien gestaltet werden.

	Trainingsmittel	
Skilanglauf	allgemein • Laufen • Radfahren • Schwimmen • Rudern/Paddeln	semispezifisch • Skiroller • Inlineskating • Imitationsläufe (Stockläufe)
Radsport	• Inlineskating • Skilanglauf • Schwimmen	• Indoorcycling • Mountainbiking
Schwimmen	• Laufen • Radfahren • Rudern/Paddeln	• Zugseiltraining • Rollbrett (schiefe Ebene)

Tab 1/4.2.3:
Allgemeine und semispezifische Trainingsmittel zur Entwicklung der Ausdauerfähigkeit im Skilanglauf, Radsport und Schwimmen.

4.3 Methodik der Fähigkeitsentwicklung

Nur die zielgerichtete Gestaltung der Trainingsbelastung führt zusammen mit der richtigen Wahl der Trainingsmittel und -methoden zur stabilen Herausbildung der für die Ausdauersportarten erforderlichen konditionellen Fähigkeiten.

Für die Ausdauersportarten sind die Grundlagenausdauer und die wettkampfspezifische Ausdauer die entscheidenden leistungsbestimmenden konditionellen Fähigkeitskomplexe. Dabei ist zu berücksichtigen, dass die beiden Ausdauerfähigkeitskomplexe die für den Vortrieb erforderlichen Kraft- und Schnelligkeitsfähigkeiten einschließen. Das trainingsmethodische Vorgehen muss sichern, dass alle konditionellen Fähigkeiten und die beteiligten Funktionssysteme in Einheit mit der sportlichen Technik herausgebildet werden.

Merkmale der Belastung
Die wesentlichsten Merkmale der Trainingsbelastung zur Entwicklung der konditionellen Fähigkeiten sind:
- Der Trainingsumfang (Kilometer, Zeit, Anzahl der Trainingseinheiten usw.).
- Die Trainingsintensität (Geschwindigkeit, Übungswiederholung, Zeit, Widerstandsgrößen usw.).
- Die Trainingshäufigkeit (Trainingseinheiten/Zeit, Verhältnis, Belastung, Wiederherstellung).
- Die Trainingsmethoden (Kombination verschiedener Belastungsfaktoren).

Neben den Hauptmerkmalen der Belastung sind es die **Trainingsproportionen,** die im Zusammenhang mit der Zyklisierung eine wirkungsvolle Fähigkeitsentwicklung garantieren.

4.3.1 Trainingsumfang

Mehrjährige Analysen der Leistungsentwicklung und des Trainings von Weltspitzenathleten zeigen, dass die Trainingsbelastung, die immer wieder neue Trainingsreize setzen muss, die zentrale Kategorie im mehrjährigen Trainingsprozess ist.

Auf der Grundlage der Leistungsstruktur der Sportart sollten Trainingskennziffern entwickelt werden, die im Jahres- und Mehrjahresaufbau eine individuelle und zweckmäßige Gesamtbelastung ermöglichen.

Das individuell verträgliche Belastungsmaß im Hochleistungssport ist inzwischen bei etwa 1.500 h im Jahr angelangt. Die höchsten zeitlichen Belastungen sind in den Kombinationssportarten, wie Triathlon, möglich **(Tab. 1/4.3.1)**.

Trainingsinhalt	Schwimmen		Rad		Lauf		Gesamt
	km	h	km	h	km	h	h
„Normal"	20-25	8-10	300-350	10-12	70-80	5-6	23-28
Akzent Schwimmen	50-60	18-21	200-250	7-9	80-100	6-7	31-37
Akzent Rad	10-15	4-6	800-1.000	27-33	50-60	4-5	35-44
Akzent Lauf	15-20	6-8	200-250	7-9	140-160	10-12	23-29

Tab. 1/4.3.1:
Akzentuierte Fähigkeitsentwicklung und Trainingskennziffern pro Woche im Triathlon olympische Distanz (Männer) in Phasen der Höchstbelastung

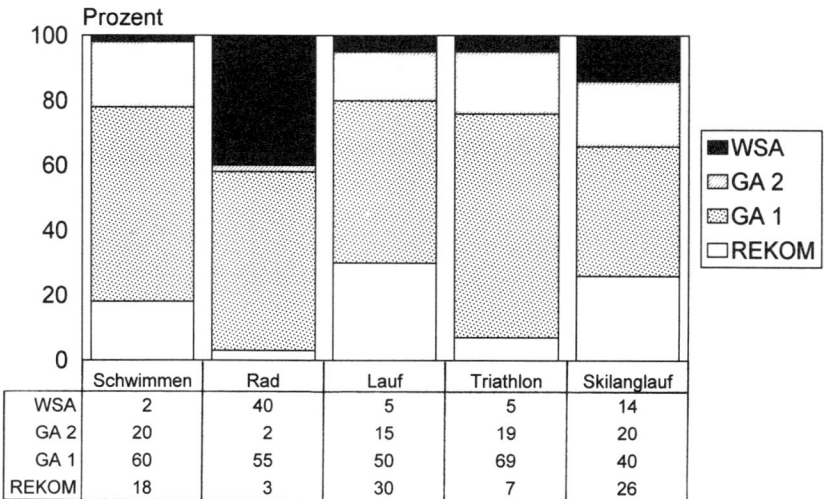

	Schwimmen	Rad	Lauf	Triathlon	Skilanglauf
WSA	2	40	5	5	14
GA 2	20	2	15	19	20
GA 1	60	55	50	69	40
REKOM	18	3	30	7	26

Abb. 1/4. 3.1:
Belastungsproportionen in der Fähigkeitsentwicklung ausgewählter Ausdauersportarten bei hoher Gesamtbelastung

Im Rahmen dieser hohen Jahresbelastung können bis zu 1.000 h speziell in der Sportart trainiert werden **(Abb. 1/4.3.1)**. Für das Erreichen von langfristig stabilen Weltklasseleistungen sind diese hohen Belastungsmaße eine grundlegende Voraussetzung. Über Sieg oder Niederlage entscheidet letztendlich die Wirksamkeit des Konzeptes bzw. das Talent oder die Renntaktik.

Gegenwärtig sind noch keine Grenzen in der Steigerung der Trainingsbelastung abzusehen. Die Probleme ergeben sich in individuellen Grenzen der Belastbarkeit. Immer wieder wird in der Trainingspraxis versucht, den zeitraubenden Trainingsumfang zu umgehen oder abzukürzen. Als Argument werden dafür die Begriffe „Intensivierung", Effektivierung" oder „Qualitätserhöhung" angeführt. Diese Konzepte haben in den wenigsten Fällen zu einem stabilen Leistungsfortschritt geführt.

4.3.2 Trainingsintensität

Das Training zur Entwicklung differenzierter Ausdauerfähigkeiten vollzieht sich in Trainingsbereichen (Intensitätsbereichen). In der Trainingspraxis sind vier Trainingsbereiche voneinander abgrenzbar. Die vier Trainingsbereiche sind:

• die Grundlagen-(kraft)ausdauer 1 (GA 1/KA 1),
• die Grundlagen-(kraft)ausdauer 2 (GA 2/KA 2),
• die Wettkampfausdauer (WA),
• die Schnelligkeits- und Schnellkraftausdauer (SA/SKA).

Die Bezeichnungen für die Trainingsbereiche sind in den einzelnen Sportarten historisch gewachsen und noch unterschiedlich **(Tab. 1/4.3.2)**.

Intensität der Belastung	Triathlon	Schwimmen	Rad	Lauf	Skilanglauf
Niedrig	GA 1	GA 1	G 1	GA 1-DL (ext. DL)	SB
Mittel	GA 1-2	GA 1-2	G 2	GA 2-DL (int. DL)	SB/EB
Hoch	GA 2	GA 2	EB	GA 2-TL (TDL)	EB
Sehr hoch	WSA	SA	SB	SA (TL)	GB

Tab. 1/4.3.2: Gegenüberstellung der Trainingsbereiche und Bezeichnungen in ausgewählten Ausdauersportarten

WSA	= Wettkampfspezifische Ausdauer	EB	= Entwicklungsbereich
SA	= Schnelligkeitsausdauer	SB	= Stabilisierungsbereich
SB	= Spitzenbereich	GA	= Grundlagenausdauer
GB	=Grenzbereich	G	= Grundlagenausdauer
TL	=Tempolauf	DL	= Dauerlauf
		TL	= Tempolauf
		TDL	= Tempodauerlauf
		Ext.	= Extensiv
		Int.	= Intensiv

Eine Vereinheitlichung der Trainingsbereiche wäre in den Ausdauersportarten für die Verständigung von Athleten, Trainern und Sportwissenschaftlern förderlich. Schwierigkeiten würden nicht bestehen, weil der physiologische Hintergrund für die unterschiedlichen Begriffe von der Sportart unabhängig funktioniert. In den Ausdauersportarten kann man sich über ein allgemein notwendiges Fähigkeitsspektrum verständigen, welches anteilig unterschiedlich genutzt wird und den Stoffwechsel differenziert beansprucht.

Während im Hochleistungssport die Intensitätsgestaltung auf der Grundlage von Prozentwerten der Geschwindigkeit charakterisiert ist und die von einer differenzierten Auswirkung auf den Energiestoffwechsel abgeleitet wird, gibt es im Freizeitsport noch andere Bezugspunkte. Hier dominiert die Ableitung der Belastungsintensität von der maximalen Herzfrequenz (s. Kap. 7.1). Deshalb ist bei Prozentangaben in der Belastungssteuerung immer auf den Bezugspunkt zu achten, da sonst Missverständnisse und Fehlbelastungen entstehen **(Tab. 2/4.3.2)**.

Trainingsbereich	% Leistung	% Hf max	% VO$_2$ max	Laktatbereich
WSA	95 - 120	bis 100	bis 95	3 - 20
GA 2/KA 2	85 - 95	85 - 95	80 - 90	3 - 6
GA 1/KA 1	75 - 85	60 - 85	60 - 80	< 3
REKOM	65 - 75	< 70	< 60	< 2

Tab. 2/4.3.2: Haupttrainingsbereiche im Ausdauersport und Intensitätsabstufungen auf der Grundlage unterschiedlicher Funktionsebenen

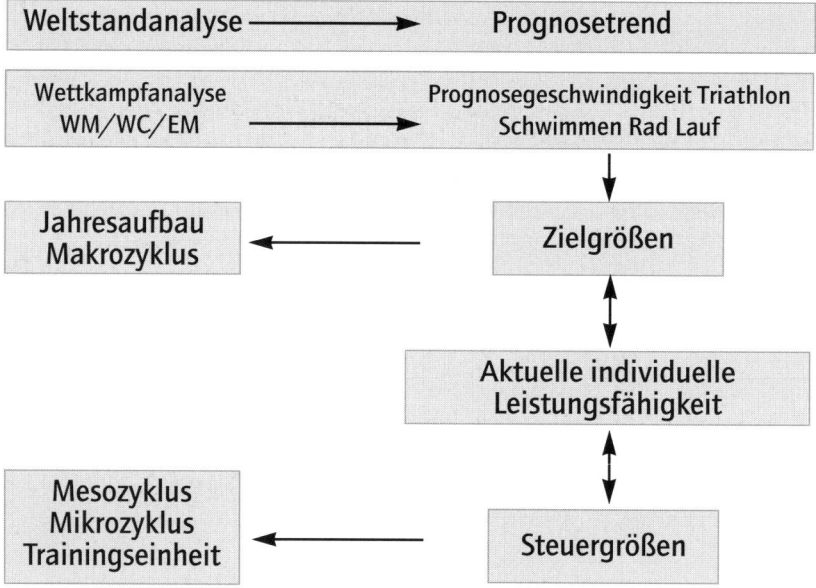

Abb. 1/4. 3. 2:
Schema der prognostischen Leistungsentwicklung (Beispiel Triathlon)

Ein wirkungsvolles Ausdauertraining hängt davon ab, wie es gelingt, den richtigen Maßstab für die Belastung zu finden. Bei Nichteinhaltung der Geschwindigkeiten bzw. der Trainingsbereiche sind Unter- oder Überbeanspruchungen des Organismus möglich. Fehlanpassungen oder Leistungsabfall sind die Folge.

Die Bestimmung von Zielgrößen für die Entwicklung der Wettkampfleistung und der Hauptleistungsfaktoren durch umfangreiche und differenzierte Wettkampfanalysen bildet die Grundlage für eine zielgerichtete Fähigkeitsentwicklung **(Abb. 1/4.3.2)**.

Teildisziplin	SA [m/s]	[km/h]	WA [m/s]	[km/h]	GA 2 [m/s]	[km/h]	GA 1 [m/s]	[km/h]
Schwimmen	1,8	6,5	1,50	5,4	1,4	5,0	1,25	4,5
Rad	13,3	48,0	12,5	45,0	11,7	42,0	8,6	31,0
Lauf	6,6	23,8	5,4	19,4	5,2	18,7	4,2	15,1

Tab. 3/4.3.2: Zielgrößen der Fähigkeitsentwicklung (Geschwindigkeit) für das Erreichen von Spitzenleistungen im Triathlon der olympischen Distanz

		Grundlagenausdauertraining		Wettkampfspezifisches Ausdauertraining	
		GA 1	GA 2	WA/SA	Prognose WK-Komplex
Schwimmen	Strecke	3000 m	5 x 400 m	15 x 100 m	1.500 m
	Zeit	400 m/4:56 min	400 m/4:45 min	100 m/1:02 min	100 m/1:08 min
	Geschwindigkeit	1,35 m/s	1,40 m/s	1,6 m/s	1,47 m/s
	Herzfrequenz	140-150 Schl./min	160-180 Schl./min	180-190 Schl./min	170-180 Schl./min
	Laktat	3-4 mmol/l	4-6 mmol/l	6-9 mmol/l	5-7 mmol/l
Rad	Strecke	150 km	4 x 10 km	6 x 2 km	40 km
	Zeit	5 h	10 km/14:17 min	2 km/2:30 min	10 km/13:30 min
	Geschwindigkeit	31 km/h	42 km/h	48 km/h	44,4 km/h
	Herzfrequenz	120-140 Schl./min	150-170 Schl./min	160-180 Schl./min	170-180 Schl./min
	Laktat	1 - 2 mmol/l	2,5 - 5 mmol/l	5 - 8 mmol/l	4 - 5 mmol/l
Lauf	Strecke	20 km	10 x 1.000 m	20 x 400 m	10.000 m
	Zeit	1.000 m/4:00 min	1.000 m/3:16 min	400 m/1:10 min	1.000 m/3:05 min
	Geschwindigkeit	3,80 m/s	5,10 m/s	5,70 m/s	5,38 m/s
	Herzfrequenz	130-160 Schl./min	170-180 Schl./min	180-190 Schl./min	170-190 Schl./min
	Laktat	1,5-2,5 mmol/l	3-4 mmol/l	4-10 mmol/l	5-7 mmol/l

Tab. 4/4.3.2: Prognoseorientierte Trainingsanforderungen Triathlon olympische Distanz/Männer (ausgewählte Trainingsstandards)

Die Fähigkeitsentwicklung sollte in den Ausdauersportarten durch eine ganzjährige Anwendung des Prinzips der Geschwindigkeitsorientierung gekennzeichnet sein. Zur Kontrolle der Belastung sind die Herzfrequenz und das Laktat zu nutzen (s. Kap. 7.1, 7.2). Das Training in den sportartspezifisch notwendigen Geschwindigkeiten ist ein wesentliches Trainingsprinzip. Das Konzept geht davon aus, dass die Erhöhung der Geschwindigkeiten, z.B. im Schwimmen, Rad, Lauf oder Skilanglauf auf der jeweiligen Wettkampfstrecke die gleiche Erhöhung des Geschwindigkeitsniveaus auf der entsprechenden Trainingsstrecke voraussetzt.

Ohne höhere Trainingsgeschwindigkeiten ist eine Verbesserung der Wettkampfleistung kaum möglich. Am Beispiel des Triathlons sind Geschwindigkeiten für die Entwicklung der einzelnen Fähigkeiten angeführt, die für internationale Spitzenleistungen bedeutsam sind (Tab. 3/4.3.2).

Die Geschwindigkeitsvorgaben sind für die Fähigkeitsentwicklung zugleich die Grundlage für die Gestaltung von entsprechenden Trainingsstandards, sie sind ihre wesentliche Steuergröße (Tab. 4/4.3.2). Eine Zusammenfassung des Trainings in den Trainingsbereichen und den Steuermöglichkeiten ist in Tab. 5/4.3.2 angeführt.

	WSA-Training	GA 2-Training	KA 2-Training	GA 1-Training	KA 1-Training	REKOM-Training
ZIEL	Ausprägung der wettkampfspezifischen Ausdauerfähigkeit	Entwicklung der Grundlagenausdauerfähigkeit Erhöhung der aerob/anaeroben Leistungsfähigkeit	Entwicklung der aerob/anaeroben Kraftausdauerfähigkeit	Stabilisierung und Entwicklung der Grundlagenausdauerfähigkeit Erhöhung der aeroben Leistungsfähigkeit	Entwicklung und Stabilisierung der aeroben Kraftausdauerfähigkeit	Unterstützung der Wiederherstellung Erhöhung der Belastbarkeit für nachfolgendes intensives Training
METHODE	Wettkampfmethode intensive Intervallmethode Wiederholungsmethode	Extensive Intervallmethode Fahrtspielmethode wechselhafte Dauermethode	Intensive Intervallmethode Wiederholungsmethode Fahrtspielmethode	Dauermethode Fahrtspielmethode	Dauermethode wechselhafte Dauermethode extensive Intervallmethode	Kürzere Dauermethode
INTENSITÄT	hoch bis sehr hoch Laktat: über 6,0 mmol/l Herzfrequenz (Hf) > 90% der Hf max	mittel - hoch Laktat: 3,0 - 6,0mmol/l Hf 80 - 90% der Hf max	hoch Laktat 4,0 - 7,0 mmol/l Hf 75 - 95% der Hf max	niedrig-mittel Laktat: 1,5 - 2,5 mmol/l Hf 65 - 80% der Hf max	mittel Laktat: 2,0 - 3,0 mmol/l Hf 75 - 85% der Hf max	sehr niedrig Laktat: unter 2,0 mmol/l Hf 60-70% der Hf max

REKOM   =   *Regenerations- und Kompensationstraining*
GA   =   *Grundlagenausdauertraining*
WSA   =   *Wettkampfspezifisches Ausdauertraining*
KA   =   *Kraftausdauertraining*

Tab. 5/4.3.2:
Zusammenfassung von Zielen, Methoden und Intensitäten für das Training in Trainingsbereichen der Ausdauersportarten

4.3.3 Trainingshäufigkeit

Die Trainingshäufigkeit hat im Zusammenhang mit Trainingsumfang und -intensität der Trainingsbelastung hohen Einfluss auf die Entwicklung der konditionellen Fähigkeiten.

Die Trainingsbelastungen können nur dann zu einer gewünschten Anpassung führen, wenn die belastungsbedingten Ermüdungszustände weitgehend überwunden sind, bevor eine erneute Belastungsreizsetzung folgt. Deshalb ist ein ständiger Wechsel von Trainingseinheiten mit unterschiedlich hoher Belastung sowie die aktive Regeneration eine wesentliche Grundlage der Belastungsgestaltung im Jahresverlauf (s. Kap. 5.2).

4.3.4 Trainingsmethoden

Die Ausdauerentwicklung erfolgt auf der Grundlage von Belastungsanforderungen, die sich durch eine Kombination verschiedener Belastungsfaktoren darstellen.

Eine Differenzierung der Trainingsmethoden basiert auf dem Belastungsverlauf und der Höhe der Intensität. Belastungsverläufe können kontinuierlich und wechselhaft erfolgen. Auf dieser Grundlage werden folgende Ausdauertrainingsmethoden unterschieden:
- Dauermethode
- Intervall- bzw. Wiederholungsmethode
- Fahrtspiel
- Wettkampfmethode.

Eine Übersicht über Methoden im Ausdauertraining gibt Tab. 1/4.3.4.

Methode	Charakteristik	Trainingseffekt/ Entwicklungen
Dauermethode	Belastung ohne Unterbrechung mit konstanter bzw. wechselnder Intensität	Grundlagen- und Kraftausdauer
Intervallmethode	Wechseln zwischen kurzen Belastungs- und Entlastungsphasen (unvollständige Erholung)	Grundlagen- und Kraftausdauer
Wiederholungsmethode	Wechsel zwischen intensiven (kurzen) Belastungs- und lang dauernden Erholungsphasen	Wettkampfspezifische Ausdauer, Schnellkraftausdauer
Fahrtspiel	Einsatz unterschiedlicher Methoden und Belastungsformen	Fähigkeitsspektrum
Wettkampfmethode	Einmalige wettkampftypische Belastung	Komplexe wettkampfspezifische Ausdauer

Tab. 1/4.3.4: Methoden im Ausdauertraining

4.3.5 Trainingsproportionen

Die „hohe Schule" der Fähigkeitsentwicklung in den Ausdauersportarten besteht darin, für die jeweilige Sportart/Disziplin ein Trainingskennziffernsystem zu entwickeln, dass die Voraussetzung für individuelle Trainingspläne und eine differenzierte, fähigkeitsorientierte Planung einzelner Belastungskomponenten darstellt. Das Training der Fähigkeiten erfolgt auf der Grundlage von sportartspezifisch angepassten Trainingsprinzipien.

Die Konzipierung von Proportionen in der Fähigkeitsentwicklung bei den einzelnen Ausdauersportarten ist eine komplizierte Aufgabe der Trainingsplanung. Entschieden werden muss, wie viel Prozent des Gesamttrainings im GA 1-, GA 2- und/oder WSA-Bereich trainiert werden soll (**Abb. 1/4.3 5**). Die Wahl der Proportionen ist von der Leistungsfähigkeit des Sportlers (Leistungskategorien), vom Trainingsumfang (wenig Training = andere Proportionen), von der Trainingsperiode und -etappe (VP/WKP), von individuellen Voraussetzungen (Muskelfaserstruktur) und Unterschieden von Sportart zu Sportart (Leistungsstruktur) bestimmt. Aus der Sicht der Sportart Triathlon sind als Beispiel einzelne Trainingsproportionen differenziert dargestellt (**Tab. 1/4.3.5**).

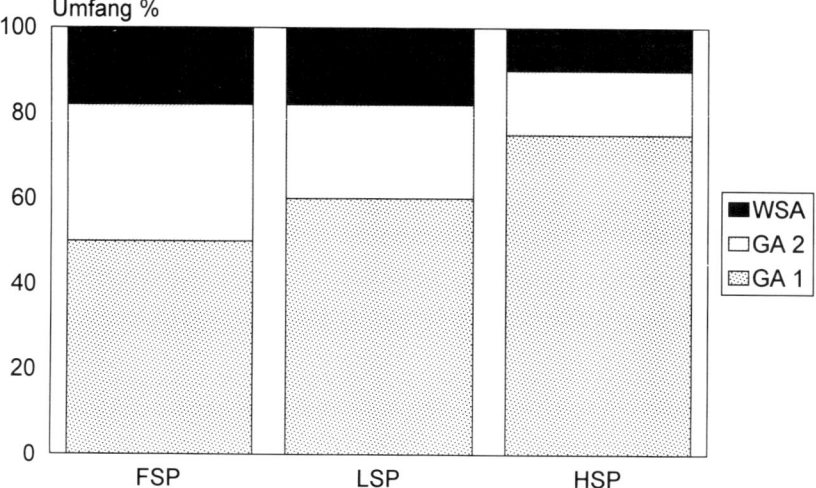

Abb. 1/4. 3. 5:
Trainingsproportionen   für Hochleistungssportler (HSP), Leistungssportler (LSP)
und Freizeitsportler (FSP)

Disziplin	WA/SA	GA 2	KA	GA 1	REKOM	Gesamt
Schwimmen	1	3	1	12	2	19
Rad	8	15	39	200	15	277
Lauf	5	9	5	41	11	71

Tab. 1/4.3.5: Jahrestrainingskennziffern (km/Woche) in den fähigkeitsorientierten Intensitätsbereichen für den Spitzenbereich in der Sportart Triathlon (Trainingsumfang 1.000 km Schwimmen, 15.000 km Rad, 4.000 km Lauf)

In der Abbildung **1/4.3.5** werden die Trainingsproportionen für das Umfangstraining für Hochleistungs-, Leistungs- und Freizeitsportler vergleichend dargestellt. Grundsätzlich ist festzustellen, dass Hochleistungssportler einen höheren Umfangsanteil im GA 1-Training absolvieren als Freizeit- oder Fitnesssportler.

Bei der Interpretation der Prozentangaben ist zu beachten, dass Hochleistungssportler über 1.000 Stunden im Jahr bewältigen und folglich, absolut gesehen, mehr Kilometer im GA 2- bzw. WSA-Bereich trainieren als Freizeit- oder Leistungssportler.

Nur der Hochleistungssportler ist in der Lage, differenziert zu trainieren, indem er optimale Proportionen in der Fähigkeitsentwicklung einhalten kann. Der Fitnesssportler ist aufgrund mangelnder Zeit nicht in der Lage, das GA 1-Training in ausreichendem Maße auszuführen. Er absolviert ein Kompromisstraining. Dies führt in der Regel zu einem schnellen Leistungsaufbau zu Saisonbeginn, jedoch nachfolgend zu einer instabilen Leistung, die sich der Sportler anfangs nicht erklären kann. Leistungsdiagnostische Untersuchungen weisen darauf hin, dass seine aerobe Kapazität nicht ausreicht und Ursache für das abfallende Leistungsniveau ist. Der methodische Ausweg besteht in einem vermehrten Grundlagentraining bei Betonung längerer Strecken im aeroben Stoffwechselbereich bzw. in der dem Trainingsumfang angepassten (reduzierten) Wettkampftätigkeit.

Die Abstimmung wesentlicher trainingsmethodischer und organisatorischer Maßnahmen auf den individuell angestrebten Wettkampfhöhepunkt ist das entscheidende Merkmal des planmäßigen Trainingsaufbaus. Die Planung des Trainingsprozesses wird erleichtert, wenn feste methodische Reihenfolgen von Trainingsinhalten in jedem Makro-, Meso- und Mikrozyklus eingehalten werden. Durch die Aufteilung des Jahres in Zyklen kann die Wiederholung des trainingsmethodischen Vorgehens für die Entwicklung des höheren Leistungsniveaus besser gesichert werden.

Neben der Veränderung von Trainingskennziffern im langfristigen und mehrjähri-gen Leistungsaufbau können **Belastungssteigerungen,** wie nachfolgend am Bei-spiel von Triathlon, zu sehen ist, erreicht werden durch:

- den systematischen Trainingsmittelwechsel vom Allgemeinen zum Speziellen (Ski, Schwimmen, Cross, Mountainbike, Lauf, Rad, Koppel, Duathlon, Triathlon).
- das Anwachsen des Anteils wettkampfspezifischen Trainings.
- die konsequente Anwendung der Zyklusmethoden (z.B. Bündelung der Trai-ningsreize, Belastung - Erholung, u.a.).
- die Akzentuierung der Belastungskomponenten Umfang, Intensität, Häufigkeit.
- die betonte Verschiebung der Proportionen im Grundlagenausdauertraining von GA 1 zu GA 2.
- den gezielten Einsatz spezieller Reizfaktoren (Höhentraining, Lehrgangstrai-ning, Messplatztraining) sowie
- die stetige Zunahme der Belastungswiderstände auf die spezifisch beanspruch-te Muskulatur.

Fehler im Trainingsprozess
Die Stagnation der Leistungsfähigkeit oder sogar der Leistungsrückgang hat oft komplexe Ursachen und ist ohne detaillierte Dokumentation des Trainings kaum aufzuklären. Die wesentlichsten Fehler im Leistungstraining sind:

- Die Steigerung der intensiven Anteile der Trainingsbelastung (einschließlich Wettkämpfe) erfolgt auf der Grundlage unzureichender aerober sportartspezifi-scher Leistungsfähigkeit oder durch eine starke Verminderung der Gesamtbelastung.
- Die ausbleibende Steigerung der Trainingsbelastung im Trainingsjahr und die zu großen Abstände der Belastungsgipfel zum Leistungshöhepunkt behindern die Ausprägung der individuellen Höchstleistung.
- Die Missachtung von Belastungs-Entlastungs-Zeiträumen mindert die Trai-ningsqualität und damit auch das Anpassungsniveau. Zu dichte Wettkampf-folgen, die ohne Zwischenwettkampftraining leistungsphysiologisch nicht ver-kraftet werden, verkürzen den individuellen Hochleistungszeitraum im Trai-ningsjahr.
- In der Nutzung des Wettkampfreglements und in der aktiven Gestaltung von si-tuationsgebundenen Wettkampfstrategien, einschließlich der mentalen Wett-kampfvorbereitung und Einstellung auf veränderte Anforderungen, können in-dividuelle Defizite vorliegen.
- Die Wirkungskette der Trainingssteuerung wird nicht beherrscht. Die Trainings-empfehlungen basieren auf einer einseitigen und meist sportartunspezifisch durchgeführten Funktionsdiagnostik, bei der die reale Belastung im Training, so weit sie überhaupt dokumentiert wurde, wenig berücksichtigt wird.

5 Trainingsplanung und -gestaltung

5.1 Struktur des Trainingsprozesses

Das gesamte System des sportlichen Trainings ist darauf gerichtet, entsprechend den Trainingszielen, eine hohe Trainingswirksamkeit zu erreichen.

Für die Entwicklung der sportlichen Leistung bzw. Fortschritte in der Leistungsfähigkeit sind längere Zeiträume erforderlich. In den Ausdauersportarten beträgt der Zeitraum von der Aufnahme des sportlichen Trainings bis zum Erreichen einer Spitzenleistung 10-15 Jahre. Deshalb ist es notwendig, die Trainingszyklen zu planen, die für inhaltliche und zeitliche Strukturen charakteristisch sind. Im Mittelpunkt dieser Zyklen steht die ständige Erhöhung der Leistungsgrundlagen, die Vervollkommnung der wettkampfspezifischen Leistungsfähigkeit und die Erholungs- bzw. Wiederherstellungsprozesse.

Ausgehend von der individuellen aktuellen Leistungsfähigkeit ist es für die einzelnen Ausbildungsabschnitte des langfristigen Leistungsaufbaus erforderlich, Leistungsziele zu planen. Ein wichtiges Trainingsziel ist das Erreichen der notwendigen sportartspezifischen Geschwindigkeit in den einzelnen Abschnitten der Leistungsentwicklung im Trainingsjahr. Für die Planung von Belastungszuwachsraten ist das Trainingsalter von entscheidender Bedeutung.

5.2 Periodisierung und zyklische Gestaltung

Im Spitzenbereich der Ausdauersportarten ist das Training darauf gerichtet, zum Wettkampfhöhepunkt des Jahres die höchste individuelle Leistung zu erreichen. Um eine systematische Herausbildung einer entsprechenden sportartspezifischen Leistungsfähigkeit zu garantieren, wird das Trainingsjahr in unterschiedlich lange Zyklen gegliedert (Tab. 1/5.2).

In vielen Sportarten prägt das Wettkampfsystem den Jahresaufbau und die Periodisierung. Internationale Tendenzen zeigen, dass, insbesondere im Spitzensport, die Anzahl der Wettkämpfe in Form von Wettkampfserien deutlich zugenommen hat. Eine Reduzierung der Wettkämpfe ist oft nicht möglich, da Nominierungen für Wettkampfhöhepunkte von den zu erreichenden Punkten (Weltcuppunkte, Weltcupranglisten u.a.) abhängig sind. Deshalb werden neben dem einfach periodisierten Jahresaufbau zunehmend Doppel- und Mehrfachperiodisierungen üblich (Tab. 2/5.2).

Planungsabschnitt	Dauer
Mehrjahreszyklus	Olympiazyklus (4 Jahre), Zweijahreszyklus
Makrozyklus	Inhalt: Vorbereitungs-, Wettkampf-, Übergangsperiode
Mesozyklus	2-4 Wochen
Mikrozyklus	1 Woche
Tageszyklus	1-4 Trainingseinheiten

Tab. 1/5.2: Begriffe und zeitliche Dauer in der zyklischen Trainingsgestaltung

Makrozyklus/Trainingsjahr		
Übergangsperiode (ÜP)	Vorbereitungsperiode (VP)	Wettkampfperiode (WKP)

Einfachperiodisierung

Trainingsjahr					
1. Makrozyklus			2. Makrozyklus		
ÜP	VP	WKP	ÜP	VP	WKP

Doppelperiodisierung

Trainingsjahr								
1. Makrozyklus			2. Makrozyklus			3. Makrozyklus		
ÜP	VP	WKP	ÜP	VP	WKP	ÜP	VP	WKP

Mehrfachperiodisierung

Tab. 2/5.2:Varianten des Jahresaufbaus in den Ausdauersportarten

Das Grundanliegen des Jahrestrainingsaufbaus besteht in der Steigerung der Trainingsbelastung bis kurz vor dem sportlichen Höhepunkt. Durch einen gezielten Wechsel der Haupttrainingsmittel kann die Erhöhung der Reizwirksamkeit der Belastung erreicht werden. Um in den Ausdauersportarten einen zeitlich akzentuierter Einsatz der Trainingsinhalte im Jahrestrainingsaufbau vornehmen zu können, sind folgende methodische Maßnahmen wirksam:

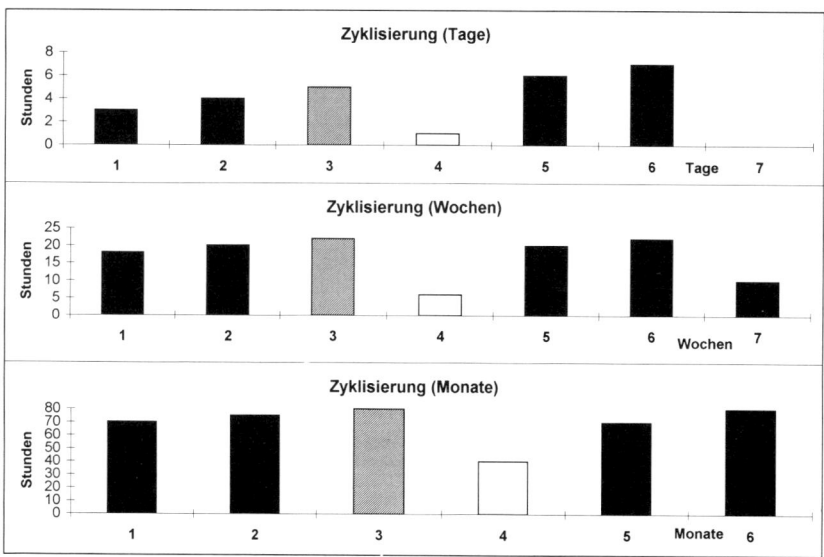

Abb. 1/5.2: Prinzipdarstellung der zyklischen Gestaltung des Trainings in Tagen, Wochen und Monaten. Durch die Überlagerung der einzelnen Belastungs- und Entlastungsabschnitte wird das Leistungstraining anspruchsvoll.

- ein **Wechsel der Trainingsreize.**
- die Zunahme der **Sportartspezifik der Belastung.**
- die Vergrößerung des **intensiven Anteils des Trainings.**
- die Erhöhung der **Belastungswiderstände** und
- der mehrmalige Einsatz des **Höhentrainings.**

Damit ist, neben der Zunahme des Trainingsumfanges, eine Steigerung der Trainingsreize im Verlaufe des Jahrestrainingsaufbaus bis zum Wettkampfhöhepunkt möglich.

Der Aufbau des Trainingsjahres wird von unterschiedlichen Zielen und Trainingsinhalten bestimmt. Unter Beachtung der Trainingsprinzipien für die Leistungsentwicklung sollte der Leistungsaufbau bis zum Wettkampfhöhepunkt überschaubar gestaltet werden. Sportler, die keine anspruchsvollen Ziele haben, sollten sich auf einen Saisonhöhepunkt orientieren, um durch die gezielte Vorbereitung Erfolgserlebnisse zu haben. Auch für den Fitnesssportler gilt das Grundprinzip der zyklischen Gestaltung (**Abb. 1/5.2**).

Periodisierung

Die Trainingsperioden erstrecken sich in den Sommersportarten von Oktober bis Mai als Vorbereitungsperiode und von Juni bis September als Wettkampfperiode. In den Wintersportarten erstrecken sich diese Zeiträume von April bis November und von Dezember bis März. Als Planungsgrundlage sind in den Ausdauer-Saisonsportarten vorwiegend Einfachperiodisierungen üblich. Die Doppel- und Mehrfachperiodisierungen betreffen Sportarten, die eine Hallensaison (Winter) dazwischengeschaltet haben. Der Jahresaufbau kann aus drei Vorbereitungsperioden, der Wettkampfperiode mit möglicherweise zwei Höhepunkten sowie einer Übergangsperiode bestehen. Jede Periode ist in **Mesozyklen** gegliedert, in denen, bei gleichzeitiger Entwicklung der leistungsbestimmenden Faktoren, jeweils die grundlegenden Leistungsvoraussetzungen, die Grundlagenausdauer sowie die wettkampfspezifische Ausdauer trainiert werden. Die inhaltliche Gestaltung der Trainingsabschnitte ist folgende:

Vorbereitungsperiode 1 (VP 1)

Dieser Trainingsabschnitt wird schwerpunktmäßig für die Entwicklung grundlegender, allgemeiner Leistungsvoraussetzungen genutzt. Neben dem Erreichen eines neuen Niveaus der Grundlagenausdauer steht die Verbesserung der allgemeinen Ausdauer, Kraft sowie der allgemeinen Motorik im Vordergrund. Hinzu kommen Übungen für die Verbesserung der Beweglichkeit sowie der Dehn- und Entspannungsfähigkeit der Muskulatur. Die sportartunspezifischen Trainingsmittel dominieren **(Tab. 3/5.2)**. Wettkämpfe in unterschiedlichen Sportarten sind möglich.

Vorbereitungsperiode 2 (VP 2)

Auf der Basis einer stabilen aeroben Leistungsfähigkeit werden zunehmend sportartspezifische und semispezifische Trainingsmittel eingesetzt. Die Entwicklung der Grundlagen- und Kraftausdauer steht weiterhin im Mittelpunkt des Trainings, allerdings in einem höheren Geschwindigkeitsbereich. Der Anteil des Trainings im aerob-anaeroben Übergangsbereich wird deutlich angehoben. Damit soll ein höheres Geschwindigkeitsniveau im Grundlagenausdauertraining erreicht werden. Klima- und Höhentraining können diese Trainingsziele unterstützen.

Sportart	Trainingsmittel
Schwimmen	Krafttraining an Land
Rad	Winterbahn, Mountainbike
Lauf	Geländelauf, Skilang- und Rollerlauf
Triathlon	Skilanglauf, Mountainbike, Schwimmen, Rad, Lauf
Skilanglauf	Geländelauf, Skiroller, Inlineskates
Eisschnelllauf	Gleitbrett, Inlineskates, Rad

Tab. 3/5.2: Beispiele für den Einsatz von Trainingsmitteln zur Entwicklung grundlegender Leistungsvoraussetzungen in verschiedenen Sportarten

Vorbereitungsperiode 3 (VP 3)

In diesem Trainingsabschnitt ist die höchste Trainingsbelastung des Trainingsjahres zu erreichen. Durch den akzentuierten Einsatz des wettkampfspezifischen Ausdauertrainings werden die komplexen Anforderungen des Wettkampfs, verstärkt trainiert. Der Anteil allgemeiner Trainingsmittel nimmt in der VP 3 ab.

Wettkampfperiode 1 (WP 1)

In diesem Zeitraum liegt der Trainingsakzent auf der weiteren Ausprägung der wettkampfspezifischen Ausdauer. Dies geschieht in Form von nationalen und internationalen Wettkämpfen, Wettkampfserien oder Nominierungswettkämpfen. Für den Erhalt der aeroben Leistungsfähigkeit ist das stabilisierende Grundlagenausdauertraining begleitend fortzuführen.

Wettkampfperiode 2 (WP 2)

Dieser Zeitraum wird inhaltlich und organisatorisch vom Wettkampfhöhepunkt bestimmt. Durch die besondere Gestaltung der unmittelbaren Wettkampfvorbereitung (UWV) wird der Jahreshöhepunkt vorbereitet. Die individuelle Ausprägung der komplexen Wettkampfleistung sollte mit bewährten Trainingsstandards geplant werden. Die Einhaltung von Entlastungsphasen gilt als eine entscheidende Grundlage für die optimale Leistungsentwicklung.

Unmittelbare Wettkampfvorbereitung (UWV)

Die UWV ist ein Bestandteil der Wettkampfperiode. Sie dient der Ausprägung der höchsten individuellen Leistungsfähigkeit im Jahresaufbau. Die prognostizierten Leistungsziele zum Wettkampfhöhepunkt sind über die UWV vorzubereiten. Das Herantasten an die Leistungsgrenzen belegen auch die Begriffe „Tapern" oder „Tapering" belegt. Die internationalen Tendenzen in der Gestaltung der Wettkampfperiode über die UWV sind wie folgt charakterisiert:

- Das Erreichen prognostischer Ziele zum Zeitpunkt des Wettkampfhöhepunktes gelingt nur, wenn **höchste individuelle Trainingsleistungen** im Zeitraum der UWV realisiert werden.
- Die Eingangsleistungsfähigkeit sollte zu Beginn der UWV weniger als 2% des **Geschwindigkeitsrückstandes** zur internationalen Spitzenleistung (Weltcupsiegleistung für Sommersportarten Juni und für Wintersportarten Dezember) betragen. Die Belastungsanforderungen in den Haupttrainingsbereichen, insbesondere der WSA, sollten gegenüber dem Trainingsjahr deutlich gesteigert werden.
- Der höchste Anteil der WSA am **Gesamttrainingsumfang** ist im Zeitraum April/ Mai für die Sommersportarten und im November für die Wintersportarten zu erreichen.

- Die UWV umfasst etwa einen **Zeitraum von 4-6 Wochen** und beinhaltet einen Mesozyklus der komplexen Fähigkeitsentwicklung und für die Ausprägung der Wettkampfleistung. Die zeitliche Lage des Mesozyklus in der UWV wird nach dem Rückrechnungsprinzip vom Wettkampfhöhepunkt aus ermittelt.

Übergangsperiode (ÜP)

Die Übergangsperiode beginnt nach den letzten Wettkämpfen und dient der psychophysischen Erholung. Einzuleitende Rehabilitationsmaßnahmen und regeneratives Training in einer anderen Sportart bestimmen den Inhalt dieses Trainingsabschnitts.

Zyklisierung

Der Aufbau der sportlichen Leistungsfähigkeit vollzieht sich als hierarchisches System von kürzeren und längeren Abschnitten des Trainings bzw. von Trainingszyklen, die in ihrer Grundstruktur und damit in ihrer Hauptwirkrichtung im Trainingsprozess immer wiederkehren und dabei dem veränderten Leistungsstand der Sportler entsprechen (SCHNABEL et. al., 1994).

Die kontinuierliche Belastungssteigerung im Jahresaufbau ist dynamisch zu gestalten. Neben den differenzierten Proportionen von Umfang und Intensität im Training ist vor allem der Wechsel von Belastung und Wiederherstellung, der dem Sportler einen ständig wechselnden Beanspruchungsgrad verschafft, von Bedeutung.

Das Ziel der Zyklisierung des Trainings ist, hohe Trainingsbelastungen mit notwendigen Wiederherstellungsphasen sowie Akzentuierungen in der Entwicklung bestimmter Fähigkeiten und Fertigkeiten in einzelnen Zyklen zu realisieren.

Makrozyklus

Der Makrozyklus ist der größte Trainingszyklus und beinhaltet die Perioden des Jahresaufbaus. Sein Inhalt ist auf die planmäßige Herausbildung der komplexen sportlichen Leistungsfähigkeit auf immer höherem Niveau ausgerichtet (**Tab. 4/5.2**).

Vorbereitungsperiode	Wettkampfperiode	Übergangsperiode
Entwicklung allgemeiner und spezieller Leistungsvoraussetzungen	Ausprägung der Wettkampfleistung	Herstellung der psychophysischen Belastbarkeit

Tab. 4/5.2: Inhalte eines Makrozyklus

Mesozyklus

Der Mesozyklus besteht aus mehreren Mikrozyklen (3-4) und hat zwei Hauptfunktionen. Einmal die Gewährleistung von Belastung und Erholung und zum anderen die Umsetzung eines akzentuierten Trainings zur Entwicklung von Fähigkeitskomplexen.

Der ganzjährige Einsatz von standardisierten Mikro- und Mesozyklen ist anzustreben.

Zur Gewährleistung der Einheit von Belastung und Erholung umfasst der Mesozyklus meist drei Mikrozyklen (drei Wochen) mit jeweils akzentuierten Trainingsaufgaben und einen anschließenden Mikrozyklus (eine Woche) mit reduzierter Belastung. Für die Herausbildung der Fähigkeitskomplexe werden folgende typische Mesozyklen unterschieden:

- Mesozyklus zur Herausbildung **allgemeiner Leistungsgrundlagen,**
- Mesozyklus zur betonten **GA- und KA-Entwicklung,**
- Mesozyklus zur komplexen Fähigkeitsentwicklung und Ausprägung der **Wettkampfleistung.**

Im Mittelpunkt der Fähigkeitsentwicklung steht in den meisten Ausdauersportarten der Mesozyklus zur betonten GA- und KA-Entwicklung in bestimmter Reihenfolge der Akzente **(Tab. 5/5.2)**.

1.Woche	2. Woche	3. Woche	4. Woche
GA (GA 1/KA 1)	GA (GA 2/KA 2)	komplexe Anforderungen GA (GA 1) WSA (SA/S/KA)	Regeneration/ Kompensation

Tab. 5/5.2 :
Beispiel der Belastungsschwerpunkte in einem akzentuierten Mesozyklus

Mikrozyklus

Der Mikrozyklus ist der kleinste Trainingszyklus. Er besteht aus mehreren Trainingseinheiten und wird oft als Wochenzyklus geplant. Im Mittelpunkt steht der Einsatz eines Trainingsmittels zur akzentuierten Fähigkeitsentwicklung. Die mikrozyklische Trainingsgestaltung wird durch den Inhalt der einzelnen Trainingseinheiten, den Leistungsstand und die Belastbarkeit des Sportlers sowie durch die Erholungszeiträume zwischen den Trainingseinheiten beeinflusst. Der Inhalt des Mikrozyklus lässt sich als eine bestimmte Aufeinanderfolge von Belastungs- und Erholungsphasen sowohl im Tagesverlauf als auch an mehreren Tagen hintereinander charakterisieren.

Die Gestaltung von Mikrozyklen zur Fähigkeitsentwicklung in den drei Mesozyklentypen umfasst folgende Grundvarianten:
- Mikrozyklus zur Entwicklung der allgemeinen **Ausdauer.**
- Mikrozyklus zur Entwicklung der allgemeinen **Kraft und Schnelligkeit.**
- Mikrozyklus zur Entwicklung der **Grundlagen- und Kraftausdauer.**
- Mikrozyklus zur Entwicklung der **wettkampfspezifischen Ausdauer.**

Das wesentliche Merkmal dieser Mikrozyklen ist eine bis zu individuellen Grenzen vorgenommene Belastungssummation, der eine unvollständige Wiederherstellung folgt. Die Mikrozyklen zur Transformation der Leistungsfähigkeit kommen dort zur Anwendung, wo der Superkompensationsmechanismus aktiv für das Erreichen eines neuen Trainingsniveaus genutzt werden soll. Das trifft u.a. auf den Zeitraum nach einem Höhentraining und auf die Vorbereitung von Wettkampfserien zu **(Tab. 6/5.2).**

	1.Tag	2. Tag	3. Tag	4. Tag	5. Tag	6. Tag	7.Tag
A	Belastung	Belastung	Belastung	REKOM	Belastung	Belastung	REKOM
B	Belastung	Belastung	REKOM	Belastung	Belastung	REKOM	Wettkampf

Tab. 6/5.2: Beispiel einer zyklischen Belastungsgestaltung auf Wochenbasis
A: Trainingszyklus auf der Basis von Belastung und Regeneration/Kompensation 3:1 und 2:1
B: Trainingszyklus auf der Basis von Belastung und Regeneration/Kompensation 2:1 mit Wettkampf

Die erarbeiteten Schwerpunkte im Mikrozyklus lassen sich nur dann im Training berücksichtigen, wenn entsprechend der Leistungsstruktur der Sportart exakte Vorstellungen von den erforderlichen Fähigkeiten und deren Entwicklungsmöglichkeiten vorhanden sind. Gerade darin bestehen bei den meisten Athleten Probleme. Nachfolgend werden einige Aspekte des Trainingsaufbaus aufgeführt.

Jahresplanung

Jeder längerfristigen Trainingsplanung in den Ausdauersportarten liegt ein methodischer Algorithmus mit folgenden Hauptmerkmalen zugrunde:
- Kennzeichnung des **Hauptziels** der sportlichen Höchstleistung,
- **Rückstand** zur Zielleistung (z.B. Weltspitze) und
- zu erreichendes **Jahresleistungsziel** entsprechend dem individuellen Niveau.

Aus diesen Anforderungen sind Teilziele für den Jahresaufbau abzuleiten, insbesondere für die Steigerung der Geschwindigkeit unter aeroben, aerob-anaeroben und Wettkampfbedingungen. Die Trainingsplanung sollte sorgfältig erfolgen. Da-

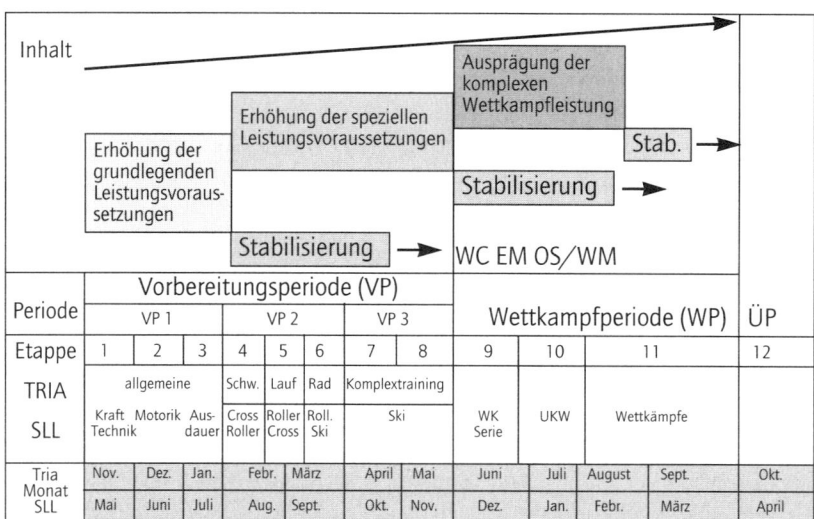

Abb. 2/5.2: Komplette Jahrestrainingsplanung von zwei Saisonsportarten: Skilanglauf (SLL) und Triathlon (TRIA)

bei ist immer zu bedenken, dass das Trainingsjahr lang ist und die Überschaubarkeit der Planung leicht verloren geht. Deshalb sind mindestens die zu erreichenden **Wochentrainingskennziffern** für die fähigkeitsorientierte Belastungsgestaltung zu planen **(Abb. 2/5.2)**.

Die Abgrenzung der Ziele und Inhalte von Trainingseinheiten und -programmen sind Möglichkeiten, den Trainingsaufbau überschaubar zu gestalten. Besteht Klarheit über das individuelle Leistungsvermögen und wird ein realisierbares individuelles Leistungsziel vorgegeben, dann können weitere Anforderungen in die Trainingsplanung einbezogen werden. Dabei sollte immer wieder die ziel- und streckenbezogene Geschwindigkeit im Mittelpunkt des Trainings stehen. Individuell ist zu entscheiden, ob dem Abbau von Schwächen oder dem Ausbau von Stärken bei der Fähigkeitsentwicklung der Vorzug zu geben ist. In der Regel ist der Ausbau von individuellen Stärken der Erfolg versprechendere Weg.

An dieser Stelle muss angemerkt werden, dass es in einigen Sportarten, in denen die Trainingsleistung (Geschwindigkeit) stark von äußeren Bedingungen beeinflusst wird, Tendenzen gibt, die Zielzeiten (Teilleistungen) nicht in den Mittelpunkt des Trainings zu stellen. Als Ersatz wird die Belastung ausschließlich nach der Trainingszeit (nicht Geschwindigkeit!) und den Auslenkungen der zur Steuerung eingesetzten biologischen Messgrößen gesteuert. In der Mehrzahl der Fälle geht bald der Maßstab für das Erreichen von Spitzenleistungen verloren und die Trainingsreize sinken auf ein niedrigeres Niveau ab (s. Kap. 7).

5.3 Trainingsprinzipien

Trainingsprinzipien sind Anweisungen für die Planung und Durchführung des Trainings. Die allgemeinen Trainingsprinzipien erheben den Anspruch, für die Mehrheit der Sportarten und auch für unterschiedliche Realisierungsebenen des Sports gültig zu sein. Da eine Vielzahl von Trainingsprinzipien existiert, werden in der nachfolgenden Übersicht nur Trainingsprinzipien genannt, die im Zusammenhang mit der „methodisch-organisatorischen Gestaltung des Trainings" stehen (SCHNABEL et al., 1994).

1. Prinzip der Ausrichtung des sportlichen Trainings auf die angestrebte sportliche Leistung und ihre Struktur

Das Erreichen einer definierten sportlichen Leistung gelingt nur, wenn eine Übereinstimmung von Leistungs- und Trainingsstruktur garantiert ist. Das erfordert die konsequente Ableitung aller Teilziele, Inhalte und Strukturen des Trainings in allen Ausbildungetappen aus den Anforderungen der betreffenden Leistungsstruktur (s. Kap. 3).

2. Prinzip der rechtzeitigen und zunehmenden Spezialisierung

Zur Erreichung hoher sportlicher Leistungen in der angestrebten Sportart/Disziplin ist, aufbauend auf einer hohen motorischen Leistungsfähigkeit und Belastungsverträglichkeit, ein rechtzeitiges und zunehmend sportartspezifisches Training durchzuführen.

3. Prinzip der Periodisierung und Zyklisierung

Zum zielgerichteten Aufbau der sportlichen Leistungsfähigkeit ist ein Jahres- bzw. Mehrjahresaufbau zu konzipieren. Die Trainingsabschnitte unterscheiden sich dabei durch inhaltliche sowie methodische Belastungsgestaltungen und wiederholen sich auf einem immer höheren Niveau.

4. Prinzip der Folgerichtigkeit und Abgestimmtheit in der Ausbildung der Leistungsvoraussetzungen

Die zielgerichtete Entwicklung der sportlichen Leistung erfordert die Verflechtung der sportartspezifischen Leistungsvoraussetzungen, die, unter Berücksichtigung ihrer wechselseitigen Beziehungen, in einer Trainingseinheit oder im Mikrozyklus trainiert werden müssen.

5. Prinzip der Akzentuierung und Kontinuität

Beim Aufbau der sportlichen Leistungsfähigkeit sind in der Gestaltung der Fähigkeitsentwicklung und im Einsatz von Trainingsmitteln und -methoden zeitweise
Akzente zu setzen. Dabei ist zu beachten, dass die kontinuierliche Leistungsentwicklung nicht längere Zeit unterbrochen werden darf.

**6. Prinzip der progressiven (allmählichen/sprunghaften/variierenden) Belas-
tungssteigerung**

Wenn die sportliche Leistungsfähigkeit längerfristig erhöht werden soll, ist die
Trainingsbelastung systematisch zu steigern. Nur durch die steigende Beanspru-
chung der leistungsrelevanten Organe und Funktionssysteme, mit regelmäßiger
Wiederherstellung, sind die erforderlichen Anpassungen auszulösen.

7. Prinzip der permanenten Trainingssteuerung

Zur Sicherung eines optimalen Trainings ist die Wirkungskette von Trainingsplanung, Leistungsdiagnostik, Wettkampfanalyse, Trainingsanalyse zur Anwendung
zu bringen. Daraus sind Ableitungen (Trainingsentscheidungen) für die weitere
Gestaltung des Trainings zu treffen.

Bei der **Jahrestrainingsplanung** kommen in den einzelnen Trainingsabschnitten
verschiedene Trainingsprinzipien zur Anwendung:

1. Das leistungsentscheidende Merkmal des Trainings im Jahresaufbau ist die dynamische Steigerung der Belastung von Trainingsetappe zu Trainingsetappe
   bis zur unmittelbaren Wettkampfvorbereitung. Der Sportler sollte sich auf wenige ausgewählte Wettkämpfe in den Vorbereitungsetappen konzentrieren.

2. Struktur der Belastung, akzentuierte Trainingsziele, Verhältnis von Umfang und
   Intensität, vor allem aber der Wechsel von Belastung und Wiederherstellung
   unterliegen im Trainingsprozess der fortwährenden Dynamik. Damit lassen sich
   hohe und höchste Trainingsbelastungen mit optimalen Wiederherstellungsphasen in unterschiedlich langen Zeiträumen sowie Akzentuierungen in der Entwicklung bestimmter Fähigkeiten und Fertigkeiten in einzelnen Zyklen realisieren.

3. Die Erhöhung der Belastbarkeit, vor allem durch das ganzjährige Training mit
   allgemeinen und semispezifischen Mitteln, ist die Voraussetzung, um höchste
   spezifische Trainingsbelastungen zu verarbeiten. Das Verletzungsrisiko wird dadurch klein gehalten.

4. Die Erhöhung der Grundlagen- und Kraftausdauer ist auf der Basis von Belastungsgipfeln und auch bei Anwendung des Höhentrainings bis in die unmittelbare Wettkampfvorbereitung fortzusetzen.

5. Das Einbeziehen von spezifischen Merkmalen des Hauptwettkampfes in den ganzjährigen Trainingsprozess sichert eine ungestörte Wettkampfvorbereitung.

6. Neben der Zunahme der Disziplinspezifik im Jahresaufbau wirken die Akzentsetzungen in den Etappen, die auf der Grundlage einer standardisierten zyklischen Gestaltung und einer systematischen Reihenfolge der Trainingsschwerpunkte erfolgen sollten, leistungsfördernd.

7. Die methodischen Reihungen in den Mesozyklen sind prinzipiell dem Trainingsziel unterzuordnen. Damit kann am sichersten die angestrebte Leistung in den einzelnen Fähigkeitskomplexen am Ende jeder Trainingsetappe (Makrozyklus) erreicht werden.

8. Ein wesentlicher Gesichtspunkt in der Vorbereitungsperiode ist die Orientierung an den von der Wettkampfleistung abgeleiteten Etappenzielgrößen. Für die Fähigkeitsentwicklung sind Geschwindigkeit, Frequenz, Vortrieb u.a. wichtige Orientierungsgrößen.

9. Die systematische Steigerung der Belastungswirkung im Jahresverlauf durch quantitative und qualitative Veränderungen in den Trainingseinheiten (Widerstand, Streckenmittel) gehört ebenso zu einem optimierten Jahresaufbau, wie die dynamische Erhöhung des Trainingsanteils im aerob-anaeroben Übergangsbereich (GA 2).

10. Die Gestaltung von Belastung und Erholung ist eine wichtige Planungskategorie, da diese maßgeblich über Anpassung, Fehlanpassung oder Übertraining entscheidet.
    Nachfolgend sind die **wichtigsten Trainingsprinzipien** zusammengefasst:
    - Dynamische **Belastungssteigerung.**
    - Wechsel von **Belastung und Wiederherstellung.**
    - **Allgemeinathletisches Training** zur Belastbarkeitserhöhung.
    - **Gipfelbelastungen** zur Erhöhung der Grundlagenausdauerfähigkeit.
    - Ganzjähriges Training der **Wettkampfmotorik.**
    - Standardisierte **Belastungszyklen.**
    - Regelmäßige **Überprüfung des Fähigkeitsniveaus.**
    - Steigerung der Belastungswirkung durch **Reizwechsel.**

6 Grundlagen der Trainingssteuerung

Die Trainingssteuerung ist ein Hauptbestandteil des Trainingsprozesses. Ihre Effektivität entscheidet maßgeblich über das wirksame Umsetzen eines Trainingskonzepts. Unterschieden werden schwerpunktmäßig kurzfristige (aktuelle), mittelfristige und langfristige Maßnahmen der Trainingssteuerung.

• **Kurzfristige Maßnahmen:**
Die Methoden zur kurzfristigen oder aktuellen Trainingssteuerung dienen dem Trainer und Sportler dazu, die beabsichtigten Belastungsqualitäten in der laufenden Trainingseinheit einzuhalten bzw. zu überwachen. Mit Hilfe geeigneter biologischer Messgrößen können die sportmethodischen Steuermaßnahmen unterstützt werden (s. Kap. 7).

• **Mttelfristige Maßnahmen:**
Die mittelfristige Trainingssteuerung beinhaltet Labor- und Feldtests. Die durch Training erreichten Anpassungs- bzw. Leistungszustände werden in größeren Zeitabschnitten (4-6 Wochen) komplex erfasst und beurteilt (s. Kap. 8.3).

• **Langfristige Maßnahmen:**
Die langfristige Trainingssteuerung konzentriert sich auf den mehrjährigen Leistungsaufbau, insbesondere auf einen bzw. mehrere Olympiazyklen. Im Mittelpunkt steht der Zusammenhang zwischen KLD-Ergebnissen im Längsschnitt, individuellen Jahrestrainingskennziffern, individuellen Entwicklungspotenzen der Athleten sowie den Ergebnissen der Wettkampf- und Weltstandsanalyse (s. Kap. 8.1).

6.1 Regelkreis der Trainingssteuerung

Die praktischen Erfahrungen unterstreichen, dass Fortschritte in der Trainingssteuerung dann am deutlichsten waren, wenn es gelang, wesentliche Elemente der Trainingssteuerung als geschlossene Wirkungskette unter Beachtung sportartspezifischer Bedingungen konsequent zum Tragen zu bringen. Im Spitzensport wurde dafür ein „Trainer-Berater-System" geschaffen, dessen Wirkungsweise auf sportartspezifischen oder individualisierten Informationen aus Wettkampfanalyse, komplexen diagnostischen Verfahren und Trainingsanalysen beruht. Die für den Trainer/Sportler bereitgestellten Ergebnisse müssen verständlich sowie praxis- und zeitbezogen sein. Nur so können Trainings- und Wettkampfentscheidungen beeinflusst werden. Der Gesamtprozess der Trainingssteuerung ist in **Abb. 1/6.1** dargestellt.

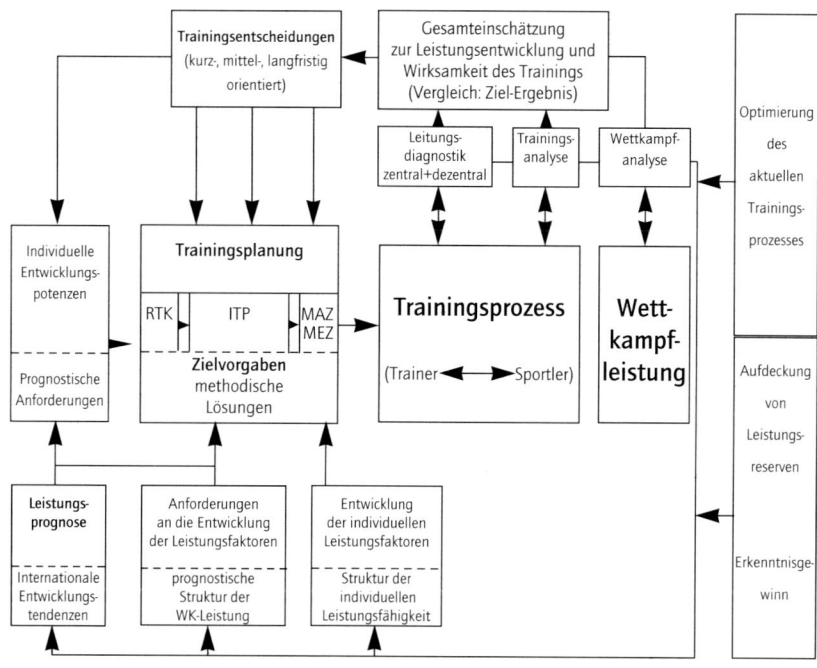

Abb. 1/6.1:
Darstellung des Gesamtprozesses der Trainingssteuerung

Der Inhalt der Trainingssteuerung besteht:
- in der Leistungs- und Trainingsplanung,
- in der Leistungsdiagnostik und Wettkampfanalyse,
- in der Trainingsanalyse sowie
- in der Trainingsberatung.

6.2 Leistungs- und Trainingsplanung

Eine Grundvoraussetzung für die Entwicklung der entsprechenden Leistungsfähigkeit ist die Trainingsplanung. Dabei handelt es sich um einen kreativen Prozess, in welchem die Entwicklungsrichtung und das Entwicklungstempo vom Anfänger bis zum Spitzenathleten bestimmt wird. Die Trainingsplanung basiert auf unterschiedlichen Planungszeiträumen, die von der mehrjährigen Planung bis zur Tagesplanung reicht. Die Trainingsplanung steht mit der Periodisierung im direkten Zusammenhang (s. Kap. 5.2).

Präzise Kenntnisse über die Strukturen der sportlichen Leistung (Leistungsstruktur) und deren gesetzmäßige Zusammenhänge können dazu beitragen, Vorteile gegenüber der sportlichen Konkurrenz zu erreichen. Auch können Fehlentwicklungen beim Aufbau sportlicher Leistungen auf jedem Leistungsniveau vermieden werden. Ausgangspunkt für eine Leistungsplanung ist die Analyse der zu erreichenden Wettkampfleistung. Dazu ist es notwendig, die Leistungen der Weltspitze oder der führenden Sportler in der Altersklasse zu kennen und sie kontinuierlich in ihrer Leistungsentwicklung zu verfolgen.

Entwicklungstendenzen der Wettkampfleistung

In allen Ausdauersportarten wird der Entwicklungstrend der Weltspitzenleistungen berechnet, um Ableitungen für das Training im langfristigen Leistungsaufbau treffen zu können. Für die Ableitung der Zielleistung von Topathleten werden mathematische Trendberechnungen, Expertenmeinungen und Erfahrungen gemeinsam genutzt **(Abb. 1/6.2).**

In der Mehrzahl der Ausdauersportarten erfolgt eine kontinuierliche Leistungsentwicklung. Die Entwicklungsraten der Spitzenleistungen betragen 1-4% jährlich.

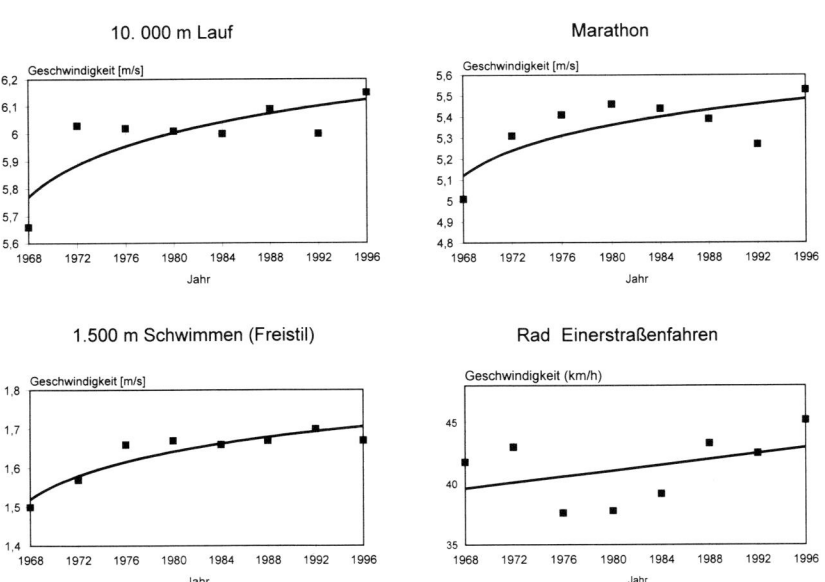

Abb. 1/6.2: Entwicklungstrends der Leistung in ausgewählten Ausdauersportarten (Männer) auf der Grundlage von Siegleistungen bei Olympischen Spielen

Insgesamt ist festzustellen, dass in der Leistungsentwicklung der Ausdauersportarten keine Grenze absehbar ist **(Tab. 1/6.2)**. Störfaktoren gibt es in Sportarten, wo durch klimatogeografische Einflüsse die Wettkampfleistungen beeinträchtigt werden, wie im Radsport, Triathlon, Kanu, Skilanglauf u.a.

Sportart	Disziplin	Männer	Frauen
Leichtathletik Lauf	5.000 m	12:39,36 min	14:28,09 min
	10.000 m	26:22,77 min	29:31,78 min
	Halbmarathon	59:17 min	1:06,43 h
	Marathon	2:05,42 h	2:20,43 h
	100 km	6:10,20 h	7:00,48 h
Schwimmen	1.500 m (M),	14:41,66 min	
	800 m (F)		8:16,22 min
Rad	Stundenweltrekord	56,375 km	
Triathlon	Ironman Hawaii	8:04,08 h	9:06,49 h
Skilanglauf	Vasalauf	3:38,57 h	4:17,02 h

Tab. 1/6.2:
Weltspitzenleistungen in ausgewählten Ausdauersportarten (Stand 1999)

6.3 Leistungsdiagnostik und Wettkampfanalyse

Die Leistungsdiagnostik besteht aus drei Hauptformen:

- Die **zentrale Leistungsdiagnostik** wird als komplexe und interdisziplinäre Untersuchung mit Beteiligung verschiedener Wissenschaftsdisziplinen (Sportmethodik, Sportmedizin, Biomechanik, Psychologie) im Labor durchgeführt.

- Bei der **dezentralen Leistungsdiagnostik** werden nur einzelne Leistungsvoraussetzungen mit Hilfe von sportmethodischen, biomechanischen oder biologischen Untersuchungsverfahren überprüft. Oft sind Feldtests der Mittelpunkt dieser Diagnostik.

- Die **Wettkampfanalyse** ist eine Sonderform der Leistungsdiagnostik. Sie dient zur Bewertung der Umsetzung von Grundlagen der komplexen Leistungsfähigkeit beim Wettkampf. Im Zusammenhang mit weiteren leistungsdiagnostischen Maßnahmen (Labortests) wird der aktuelle Leistungsstand des Sportlers sehr komplex erfasst. Im Mittelpunkt steht die Beurteilung der Wirkung des absolvierten Trainings und der Fähigkeit der Umsetzung.

Eine erweiterte Form der Analyse ist die **Weltstandsanalyse:**
- Die Weltstandsanalyse beinhaltet die komplexe und kontinuierliche Objektivierung von Entwicklungstendenzen einer Sportart im Weltmaßstab. Im Mittelpunkt der Analyse, insbesondere bei Olympischen Spielen und Weltmeisterschaften, stehen Länderwertungen, Strukturen der Wettkampfleistung, Leistungsstand und Leistungstrends, Leistungsdichte, Hochleistungsalter, Tendenzen im Wettkampfsystem, Qualifizierungsrichtlinien, Regelwerk, Neuerungen in der Wettkampfausrüstung sowie der Entwicklungsstand der Wettkampf- und Trainingssysteme. Die Weltstandsanalysen sind ein unverzichtbares Mittel, um Entscheidungen zur Vorbereitung von kommenden Wettkampfhöhepunkten (Wettkampfleistungen) durch Trainer und Spitzenverbände zu treffen.

Mit dem Einsatz von Verfahren der Leistungsdiagnostik können die Leistungs- und Fähigkeitsausprägung unterstützt und Zufälligkeiten in der Leistungsentwicklung weitgehend vermieden werden (s. Kap. 5).

Sportler, die in Sportarten trainieren, die stark von äußeren Bedingungen beeinflusst werden, benötigen eine objektive Hilfe bei der Beurteilung der realen spezifischen Leistungsfähigkeit. Bei ihnen sind die Ergebnisse aus Feldtests unsicher, sodass standardisierte Labortests bevorzugt durchgeführt werden. Die Entwicklung von sportartspezifischen Ergometern in den Ausdauersportarten ist ein Ausdruck dafür **(Tab. 1/6.3)**.

Sportart	Ergometer
Lauf	Laufband mit Modifikationen (Belag, Kippbarkeit, Lauffläche)
Rad	Hochleistungsfahrradergometer, SRM-System, Cyclus 2 (s. Text)
Schwimmen	Strömungskanal, Armkraftzuggerät
Rudern, Kanu	Gegenstromanlage für Messboot, Seilzugergometer für Arme mit verschiedenen Bremstechnologien
Triathlon	Fahrradergometer, Laufband, Strömungskanal
Skilanglauf, Biathlon	Kippbare Speziallaufbänder (breit), Armkraftzuggerät

Tab. 1/6.3:
*Sportartspezifische Ergometer in Ausdauersportarten ** *
*Messtechnologien sind in ständiger Weiterentwicklung

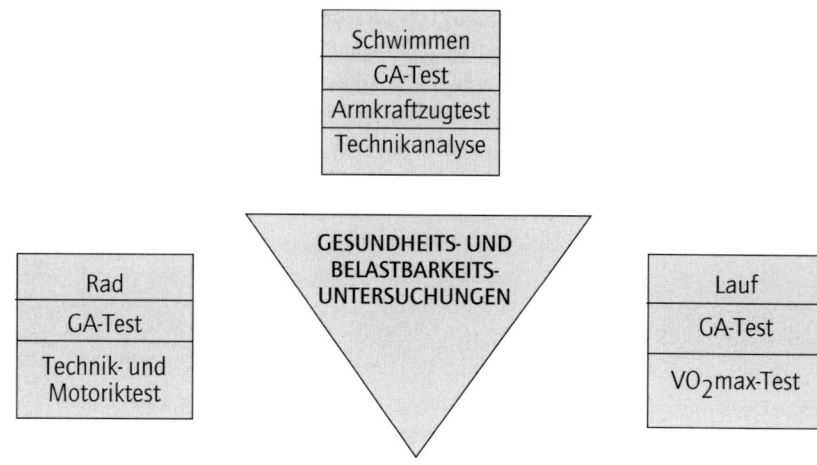

Abb. 1/6.3:
Bestandteile der komplexen Leistungsdiagnostik im Triathlon

Das Streben nach wirkungsvollen Methoden der Trainingssteuerung hat dazu geführt, dass in den meisten Ausdauersportarten eine komplexe Leistungsdiagnostik (KLD) aufgebaut wurde. Als Beispiel für eine hohe Komplexität in der Objektivierung von Parametern der Leistung ist die Leistungsdiagnostik im Triathlon anzusehen (**Abb. 1/6.3**).

Mit der Entwicklung von Möglichkeiten der geschwindigkeitsgesteuerter Laufbänder, die auch der Sportler selbst bedienen kann, gelang es in den Sportarten Skilanglauf und Triathlon, einen Wettkampf im Labor zu simulieren. Gerade in diesen Sportarten, wo es aufgrund äußerer Einflüsse nur unzureichend möglich ist, eine objektive und reproduzierbare Komplexleistung zu erfassen, besteht mit einem **Wettkampfsimulationstest** die Möglichkeit, sich Zielgrößen für das Training zu erarbeiten.

In der Mehrzahl der Ausdauersportarten existieren Interpretationsalgorithmen hinsichtlich der Bewertung von diagnostischen Messgrößen auf eine Zielgröße. Trotz fortgeschrittener Trainingssteuerung wird durch den Einsatz einer Vielzahl von Tests (teilweise von Jahr zu Jahr unterschiedlich) und in der Erhebung zahlreicher Zustandsgrößen in der Leistungsdiagnostik (biochemische, physiologische, biomechanische u.a.) eine Möglichkeit gesehen, ein mangelhaftes Trainingskonzept zu kompensieren. Dieses Vorgehen ist zum Scheitern verurteilt, da eine standardisierte und längerfristige Beobachtung der Leistungs- und Fähigkeitsentwicklung nicht möglich ist. Bei der Auswertung wird oft eine isolierte Parameterinterpretation bevorzugt, bei der die Komplexität unberücksichtigt bleibt.

Unzureichende Kenntnis über Parameterzusammenhänge, über biologische Variabilitäten und Überbetonung einzelner Größen verleitet oft zu subjektiven Fehlentscheidungen. Eine stabile Kombination von leistungsdiagnostischen Verfahren in der mikrozyklischen Trainingsgestaltung und von Laboruntersuchungen an markanten Eckpunkten des Jahresleistungsaufbaus sollte den Trainingsprozess begleiten. Dabei ist ein standardisiertes Training ohne Überbetonung der Individualität sehr hilfreich. In diesem Zusammenhang sei auf **Abb. 2/6.3** verwiesen, die einen Überblick zur Problematik der Individualität gibt.

Prinzip	Anpassung des Trainingsplanes an das Individuum mit seinen physiologischen und psychologischen Leistungsvoraussetzungen
Voraussetzungen	Kenntnisse über individuelle Besonderheiten (Typ, Anlagen, Muskelfaserstruktur), Trainingsalter, anzustrebende Leistungsstruktur (Einzel-WK/Staffel-WK, LK, lange oder kurze Strecke), Anpassungsreaktionen, Ausprägungsgrad der sportlichen Technik … u.a.
Methode	Langjährige Trainingssteuerung, um individuelle Reaktionen des Sportlers auf Trainingseinwirkung kennen zu lernen, Beherrschung der Wirkungskette, Leistungsdiagnostik, Wettkampfanalyse, Trainingsanalyse, Trainingsentscheidung
Konsequenzen	Individueller Belastungsaufbau im Jahres- und Mehrjahresverlauf Differenzierter Einsatz der Trainingsmittel im Gesamttrainingsprozess Trainingsgestaltung im MEZ, MIZ, TE unter dem Aspekt individueller Zeitstrukturen in den Anpassungen (Belastung – Erholung – Transformation)

Abb. 2/6.3:
Darstellung der Einflussgrößen auf die individuelle Belastungsgestaltung und die Steigerung der Effektivität des Trainings.

Von großer Bedeutung für das fähigkeitsorientierte Training ist die konsequente Optimierung der individuellen Bewegungstechnik. Das betrifft sowohl die sportlichen Techniken im engeren Sinn als auch das Verhältnis zwischen Technikparametern, Bewegungsfrequenz und Zyklusweg. Die Stabilität der sportlichen Technik ist in dynamisch-zeitlicher und in räumlich-zeitlicher Hinsicht ein wesentlicher Leis-

Charakteristische Phasen eines Skilanglaufwettkampfes am Beispiel einer 15 km WK-Strecke (klassisch)

Parameter / Streckencharakteristik	Anstieg (°)	V (m/s)	Technik	% Anteil an Gesamtstrecke	Zeitlicher Anteil in %	Zeitl. Anteil diff. n. Technik	Lauffrequenz Schritte/min	Laufzeitspektr. (s)	Teilstreckenlänge (m)
Flachlauf	0° ±1°	7,50	Doppelstock m. Zwischenschritt	20%	20%	20%	60	25	134 (40-300)
leichter Anstieg	2 - 5	5,00	Doppelst. m. ZWS Diagonal	34%	40%		55-60	35	185 (70-360)
mittlerer Anstieg	5 - 10	3,50	Diagonal	7%	9%	51%	60-65	25	115 (80-190)
steiler Anstieg	> 10	2,50	Diagonal Grätenschritt	1%	2%		65-70	24	85 (40-130)
leichte Abfahrt	< -1-4	9,50	Doppelstock	19%	16%	16%	40	29	191 (80-330)
steile Abfahrt	< -4	12,50	Abfahrtshaltung	19%	12%	12%	-	13	133 (60-350)

Gesamt anstieg	Länge aller Anstiege	Länge aller Abfahrten	Anteil der Ebene	Verhältnis Abf./Anst.	Verteilung des Gesamtanstieges	1	2	3	4
480 m	6.380 m = 42%	5.670 m = 38%	2.950 m = 20%	1:1,14	auf 4 Streckenabschnitten (m)	173	119	97	90

Abb. 3/6.3:
Analyse des klassischen 15-km-Skilanglaufwettkampfes bezüglich einzelner methodischer Orientierungsgrößen (z.B. % Anstieg, Abfahrt u.a.)

tungsfaktor. Sie bestimmt maßgeblich, wie effektiv der Sportler seine energetischen Voraussetzungen ausnutzen kann und dabei den geplanten Rennverlauf einhält. Deshalb sollte neben der Vorgabe von Trainingsgeschwindigkeiten auch die Bewegungsstruktur im Prozess der Trainingssteuerung berücksichtigt werden. Am Beispiel des Skilanglaufs sind entsprechende Parameter, abgeleitet aus Weltstandsanalysen, in **Abb. 3/6.3** dargestellt.

6.4 Trainingsanalyse

Wenn angestrebte Trainingswirkungen ausbleiben, Fähigkeiten sich nicht entwickeln und letztlich die Wettkampfleistung den Erwartungen nicht gerecht wird, dann ist ein exakt geführtes Trainingstagebuch eine wesentliche Hilfe bei der Suche nach Ursachen. Viele Sportler investieren viel Zeit in ihre Trainingsaufzeichnungen. Oft bleibt es aber beim Dokumentieren des Trainings, weil Möglichkeiten und Kenntnisse für eine effektive Auswertung fehlen.

Deshalb wurden Verfahren entwickelt, die mit Hilfe des Trainingsprotokolls und eines Rechenprogramms eine individuelle und kontinuierliche Trainingsanalyse ermöglichen. Um individuelle Trainingspläne aufzustellen und eine differenzierte, fähigkeitsorientierte Planung einzelner Belastungskomponenten, z.B. Trainingsstreckenlängen, Trainingsmethoden und Intensitäten vornehmen zu können, ist ein Mindestmaß an Wissen über die Trainingsmethodik und die Anpassungsprozesse notwendig.

Die Analyse des absolvierten Trainings ermöglicht, begangene Fehler zu entdecken und ihre Wiederholung zu vermeiden. Sie setzt eine sorgfältige Dokumentation des absolvierten Trainings voraus. Dabei ist nach dem Grundsatz zu verfahren, so wenig wie möglich und doch so viel wie nötig an Daten zu erfassen. Entsprechend muss auch das Trainingsprotokoll aufgebaut sein.

Am Beispiel eines computergestützten Trainingsanalyseprogramms aus der Sportart Triathlon wird verdeutlicht, welche Möglichkeiten bestehen, schnell und kontinuierlich Aussagen zum realisierten Training zu erhalten (**Abb. 1/6.4**).

Trainingsprotokollierung
Ziel der Trainingsprotokollierung ist die Widerspiegelung des realisierten Trainings in Form von Zahlen. Daraus können dann mittels einer Analyse kurz-, mittel- und langfristige Leistungsveränderungen erklärt werden. Dieses Vorhaben gelingt umso besser, je standardisierter und überschaubarer ein Training durchgeführt wird. Im Mittelpunkt der Trainingsplanung sollte die fähigkeitsorientierte Belastungsgestaltung stehen. Diese sollte nach der Logik

Ziel	Inhalt	Methode	Maß	Organisation

aufgebaut werden.

Entsprechend ist dann die Trainingsprotokollierung zu gestalten. Der Kopf des Protokolls beinhaltet allgemeine Angaben zur Person (Sportlernummer) und den Namen. Im Protokollkopf werden die spezifischen Daten der Trainingseinheit aufgezeichnet. Begonnen wird mit dem Jahr, der Woche, dem Wochentag und der jeweiligen Trainingseinheit im Verlauf eines Tages. Daran schließt sich die Angabe des Trainingszieles an, wie im Beispiel der **Abb. 1/6.4** aufgeführt ist. Zum Beispiel wird für das Training der Grundlagenausdauer im aeroben Bereich (GA 1 = Eingabe G 1) eingetragen. Weitere Trainingsformen können als Wettkampfausdauer (WA), Kraftausdauer (KA) o. ä. eingetragen werden.

| SPNR | | | | NAME | T | R | I | A | T | H | L | E | T | TRAININGSPROTOKOLL
TRIATHLON
IST - ANALYSE | IAT
LEIPZIG |

JA	WO	PZ	T A E G / T ziel Z	Tr. ziel Z	Tr.mittel TM	Bed. RB	Tr. meth. M	Intens. I %	Kilometer KM km	Hfgk. W n	Trainingszeit TZ h:min:sec	Geschw. V m/s km/h	Herzfr. HF Schl/min	Son-stig. S	Ges. - Tr. Zeit h:min	Z u s t.
9.2	1;5	0.1	1 1	G;1	RAD:	KUP	KDM	:8.0	1 .3.0	:1	:4 3.0	2.8 9:	1:2.3		5	10	1
9.2	1;5	0.2	1 2	G;1	SCHW	FRE	KDM	:8.0	: .5	:1	:1 2.5	:0 9.9	1:4.0		:2		2
9.2	1;5	0.3	2 1	G;1	RAD:	FLA	KDM	:8.0	1 6.0	:1	:5 3.0	2.9 1:	1:1.8		:6	20	2
9.2	1;5	0.4	2 2	KOL	AUF	FLA	KDM	:8.0	:.1.2	:1	: 5.0	:3 3.3	1:3.0		:1	15	1

Abb. 1/6.4:
Vorstellung eines Trainingsprotokolls für Triathlon. Erläuterungen siehe Text.

Danach sind Trainingsmittel und -methoden anzugeben, die zur Erfüllung des Trainingszieles angewendet werden, wobei einzelne Rahmenbedingungen zur näheren Erläuterung dienen. Als Mittel sind sowohl die Einzeldisziplinen, wie Schwimmen, Rad, Lauf als auch komplexe Formen, wie Triathlon, Duathlon, das Koppeltraining u.a. eintragbar. Die Methoden werden entsprechend den Trainingstermini vorgegeben und beinhalten z.B. die Dauermethode und die Intervallmethode in ihren Variationen sowie die Wiederholungsmethode (MARTIN et al. 1991; HARRE 1980; ZINTL 1988, s. Kap. 8).

Für die Durchführung einer Trainingsanalyse hat sich eine Checkliste bewährt (nach REIß, 1998).

- Konnte das Leistungsniveau gesteigert werden (Komplex- oder Teilleistungen)?
- Wurde die Trainingsbelastung gegenüber dem Vorjahr (den individuellen Bestwerten) gesteigert?
- Erfolgte eine kontinuierliche Erhöhung des Trainingsreizniveaus im Jahresaufbau?
- Wie ist die Qualität des GA 1-Trainings einzuschätzen?
- Wurde der Anteil des GA 2-Trainings (zum individuellen Bestwert) gesteigert?
- Gab es Entwicklungen im KA-Training, einschließlich des allgemeinen Krafttrainings (Kreistraining)?
- Ist eine Systematik in der Geschwindigkeitsentwicklung (GA 2-, SA- und WA-Bereich) zu erkennen?
- Ist eine deutliche Dynamik in der Belastungsgestaltung erkennbar, einschließlich klarer Differenzierungen von Belastungs- und Regenerationsphasen in den Mikro- und Mesozyklen?
- Entspricht die Trainingsstruktur den Anforderungen der Leistungsstruktur der Hauptdisziplin (einschließlich einer Bandbreite)?

- Wurde die Anzahl und das Streckenspektrum der Wettkämpfe gesteigert?
- War das Leistungsniveau im Jahresverlauf ansteigend und stabil?
- War der Zeitraum der unmittelbaren Wettkampfvorbereitung (UWV) leistungswirksam?

6.5 Trainingsentscheidung

Das Zusammenführen von leistungsdiagnostischen und trainingsanalytischen Ergebnissen und das Treffen von wissenschaftlich fundierten Trainingsentscheidungen ist das Nonplusultra der Trainingssteuerung. Beurteilungen von Anpassungen sind ohne detaillierte Kenntnis des Trainings nur unvollkommen bzw. überhaupt nicht möglich. Oftmals liegen Einzelergebnisse der Leistungsdiagnostik vor, wie z.B. Laktat- und/oder Hf-Leistungskurven, Atemgasanalysen, Bewegungsstrukturparameter, differenzierte Krafttestwerte u.a. Demgegenüber stehen dann zur Bewertung der Trainingswirksamkeit oft nur die Analysen der Trainingswochenstunden zur Verfügung. Aussagen zur Fortführung des Trainings sind dann nur unvollkommen. Ableitungen von Folgerungen für künftige Anforderungen im Training als Ziel der Trainingsentscheidung sind nur möglich, wenn die Teile der Wirkungskette der Trainingssteuerung auf hohem Niveau realisiert werden.

Die Qualität der Trainingsentscheidung hängt davon ab, wie es im Vorfeld gelingt, leistungsdiagnostische und trainingsanalytische Ergebnisse zusammenzuführen und grafisch darzustellen. Auf der Grundlage fasslicher und leicht überschaubarer Grundprinzipien des Trainingsaufbaus, die in der individuellen Trainingsplanung berücksichtigt werden müssen, sollten die Trainingsergebnisse im Sinne des Soll-Istvergleichs besprochen werden.

Dieses notwendige Vorgehen ist immer wieder der größte Schwachpunkt in der Trainingssteuerung. Zeitdruck, mangelhafter Kenntnisstand zum Gesamtprozess, unrationelle Abläufe bei der Ergebnisgewinnung aus Leistungsdiagnostik und Trainingsanalyse sowie Kommunikationsprobleme unter den beteiligten Personen (Trainer, Wissenschaftler oder Arzt) behindern die komplexen Einschätzungen und Festlegungen zum Training.

Deshalb ist die Selbsthilfe des Athleten bedeutsam. Diese besteht darin, mögliche Hilfsmittel, wie z.B. Hf-Messgeräte, das SRM-System (Rad), Trainingsanalyseprogramme u.a. zur Trainingssteuerung sinnvoll zu nutzen. Die Fähigkeit der Selbststeuerung bei extensiven und intensiven Belastungen ist ein anspruchsvoller Lernprozess des Athleten.

Zahlreiche Autoren haben sich mit der Problematik der Trainingssteuerung beschäftigt (MARTIN et al. 1992; REIß/MEINELT 1985; GROSSER et al. 1986; NEUMANN et al., 1993). Die im Folgenden aufgeführten Hauptaspekte haben für das Training im Hochleistungssport, bis hin zum Freizeitsport, allgemein gültige Bedeutung.

(1) Eine optimale und individuell leistungswirksame Umsetzung von Trainingskonzeptionen erfordert objektiv eine effektive kurz-, mittel- und langfristige Trainingssteuerung. Damit kann eine gerichtete Orientierung der Trainingsbelastung im Jahresverlauf gesichert werden.

(2) Prinzipielle Korrekturen und Veränderungen des Trainingskonzepts sind nicht das Ziel der Trainingssteuerung. Über eine progressive Leistungsentwicklung entscheidet deshalb in erster Linie die wirksame Trainingskonzeption, nicht aber die Trainingssteuerung.

(3) Die Effektivität der Trainingssteuerung wird wesentlich von der realen, auf das Jahresleistungsziel bezogenen individuellen Leistungs- und Trainingsplanung bestimmt. Leistungsbezug und Ziel des Trainings hängen davon ab, wie es gelingt:
- Begründete, abschnittsbezogene, individuelle Zielgrößen für die Entwicklung der leistungsbestimmenden Fähigkeiten zu gestalten.
- Individuelle Führungsgrößen für die Steigerung der Belastungsanforderungen in den Trainingsbereichen zu haben sowie
- standardisierte Trainingsprogramme für Trainingseinheiten, Trainingstage, Mikro- und Mesozyklen zu fixieren und anzuwenden.
- Diese Größen stellen wesentliche Bezüge für die Leistungsdiagnostik und Trainingsanalyse dar.

(4) Die Wirksamkeit der Leistungsdiagnostik wird im Hochleistungssport von der Güte der Leistungsdiagnostik und der Wettkampfanalyse, unter Beachtung sportartspezifischer Aspekte, stark beeinflusst. Dabei ist die Leistungsdiagnostik für die Trainingssteuerung umso wirkungsvoller, je besser es gelingt, sie an trainingsmethodisch bestimmten Eckpunkten des Jahresleistungsaufbaus einzusetzen. Die sportartspezifischen Tests haben das Ziel, den Entwicklungsstand der leistungsbestimmenden Fähigkeiten zu objektivieren und beurteilen zu helfen. Darin eingeschlossen ist, dass die Testergebnisse durch den Trainer, mit Unterstützung von Trainingswissenschaftler und Arzt, besprochen werden.

(5) Die Trainingsanalyse wird für die Trainingssteuerung dann wirksam, wenn zum Zeitpunkt der Leistungsdiagnostik bzw. Wettkampfanalyse eine differenzierte, methodisch-orientierte Einschätzung der Trainingsschwerpunkte vorliegt und so-

mit die Ursachen für Entwicklungstrends der leistungsbestimmenden Fähigkeiten aufgedeckt werden können. Nur so kann es gelingen, die Richtungen der zu treffenden methodischen Ableitungen für das Training abzustecken.

(6) Einen hohen Einfluss auf die Wirksamkeit der Trainingssteuerung hat der Aufbereitungsgrad der differenzierten Leistungs- und Trainingseinschätzungen und daraus abgeleitete, pädagogisch-methodische Folgerungen und Festlegungen für den neuen Trainingsabschnitt. Die Umsetzung der Ergebnisse bedarf einer konstruktiven Diskussion mit den betreffenden Trainern und Sportlern.

(7) Die Befähigung der Trainer und Sportler zur Nutzung der Trainingssteuerung und damit zur Mitgestaltung des Trainingsprozesses setzt eine langjährige Zusammenarbeit und kontinuierliche Weiterbildung voraus.

In **Abb. 1/6.5** sind die Voraussetzungen für eine effektive Trainingssteuerung noch einmal zusammengefasst (REIß/MEINELT, 1985).

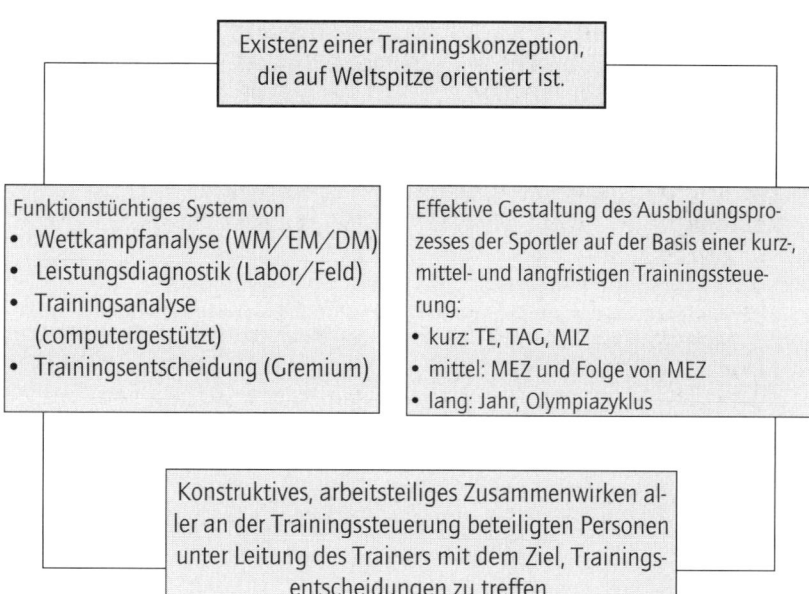

Abb. 1/6. 5:
Voraussetzungen für die Trainingssteuerung im Spitzensport (TE: Trainingseinheit, MIZ: Mikrozyklus, MEZ: Mesozyklus)

6.6 Trainingsbereiche der Belastungssteuerung

6.6.1 Allgemeiner Überblick

Der Schwerpunkt des Trainings in den Langzeitausdauerdisziplinen ist auf die Entwicklung der aeroben Ausdauerleistungsfähigkeit gerichtet. Dieses Training soll den Sportler befähigen, eine hohe Wettkampfgeschwindigkeit in aerober Stoffwechsellage über einen längeren Zeitraum aufrechtzuerhalten. Die Ausdauerleistungsfähigkeit ist eine Hauptleistungskomponente für Wettkampfleistungen über 10 min Dauer. Sie ist Voraussetzung für die leistungswirksame Umsetzung von Ausdauer, Kraftausdauer und Schnelligkeit in Wettkampfleistungen.

Das Ausdauertraining vollzieht sich in mehreren Trainingsbereichen. Nachfolgend wird ein Überblick über die Trainingsmaßnahmen zur Entwicklung der konditionellen Grundlagen der Ausdauerleistungsfähigkeit gegeben und ihre Beeinflussbarkeit durch Maßnahmen der Belastungssteuerung **(s. Abb. 3.5)**.

1. **Regenerations- bzw. Kompensationstraining (REKOM)**
   Ziel: Unterstützung der Wiederherstellung, Beschleunigung der Regeneration
   Methode: Dauermethode

2. **Grundlagenausdauertraining 1 (GA 1)**
   Ziel: Entwicklung und Stabilisierung der Grundlagenausdauerfähigkeit
   Methode: Dauermethode, Fahrtspielmethode, extensive Intervallmethode

3. **Grundlagenausdauertraining 2 (GA 2)**
   Ziel: Weiterentwicklung der Grundlagenausdauerfähigkeit (höhere Geschwindigkeiten)
   Methode: Intervallmethode, Fahrtspielmethode, Dauermethode

4. **Wettkampfspezifisches Ausdauertraining (WSA)**
   Ziel: Entwicklung der wettkampfspezifischen Ausdauerfähigkeit
   Methode: Wettkampfmethode, intensive Intervallmethode, Wiederholungsmethode

5. **Extensives Kraftausdauertraining (KA 1)**
   Ziel: Entwicklung der wettkampfspezifischen Kraftausdauerfähigkeit
   Methode: Extensive Intervallmethode, Wiederholungsmethode mit Widerständen

6. Intensives Kraftausdauertraining (KA 2)
Ziel: Entwicklung der maximalen Kraftausdauerfähigkeit
Methode: Wiederholungsmethode, intensive Intervallmethode

Aus leistungsdiagnostischer und trainingsmethodischer Sicht bietet sich zur Festlegung der Trainingsbereiche in den Ausdauersportarten eine Vielzahl von Varianten an, von denen vier vorgestellt werden.

1. Festlegung der Trainingsbereiche aus der Laktatkinetik im (Feld-) Stufentest (s. Kap. 8. 2 und 8.3).

2. Festlegung der Trainingsbereiche aus der Herzfrequenz-Leistungskurve des CONCONI-Tests (s. Kap. 8.3.6).

3. Festlegung der Trainingsbereiche aus der individuellen maximalen Herzfrequenz (s. Kap. 8.3.9).

4. Festlegung der Trainingsbereiche aus der maximalen Wettkampfgeschwindigkeit. (s. Kap. 6.6.5)

6.6.2 Trainingsbereiche, abgeleitet aus der Laktatkinetik im Stufentestverfahren

Die am häufigsten angewandte Methode der Intensitätsfestlegung im Leistungs- und Hochleistungssport ist die Bestimmung des Laktats bei Labor- und Feldstufentests. Für dieses Verfahren sind Messmöglichkeiten und Erfahrung bei der Laktatbestimmung Voraussetzung. Die Probleme treten weniger bei der Laktatbestimmung, sondern bei der richtigen Interpretation der Laktatwerte und der individuellen Intensitätsfestlegung für die Sportart auf. Um Fehlauslegungen zu begrenzen, sind Sachkenntnis und praktische Erfahrung erforderlich.

Bei den nachfolgenden Ausführungen zur Trainingsintensität wird ein sachkundiger Umgang mit den Laktatwerten empfohlen (**Tab. 1-3 / 6.6.2**). Bei der Zuordnung der Belastung in Trainingsbereiche erfolgt keine Orientierung auf ein bestimmtes Schwellenkonzept mit punktgenauer Festlegung der aeroben und anaeroben Schwelle. Bewährt hat sich die Anwendung einer Laktatspanne für den jeweiligen Trainingsbereich. Hoch ausdauertrainierte Athleten orientieren sich in der Regel an den unteren Werten der Laktatkonzentration für den entsprechenden Trainingsbereich. Die weniger ausdauertrainierten Sportler sollten sich an den oberen Werten orientieren. Für den Einzelfall können weitere Feinabstufungen erfolgen. Die Hinweise in den Kap. 3 und 7.2 sollten Berücksichtigung finden.

Für das Grundlagenausdauertraining im Schwimmen, im Rad und im Lauf werden in **Tab. 4/ 6. 6. 2** konkrete Trainingsinhalte vorgestellt. Der Zusammenhang zwischen Intensität, Umfang und Trainingsmethode soll nochmals hervorgehoben werden.

Langstreckenschwimmen			
Training	Intensität Laktat (mmol/l)	Umfang (km)	Serienbelastung
REKOM	< 2	1 - 2	keine
GA 1	< 2	3 - 8	4 - 10 x 800 m P 1 - 2 min
	< 3	1,5 - 3	4 - 8 x 400 m P 0:30 - 1 min
GA 2	5 - 7	1,5 - 3	5 - 10 x 300 m P 1 - 2 min
WSA	> 7	1 - 2	10 - 20 x 100 m P 2 - 4 min
KA 1	3 - 6	1,5 - 3	5 - 10 x 300 m* P 1 - 3 min
KA 2	> 7	0,2 - 1	10 - 20 x 20 m* P 1 - 2 min
		6-12 x 75 m*	P 2 -3 min

Tab. 1/6.6.2: Trainingsbereiche, mögliche Umfänge und Serienprogramme für die Entwicklung konditioneller Fähigkeiten im Langstreckenschwimmen (Beispiel eines Leistungsschwimmers). Die individuelle Geschwindigkeit für das Schwimmtraining wird aus den Laktatwerten beim „Schwimm-Feldtest" abgeleitet.
REKOM: Regenerations- und Kompensationstraining
GA 1: Grundlagenausdauertraining 1
GA 2: Grundlagenausdauertraining 2
WSA: wettkampfspezifisches Ausdauertraining
KA 1: extensives Kraftrausdauertraining
KA 2: intensives Kraftrausdauertraining
P: Pause
* Schwimmen mit Widerstandsgeräten wie Handbrett, Bremshose, Gummiseil

Straßenradsport					
Training	Laktat (mmol/l)	Herzfrequenz* (Schl./min)	Belastungsdauer (h)	Tretfrequenz U/min	Umfang (km)
REKOM	unter 2,0	90-120	1:00-2:00	80-110	20-50 km
GA 1	1,5-2,0	100-120	3:00-6:00	90-110	75-200 km
	2,0-2,5	120-140	2:00-3:00	90-110	50-100 km
GA 1-2	2,5:-3,5	140-160	1:00-2:00	90-110	30-80 km
GA 2	3,5-6,0	160-180	0:30-1:30	90-120	20-60 km
WSA	über 6,0	über 180	0:20-1:00	90-130	10-40 km
KA 1	2,5-4,0	120-150	1:00-2:00	60-70	4-8 x 6 km
KA 2	über 6,0	über 170	0:30-1:00	50-70	5-10 x 1 km

Tab. 2/6.6.2: Belastungsintensitäten, Tretfrequenzen und mögliche Umfangsvorgaben für die Entwicklung der konditionellen Fähigkeiten im Straßenradfahren. Die individuelle Geschwindigkeit für das Radtraining wird aus den Laktatwerten und der Herzfrequenz des „Rad-Feldtest" abgeleitet (REKOM: Regenerations-/Kompensationstraining, GA 1: Grundlagenausdauertraining, GA 2: Grundlagenausdauertraining, WSA: wettkampfspezifisches Ausdauertraining, KA 1: extensives Kraftausdauertraining, KA 2: intensives Kraftausdauertraining, P: Pause).
* *Orientierungswerte, die individuellen Herzfrequenzbereiche müssen aus dem Laktat-Herzfrequenz-Diagramm bestimmt werden.*

Langstreckenlauf			
Training	Intensität Laktat (mmol/l)	Belastungsdauer (h)	Umfang (km)
REKOM	< 2,0	bis 1	5 - 12 km
GA 1	< 2,0	1 - 3	10 - 45 km
	< 2,5	1 - 1,5	12 - 25 km
GA 2	3 - 6	0,3 - 0,5	4 - 15 km
			4-8 x 2 km P 1 - 3 min
WSA	> 6	0,2 - 0,5	10 km
KA 1	3 - 6	0,5 - 1	10 - 15 x 800 m P 1 - 3 min

Tab. 3/6.6.2: Belastungsintensitäten und mögliche Umfangsvorgaben für die Entwicklung der konditionellen Fähigkeiten im Langstreckenlauf. Die individuelle Geschwindigkeit wird aus den Laktatwerten und der Herzfrequenz des „Lauf-Feldtest" abgeleitet (REKOM: Regenerations-/Kompensationstraining, GA 1: Grundlagenausdauertraining 1, GA 2: Grundlagenausdauertraining 2, WSA: wettkampfspezifisches Ausdauertraining, KA 1: extensives Kraftausdauertraining, P: Pause).

Grundlagenausdauertraining			
Bereich		GA 1	GA 2
Methode		Dauermethode	Intervallmethode
Schwimmen	Strecke Geschw. Hf Laktat	5.000 m 1,10 m/s 130 - 140 Schl./min < 3,0 mmol/l	5 x 400 m 1,35 m/s 170 - 180 Schl./min 4 - 5 mmol/l
Rad	Strecke Geschw. Hf Laktat	150 km 31 km/h 120 - 130 Schl./min < 2,0 mmol/l	4 x 10 km 40 km/h 160 - 170 Schl./min 3 - 4 mmol/l
Lauf	Strecke Geschw. Hf Laktat	25 km 3,8 m/s 130 - 140 Schl./min < 2,0 mmol/l	5 x 2.000 m 4,7 m/s 165 - 175 Schl./min 3 - 4 mmol/l

*Tab. 4/6.6.2: Beispiel der Intensitäts- und Umfangsgestaltung im Grundlagenaus-
dauertraining 1 und 2 im Hochleistungssport der Männer im Triathlon.*

Trainingsherzfrequenzen Laufen

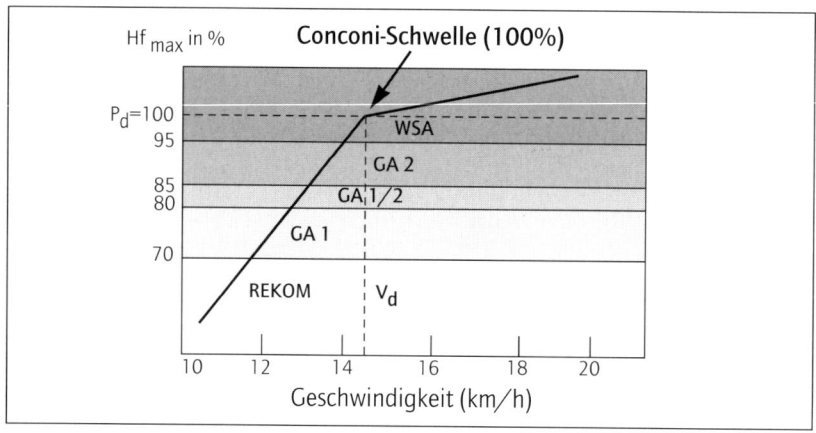

*Abb. 1/6.6.3: Intensitätsangaben zur Steuerung des Langstreckentrainings im
Lauf. Die individuelle Geschwindigkeit für das Lauftraining wird prozentual aus
der Hf-Regulation und Geschwindigkeit am Deflektionspunkt des CONCONI-Tests
abgeleitet (P_d: Herzfrequenz an der „CONCONI-Schwelle", V_d: Geschwindigkeit an
der „CONCONI-Schwelle", h: Stunden).*

6.6.3   Trainingsbereiche, abgeleitet vom Deflektionspunkt des CONCONI-Tests

Die individuelle Geschwindigkeit für das Lauftraining wird prozentual von der Hf-Regulation und der Geschwindigkeit am Deflektionspunkt des CONCONI-Tests abgeleitet **(Abb. 1/6.6.3)**. Die Prozentwerte für Hf und Geschwindigkeit sind in den jeweiligen Trainingsbereichen nicht identisch. Dies ist damit zu erklären, dass die Hf-Geschwindigkeitskurve in der Regel nicht mit der Identitätslinie (45° Steigungsgerade) übereinstimmt.

6.6.4   Trainingbereiche, abgeleitet von der maximalen Herzfrequenz

Die Herzfrequenzvorgaben für das Training sind zahlreich. In den vergangenen Jahren bemühte sich eine Vielzahl von Wissenschaftlern, eine einfache und treffende Handhabung zu empfehlen. Aus den Arbeiten verschiedener Autoren (HOLLMANN/HETTINGER, 1990; MELLEROWICZ, 1975; ISRAEL, 1982; ROST / HOLLMANN, 1982 u.a.) wurden Methoden zur Voraussage der maximalen Hf und Trainings-Hf entnommen. Diese werden nachfolgend kurz aufgeführt.

Trainings- bereiche Hfmax	GA 1 Frauen		GA 1 Männer		GA 1-2 Frauen		GA 1-2 Männer		GA 2		WSA
210	137	168	126	158	168	179	158	179	179	189	>189
205	133	164	123	154	164	174	154	174	174	185	>185
200	130	160	120	150	160	170	150	170	170	180	>180
195	127	156	117	146	156	166	146	166	166	176	>176
190	124	152	114	143	152	162	143	162	162	171	>171
185	120	148	111	139	148	157	139	157	157	167	>167
180	117	144	108	135	144	153	135	153	153	162	>162
175	114	140	105	131	140	149	131	149	149	158	>158
170	111	136	102	128	136	145	128	145	145	153	>153
165	107	132	99	124	132	140	124	140	140	149	>149
160	104	128	96	120	128	136	120	136	136	144	>144
155	101	124	93	116	124	132	116	132	132	140	>140
150	98	120	90	113	120	128	113	128	128	135	>135

Tab. 1/6.6.4: Herzfrequenzbereiche für die Entwicklung der Grundlagenausdauer (GA) und wettkampfspezifische Ausdauer (WSA) für den Radsport, abgeleitet von der individuellen maximalen Herzfrequenz. Aus der meist unterschiedlichen Herzfrequenzregulation unter Belastung zwischen Männern und Frauen wird im unteren Intensitätsbereich eine geschlechtsspezifische Differenzierung vorgenommen. Frauen benötigen eine höhere Trainings-Hf.

Trainings-bereiche Hfmax	GA 1 Frauen		GA 1 Männer		GA 1-2 Frauen		GA 1-2 Männer		GA 2		WSA
210	158	168	147	168	168	179	168	179	179	189	189
205	154	164	144	164	164	174	164	174	174	185	185
200	150	160	140	160	160	170	160	170	170	180	180
195	146	156	137	156	156	166	156	166	166	176	176
190	143	152	133	152	152	162	152	162	162	171	171
185	139	148	130	148	148	157	148	157	157	167	167
180	135	144	126	144	144	153	144	153	153	162	162
175	131	140	123	140	140	149	140	149	149	158	158
170	128	136	119	136	136	145	136	145	145	153	153
165	124	132	116	132	132	140	132	140	140	149	149
160	120	128	112	128	128	136	128	136	136	144	144
155	116	124	109	124	124	132	124	132	132	140	140
150	113	120	105	120	120	128	120	128	128	135	135

Tab. 2/6.6.4: Herzfrequenzbereiche für die Entwicklung der Grundlagenausdauer (GA) und der wettkampfspezifischen Ausdauer (WSA) für den Langstreckenlauf, abgeleitet von der individuellen maximalen Herzfrequenz. Aus der meist unterschiedlichen Herzfrequenzregulation unter Belastung zwischen Männern und Frauen wird im unteren Intensitätsbereich eine geschlechtsspezifische Differenzierung vorgenommen.

Allgemeine Regeln zur Bewertung der Herzfrequenz (Hf) im Training
1. **Maximale Hf** = 220 – Lebensalter (in Jahren)
2. **Trainings-Hf** = 180 – Lebensalter (in Jahren)
3. **Trainings-Hf** = 180 – Lebensalter (in Jahren) plus fünf Herzschläge/Lebensjahrzent jenseits der dritten Dekade
4. **Trainings-Hf** = 170 Lebensalter (inJahren) und Trainings-Hf = 180 Lebensalter (in Jahren) bei biologisch jüngeren und trainierten Sportlern
5. **Obere Trainings-Hf** = 200 Lebensalter (in Jahren)
6. **Optimale Trainings-Hf** = 170 – 1/2 Lebensalter (in Jahren) ± 10 min, gültig bis 60. Lebensjahr

Bei diesen Empfehlungen bleiben Sportart, Alter, Geschlecht und die Dauer der Belastung unberücksichtigt. Diese Faktoren beeinflussen aber die Hf-Regulation wesentlich (s. Kap. 7.1). Frauen haben in den einzelnen Trainingsbereichen der Sportarten eine höhere Hf **(Tab. 1 und 2/6.6.4)**.

Die Unsicherheit bei der Voraussage der erforderlichen Trainings-Hf ist letztendlich Anlass dafür, die Hf fortlaufend zu messen und Veränderungen der Hf sportmethodisch und trainingsmethodisch individuell einzuordnen.

Der sicherste Weg zur Bestimmung der maximalen Herzfrequenz ist ein Ausbelastungstest (s. Kap. 8.3.9)

6.6.5 Trainingsbereiche, abgeleitet aus der Wettkampfgeschwindigkeit

Eine weitere Möglichkeit zur Ermittlung der Trainingsgeschwindigkeit erfolgt über die Wettkampfgeschwindigkeit. In der nachstehenden **Tab. 1/6.6.5** wird die Belastungsintensität für drei grundlegende Trainingsbereiche des Ausdauertrainings dargestellt.

Bei der Auswahl der Trainingsbereiche ist Klarheit darüber zu erreichen, welchen Anteil die Trainingsbereiche in der betreffenden Sportart für die Leistungsentwicklung haben (s. **Abb.1/4.3.1** und **Abb. 1/6.6.5**). In Form einer Pyramide kann schematisch der Umfang und die Belastungsintensität für das Kompensationstraining, das Grundlagenausdauertraining und das wettkampfspezifische Ausdauertraining dargestellt werden **(Abb. 2/6.6.5)**. Die angegebenen Prozentwerte zur Intensität beziehen sich auf die aktuelle Leistungsfähigkeit. Das Regenerations- und Kompensationstraining wird mit relativ niedriger Belastungsintensität (60 - 75%) ausgeübt. Der Trainingsumfang ist relativ gering.

Den Hauptanteil für die Entwicklung der Langzeitausdauerfähigkeit trägt das Grundlagenausdauertraining 1 (GA 1). Hier liegt die Belastungsintensität zwischen 75% und 85%. Es wird mit einer Geschwindigkeit trainiert, die vom Sportler in stabiler aerober Stoffwechsellage bewältigt werden kann.

Angaben in Prozent von der Wettkampfgeschwindigkeit			
Streckenlängen	GA 1 aerob	GA 2 aerob/anaerob	WSA stark anaerob
Schwimmen GA 1 (1.500 m) GA 2 (400 - 800 m) WSA (100 - 300 m)	80%	85%	>95%
Rad GA 1 (80 - 200 km) GA 2 (20 - 40 km) WSA (3 - 6 km)	75%	85%	>100%
Lauf GA 1 (15 - 30 km) GA 2 (5 - 12 km) WSA (1 - 3 km)	75 - 80%	90 - 95%	>100%

Tab. 1/6.6.5: Ableitung der Belastungsintensität für die drei grundlegenden Trainingsbereiche des Ausdauertrainings. In Abhängigkeit von der aktuellen Bestleistung erfolgt die Abstufung der Trainingsgeschwindigkeit unter Beachtung des dafür erforderlichen und etwa einzuhaltenden Streckenmittels (Belastungsdauer).

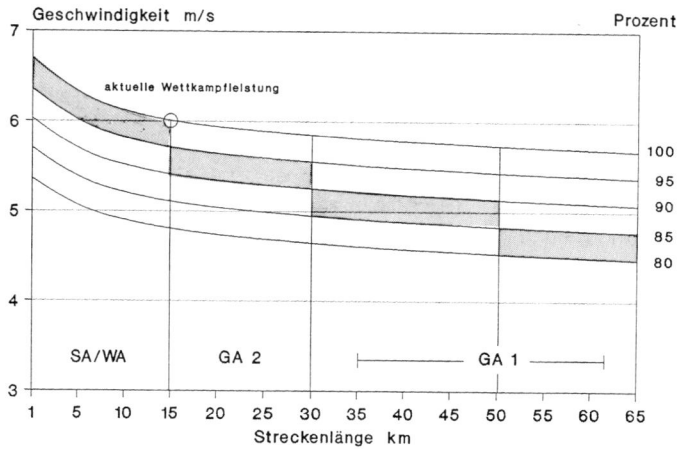

Abb. 1/6.6.5.:
Intensitätsgestaltung in Abhängigkeit von der Wettkampfleistung und Wettkampf-dauer

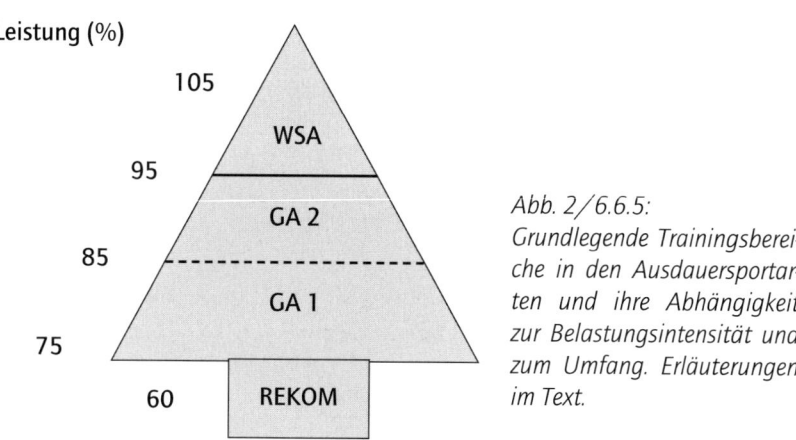

Abb. 2/6.6.5:
Grundlegende Trainingsbereiche in den Ausdauersportarten und ihre Abhängigkeit zur Belastungsintensität und zum Umfang. Erläuterungen im Text.

Der Trainingsumfang ist im GA 1-Training dominant, er beträgt durchschnittlich 70% und kann im Ultralangzeitausdauerbereich über 95% des Gesamttrainings in Anspruch nehmen.

Die Trainingsintensität im Grundlagenausdauerbereich 2 (GA 2) liegt im All-gemeinen zwischen 85% und 95%, bei einem bedeutend geringeren Umfangsan-teil. Der Sportler trainiert bei einer Geschwindigkeit, die eine zeitweilige Inan-spruchnahme des aerob-anaeroben Energiepotenzials des Organismus erfordert.

Die Belastungen im wettkampfspezifischen Ausdauertraining (WSA) orientieren sich in ihrer zeitlichen Lage streng am Wettkampfkalender. Dabei werden Intensitäten auf kurzen Strecken im Wettkampftempo und darüber angestrebt.

Wie hoch der Trainingsumfang für die drei Trainingsbereiche sein soll, hängt von der Leistungsfähigkeit, der Periodisierung, der Zyklisierung und anderen Faktoren ab. Genaue Angaben können nur für den Einzelfall getroffen werden. Grundsätzlich kann aber ausgesagt werden, dass Hochleistungssportler einen höheren Umfangsanteil im GA 1-Training absolvieren als Freizeitsportler (**Abb. 2/6.6.5**).

Die Trainingsproportionen für das Umfangstraining unterscheiden sich für Hochleistungs-, Leistungs- und Freizeitsportler deutlich. Bei der Interpretation der Prozentangaben ist zu beachten, dass Hochleistungssportler über 1.000 Stunden im Jahr bewältigen und folglich, absolut gesehen, mehr Kilometer im GA 2- bzw. WSA-Bereich ableisten als Freizeit- oder Leistungssportler (**s. Abb. 1/4.3.5**).

Nur der Hochleistungssportler ist in der Lage, differenziert zu trainieren, indem er optimale Proportionen in der Fähigkeitsentwicklung einhalten kann. Der Freizeitsportler ist aufgrund mangelnder Zeit nicht in der Lage, das GA 1-Training in ausreichendem Maße auszuführen. Er absolviert ein Kompromisstraining. Dies führt in der Regel zu einem schnellen Leistungsaufbau (Saisonbeginn), jedoch einer nachfolgenden instabilen Leistung, die sich der Sportler anfangs nicht erklären kann. Leistungsdiagnostische Untersuchungen weisen darauf hin, dass seine aerobe Kapazität nicht ausreicht und Ursache für das abfallende Leistungsniveau ist. Der methodische Ausweg besteht in einem vermehrten Grundlagentraining bei Betonung längerer Strecken im aeroben Stoffwechselbereich.

Im Training ist die Intensität für die Trainingsbereiche sportartspezifisch zu gestalten und in Abhängigkeit von der individuellen Ausdauerleistungsfähigkeit auszuführen.

7 Biologische Messgrößen zur Belastungssteuerung

Nach wie vor sind sportmethodische Eckdaten für die Trainingssteuerung entscheidend. Die Begriffe „Trainingssteuerung" und „Belastungssteuerung" werden oft synonym gebraucht, sie lassen sich aber inhaltlich abgrenzen. Wenn auf das Training in seiner Komplexität Einfluss genommen werden soll, dann ist der Begriff der „Trainingssteuerung" treffender. Er beinhaltet sowohl einzelne Trainingseinheiten (TE) als auch die Folge mehrerer TE, d.h. einen Ausschnitt aus dem komplexen Leistungstraining. Wird das Training in einzelne TE aufgelöst, dann repräsentieren diese die unmittelbare Belastung, die vorgegeben und realisiert wird. Die Belastung führt zur organismischen Beanspruchung.

Die Kenntnis über die Reizwirksamkeit einzelner Trainingsbelastungen oder TE hat für Trainer und Athlet praktische Bedeutung, sie repräsentieren aber noch nicht das Training in seinem komplizierten Gefüge. Die Belastungssteuerung ist in den einzelnen Sportarten dann von Bedeutung, wenn äußere Störfaktoren, wie Wind, Bodenbelag, Streckenprofil, Schneebeschaffenheit u.a. auf den Sportler einwirken und die Geschwindigkeit ein unzuverlässiges Kriterium für den biologischen Aufwand bei der Belastungsbewältigung wird.

Inzwischen ist eine Vielzahl von biologischen Messgrößen bekannt, die physiologische Zustände bei Trainingsbelastungen besser kennzeichnen als Dauer und Geschwindigkeit der Belastung. Die diagnostische Bedeutung von biologischen Messgrößen steigt, wenn der Sportler eine Restermüdung aufweist, gesundheitlich indisponiert ist oder sich in einem insgesamt schlechten Trainingszustand befindet.

Die trainings- oder belastungssteuernden Maßnahmen können täglich oder in größeren Abständen durchgeführt werden. Zur täglichen oder kurzfristigen Belastungssteuerung gehören alle die Maßnahmen, die helfen, die Reizwirksamkeit der sportarttypischen Belastung zu beurteilen. Wenn eine Belastungsfolge zu Veränderungen im Organismus führt, dann wird diese Zustandsänderung als Anpassung ausgewiesen.

Da die Entwicklung von Anpassungen (Adaptationen) ein zeitabhängiger Prozess ist, lohnen sich Untersuchungen zur Erfassung neuer Zustände erst nach vier bis sechs Wochen Training. Bei dieser mittelfristigen Trainings- und Belastungssteuerung, die meist im Labor durchgeführt wird, werden Zustände mit größerer Komplexität erfasst als es bei der täglichen Trainingssteuerung möglich ist.

Zu beachten ist, dass Unzulänglichkeiten im Trainingskonzept nicht durch aufwendige trainings- und belastungssteuernde Maßnahmen zu kompensieren sind. Wenn z.B. in der Sportart die internationale Spitze sich mit 10.000 km/Jahr belastet, dann kann bei einem Training von 6.000 bis 7.000 km/Jahr nicht erwartet werden, dass Weltspitzenleistungen erreicht werden. Die Gesamtbelastung muss dem Niveau der Weltbesten in der Sportart entsprechen, falls deren Leistungsniveau das Trainingsziel ist (s. Kap. 4.1).

7.1 Herzschlagfrequenz (Hf)

Die Herzfrequenz ist eine repräsentative Messgröße zur Beurteilung der Beanspruchung des Herz-Kreislauf-Systems. Die Herzfrequenz (Hf) reagiert sehr schnell auf Veränderungen der Belastung des Organismus, insbesondere der Muskulatur. Am empfindlichsten reagiert die Hf auf Intensitätserhöhungen und ansteigenden Widerstand. Die Hf ist eine zuverlässige Messgröße zur Beurteilung der Belastungsintensität.

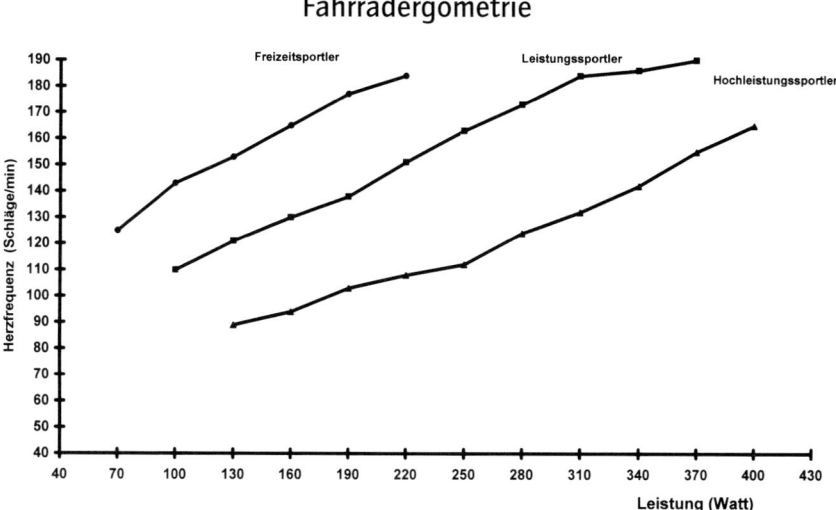

Abb. 1/7.1.1
Vergleich des Anstieges der Herzschlagfrequenz (Hf) bei Sportlern unterschiedlicher Leistungsfähigkeit während eines fahrradergometrischen Stufentests. Die Sportler mit der höchsten Leistungsfähigkeit und auch besten Regulationsfähigkeit im Herz-Kreislauf-System weisen den flachsten Anstieg der Hf auf.

7.1.1 Herzfrequenz und ansteigende Belastung

Stufenförmig ansteigende Belastungen sind das Grundmodell zur Prüfung der Hf-Regulation. Bei ansteigenden Belastungen zeigen die leistungsfähigsten Sportler stets den flachsten Anstieg der Hf im Vergleich zu Leistungsschwächeren **(Abb.1/7.1.1)**. Die Frauen haben im Vergleich zu den Männern eine höhere Hf **(Abb. 2/7.1.1)**.

Aus der Steilheit des Hf-Anstieges kann auf die Leistungsfähigkeit geschlossen werden. Das trifft sowohl für Sportler als auch für Patienten zu. Der flache Hf-Anstieg bei der Ergometrie repräsentiert die Kraftausdauer in den Beinen und die Leistungsfähigkeit des Herz-Kreislauf-Systems. Insbesondere beeinflusst die Herzgröße das Niveau der Hf-Regulation, d.h. je besser sich das Herz durch Training angepasst hat, desto niedriger ist die Belastungsherzfrequenz.

Geschlechtsdifferenz der Leistungsfähigkeit

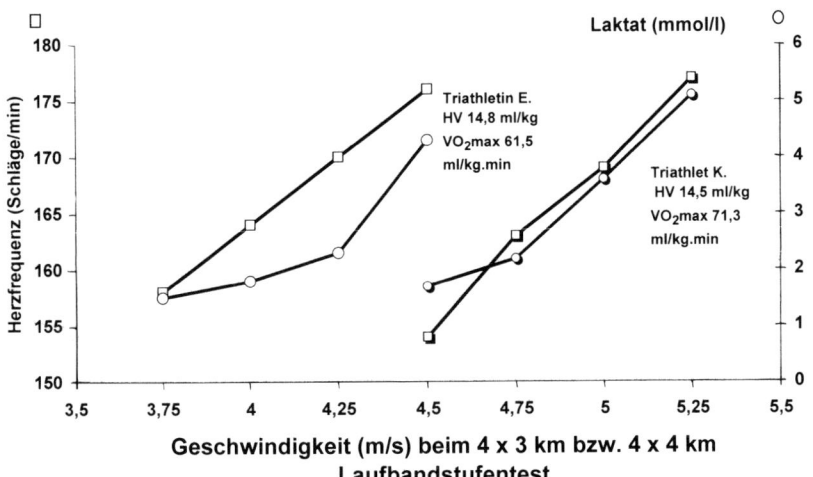

Abb. 2/7.1.1:
Vergleich der Laufleistung zwischen einer leistungsstarken Triathletin und einem leistungsstarken Triathleten im Laufbandstufentest. Obgleich die Triathletin ein auf die Körpermasse bezogenes größeres Sportherz aufweist, ist bei vergleichbarer Geschwindigkeit (4,5 m/s) ihr biologischer Aufwand zur Belastungsbewältigung ungleich höher. Neben der Herzgröße beeinflusst die absolute aerobe Leistungsfähigkeit das Niveau der Herzfrequenzregulation.

7.1.2 Herzfrequenz und Dauerbelastung

Sofort nach Belastungsbeginn erhöht sich die Hf, sie benötigt aber eine bestimmte Zeit, um sich auf das entsprechende Belastungsniveau einzuregulieren. Erfahrungsgemäß erreicht die Hf bei Steigerungsstufen von 30 bis 50 W nach 4-6 min ein höheres Regulationsniveau, welches auch als „Steady State" bezeichnet wird. Bei verbessertem Trainingszustand erfolgt die Einregulierung auf das Steady-State-Niveau schneller. Gut trainierte Sportler erreichen noch einen Steady-State-Zustand in der Hf, wenn Leistungsschwächere bereits mit einem linearen Hf-Anstieg bei stufenförmig ansteigenden Belastungen regulieren müssen. Unabhängig davon steigt die Hf bis zu einem individuell möglichen oberen Regulationsniveau an **(s. Abb. 1 und 2 /7.1.1)**. Wird das individuell maximale Hf-Regulationsniveau erreicht, dann verläuft der Hf-Anstieg stark abgeflacht. Die in den **Abb. 1/7.1.1** und **2/7.1.1** dargestellten Hf-Anstiege sind Messungen immer am Ende jeder Belastungsstufe und repräsentieren nicht die Dynamik des fortlaufenden Hf-Verlaufs.

GA 1-Dauerlauf bei 14,4 km/h (4,0 m/s)

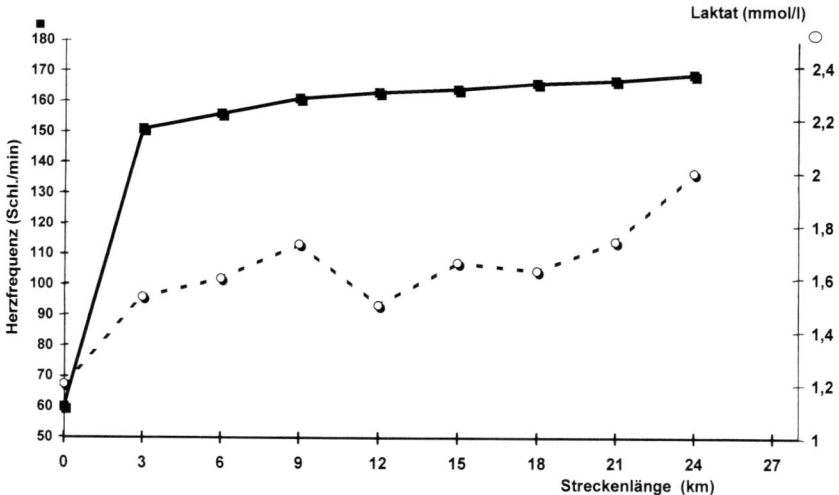

Abb. 1/7.1.2
Verhalten von Herzfrequenz (Hf) und Laktat während einer Dauerbelastung von 24 km, die mit 14,4 km/h von vierzehn Läufern absolviert wurde. Um die Geschwindigkeit zu halten, nahm die innere Belastung zu, kenntlich am Anstieg beider Messgrößen. Die Inanspruchnahme der maximalen Hf hat um 10% zugenommen.

GA 1-Dauerlauf

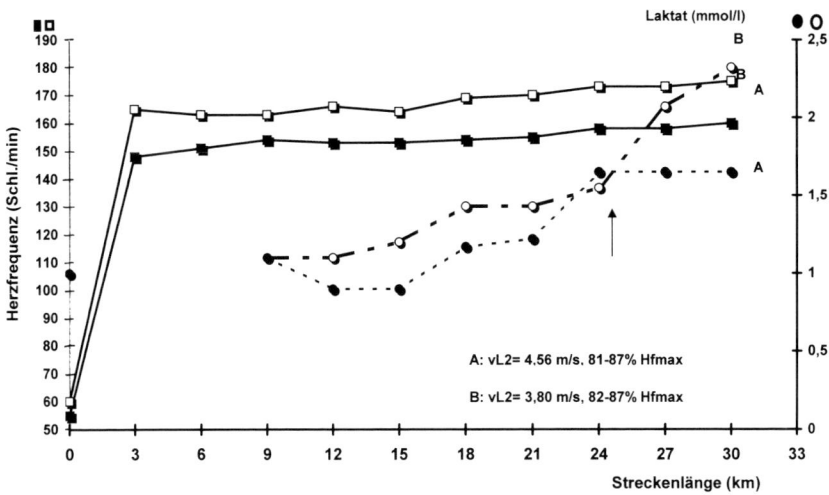

Abb. 2/7.1.2:
Verhalten der Herzfrequenzregulation bei zwei Läufern unterschiedlicher Leistungs-
fähigkeit. Sowohl der stärkere Läufer A (vL2 4,56 m/s) als auch der schwächere
Läufer B (vL2 3,80 m/s) zeigen einen fast gleich gerichteten Anstieg der Hf beim
30 km-Lauf im Bereich ihres vL2.

Wenn sich bei Dauerbelastungen die Hf auf die Belastungshöhe einreguliert hat, kommt es trotz gleich bleibender Geschwindigkeit zu einem allmählichen Anstiegen der Hf. Erfahrungsgemäß ist der Hf-Anstieg nach 60 min Belastung um durchschnittlich zehn Schläge/min höher als zu Belastungsbeginn (**Abb. 1/7.1.2**). Der Anstieg der Hf bei Dauerbelastungen hängt mit der allgemeinen Ermüdung und der Zunahme der Körpertemperatur zusammen. Aus der Hf-Regulation bei aeroben Dauerbelastungen ist nicht immer die reale Stoffwechselsituation erkennbar. Am Beispiel der **Abb. 2/7.1.2** wird deutlich, dass zwei Läufer mit unterschiedlicher Leistungsfähigkeit bei einem 30 km-Lauf im Bereich des vL2 am Ende Ermüdungszeichen aufwiesen und ihr Tempo nur durch Inanspruchnahme höherer anaerober Stoffwechselanteile halten konnten. Der schwächere Läufer B zeigt einen stärkeren Laktatanstieg als der stärkere Läufer A bei jeweils 87% Inanspruchnahme der maximalen Hf. Das Beispiel verdeutlicht, dass für eine anspruchsvolle Belastungssteuerung die Hf-Messung allein nicht ausreicht und auf die Stoffwechselbelastung nicht geschlossen werden kann.

GA 1-Dauerlauf bei 14,6 km/h

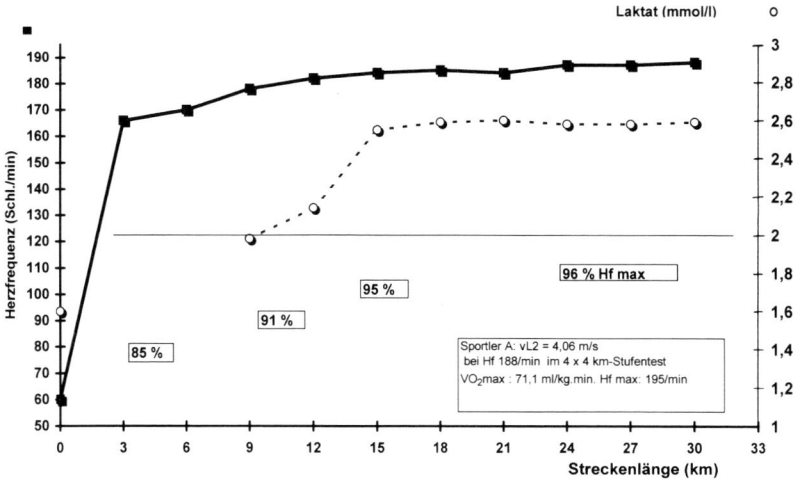

Abb. 3/7.1.2:
Vergleich des Laktat- und Herzfrequenzanstieges beim 30 km-Dauerlauf. Bei 90% In-
anspruchnahme der maximalen Herzfrequenz (Kilometer 9-10) verlässt der Athlet sei-
ne stabile aerobe Stoffwechsellage und sichert die Geschwindigkeit mit erhöhter In-
anspruchnahme des anaeroben Stoffwechsels (Laktatanstieg).

Wenn die Hf auf über 95% der maximalen Hf ansteigt, dann ist mit Sicherheit
mehr als 2 mmol/l Laktat während der Belastung gebildet worden. Der GA 1-Dau-
erlauf war in diesem Fall für den Sportler A zu schnell **(Abb. 3/7.1.2)**. Um beim
Training sicher in der aeroben Stoffwechsellage zu bleiben, d.h. unter 2 mmol/l
Laktat, müssen von dem beim 4 x 4 km Stufentest gewonnenen vL2- Wert noch 5-
10% abgezogen werden. Erfolgt dies, dann ist die Trainingsgeschwindigkeit nicht
zu schnell und kann ohne größere Ermüdung wiederholt werden. Der längere Dauerlauf muss in diesem Fall langsamer als der kürzere sein. Wenn beim GA 1-Trai-
ning nur vereinzelt zu schnell gelaufen wird, dann wirkt sich die eine überzogene
Trainingseinheit (TE) nicht auf die Stoffwechselgrundregulation aus. Die reale
Stoffwechselsituation ist beim Leistungstraining aus der Hf-Regulation allein nicht
erkennbar. Wird ständig zu intensiv trainiert, dann besteht die Gefahr, dass der
Fettstoffwechsel zur Belastungssicherung nicht genutzt wird und der Leistungsaufbau überwiegend auf der Kohlenhydratverbrennung beruht. Die praktische Folge
ist nach wiederholt zu intensiven Trainings- und auch Wettkampfbelastungen eine
energetische Instabilität.

7.1.3 Einflussfaktoren auf die Herzfrequenzregulation

Die Herzschlagfrequenz wird bei sportlichen oder körperlichen Belastungen durch zahlreiche Faktoren beeinflusst. Für die Beurteilung der Höhe der Hf-Regulation ist an diese Faktoren zu denken. Zu den Einflussfaktoren auf die Hf gehören:

- **Lebensalter und Geschlecht,**
- **Herzgröße,**
- **Leistungsfähigkeit in der Sportart und**
- **Gesundheitszustand.**

Nachfolgend erfolgen kurze Hinweise auf die Höhe des Einflusses dieser Faktoren auf die Hf.

7.1.3.1 Lebensalter und Geschlecht

Ruheherzfrequenz
Die Ruhe-Hf (oder Ruhepuls) ist ein empfindlicher Indikator für den Aktivitätszustand des vegetativen Nervensystems und den Grad der Trainiertheit im Kindes- sowie Erwachsenenalter. Die Ruhe-Hf der Kinder und Jugendlichen ist generell um durchschnittlich zehn Schläge/min höher als bei Erwachsenen. Sportliches Training senkt die Ruhe-Hf sowohl bei Kindern als auch bei Erwachsenen. Bezüglich der Lebenserwartung hat die Beurteilung der Ruhe-Hf im Erwachsenenalter einen hohen Stellenwert, da statistisch belegt wurde, dass Menschen mit einer niedrigeren Hf länger leben als jene mit einer ständig hohen Hf, d.h. über 75 Schl./min.

Herzgröße (ml)	Herzfrequenz (Schläge/min)			
	Fitnesssportler		Hochleistungssportler	
	Männer	Frauen	Männer	Frauen
600 - 700	68	72	–	–
700 - 800	65	68	–	50
800 - 900	62	65	50	45
900 - 1.000	55	60	45	40
1.000 -1.100	50	–	40	38
über 1.100	–	–	36	–

Tab. 1/7.1.3.1:
Durchschnittliche Ruheherzfrequenz und Herzgröße bei Männern und Frauen mit unterschiedlicher Leistungsfähigkeit

Ständige körperliche Belastung und ausdauerorientiertes Training führt zu einer Aktivierung des parasympathischen Nervensystems und dieses bremst die Schlagfolge des Herzens, der Ruhepuls sinkt. Die Frauen haben eine durchschnittlich höhere Hf als die Männer. Hauptsächlich wird dies durch die Herzgröße hervorgerufen; die Frauen haben konstitutionell ein kleineres Herz als die Männer. Um entsprechend der Belastung ausreichend Blut zu befördern, muss das kleinere Herz der Frauen schneller schlagen, ähnlich wie das kleinere Kinderherz im Vergleich zum größeren Herz der Erwachsenen. Auch bei Leistungssportlern und Hochtrainierten lassen sich die Geschlechtsunterschiede in der Ruhe-Hf nicht verwischen **(Tab. 1 /7.1.3.1)**.

Belastungsherzfrequenz

Zur Abschätzung der Belastungs-Hf gibt es mehrere Möglichkeiten. Ein wesentlicher Aspekt ist dabei das Lebensalter. Unabhängig vom Training nimmt mit zunehmendem Lebensalter die maximal erreichbare Hf ab. Das hängt auch damit zusammen, dass der Sporttreibende an Grundschnelligkeit verliert und er sich nicht mehr so stark motorisch mobilisieren kann wie in jüngeren Jahren. Eine Durchschnittskurve der maximal erreichbaren Hf in Bezug zum Lebensalter ist in **Abb. 1/7.1.3.1** aufgeführt. Auch Ausnahmen einer hoch ausgeprägten individuellen Hf ändern nichts am Sachverhalt der Hf-Abnahme mit zunehmendem Lebensalter.

Belastungssteuerung mit der Herzfrequenz (Schläge/min)
Orientierungsgröße für maximal erreichbare Hf ist:
Hf max = 220 - Lebensalter ± 15 Schläge/min
Beispiele:
    30 Jahre: Hf max = 190/min (175-205)
    40 Jahre: Hf max = 180/min (165-195)
    50 Jahre: Hf max = 170/min (155-185)
    60 Jahre: Hf max = 160/min (145-175)

Grundlagenausdauertraining erfolgt bei 70-85% Hf max. Für einen 40-Jährigen könnte hiernach die **Herzfrequenzzielzone,** je nach Höhe der Hf max, in einem Bereich von 116 bis 168 Schlägen/min liegen:

a) Hf max = 165/min (220 – Lebensalter -- 15 Schläge):   116-140 Schläge/min
b) Hf max = 180/min (220 – Lebensalter):   126-153 Schläge/min
c) Hf max = 195/min (220 – Lebensalter + 15 Schläge):   137-168 Schläge/min

Das Beispiel zeigt, dass es wichtig ist, die individuelle maximale Herzfrequenz zu kennen, um davon abgeleitet im gewünschten Trainingsbereich zu trainieren.

Tab. 2/7.1.3.1

Herzfrequenzregulation und Lebensalter

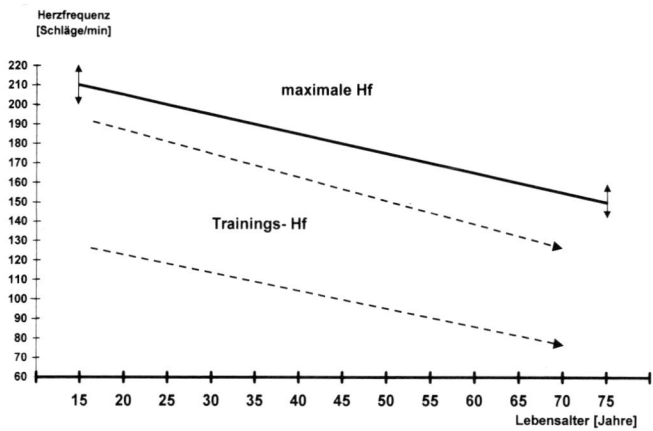

Abb. 1/7.1.3.1 Beziehung der maximalen Herzfrequenz (Hf) und der Trainingsherzfrequenz zum Lebensalter. Mit zunehmendem Lebensalter sinkt die durchschnittlich erreichbare maximale Hf ab; auch im Training wird die reizwirksame Hf niedriger.

Laktat und Herzfrequenz beim Ausdauertraining

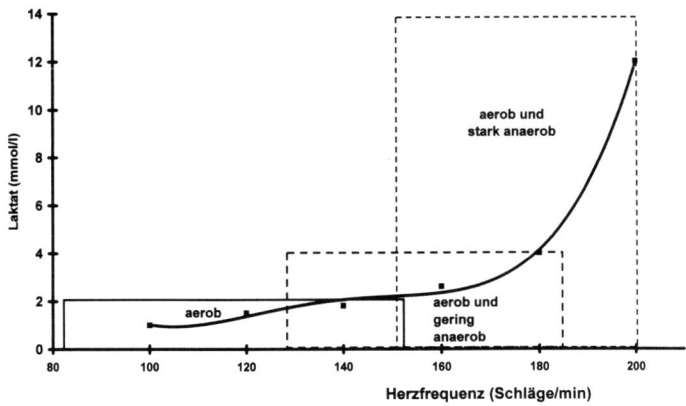

Abb. 2/7.1.3.1: Darstellung der Zunahme von Laktat und Herzfrequenz bei ansteigender Belastungsintensität. Die Trainingsherzfrequenz Rad für GA 1-Belastungen kann aus der Differenz der maximalen Hf und der Hf bei der Leistung Laktat 3 mmol/l (PL3) im Stufentest ermittelt werden.

Anpassung der Herzfrequenz bei Radsportlern
(täglich wiederholter Ergometerstufentest)

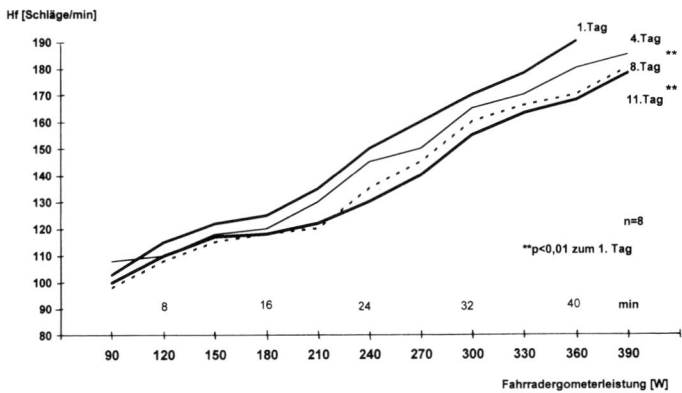

Abb. 3/7.1.3.1 : Darstellung der Mittelwerte der Herzfrequenzregulation bei täglich wiederholter Ergometerbelastung von acht Radsportlern. Am 8. Trainingstag nahm die Hf signifikant ab, sodass von einem Beginn der Anpassung im Herz-Kreislauf-System gesprochen werden kann.

Die Bestimmung der Trainingsherzfrequenz in Ableitung vom Lebensalter bzw. die Formel „Hf max = 220 - Lebensalter" (vgl. Kap. 6.6.4) entspricht oft nicht dem individuellen Regulationsverhalten. Abweichungen von bis zu 15 Schläge/min sind normal **(Tab. 2/7.1.3.1)**. Da das Grundlagenausdauertraining (GA 1) überwiegend in einer Spanne von 70-85% der Hf max ausgeführt wird, können die Regulationsbreiten selbst errechnet und mit den realen Messwerten im Training verglichen werden.

Wie bereits erwähnt, steht die Höhe der Hf grob mit der Stoffwechselsituation im Zusammenhang. Zur Orientierung sind Angaben für das Radtraining in **Abb. 2/7.1.3.1** aufgeführt. Als objektive Grundlage für die Bestimmung der Trainingsherzfrequenz wurde die bei Laktat 3 mmol/l im ergometrischen Stufentest (PL3) bestimmte Hf und die maximale Abbruch-Hf ausgewählt. Der Differenzbetrag zwischen maximaler Hf und Hf bei PL3 wird von der Hf bei PL3 abgezogen. Diese Hf garantiert Belastungen in aerober Stoffwechsellage, plus einem Ermüdungsaufschlag von zehn Schlägen/min nach zwei Stunden Ausdauerradtraining. Die äußeren Einflüsse auf die innere biologische Beanspruchung, wie Streckenprofil, Einzel- oder Gruppenfahrten, Wind u.a. müssen stets beachtet werden. Wird eine Trainingsbelastung ständig wiederholt, so nimmt bei erfolgter Anpassung die Hf bei vergleichbaren Belastungen ab **(Abb. 3/7.1.3.1)**. Dieser Umstand erfordert dann die Erhöhung der Fahrgeschwindigkeit oder des Tretwiderstandes.

7. 1.3.2 Herzgröße und Herzfrequenz

Ruheherzfrequenz

Durch sportliches Training nimmt die Größe des Herzens (Herzvolumen/HV) zu. Allerdings muss regelmäßig über zwei Monate mit einem wöchentlichen Umfang über 10 Stunden trainiert werden, damit es zu einer ersten Stufe der Herzvergrößerung kommt (**Tab. 1/7.1.3. 2**). Das trainierte Herz weist funktionelle Umstellungen und eine harmonische Größenzunahme auf. Dieses Herz wird als Sportherz bezeichnet, wenn der Herzquotient (HV/kg) 13,0 bei Männern und 12,0 bei Frauen übersteigt. Das Sportherz weist ein erhöhtes Schlagvolumen in Ruhe und bei Belastung auf. Diese Anpassung äußert sich in der Abnahme der Hf. Die als Bradykardie bekannte Abnahme der Ruhe-Hf ist die auffallendste Veränderung des trainierten Herzens. Bei der Ausprägung der Bradykardie kommen noch konstitutionelle Besonderheiten hinzu, sodass vom Ruhepuls nicht direkt auf die Größe des Sportherzens zu schließen ist. Im Rahmen der Belastungssteuerung ist noch zu beachten, dass der ältere Sportler tendenziell zu

Ausprägung des Sportherzens	Sportler	Sportlerinnen	Trainingsumfang (Stunden/Woche)
Geringe Sportherzanpassung	13-14	12-13	10-15
Mittlere Sportherzanpassung	15-16	14-15	15-20
Starke Sportherzanpassung	17-18	16-17	20-30
Grenzbereiche Sportherzanpassung	19-20	18-19	35-40

Extremwerte in Sportarten	Sportler	Sportlerinnen	Trainingsumfang (Stunden/Woche)
Triathleten	18,5	16,4	> 30
Radsportler	19,0	15,4	> 35
Läufer	18,7	18,2	> 25
Schwimmer	16,9	16,1	> 20

Tab. 1/7.1.3.2: Herzgröße und Trainingsbelastung (Modif. nach BERBALK, 1997)

Herzfrequenzregulation bei unterschiedlicher Herzgröße

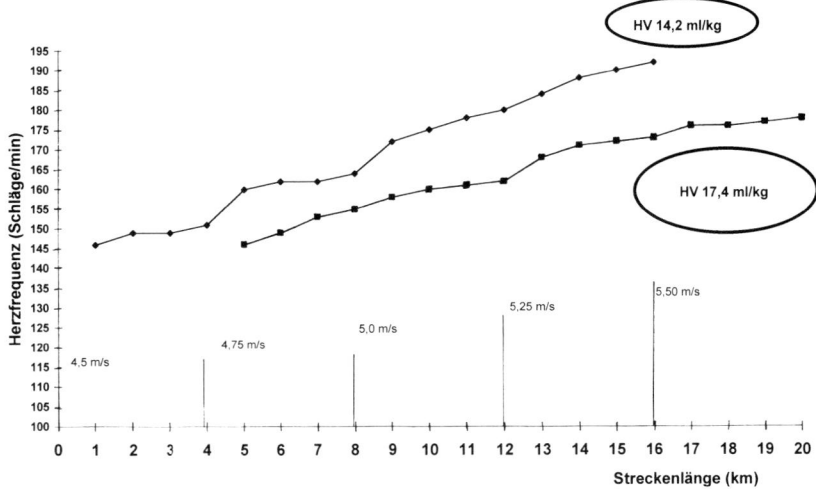

Abb. 1/7.1.3.2:Herzfrequenzregulation bei gleicher Geschwindigkeit (4,75-5,25 m/s) bei zwei Triathleten mit unterschiedlicher Herzgröße (HV). Der Sportler mit dem größeren Sportherz (17,4 ml/kg) hatte den flacheren Hf-Anstieg.

Abnahme der Ruhe-Hf neigt. Im Hochleistungssport der Ausdauersportarten haben fast alle Athleten eine Ruhe-Hf von unter 40 Schlägen/min. Extreme Hf-Ruhewerte von unter 30 Schlägen/min ohne krankhaften Hintergrund kommen vor. Die niedrige Ruhe-Hf beim ausgebildeten Sportherz ist auch während der Belastung zu erkennen.

Belastungsherzfrequenz

Die Zunahme der Förderleistung des Herzens durch Training macht sich natürlich auch in der Hf-Regulation bei Belastung bemerkbar. Dadurch, dass das Sportherz mit einem Herzschlag eine größere Menge Blut befördert, muss bei Belastung die Frequenz nicht so hoch ansteigen. Kennzeichen des Trainierten mit ausgebildetem Sportherz ist immer eine tendenziell niedrigere Hf bei Belastung (**Abb. 1/7.1.3.2**). Der Triathlet mit dem größeren Herz (Herzquotient 17,4 ml/kg) hat zudem auch eine höhere maximale Sauerstoffaufnahme (80 ml/kg.min) im Vergleich zu dem Triathleten mit dem Herzquotient 14,2 ml/kg, dessen VO_2 max nur 71,0 ml/kg.min beträgt. Dieses Beispiel verdeutlicht, dass bei den leistungsfähigeren Athleten sich mehrere diagnostische Merkmale auf höherem Niveau ausprägen.

7. 1.3.3 Leistungsfähigkeit und Herzfrequenz

Ruheherzfrequenz

Die Höhe der individuellen Hf repräsentiert den allgemeinen oder sportartspezifischen Trainingszustand. Der Trainingszustand ist wiederum ein Ausdruck der unspezifisch, semispezifisch oder sportartspezifisch an die Trainingsanforderungen adaptierten Muskulatur. Um die Ruhe-Hf vergleichen zu können, empfiehlt sich die Pulsmessung durch Auszählen der Zahl der Herzschläge über 10 oder 15 s früh morgens im Bett. Diese Sekundenwerte müssen bei 10 s mit 6 und bei 15 s mit 4 multipliziert werden, um den Minutenwert der Hf zu erhalten. Bequemer und genauer geht es mit einem Hf-Messgerät, wobei kurzzeitig der Gurt mit dem Sender auf die Brust gelegt werden muss. Durch die tägliche Hf-Messung in Ruhe erhält man eine Übersicht zur Verträglichkeit der Trainingsbelastungen. Trainingsbedingte Schwankungen der Hf von 4-6 Schlägen/min sind normal.

Steigt die Ruhe-Hf um 6-8 Schläge/min an, dann ist mit hoher Wahrscheinlichkeit ein Störereignis eingetreten. Von den beiden grundsätzlichen Störmöglichkeiten kann es entweder ein belastungsbedingter Überforderungszustand oder eine sich anbahnende gesundheitliche Störung sein **(Abb. 1/7.1.3.3)**. Im Zweifelsfall ist eine Probebelastung durchzuführen. Wenn beim Probetraining die Belastungs-Hf deutlich höher als erwartet ist, dann sollte das Training unterbrochen werden.

Ruhefrequenz im Trainingslager

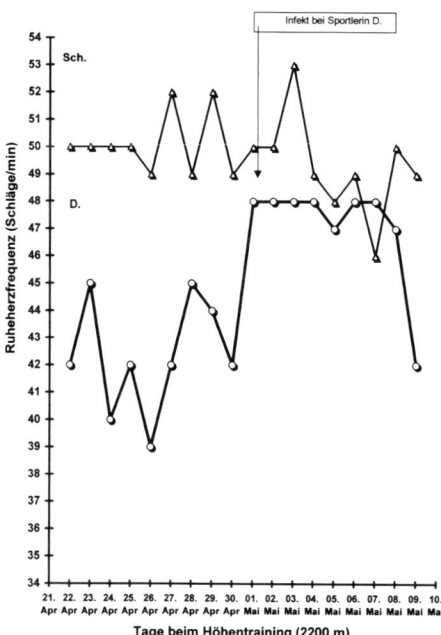

Belastungsherzfrequenz

Bereits vor dem Wettkampf- oder Trainingsstart kommt es regelmäßig zur Zunahme der Hf. Dieser Vorstartzustand führt, je nach Bedeutung der Belastung, zu einem Hf-An-

Abb. 1/7.1.3.3 Basale Herzfrequenz (Hf) im Trainingslager (2.200 m Höhe). Sportlerin D. bekam einen Infekt und zeigte einen deutlichen Anstieg der Hf und musste pausieren. Im Vegleich Sportlerin Sch., wo die belastungsbedingten Schwankungen der Hf normal sind .

Herzfrequenzabnahme durch Ausdauertraining

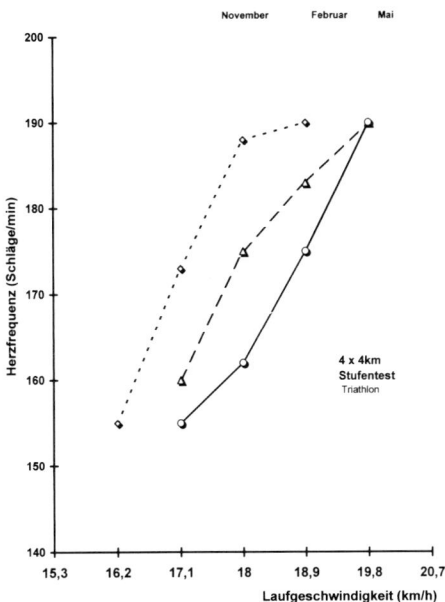

Abb. 2/7.1. 3. 3:
Verhalten der Herzschlagfrequenz (Hf) im 4 x 4 km-Stufentest bei einem leistungs-
starken Triathleten. Im Verlaufe des Trainings kam es zu einer Rechtsverschiebung
der Hf-Geschwindigkeitskurve.

stieg von 20-40 Schlägen/min. Diese Hf-Erhöhung wird nerval und/ oder hormonell ausgelöst. Für den Antrieb der Herzfunktion sorgt das Adrenalin und das sympathische Nervensystem. Der Anstieg der Hf im Vorstartzustand ist eine durchaus sinnvolle Maßnahme, da der Übergang von der niedrigen Ruhe-Hf zur deutlich höheren Belastungs-Hf erleichtert wird. Während der Belastung sollte die Hf nicht mehr mit der Hand durch Pulsfühlen gemessen werden. Diese Maßnahme ist eindeutig zu ungenau, denn sie bedeutet einen Messfehler von 5-10%. Die während der Belastung versuchte Pulszählung ergibt Hf-Werte, die meist 8-12 Schläge/min zu tief liegen. Auch hat sich gezeigt, dass das früher bestimmte Erholungsverhalten der Hf nach der Belastung nicht zu der erwarteten Aussage führt. Ein Bezug der Hf zur Leistungsfähigkeit ist aus der fortlaufend registrierten Hf während der Belastung eindeutig besser abzuleiten als aus dem Abfall der Hf nach 1-3 min Erholung.

Herzfrequenz und Laktat bei Ermüdung

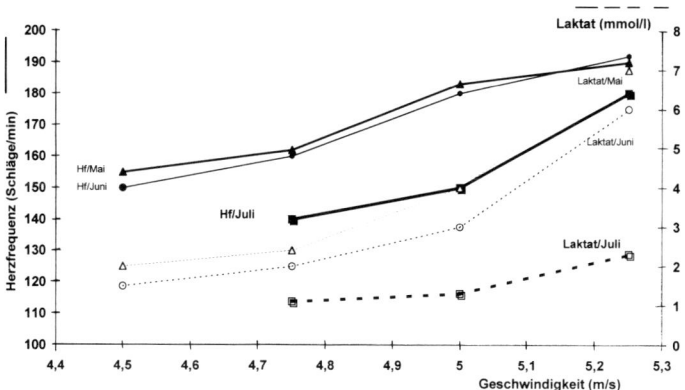

Abb. 3/7.1.3.3: Verhalten von Herzschlagfrequenz (Hf) und Laktatkonzentration im Training (Mai/Juni) und eine Woche nach einem Langtriathlon. Die unvollständige Erholung im Juli führte bei höheren Geschwindigkeiten zu einem steileren Hf-Anstieg und einer geringen Laktatbildung. Die Belastung würde frühzeitiger abgebrochen (nicht dargestellt). Die Zustandsänderung ist durch eine hohe Regulationsökonomie gekennzeichnet.

Für die Steuerung des GA 1-Trainings eignet sich eine Belastungsintensität, die 70 bis 85% der maximalen Hf entspricht. Das erfordert aber zuvor die Bestimmung der individuellen maximalen Hf. Voraussetzung für das Erreichen einer hohen Kreislaufbelastung ist eine kurzzeitige hohe Geschwindigkeit oder Bewegungsfrequenz. Bei der Mehrzahl der Leistungssportler kann eine Ausbelastung angenommen werden, wenn die Hf über 190 Schläge/min ansteigt. Frauen und Kinder erreichen mit 210-220 Schlägen/min die höchsten Hf-Werte. Aus der Höhe der individuellen maximalen Hf kann allerdings nicht auf die sportliche Leistungsfähigkeit geschlossen werden. Nicht selten führt ein einseitiges Ausdauertraining zum Verlust der hohen Hf-Regulation. Diese Sportler sind bereits bei 175 Schlägen/min ausbelastet. Neben den bereits aufgeführten Faktoren Lebensalter, Geschlecht und Sportherz hat der Trainingszustand selbst den größten Einfluss auf die individuelle Hf-Regulation bei Belastung. Für die Belastungssteuerung ist die Dynamik der individuellen Hf-Regulation des Athleten im Zusammenhang mit dem Training von Bedeutung. Die Abnahme der Hf auf vergleichbarer Belastungsstufe ist ein Zeichen der Verbesserung der Leistungsfähigkeit **(Abb.2/7.1.3.3)**.

Bei der Hf-Messung während des Trainings sind Erhöhungen, Abnahmen oder unveränderte Zustände zu erwarten. Die Höhe der Hf ist ein gutes Spiegelbild der erreichten Leistungsfähigkeit, der noch anhaltenden Ermüdung nach Wettkämpfen oder hartem Training sowie bei plötzlichen Funktionsstörungen. Besonders die wiederholte Hf-Messung erlaubt eine Kontrolle der Entwicklung der Leistungsfähigkeit.

Der entscheidende Einflussfaktor auf die individuelle Hf-Regulation ist der Funktionszustand der Muskulatur. Insbesondere, wenn Restermüdungen (Glycogenmangel) nachwirken, ist die Hf beim Laborstufentest oder Feldtest höher als erwartet. In diesem Fall ist der biologische Aufwand bei der Bewältigung der Belastung erhöht. Muskuläre Restermüdungen sind bei den höheren Belastungen (Geschwindigkeiten) deutlicher zu registrieren (**Abb. 3/7.1.3.3**). Aus der **Abb. 3/7.1.3.3** ist ersichtlich, dass muskuläre Ermüdungszustände, in diesem Fall eine Woche nach einem Langtriathlon, sich durch Glycogenmangel, höhere Kreislaufbelastung sowie Kraftverlust (vorzeitiger Abbruch) diagnostisch darstellen. Die deutlich niedrigere Laktatkonzentration ist im Verhältnis zur höheren Hf ein Zeichen behinderter Glycolyse bei muskulärer Restermüdung. Bei diesem Beispiel ist die Rechtsverschiebung der Laktat-Geschwindigkeitskurve nicht als Verbesserung der Leistungsfähigkeit zu beurteilen.

7.1.3.4 Erkrankungen und Herzfrequenz

Ruheherzfrequenz

Die Herzfrequenz in Körperruhe (basale Hf) informiert über wichtige Zustandsveränderungen im Körper. Das Tasten des Pulses ist eine elementare diagnostische Maßnahme in der Medizin und auch im Sport. Bereits kleinere gesundheitliche Störungen oder Indispositionen führen zu einer Erhöhung der Hf-Regulation. Auf die Zweckmäßigkeit der Messung der basalen Hf in Trainingslagern oder in Abschnitten hoher Trainingsbelastung wurde bereits verwiesen (**s. Abb. 1/7.1. 3. 3**).

Wenn während des Trainings die Ruhe-Hf über acht Schläge/min ansteigt und mit Trainingsunlust und Abgeschlagenheit verbunden ist, dann ist das ein Anzeichen für eine beginnende Erkrankung. Die belastungsbedingte Ermüdung kann ähnliche Anzeichen haben, sie bessert sich jedoch am Folgetag. Im Zweifelsfall ist auf einer bekannten Standardstecke die Hf zu messen. Im Erkrankungsfall steigt die Belastungs-Hf über zehn Schläge/min höher an als gewohnt. Wenn die Erhöhung der Ruhe-Hf mit Fieber (Körperkerntemperatur über 38°C) einhergeht, dann darf nicht trainiert werden bzw. ist das Training abzusagen.

Belastungsherzfrequenz

Die bei Körperruhe festgestellte Hf-Erhöhung lässt sich im Erkrankungsfall auch während der Belastung belegen. Bei beginnender Erkrankung (z.B. Infekt ohne Fieber) ist die Belastungs-Hf deutlich höher, verbunden mit dem Gefühl, im Training „Schwerstarbeit" verrichten zu müssen. In diesem Zustand kann die Hf bis über zwanzig Schläge/min über normal ansteigen. In unklaren Situationen sollte die

Beziehung zwischen der Geschwindigkeit (z.B. Lauftempo) und dem Verhalten der Hf geprüft werden. Bei gesundheitlichen Störungen bleibt die Hf hoch, auch wenn das Lauftempo deutlich gedrosselt wird. Wenn zur Hf noch das Laktat gemessen wird, dann wäre eine höhere Laktatkonzentration feststellbar. Die Störung in der aeroben Energieversorgung macht sich demnach in der höheren Inanspruchnahme des anaeroben Stoffwechsels bemerkbar.

Mitunter ist es im Einzelfall schwierig, abzugrenzen, ob eine Restermüdung nachwirkt, sich ein Übertraining anbahnt oder eine Virusinfektion beginnt. In allen diesen Zuständen ist aber die Hf erhöht, da die veränderte Herz-Kreislauf-Funktion ein empfindliches Frühwarnzeichen für Funktionsstörungen ist. Der Anstieg der Hf erfolgt über Antriebe des zentralen Herz-Kreislauf-Zentrums, welches bei Erkrankungen durch Botenstoffe (Interleukine) aktiviert wird.

Erfolgt bei erhöhter Hf-Regulation der Abbruch des Trainings, dann sollte etwa 30 min danach die Körpertemperatur gemessen werden. Der Anstieg der Körperkerntemperatur über 38°C ist bei Erwachsenen ein eindeutiges Anzeichen für Fieber. Bei Fieber ist das Training zu unterlassen. Auch wenn eine Behandlung mit antibiotisch wirkenden Medikamenten erfolgt und kein Fieber mehr besteht, ist das noch keine Berechtigung zu trainieren.

Unter Antibiotikaeinnahme sollte nur in Ausnahmefällen und in Absprache mit dem Arzt trainiert werden. Die zahlreichen Todesfälle im Spitzensport weisen darauf hin, dass sie überwiegend Spätfolgen fortgesetzter Trainingsbelastung bei Infekten sind und auch Ausdruck unterlassener ärztlicher Konsultation und Betreuung.

Mit hoher Wahrscheinlichkeit kann eine Weiterbelastung bei fieberhaften Infekten zu einer längeren Leistungsstagnation führen. Die Spätfolgen des Weitertrainierens bei fieberhaften Infektionserkrankungen können Endokarditis, Myokarditis, Herzklappenentzündungen, Herzrhythmusstörungen u.a. sein. Die fortgeführte Belastung hemmt das Immunsystem zusätzlich und behindert die körpereigene Abwehr. Ein Endzustand ist die schwer heilbare Herzmuskelerkrankung (Kardiomyopathie). Im Extremfall muss, wie beim Olympiasieger im 50 km Gehen von 1980 (H. Gauder), ein neues Herz transplantiert werden.

7.2 Laktat

Das Laktat ist das Salz der Milchsäure und ist als Endprodukt im anaeroben Stoffwechsel von diagnostischer Bedeutung. Laktat entsteht bei intensiver Muskelarbeit aus dem abgebauten Muskelglycogen oder aus der Glucose, die über die Blutbahn zugeführt wurde. Im Körper findet immer eine geringe Laktatbildung statt, die als Ruhelaktat messbar ist. Die Laktatkonzentration beträgt in Körperruhe

Anteile Energiebedarf

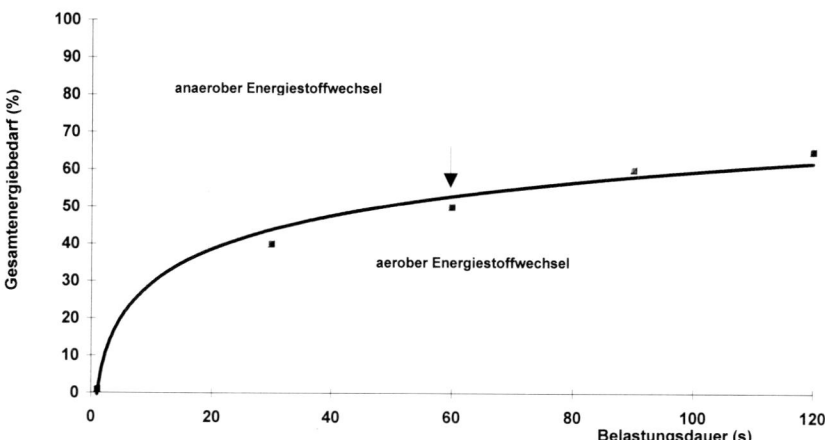

Abb. 1/7.2: Gesamtenergiebedarf bei Kurzzeitbelastungen (1-120 s). Bereits nach 60 s Belastung werden aerober und anaerober Stoffwechsel je zur Hälfte beansprucht. Kleinere Abweichungen sind prinzipiell möglich und normal.

durchschnittlich 0,8 mmol/l (0,5-1,5 mmol/l). Diese Werte können aber mit einer aeroben Trainingsbelastung identisch sein. Die Laktatbildung ist immer ein Anzeichen für die Überforderung der aeroben Energiegewinnung und der Inanspruchnahme des anaeroben Stoffwechsels. Eine andere Situation ergibt sich beim Höhentraining (s. Kap. 12.2). Der größte Energiegewinn aus dem anaeroben Stoffwechsel, d.h. über die Glycolyse, erfolgt bei intensiven Belastungen zwischen 15-60 s Dauer. Für hochintensive Belastungen, die kürzer als 15 s sind, liefert der Creatinphosphatspeicher die notwendige Energie. Die Energiegewinnung aus Creatinphosphat, die ohne wesentliche Laktatbildung einhergeht, wird als alaktazid bezeichnet. Dauern intensive Belastungen über 1 min, dann bekommt der aerobe Energiestoffwechsel die Oberhand **(Abb.1/7.2)**.

Eine intensive Körperbelastung ist durch Inanspruchnahme der maximalen Sauerstoffaufnahme (VO$_2$max) von über 70% gekennzeichnet und führt zur erhöhten Laktatbildung in der beanspruchten Muskulatur. Das in der Muskulatur gebildete Laktat verteilt sich mit einer gewissen Verzögerung in allen Körperräumen. Das Laktat besitzt in der Muskelzellmembran einen speziellen Transportmechanismus und diffundiert mit dessen Hilfe aus dem Zellinneren nach außen. Das in der Blutbahn gemessene Laktat hat die Muskelzellen verlassen, die Zwischenzellräume durchwandert und stellt eine Verteilungsgröße dar. Die Laktatkonzentration ist in der Arbeitsmuskulatur immer höher als die im Blut gemessene. Der belastete Muskel ist demnach „saurer" als es die Laktat-Blut-Konzentration aussagt. Das Laktat ist nicht nur ein Störprodukt im Stoffwechsel, sondern ist auch energetisch wertvoll. Zu den Organen, die angefallenes Laktat abbauen, gehören die Leber (50% Laktatabbau), die nicht belastete Muskulatur (30% Abbau) sowie Herz und Nieren (je 10% Abbau).

Die gemessene Laktatkonzentration ist das Ergebnis von Laktatbildung, Laktataustritt aus der Muskelzelle, Laktataufnahme in den Zwischenzellräumen und Verwertung durch andere Organe (Leber, Muskel, Herz und Nieren). Während sich bei Kurzzeitbelastungen das gebildete Laktat in der Muskelzelle anhäuft, d.h. akkumuliert, verhält es sich bei Dauerbelastungen anders. Hier stehen Laktatbildung und Laktatabbau in einem Gleichgewichtszustand, dem Steady State. Von diagnostischem Interesse ist das Niveau des Laktat-Steady-States.

Die sportliche Leistungsfähigkeit beeinflusst die Geschwindigkeit des Laktatabbaus. Der Leistungssportler baut pro Minute Erholung 0,5 mmol/l und der Untrainierte nur 0,3 mmol/l Laktat ab. Der weniger Trainierte benötigt eine längere Zeit für den Laktatabbau als der Hochtrainierte.

7.2.1 Laktatmessung

Im Sport erfolgt die Bestimmung der Laktatkonzentration aus dem Ohrkapillarblut. Für die Bestimmung des Laktats existieren mehrere chemische Methoden, die aus einer Blutmenge von 10-20 µl zuverlässig die Laktatkonzentration messen. Gegenwärtig dominieren Varianten der enzymatischen Bestimmung der Laktatkonzentration aus der Gesamtblutprobe.

Die nasschemischen Verfahren sind am sichersten und den trockenchemischen Messungen bezüglich Genauigkeit und Zuverlässigkeit überlegen. Der Messfehler einer Laktatbestimmung ist konzentrationsabhängig und beträgt 5-15%. Der relative Messfehler ist bei Konzentrationen unter 3 mmol/l tendenziell größer als bei höheren Konzentrationen. Der gemessene Laktatwert wird zusätzlich noch von biologischen Faktoren beeinflusst, sodass real von einem Fehler bei der Bestimmung der Laktatkonzentration von 10% auszugehen ist. Erst dann sind die Einzelmesswertveränderungen im statistischen Sinne als echt anzusehen.

Bei 10% Messfehler kann z.B. eine gemessene Laktatkonzentration von 3 mmol/l in Wirklichkeit 2,7 oder 3,3 mmol/l betragen. Erst darüber hinaus können Einzelmesswerte mit einer Irrtumswahrscheinlichkeit von < 5% als wahrscheinlich echt gedeutet werden. Messfehler und biologische Einflussfaktoren können sich überlagern. Zu den bekanntesten Einflussfaktoren gehören der Glycogenmangel, die Zunahme des muskulären Wirkungsgrades oder die veränderte nervale Ansteuerung der ST- und FT-Fasern (langsam und schnell kontrahierende Muskelfasern). Der Glycogenmangel vermindert die Laktatbildung in Ruhe und während der Belastung.

7.2.2 Laktat in der Belastungssteuerung

Die Laktatmessung nimmt im Leistungs- und Fitnesssport einen festen Platz ein. Nach der Herzfrequenz ist das Laktat die bevorzugte Messgröße in der Trainings- und Belastungssteuerung. Aus der Laktatkonzentration werden Informationen zur Wirkrichtung der Trainingsbelastung, zu Belastungsbereichen, zu Trainingsmitteln, zu Trainingsmethoden sowie zur Belastungsintensität gewonnen. Hauptsächlich erlaubt das Laktat, auf die genutzten energetischen Komponenten bei der Trainingsbelastung zu schließen. Nachfolgend werden die Trainingszustände aufgeführt, die direkt oder zusätzlich mit Laktat beurteilt werden können.

• **Beurteilung der Belastungsintensität**
Die Belastungsintensität ist eine unscharfe Bezeichnung für sportliche oder körperliche Anstrengungen. Ein bestimmtes Intensitätsmaß ist im Training zur Auslösung von Anpassungen notwendig und dieses sichert die Reizwirksamkeit der Belastung. Intensive Belastungen beanspruchen immer über 80% des aktuellen Leistungsvermögens über eine bestimmte Dauer in einer konkreten Sportart. Kennzeichen intensiver Belastungen ist eine erhöhte Laktatbildung.

• **Beurteilung der Wirkrichtung der Stoffwechselbelastung**
Die Trainingsbelastung hat je nach Dauer, Intensität und Sportart eine unterschiedliche Stoffwechselwirkung. Die von der Beanspruchung des Stoffwechsels ausgehenden Trainingskonzepte orientieren sich in der Wirkrichtung in aerobe Belastung, aerob-anaerobe Belastung und überwiegend anaerobe Belastung. Die Höhe der Laktatkonzentration informiert über die Wirkrichtung einer Belastung. Als aerobe Belastung gelten alle sportartspezifischen Belastungen bis 2 mmol/l Laktat.

Die Grenze von 2 mmol/l Laktat kann in einigen Sportarten nicht exakt eingehalten werden, so im Skilanglauf. Zu den aerob-anaeroben Belastungen zählen jene von 3-7 mmol/l Laktat. Bei Laktat über 7 mmol/l beginnt die überwiegend anaerobe Belastung. Die Grenze von 7 mmol/l resultiert aus der antilipolytischen Wirkung des Laktats (NEUMANN et al., 1998).

Die Autoren belegten, dass bei Belastungen in den Ausdauersportarten von über 7 mmol/l Laktat die Verbrennung der freien Fettsäuren (FFS) völlig unterdrückt wird und die Energiegewinnung nur noch über die Kohlenhydrate erfolgt.

Je nach Dauer und Intensität der Belastung werden die Kohlenhydrate aerob und anaerob (Glycolyse) verbrannt. Zur Vorbereitung hoher sportartspezifischer Geschwindigkeiten für Wettkämpfe sind anaerob-aerobe Belastungen mit Laktatkonzentrationen von 7-22 mmol/l möglich. Der Begriff der anaerob-aeroben Stoffwechselbeanspruchung wird deshalb gewählt, weil bereits 60 s intensivster Belastung den aeroben Stoffwechsel zu 50% aktivieren (s. Abb. 1/7.2.2).

• **Beurteilung der Mobilisationsfähigkeit der Motorik in Training und Wettkampf**
Die Höhe der erreichbaren Laktatkonzentration ist abhängig von der sportartspezifischen Geschwindigkeit. Sportartspezifisch hohe Geschwindigkeiten werden bei kurzzeitigem Motoriktraining meist als Intervalltraining oder als Kurzstreckenwiederholungstraining (z.B. 8 x 200 m) ausgeführt. Im Idealfall sind es der Testwettkampf oder der Originalwettkampf.

Hohe Geschwindigkeiten sind nur erreichbar, wenn die schnell kontrahierenden Muskelfasern (FTF) in das Bewegungsprogramm einbezogen werden. Nur unter Mithilfe der FT-Fasern kann ein schneller Vortrieb und damit ausreichend Laktat gebildet werden. In den schneller ermüdbaren FT-Fasern sind strukturell die besten enzymatischen Voraussetzungen zur Laktatbildung gegeben.

Maximale Laktatkonzentration und Belastungsdauer

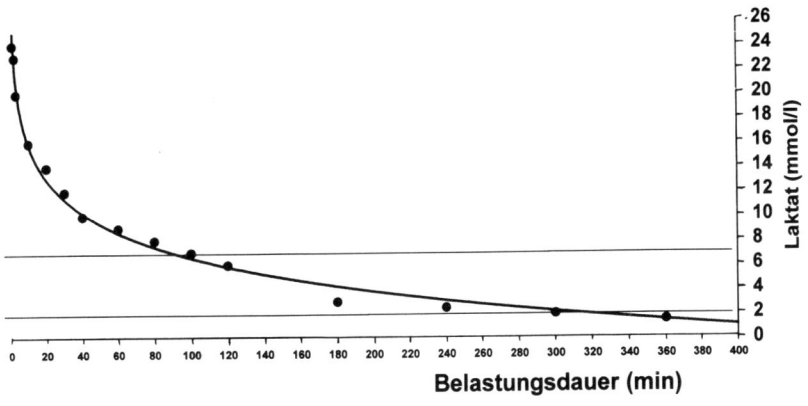

Abb. 1/7.2.2
Verhalten der durchschnittlichen, maximal erreichbaren Laktatkonzentration bei Wettkämpfen unterschiedlicher Dauer. Zwischen Laktat 2-7 mmol/l überwiegt der aerob-anaerobe Kohlenhydratumsatz.

Durch ein entsprechendes Training (Schnelligkeit!) kann der Energiestoffwechsel in den FT-Fasern entweder in mehr oxidative oder in mehr glycolytische Richtungen anpasst werden. Am günstigsten ist es für Ausdauersportler in der Wettkampfperiode, wenn es trainingsmethodisch gelingt, eine Ausgewogenheit in beiden Stoffwechselwegen der FT-Fasern zu erreichen, d.h. 50% aerob und 50% anaerob.

Eine große anaerobe Mobilisationsfähigkeit ist auf dem Boden einer hohen aeroben Leistungsfähigkeit (in ST- und ST-Fasern) der ideale Anpassungszustand für Schnelligkeits- oder Wettkampfleistungen. Bei hoher anaerober Mobilisationsfähigkeit werden bei Kurzzeitbelastungen mit Sicherheit Laktatkonzentrationen von 12-20 mmol/l erreicht. Noch höhere Laktatwerte setzen über 60% FT-Fasern in der Muskulatur voraus und erfordern ein spezielles Schnelligkeitstraining. Wird nach Wettkämpfen Laktat gemessen, dann kann entschieden werden, auf welcher energetischen Basis der Sportler sein Leistungsvermögen ausgeschöpft hat. Prinzipiell ist die maximale Laktatbildung bei Wettkämpfen von der Belastungsdauer abhängig **(Abb. 1/7.2.2)**.

Vor- und Endlauf 3.000 m -Hindernis

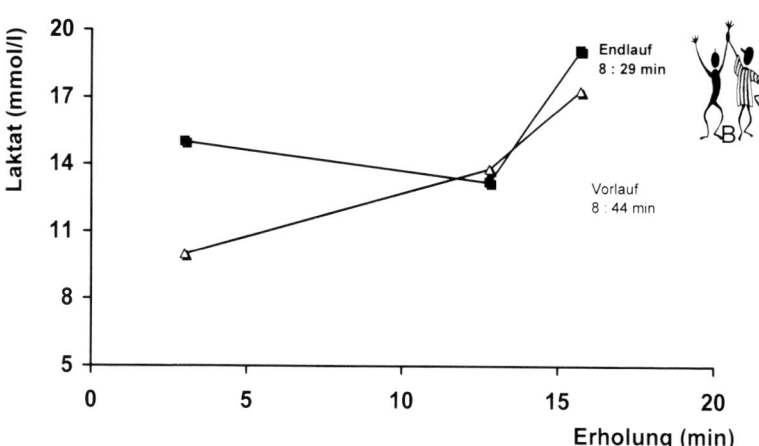

Abb. 2/7.2.2 : Verhalten der Nachbelastungs-Laktatkonzentration bei Vor- und Endläufen. Beispiel eines erfolgreichen Hindernisläufers. Bereits geringe Zeitunterschiede im Endlauf erhöhten den anaeroben Anteil im Energiestoffwechsel.

Vor- und Endlauf 1.500 m-Lauf

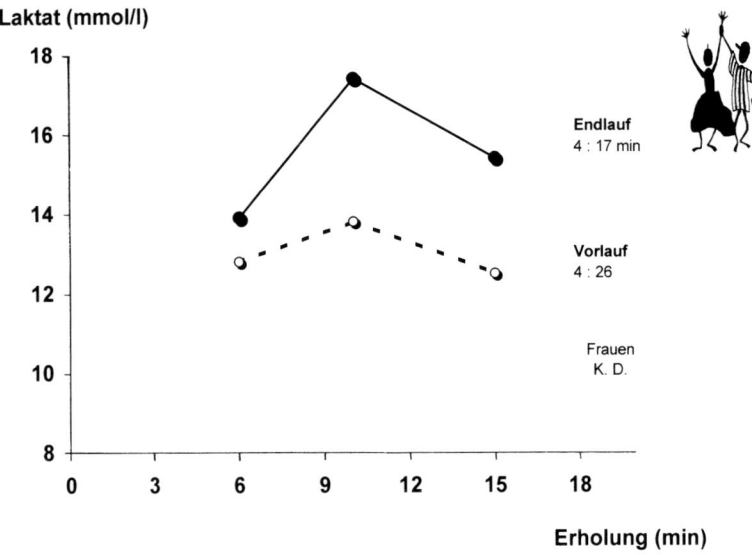

Abb. 3/7.2.2:
*Verhalten der Nachbelastungs-Laktatkonzentration bei 1.500 m Vor- und Endläu-
fen. Beispiel einer erfolgreichen Mittelstrecklerin. Bereits geringe Zeitunterschiede
im Endlauf erhöhten den anaeroben Anteil im Energiestoffwechsel.*

Auf die Verzögerung des Austritts von Laktat aus dem Muskel in das Blut wurde
bereits verwiesen. Bei intensiven Kurzzeitleistungen kommen Verzögerungen bis
zu 20 min zustande, erst dann ist der Gipfel des Laktats im Blut erreicht. Die
höchsten Laktatkonzentrationen werden nach 400 m-Läufen unter 50 s erreicht.
Der Laktatanstieg ist nicht sofort nach Belastungsende zu erfassen, sondern er erfolgt verzögert, mit einem Maximum nach 15 bis 20 min. Laktatspitzenwerte von
23-25 mmol/l sind möglich.

Nach Wettkämpfen über 30 min Dauer ist zu erwarten, dass die höchste Laktatkonzentration innerhalb der ersten Erholungsminute zu erfassen ist. Endspurtsituationen im Wettkampf können jedoch zu einem verspäteten Laktatgipfel
führen, sodass eine Messung noch nach 3 min Erholung berechtigt ist. Bei allen
Kurz- und Mittelzeitausdauerwettkämpfen ist generell mit einem Ungleichgewicht
zwischen Laktatbildung und Laktatabbau während der Belastung zu rechnen.

Bei erwarteter verzögerter Laktatanhäufung (Laktatakkumulation) im Blut sollte erst nach 3, 5 oder 10 min Erholung der erste Messwert erhoben werden. Durch mehrfache Blutabnahmen kann man sich über die Geschwindigkeit des Laktatabbaus informieren. In den Sportarten sollten einheitliche Messpunkte festgelegt werden, die dann Vergleiche ermöglichen.

Wird bei wiederholter Messung eine erwartete Laktatkonzentration bei der Ausbelastung nicht erreicht, dann ist der Athlet entweder sportmethodisch noch nicht dazu in der Lage oder er hat sich nicht ausreichend angestrengt.

Nach Wettkämpfen wurde beobachtet, dass oft nur kleine Zeitdifferenzen zu deutlich unterschiedlichen Nachbelastungs-Laktatkonzentrationen bei den Sportlern führten. Aufschluss gibt hierfür das Verhalten des Laktats bei Vor- und Endläufen in der Leichtathletik (**Abb. 2/7.2.2**). In diesem Beispiel führte die Geschwindigkeitsverbesserung von nur 15 s zwischen Vor- und Endlauf zu einer deutlichen erhöhten Laktatkonzentration mit einem verzögerten Laktatpeak in der Erholung. Auch noch geringere Zeitunterschiede können deutlich differierende Laktatspitzen in der 10. Erholungsminute bewirken (**Abb. 3/7.2.2**).

- **Beurteilung des aeroben Leistungsniveaus**

Die Beurteilung des Niveaus der aeroben Leistungsfähigkeit ist ein zentrales Anliegen in der Belastungs- und Trainingssteuerung. Die Erfassung der sportartspezifischen aeroben Leistungsfähigkeit ist deshalb bedeutsam, weil über 70% der Gesamttrainingsbelastung zu ihrer Entwicklung aufgewandt werden. Das Niveau der aeroben Leistungsfähigkeit wird überwiegend mit Stufentests im Labor oder im Feldversuch ermittelt. Das diagnostische Kriterium ist hierbei die erreichte Leistung (Watt) oder Geschwindigkeit (m/s; km/h) bei einer bestimmten Laktatkonzentration.

Für das Training im GA 1-Bereich ist die Laktatkonzentration von 1-2 mmol/l optimal. Die größte Perfektion in der Geschwindigkeitsvorgabe im Training hat sich im leichtathletischen Lauf entwickelt. Die Trainingsgeschwindigkeit wird von den Ergebnissen des Laborstufentests abgeleitet. Zur Korrektur eignet sich das Laktat und weitere Messgrößen (**Tab. 1/7.2.2**). Im leichtathletischen Langstreckenlauf ist die Geschwindigkeit bei 2 mmol/l Laktat (vL2) eine zentrale Steuergröße für das GA-Training. Die im aeroben Stoffwechselbereich erreichte Geschwindigkeit bei 2 mmol/l Laktat beim 4 x 4 km Stufentest steht in einem engen Zusammenhang mit der Wettkampfleistung über 10.000 m. Das betrifft nicht nur den Lauf, sondern auch die Kombinationssportarten, wie Triathlon. Beim Kurztriathlon besteht ein gesicherter Zusammenhang zwischen der vL2 und der Wettkampfzeit über 10 km (**Abb. 4/7.2.2**). Bei den Spezialisten im Langstreckenlauf über 10 km ist ein Zuschlag auf die Geschwindigkeit bei 2 mmol/l Laktat von 0,5 m/s notwendig, weil sie noch das anaerobe Leistungspotenzial ausnutzen.

Steuerung von Ausdauerbelastungen mit biologischen Messgrößen			
Messgrößen	Ruhewerte	Trainingswirksamkeit	
		normale Reize	zu starke Reize
Creatinkinase (μmol/s•l) oder (U/l)	< 3 (< 60)	5-10 (300-600)	>20 (> 1.800) Kennzeichen muskulärer Überlastung
Serumharnstoff (mmol/l)	3-5	6-9	10-12 Kennzeichnung eines hohen Proteinkatabolismus; Gefahr des Übertrainings
Laktat (mmol/l)	0,8-1,8	* GA 1-Training bei 1,5-2,5	GA 1-Training bei 3-5 Kennzeichen für hohen anaeroben Energieanteil; später Leistungsinstabilität
		** GA 2-Training bei 3-6	GA 2-Training 7-10 Kennzeichen für zu niedrigen aeroben Energieanteil, energetische Sicherung nur durch Kohlenhydrate

Tab. 1/7.2.2:
* Grundlagenausdauertraining 1 (70-80% Maximalleistung);
** Grundlagenausdauertraining 2 (> 80-90% Maximalleistung)

Damit ist die hohe diagnostische Zuverlässigkeit des Messwertes vL2 bei diesem Stufentest belegt. Auch Feldtests, die von äußeren Störeinflüssen frei sind, ergeben ein analoges Ergebnis wie die Laborstufentests.

Der aerob-anaerobe Stoffwechselübergang wird bei ansteigenden Belastungen als aerob-anaerobe Schwelle bezeichnet. Die aerob-anaerobe Schwelle wird in den sportmedizinischen Untersuchungseinrichtungen mit unterschiedlichen Verfahren errechnet. Einmal wird der Kurvenanstieg auf die fixen Laktatkonzentrationen bezogen, d.h. Geschwindigkeit oder Leistung bei 2 oder 3 mmol/l Laktat (vL2 oder vL3 bzw. PL2 oder PL3).

Bei der Bestimmung der individuellen Schwelle wird kein fixer Laktatwert festgelegt, sondern das Krümmungsverhalten der ansteigenden Laktatkonzentration. Der individuelle Laktatkurvensteilanstieg ist das Kriterium für die individuelle Schwelle (IAS). Vergleiche ergaben, dass für die praktische Belastungssteuerung die Abweichungen beider Methoden unwesentlich sind. Die Unterschiede bei der Schwellenbestimmung (vL2 oder IAS) haben historische Wurzeln und führen letztlich zum gleichen Ergebnis. Zur diagnostischen Bedeutung und Interpretation der über die Stoffwechsel- oder Atmungsmessgrößen bestimmten Schwellen gibt es im Rahmen der Trainingssteuerung unterschiedliche Auffassungen (NEUMANN /SCHÜLER, 1994).

10 km Wettkampf und vL2 bei Läufern

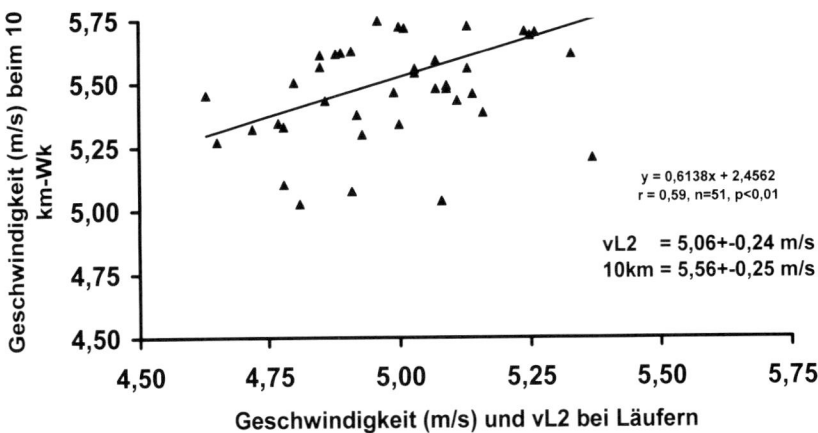

Abb. 4/7.2.2:
Vergleich der 10 km-Wettkampfgeschwindigkeit und der Geschwindigkeit im 4 x 4 km-Stufentest auf dem Laufband. Bei 2 mmol/l Laktat (vL2). Die Zuverlässigkeit der Messgröße vL2 wird aus diesem Zusammenhang ersichtlich. Bei Beaufschlagung von 0,5 m/s kann die Wettkampfzeit ziemlich genau vorausgesagt werden.

Das Problem liegt nicht so sehr in der Methodik der Schwellenbestimmung, sondern in den trainingsmethodischen Folgerungen aus den Untersuchungsergebnissen. Die ansteigenden Belastungen in Labor- und Feldtests führen zu einem nichtlinearen (exponentiellen) Laktatanstieg. Die unterschiedlich gekrümmt ansteigende Laktatkurve wird auch als Laktatleistungskurve bezeichnet. Exakt stimmt die Bezeichnung bei der Fahrradergometrie, nicht aber bei der Laufbandbelastung, hier müsste es Laktatgeschwindigkeitskurve heißen. Der Trainingsinhalt kann die Veränderungen der Laktatleistungskurve wesentlich beeinflussen, er kann sie nach rechts oder nach links verschieben **(Abb. 5/7.2.2)**.

Prinzipiell bedeutet die Rechtsverschiebung eine Verbesserung der aeroben Leistungsfähigkeit und die Linksverschiebung eine Verschlechterung. Allerdings ist die Linksverschiebung nach betont wettkampfspezifischem Training, welches vor bedeutenden Wettkämpfen durchgeführt wird, auch als Zunahme der wettkampfspezifischen Leistungsfähigkeit zu interpretieren **(Abb. 6/7.2.2)**. Beim mehrjährigen Leistungstraining ist eine rechtsgerichtete Verschiebung zu erwarten, wie das Beispiel eines Langstreckenläufers belegt **(Abb. 7/7.2.2)**.

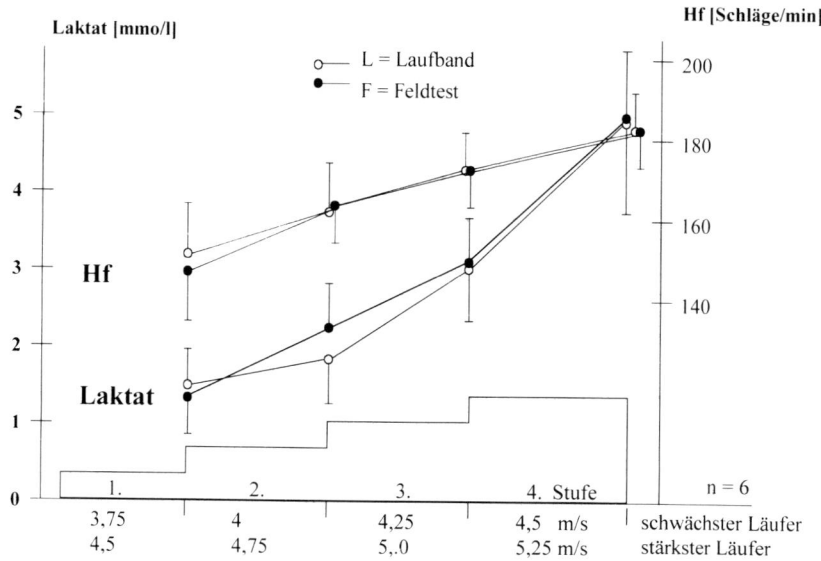

Abb. 5/7.2.2
Vergleich der Regulation von Herzfrequenz (Hf) und Laktat bei einem 4 x 2 km-Stufentest auf dem Sportplatz und im Labor (flach laufendes Band). Untersucht wurden sechs Läufer mit größeren Leistungsunterschieden. Die Messwertdifferenzen waren zufällig.

Die Belastungszeit auf den Stufen oder die Streckenlänge beeinflusst die Anstiegscharakteristik der Laktatleistungskurve wesentlich. Erfahrungsgemäß wird bei kurzzeitigen Stufen oder zu kurzen Streckenlängen das aerobe Leistungsniveau überschätzt, weil die Kurve nach rechts verschoben wird. Als Trainingsempfehlung wird dann ein schnelleres Lauftempo vorgegeben oder es muss mit einem größeren Korrekturfaktor gearbeitet werden **(Abb. 8/7.2.2)**.

Bei zu kurzer Stufendauer flutet das in der Arbeitsmuskulatur gebildete Laktat verzögert an und wird erst auf der höheren Belastungsstufe erfasst, d.h. der Sportler läuft bei niedrigerem Laktat scheinbar schneller. Erst auf längeren Belastungsstufen, etwa ab 2 km oder 6-10 min Stufendauer, kommt es zu einem Gleichgewicht zwischen Laktatbildung und Laktatabbau und die Laktatkonzentration kann derselben Stufe zugeordnet werden. Die erreichte Geschwindigkeit wird nicht oder nur gering überschätzt. Dieses Phänomen der Zuordnung der Laktatkonzentration am Stufenende ist nicht nur im Lauf existent, sondern gilt generell. Im Schwimmen genügt bereits ein Unterschied von 100 m im Stufentest, um eine veränderte Charakteristik des Laktatanstieges zu erreichen **(Abb. 9/7.2.2)**. Die in **Abb.**

Laktat-Geschwindigkeits-Kurve
4 x 2 km-Stufentest

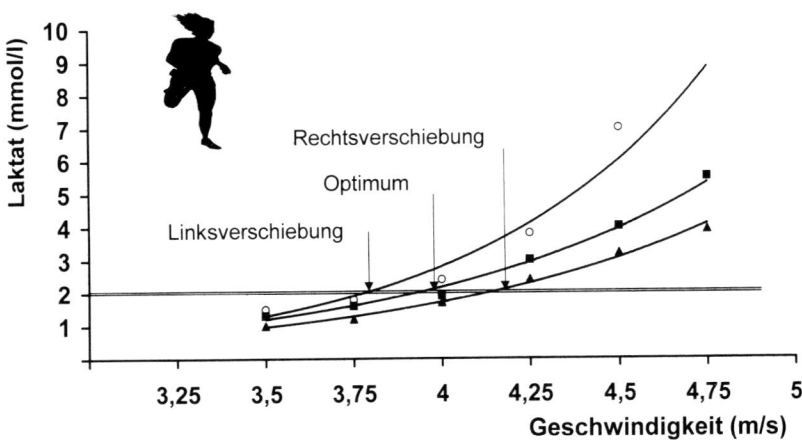

Abb. 6/7. 2. 2
Darstellung der Laktatgeschwindigkeitskurve bei einem 2 x 2 km Laufbandstufen-test. Durch einseitiges Umfangstraining kommt es zur Rechtsverschiebung der Laktatgeschwindigkeitskurve. Hingegen führt die übertriebene Zunahme des intensiven Trainings vor dem Leistungshöhepunkt zu einer Linksverschiebung der Kurve. Das Optimum liegt zwischen den beiden Extremen.

9/7.2.2 ersichtlich anfänglich erhöhte Laktatbildung ist das Ergebnis einer zu kurzen Einschwimmzeit vor den Tests oder anders ausgedrückt, einer zu geringen Vorstarterwärmung. Die bei 75% der individuellen Bestzeit begonnene erste Schwimmstufe führte erst zur vollen „Betriebsbereitschaft" des aeroben Stoffwechsels, mit dem Effekt, dass es erst auf der höheren Stufe zu einem schnelleren Laktatabbau kommt. Diese Untersuchungen belegten, dass es für Triathleten nützlicher ist, den längeren 4 x 400 m-Stufentest auszuführen als den kürzeren 8 x 200 m-Stufentest. Letzterer ist für die Spezialschwimmer über kurze Strecken besser geeignet.

• Beurteilung von Trainingsbereichen
Die Leistungsentwicklung orientiert sich an bestimmten Belastungsproportionen, die mit unterschiedlicher Intensität ausgeführt werden. Da Anpassungen nicht durch punktuelle Intensitätsvorgaben zu steuern sind, wurden empirisch breitere Regulationsbereiche in den Sportarten festgelegt, in denen sich eine positive Leis-

Entwicklung des vL2 bei einem Langstreckenläufer
(4 x 4 km-Stufentest)

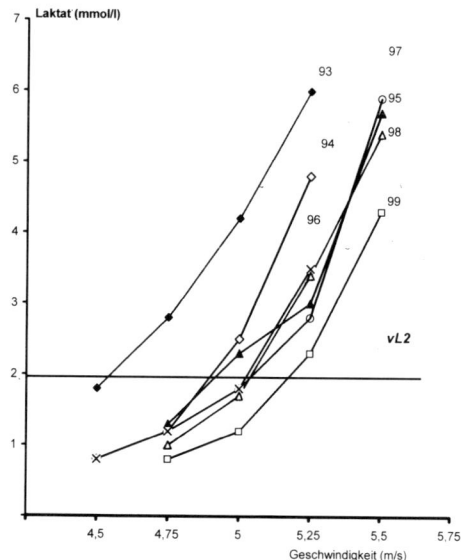

Abb. 7/7.2.2:
Mehrjährige Untersuchungen der Laktatgeschwindigkeitskurve (vL2) eines Lang-
streckenläufers. Die Leistungsgrundlage im Bereich des vL2 schwankten im Unter-
suchungszeitraum von 4,5 bis 5,2 m/s.

tungsentwicklung organisieren lässt. Diese die Funktionssysteme des Organismus
unterschiedlich beanspruchenden Trainigsbereiche haben sich in der praktischen
Sportmethodik durchgesetzt (s. Kap. 4, 5).

Die im Training erforderlichen Belastungsintensitäten werden durch die Trainingsbereiche gekennzeichnet, die über bestimmte Laktatkonzentrationen einzu-
grenzen sind (Abb. 10/7.2.2) Im Grundlagenausdauer 1 (GA 1)-Trainingsbereich
wird bei 70-85% der Leistungsfähigkeit der größte Trainingsumfang realisiert. Insbesondere, wo äußere Störfaktoren die Einschätzung der Geschwindigkeit erschweren, ist die Kontrolle des biologischen Aufwandes für die Einordnung der Belastung in die einzelnen Trainingsbereiche (Intensitätsbereiche) von großer prak-
tischer Bedeutung. Der Skilanglauf ist so eine Sportart, in der, in Abhängigkeit
von Belastungsdauer und Laktatkonzentration, die Einordnung der Belastung in
Intensitätsbereiche praktiziert wird (Abb. 11/7.2.2).

Laufbandstufentests

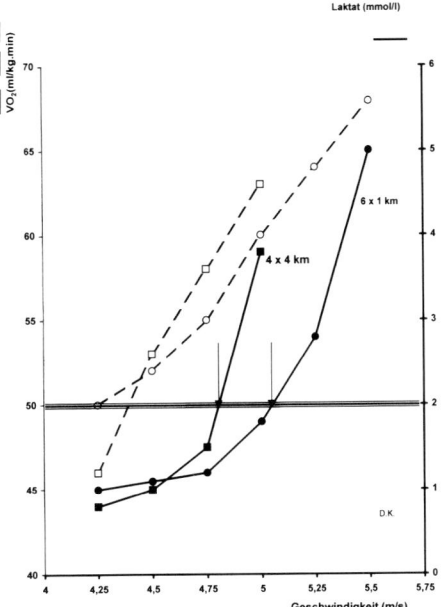

Abb. 8/7.2.2:
Vergleich von Laktat und Sauerstoffaufnahme bei einem Stufentest von 4 x 4 km und 6 x 1 km Dauer bei einem Langstreckenläufer. Der kürzer Stufentest täuscht eine bessere Leistungsfähigkeit vor (s. Text). Allerdings ist die maximale Sauerstoffaufnahme beim kürzeren Test höher.

• Beurteilung von Trainingsmitteln

In den Sportarten werden zunehmend mehrere Trainingsmittel genutzt. Das gilt auch für die Kombinationssportarten. Bei der Ausübung mehrerer Sportarten kann der Athlet technische Probleme bekommen. Überschießende Mitbewegungen benötigen zu viel Energie, deshalb wird zur Beurteilung der Ökonomie einer Bewegungsausführung der Energieverbrauch als Hilfsmittel genutzt. Bei zu vielen Nebenbewegungen und nicht beherrschter Motorik steigt die Laktatkonzentration an. Wird die Bewegungsausführung besser koordiniert, dann sinkt der biologische Aufwand und damit auch die Laktatkonzentration.

Schwimmstufentest über 200 m, 300 m und 400 m im Triathlon

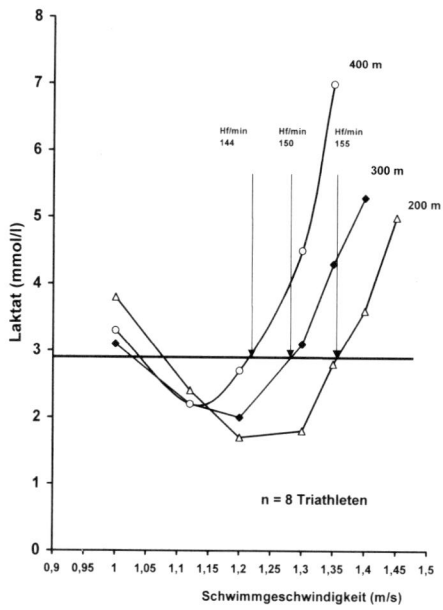

Abb. 9/7.2.2:
Vergleich der Veränderungen von Laktat und Herzschlagfrequenz (Hf) bei Stufentests von 200, 300 und 400 m im Triathlon. Mittelwerte von acht leistungsstarken Triathleten. Repräsentativ für die Belastungssteuerung ist im Triathlon der Schwimmstufentest über 400 m. Er repräsentiert die Leistungsstruktur des Kurztriathleten am besten.

• Beurteilung von Trainingsmethoden

Das Training wird mit verschiedenen Methoden ausgeführt, die als Dauer-, Intervall- oder Tempowechselmethode bekannt sind **(s. Kap. 4.2)**. Mit Hilfe der Laktatmessung ist die Wirkung dieser Methoden auf den aeroben und anaeroben Energiestoffwechsel einzuordnen. Die Intervall- und Tempowechselmethoden führen stets zu einer höheren Beanspruchung des anaeroben Stoffwechsels als die Dauermethode. Das bedingt, dass zur Sicherung der Geschwindigkeit oder Belastungsqualität diese Methoden bevorzugt mit Laktatmessungen begleitet werden. Zu niedrige Laktatkonzentrationen offenbaren bei Standarduntersuchungen die Motivationsreserven des Sportlers und dienen zur Begründung einer Geschwindigkeitserhöhung.

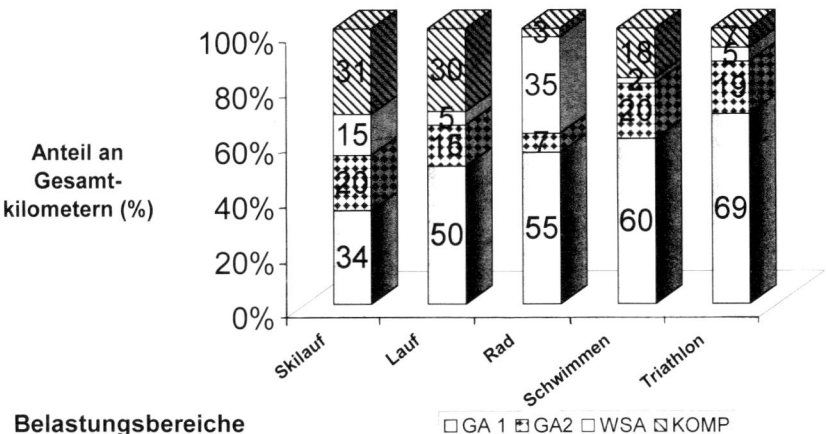

Abb. 10/7.2.2: Übersicht zu Trainingsbereichen in ausgewählten Ausdauersportarten. Die Messung des Laktats im Training ist ein wichtiges Hilfsmittel, die Belastung bezüglich ihrer Wirksamkeit einzuordnen.

Belastungssteuerung im Skilanglauf mit Laktat

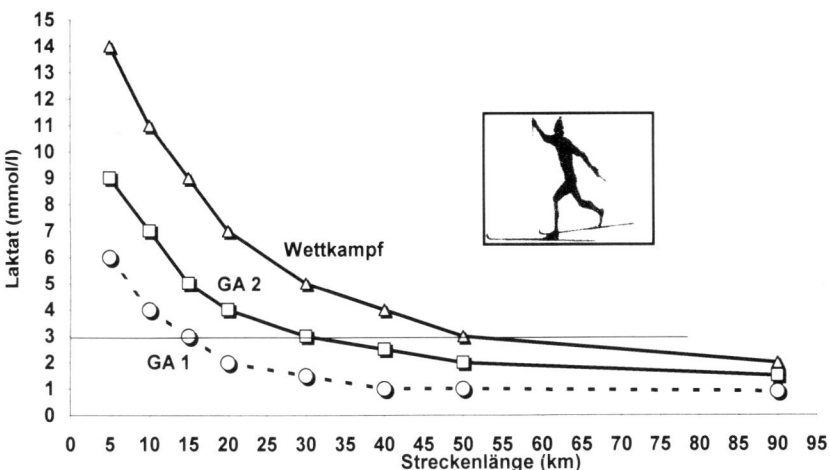

Abb. 11/7.2.2: Laktat-Belastungsdauerkurven im realen Skilanglauftraining. Mit zunehmender Belastungsintensität nimmt auf vergleichbarer Streckenlänge die Laktatkonzentration zu.

7.3 Sauerstoffaufnahme

Die Sauerstoffaufnahme hat in der Leistungsdiagnostik einen hohen Stellenwert. Sie gehört neben der Herzfrequenz und dem Laktat zur wichtigsten leistungsdiagnostischen Messgröße **(Abb. 1/7.3)**.

Die Sauerstoffaufnahme ist unter mehreren Gesichtspunkten diagnostisch zu bewerten. Einmal ist es die maximale Sauerstoffaufnahme (VO_2max), die den Anpassungsgrad der sauerstoffaufnehmenden, sauerstofftransportierenden und sauerstoffverwertenden Teilsysteme im Organismus repräsentiert. Die VO_2max repräsentiert die maximale aerobe Energieflussrate bei Belastung. In dieser Form wird sie auch als Maß der aeroben Kapazität (aerobic capacity) angesehen.

Die Entwicklung der maximalen Sauerstoffaufnahme hängt vom Belastungsumfang und der dazugehörigen Intensität ab. Die Zunahme der Sauerstoffaufnahme ist ein Anzeichen für höhere Geschwindigkeiten im Training. Damit verbunden ist das Erreichen eines größeren Energieumsatzes **(Abb. 2/7.3)**. Für hohe Leistungen in einer Ausdauersportart ist das Erreichen eines notwendigen Referenzwertes bei

Biologische Messgrößen zur Beurteilung der Ausdauerleistungsfähigkeit

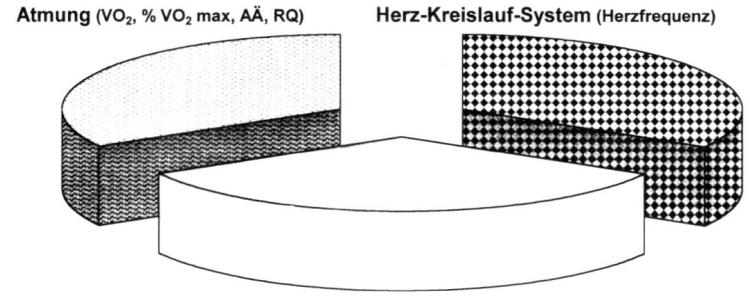

Atmung (VO₂, % VO₂ max, AÄ, RQ)   **Herz-Kreislauf-System** (Herzfrequenz)

Stoffwechselsystem (Laktat, vL2 bis vL4, IAS)

Abb. 1/7.3:
Schematische Darstellung bevorzugter leistungsdiagnostischer Messgrößen

der VO_2max notwendig. Internationale Spitzenleistungen in den Ausdauersportarten erfordern bei den Männern eine VO_2max von über 78ml/kg.min und bei den Frauen von über 68 ml/kg.min. Im Leistungstraining muss sich die VO_2max allmählich auf diesen Referenzwert zubewegen. Nimmt die VO_2max im Längsschnitt ab, dann stimmen Gesamtbelastung oder Reizwirksamkeit der Belastung nicht mehr **(Abb. 3/7.3)**.

Ein weiteres diagnostisches Kriterium ist das Niveau der Sauerstoffaufnahme auf submaximalen Belastungsstufen. Hier führt die sportartspezifische Anpassung zur Abnahme der Sauerstoffaufnahme bei gleicher Leistung bzw. Geschwindigkeit **(Abb. 4/7.3)**. Die niedrigere Sauerstoffaufnahme ist ein Zeichen des verbesserten Wirkungsgrades der Muskelfunktion und der Ökonomisierung der Muskelarbeit. Die Läufer wenden für das Lauftraining die doppelte Zeit im Vergleich zu den Triathleten auf und sie absolvieren mindestens den doppelten bis dreifachen Laufumfang/Woche.

Sauerstoffaufnahme im 4 x 4 km-Stufentest von Läufern

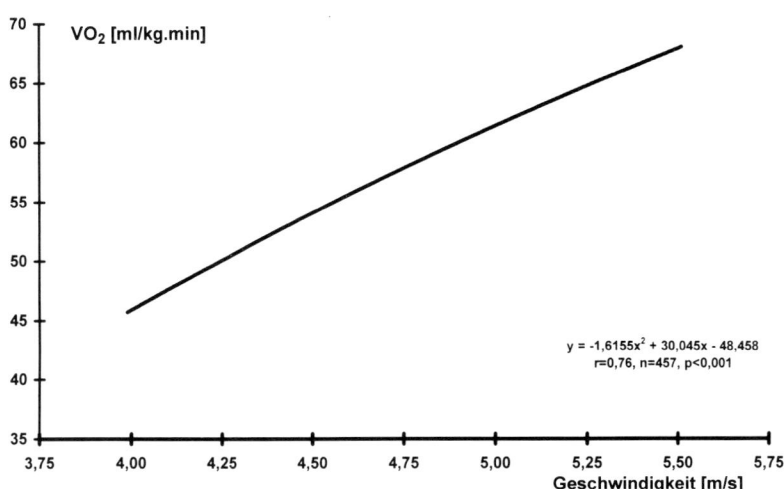

Abb. 2/7.3:
Durchschnittliche Sauerstoffaufnahme einer repräsentativen Läuferpopulation im
4 x 4 km-Laufband-Stufentest
(0° Bandneigung)

Die Ökonomie in der Sauerstoffaufnahme ist umso ausgeprägter, je höher die aerobe Leistungsfähigkeit ist. Am Beispiel von Läufern wird ersichtlich, dass, je höher ihre vL2 ist, sie bei einer Vergleichsgeschwindigkeit von 5 m/s weniger Sauerstoff benötigen (**Abb. 5/7.3**).

Die prozentuale Inanspruchnahme der VO_2max ($\%VO_2$max) ist ein weiteres diagnostisches Kriterium. Mit Hilfe dieser Messgröße ist zu erkennen, wie viel von der maximalen Sauerstoffaufnahme unter aeroben Stoffwechselbedingungen (bis Laktat 2mmol/l) während der Belastung aufgenommen wurde. Mit der Zunahme der Ausdauerleistungsfähigkeit sind die Sportler in der Lage, einen höheren Anteil der VO_2 max in aerober Stoffwechsellage zu beanspruchen.

Während der schlechter Trainierte mit einer niedrigen VO_2max bereits bei 70% mit erhöhter Laktatbildung unter Belastung reagiert, muss dies ein gut Trainierter erst bei 80-85% seiner VO_2max. Zudem ist beim gut Trainierten die VO_2max

Entwicklung der maximalen Sauerstoffaufnahme

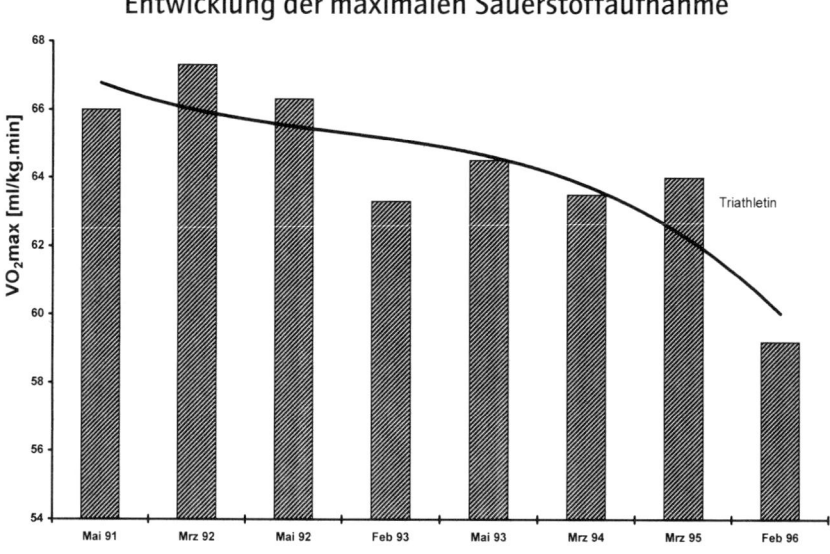

Abb. 3/7.3:
Entwicklung der maximalen Sauerstoffaufnahme bei Umfangsverminderung und nachlassender Wirksamkeit der Trainingsbelastung einer ehemahls leistungsstarken Triathletin.

Sauerstoffaufnahme im 4 x 4 km-Stufentest

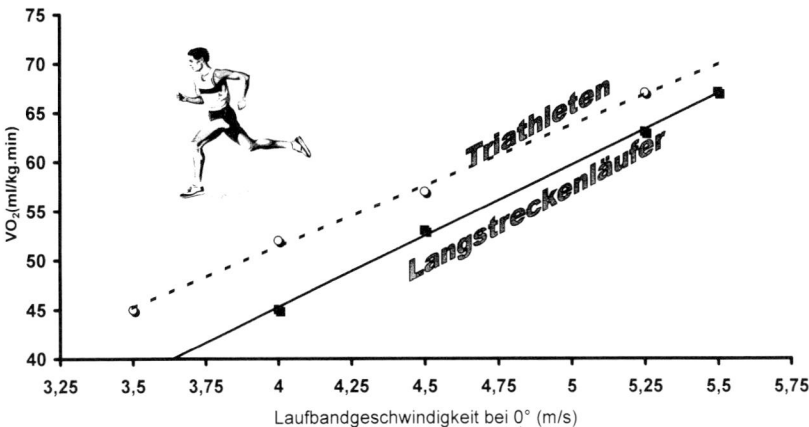

Abb. 4/7.3: Vergleich der Sauerstoffaufnahme im Stufentest zwischen Triathleten und Läufern mit Kaderstatus. Aufgrund der größeren spezifischen Laufbelastung haben die Läufer eine niedrigere Sauerstoffaufnahme (bessere Bewegungsökonomie) als die Triathleten.

Langstreckenlauf

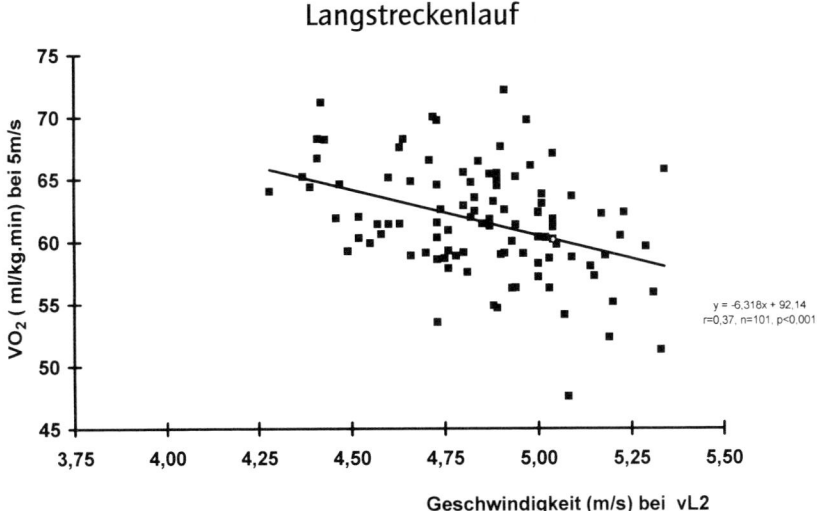

Abb. 5/7.3: Vergleich der Geschwindigkeit bei Laktat 2 mmol/l (vL2) mit der Sauerstoffaufnahme bei 5 m/s von Läufern

Prozent VO$_2$ max in Beziehung zu vL2 im 4 x 4 km-Stufentest

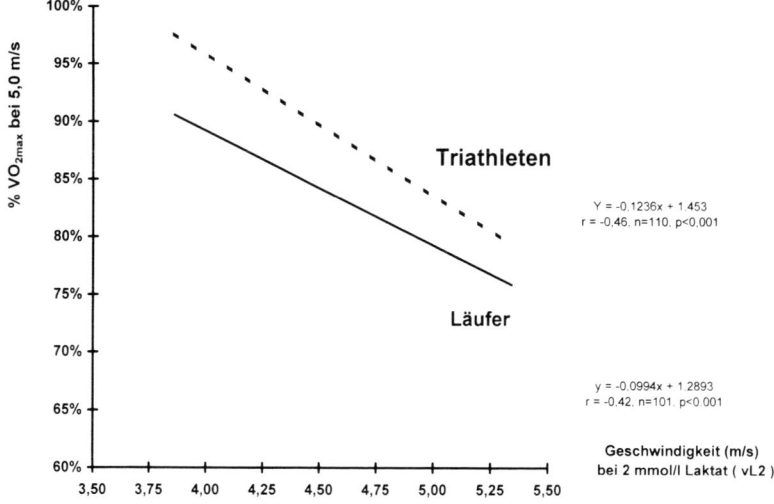

Abb. 6/7.3:
Vergleich der Inanspruchnahme der prozentualen Sauerstoffaufnahme bei 5 m/s auf dem Laufband und der erreichten Geschwindigkeit bei 2 mmol/l Laktat (vL2) bei Läufern und Triathleten. Bei höherer aerober Basisleistung beanspruchen die Läufer ihre maximale Sauerstoffaufnahme nicht so hoch wie die Triathleten.

höher. Die Sportartspezifität der Ausdaueranpassung ist bei Leistungssportlern unter diesem Gesichtspunkt von Einfluss. Der Vergleich der Inanspruchnahme von %VO$_2$ max bei vL2 zwischen Triathleten und Langstreckenläufern belegt diesen Zusammenhang (**Abb. 6/7.3**).

Eine weitere von der Sauerstoffaufnahme abgeleitete Messgröße ist das Atemäquivalent (AÄ). Das Atemäquivalent gibt an, wie viel Liter Sauerstoff mit der eingeatmeten Luft aufgenommen werden. Bei normaler Atmung beträgt das AÄ 22-27 und kennzeichnet eine stabile Stoffwechselsituation. Wenn während der Belastung ein AÄ von 29 überschritten wird, dann fällt dem Sportler die Atmung schwer und die Laktatbildung setzt ein. Unter diesen Bedingungen ist das aerobe Belastungsniveau überschritten und die Sauerstoffunterversorgung im Stoffwechsel wird zusätzlich über die Glycolyse ausgeglichen. Bei verbessertem spezifischen Leistungszustand atmet der Athlet weniger und er zeigt bei ansteigender Geschwindigkeit ein niedrigeres Atemäquivalent (**Abb. 7/7.3**).

Atemäquivalent im 4 x 4 km-Stufentest Lauf

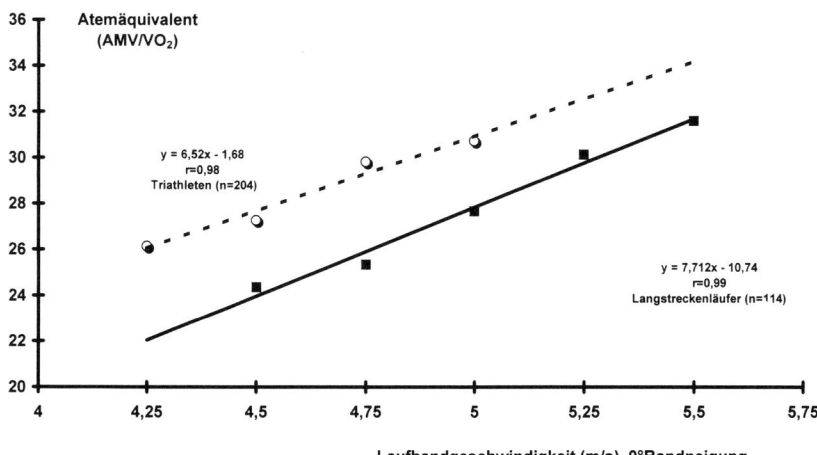

Abb. 7/7.3:
Vergleich des Atemäquivalents bei Triathleten und Langstreckenläufern im Laufbandstufentest. Der Atemaufwand ist bei vergleichbarer Geschwindigkeit bei Läufern niedriger.

7.4 Energieverbrauch

Die Substratversorgung und die Sauerstoffaufnahme sind leistungsbegrenzende Faktoren. Mit steigender Belastung erhöht sich der Energieverbrauch und damit auch der Sauerstoffbedarf. Aus dem Verhältnis des abgegebenen Kohlendioxids und aufgenommenen Sauerstoffs resultiert der **Respiratorische Quotient (RQ)**.
$RQ = VCO_2 / VO_2$

Bei hoher körperlicher Belastung mit ausschließlicher Kohlenhydratverbrennung beträgt der RQ 1,0. Hingegen sinkt der RQ auf 0,70 ab, wenn nur Fette verbrannt werden. Beim RQ von 0,85 liegt ein Mischstoffwechsel vor, d.h. es werden zu gleichen Teilen Fette und Kohlenhydrate verbrannt. Für die Oxidation eines Substrates ist immer eine bestimmte Menge Sauerstoff notwendig. Die aus der aufgenommenen Menge Sauerstoff nutzbare Energie ist von der Stoffwechselsituation abhängig. Bezogen auf das Substrat wird bei der Kohlenhydratverbrennung weniger Sauerstoff benötigt als bei der Fettverbrennung.

Diese Substratumschaltung in Richtung erhöhten Kohlenhydratverbrauchs ist besonders im Höhentraining, bei anhaltendem Sauerstoffmangel, zu beobachten. Wird unter dieser Situation des Sauerstoffmangels der Energiegewinn pro Liter aufgenommenen Sauerstoffs bezogen, dann ermöglichen die sauerstoffreicheren Kohlenhydrate einen höheren Energiegewinn im Vergleich zu den sauerstoffärmeren Fettsäuren. Diese Feststellung gilt unter der Voraussetzung, dass die Sauerstoffversorgung begrenzt ist; diese Situation ist beim Höhentraining gegeben. Die bei entsprechender Stoffwechsellage aus der Sauerstoffaufnahme nutzbare Energie wird als **Energieäquivalent** bezeichnet. Bei Kohlenhydratverbrennung (RQ = 1,0) resultiert das höchste Energieäquivalent für Sauerstoff, d.h. 5,05 kcal/l **(Tab. 1/7.4)**.

Respiratorischer Quotient (RQ)	Stoffwechsel (Substratabbau)	Energieäquivalent für Sauerstoff
1,0	nur Kohlenhydrate (KH)	5,05 kcal (21,2 kJ)
0,9	KH/Fette	4,93 kcal (20,7 kJ)
0,8	Fette/KH	4,81 kcal (20,2 kJ)
0,7	nur Fette	4,69 kcal (19,7 kJ)

Tab. 1/7.4:
Energieäquivalent für einen Liter Sauerstoff bei unterschiedlicher Stoffwechsellage

Energieverbrauch beim Laufen

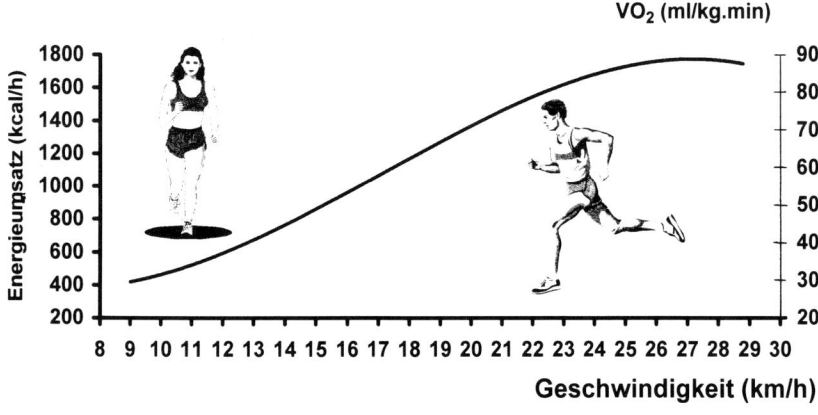

Abb. 1/7.4: Energieverbrauch beim Lauf. Mit zunehmender Laufgeschwindigkeit steigen Sauerstoffaufnahme und Energieumsatz an.

Für die leistungsdiagnostische Praxis ist die Höhe der Sauerstoffaufnahme bei Belastung der einzige Zugang zur Abschätzung des Energieverbrauchs. Wenn angenommen wird, dass ein Liter Sauerstoff/min eine Energiemenge von 5 kcal/min ergibt, dann würde eine Belastung mit einer Sauerstoffaufnahme von vier Litern über 60 min zu einem Energieverbrauch von 1.200 kcal führen (60 min x 5 kcal/l x 4 l/min = 1.200 kcal).

Wird im genannten Beispiel ein höherer Fettsäurenumsatz angenommen, dann beträgt der Energieverbrauch über 60 min bei der Sauerstoffaufnahme von 4 l und einem RQ von 0,80 gleich 1.154 kcal (60 min x 4,81 kcal/min x 4 l/min =1.154,4 kcal).

Der Energieverbrauch ist entscheidend von der Geschwindigkeit oder Leistung abhängig **(Abb. 1/7.4)**.

Da die maximal aufnehmbare Sauerstoffmenge physiologisch begrenzt ist und durch Training nicht unendlich gesteigert werden kann, ist für die weitere Leistungssteigerung die Zunahme des muskulären Wirkungsgrades notwendig. Bei verbessertem Wirkungsgrad wird der aufgenommene Sauerstoff besser ausgenutzt, d.h. mit weniger Sauerstoff wird eine höhere submaximale Leistung erreicht.

Energieverbrauch beim Radfahren

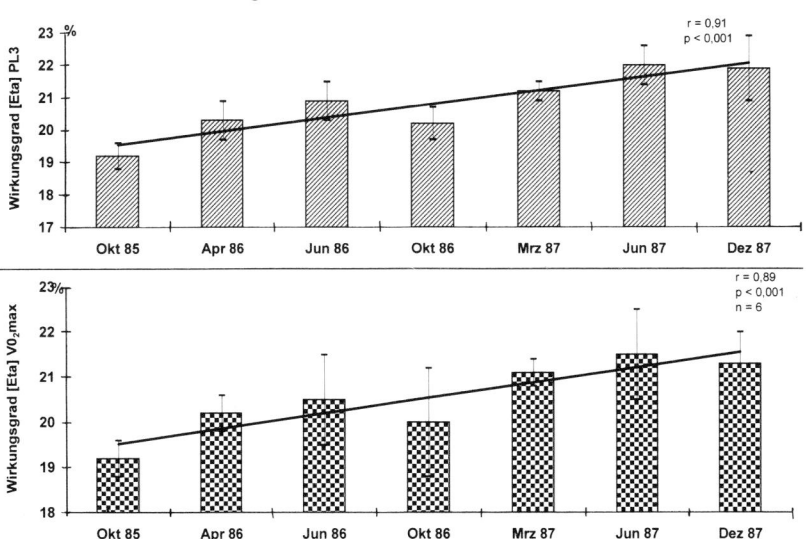

Abb. 2/7.4: Entwicklung des Wirkungsgrades (Eta) im Training von Hochleistungsradsportlern. Die Verbesserung des Wirkungsgrades der Muskelarbeit (Fahrradergometrie) ist hauptsächlich durch die Abnahme der Sauerstoffaufnahme bedingt.

Eigene Untersuchungen an Spitzenradsportlern belegen, dass durch effektives Training sich der Wirkungsgrad (Eta) bei der Leistung von 3 mmol/l Laktat in zwei Jahren von 19,4% auf 22,2% erhöhte. Den wesentlichsten Einfluss auf die Zunahme des Wirkungsgrades hatte das aerobe Kraftausdauertraining, welches zur besseren muskulären Verwertung des angebotenen Sauerstoffs führte (**Abb. 2/7.4**). Unterbleibt das widerstandsorientierte Training, dann nimmt der erreichte Wirkungsgrad wieder ab.

7.5 Serumharnstoff

Der Serumharnstoff ist das Endprodukt des Protein-(Eiweiß)-Abbaus. Dieser erfolgt in der Leber. Entsteht durch lang andauernde und intensive sportliche Belastung ein energetisches Defizit infolge Glycogenmangels oder zu geringer Kohlenhydrataufnahme, dann werden in erhöhtem Maße körpereigene Proteine abgebaut. Das Anzeichen für diese Stoffwechselsituation ist die erhöhte Konzentration des Harnstoffs im Blut (Serumharnstoff).

Neben den Strukturproteinen hat der Körper nur eine geringe Reserve an den sofort verfügbaren Aminosäuren, diese beträgt insgesamt 110 g. Bereits nach einem Marathonlauf sind 30 g und nach einem 100 km-Lauf 90 g dieser Aminosäuren energetisch verwertet. Bei mehrstündigen Belastungen werden außerdem die verzweigtkettigen Aminosäuren (Valin, Leucin und Isoleucin) zur Zuckerneubildung (Gluconeogenese) herangezogen. Bei allen Langzeitbelastungen ist der Abbau von Aminosäuren obligat. Im Extremfall können aus den Aminosäuren bis zu 10% der für die Aufrechterhaltung der Belastung erforderlichen Energie gebildet werden.

Die nach erhöhtem Proteinum- und -abbau angeregte, vermehrte Harnstoffbildung in der Leber schwingt mehrere Tage nach. Dieses Phänomen ist für die Belastungssteuerung nützlich, indem täglich frühmorgens vor dem Training die Serumharnstoffkonzentration bestimmt wird. Aus der Höhe des Serumharnstoffs kann die Reizwirksamkeit und Verträglichkeit der Trainingsbelastung vom Vortag beurteilt werden. Wird die Trainingsbelastung vom Organismus nicht mehr vollständig verarbeitet, dann steigt die Restermüdung an. Die Proteinabbauprozesse nehmen gegenüber den Proteinaufbauprozessen zu und im Ergebnis kommt es zur allmählichen Erhöhung der Serumharnstoffkonzentration (**Abb. 1/7.5**).

Im normalen Leistungstraining beträgt die Serumharnstoffkonzentration 5-7 mmol/l (14-19,6 mg/dl). Steigt die Konzentration über 9 mmol/l (über 25 mg/dl) bei Frauen und über 10 mmol/l (27,8 mg/dl) bei Männern über mehrere Tage an, dann muss das Training deutlich vermindert werden oder es ist zu pausieren. Wird das Training im proteinkatabolen Zustand fortgeführt, dann be-

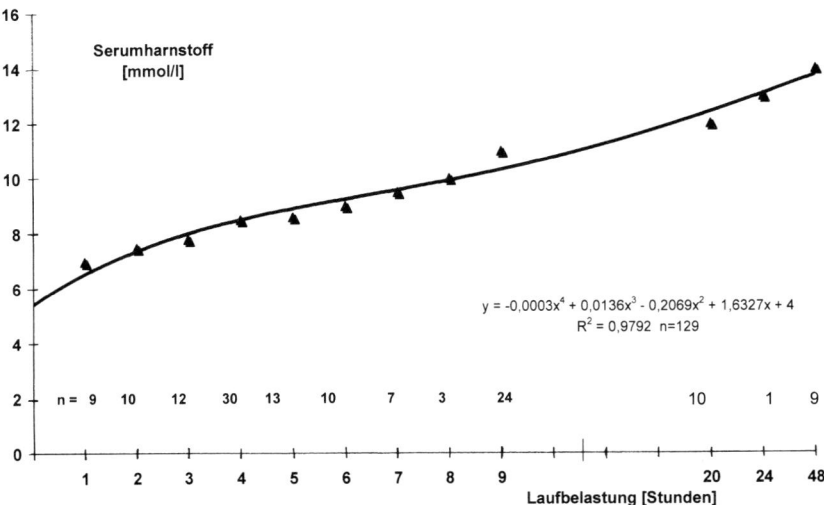

Abb. 1/7.5: Anstieg der Serumharnstoffkonzentration in Abhängigkeit von der Belastungsdauer (Wettkämpfe)

steht die Gefahr der verlangsamten Anpassung und letztlich des Übertrainings. Die Serumharnstoffkonzentration ist eine individuelle Größe und muss als solche auch so beurteilt werden. Die Harnstoffkonzentration nimmt in Abhängigkeit von der Belastungsdauer zu; je länger eine anstrengende Trainingsbelastung dauert, desto höher ist der Serumharnstoffwert.

Nach extremen Langzeitbelastungen (z.B. 100 km-Lauf, Mehrfachlangtri-athlon u.a.) kommt es zu sehr hohen Anstiegen des Serumharnstoffs, trotz der relativ langsamen Fortbewegung bei diesen Wettbewerben (Abb. 2/7.5). Nach diesen Langzeitbelastungen wurden Serumharnstoffkonzentrationen von über 14 mmol/l (39,2 mg/dl) gemessen. Der Anstieg des Serumharnstoffs wird auch vom Trainingszustand beeinflusst, d.h. je leistungsfähiger der Sportler ist, desto geringer steigt der Harnstoff bei vergleichbarer Belastung an. Gut Trainierte haben infolge ihrer besseren Belastbarkeit erst bei höherer Belastung einen größeren Proteinabbau (NEUMANN/SCHÜLER, 1994).

Bleibt in einem Trainingslager die Serumharnstoffkonzentration auf einem gleich bleibenden niedrigen Niveau, dann ist die Belastung für den einzelnen Athleten als weniger reizwirksam anzusehen. Der Sportler wird dann trainingsmethodisch unterbelastet. Vor bedeutenden Wettkämpfen sollten keine neuen Trainingsreize gesetzt werden, hier ist auf ein niedrigeres Serumharnstoffniveau im Training zu achten. Die Formausprägung vor bedeutenden Wettkämpfen muss ohne größere katabole Zustände erfolgen.

Dreifachlangtriathlon

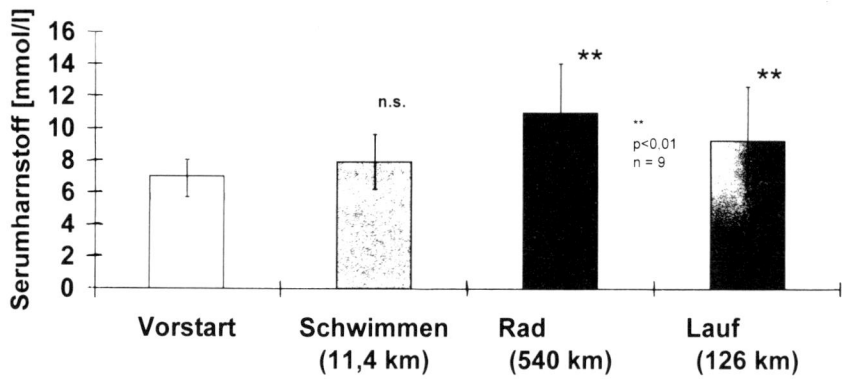

Abb. 2/7.5:
Veränderungen der Serumharnstoffkonzentration bei einem Dreifachlangtriathlon

Aus dem Verhalten der Serumharnstoffkonzentration nach Langzeitausdauerbelastungen kann die Regeneration der Sportler beurteilt werden. Nach einem 100 km-Lauf war die Dynamik des Serumharnstoffs in der Regeneration bei zwei Athleten fast identisch; der besser Trainierte (rechts) lief aber über drei Stunden schneller. Die große Stresssituation, bei den trainingsmethodisch unzureichend auf den Lauf vorbereiteten Athleten, ist an der deutlich erhöhten Cortisolkonzentration in der Regeneration zu erkennen (vgl. **Abb. 1/7.5**).

Extreme Abweichungen in der Sportlerernährung können die Serumharnstoffkonzentration zusätzlich beeinflussen. Jede drastische Steigerung der Proteinaufnahme (> 150 g/d oder > 2 g/kg Körpergewicht) kann zu einem kurzzeitigen Ansteigen der Serumharnstoffkonzentration von 1-2 mmol/l führen.

Aus der Veränderung der Serumharnstoffkonzentration sind im Rahmen der Trainingssteuerung folgende Urteile ablesbar:
- Höhe von Proteinabbau und Proteinumbau
- Belastungsverträglichkeit
- Wiederherstellungfähigkeit
- Kohlenhydratmangel.

7.6 Creatinkinase

Die Creatinkinase (CK) ist ein zellständiges Enzym, welches bei der Energiegewinnung die Rückführung (Phosphorylierung) des ADP zu ATP fördert. CK ist normalerweise nur in geringer Menge im Blut nachweisbar. Bei belastungsbedingter Überforderung der Muskelzelle oder bei Muskelzellzerstörung tritt es vermehrt in das Blut über. Dieser Umstand wird über den diagnostischen Einsatz der CK im Sport genutzt. Die Auswirkungen einer intensiven oder ungewohnten Muskelbelastung können nicht sofort im CK-Anstieg erfasst werden. Da der Abtransport der aus dem Zellinneren ausgetretenen CK über die Lymphbahn erfolgt, wird erst nach 6-8 Stunden der Konzentrationsgipfel erreicht. Die CK-Erhöhungen werden langsam abgebaut. Die Reaktion der Sportler auf die Belastungen ist individuell unterschiedlich und macht sich entsprechend bei der CK-Messung bemerkbar.

Für die CK-Bestimmung steht eine Mikromethode zur Verfügung. Aus 20 µl Blut kann die CK-Aktivität zuverlässig gemessen werden. Sportler haben in Ruhe meist eine höhere CK-Aktivität als Untrainierte. Bei den üblichen Laborbefunden werden bei Sportlern oft Normüberschreitungen angezeigt. Diese im Vergleich zum sich weniger belastenden Normalbürger messbaren CK-Erhöhungen beim Sportler sind ohne klinische Bedeutung. Als Normalwerte bei Sportlern in Ruhe (mit den jetzt üblichen Methoden) gelten:

Frauen 2,0 µmol/s•l (120 U/l)
Männer 3,4 µmol/s•l (200 U/l).

Bei Trainingsbelastungen erhöht sich die CK-Aktivität auf über 5 µmol/s•l (300 U/l). Extrem hohe Anstiege der CK-Werte sind nach Marathon- und 100 km-Läufen nachweisbar. Hier steigt die Aktivität dieses Enzyms bis auf 50,0 µmol/s•l (3.000 U/l) an. Extreme Anstiege wurden nach 100-Meilenläufen in den USA von durchschnittlich 70 µmol/s•l (4.200 U/l) gemessen (Abb. 1/7.6).

In der praktischen Trainingssteuerung sollte darauf geachtet werden, dass die CK-Aktivität nicht längere Zeit über 15 µmol/s•l ansteigt. Kurzzeitige Spitzen auf diesem Niveau bilden sich bei fortgeführter Belastung wieder zurück (Abb. 2/7.6). Die Belastung sollte zu einer geringen, aber nicht zu hohen Zunahme der CK-Aktivität führen. Der sportartspezifisch hochbelastete Muskel ist vor Überforderung zu schützen, besonders bei starken Regenerationsprozessen. Die extremen Anstiege der CK nach Marathon- und Langstreckenläufen sind ein Anzeichen für zerstörte Muskelstrukturen bei lokaler Überforderung, meist verbunden mit länger anhaltenden energetischen Mangelzuständen.

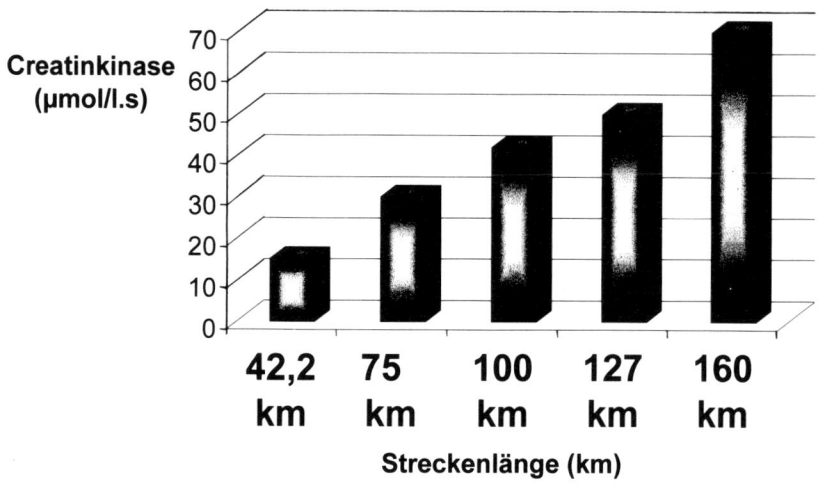

Abb. 1/7.6: Anstieg der Creatinkinase in Abhängigkeit von der Länge der Laufstrecke. Mittelwerte von repräsentativen Messungen bei Wettkämpfen

Trainingslager in 2.200 m Höhe (Triathlon)

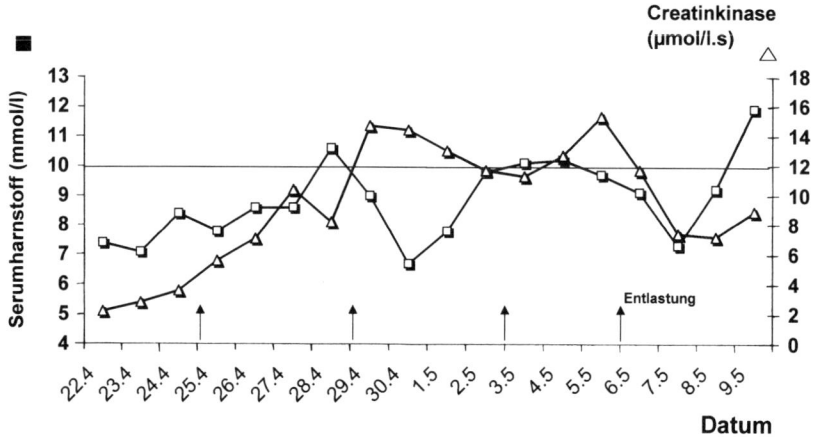

Abb. 2/7.6: Der Anstieg der Creatinkinase ist im Gruppenmittel erst nach der Laufbelastung beim Dreifachlangtriathlon nachweisbar

Die Belastungsdauer allein verursacht noch keine hohen CK-Anstiege. Erst wenn ein mechanisch belastendes Element hinzukommt, wie die Landungen beim Laufen, können bei höheren Geschwindigkeiten Mikrotraumatisierungen mit nachfolgendem CK-Anstieg auftreten. Ein Beispiel dafür sind CK-Messungen bei einem Dreifachlangtriathlon; hier kam es erst beim abschließenden 126,6 km-Lauf zu einem sehr hohen CK-Anstieg **(Abb. 3/7.6)**. Im Leistungssport führen vor allem die exzentrischen Belastungen zu hohen CK-Anstiegen.

Zur Erhöhung der CK-Aktivität können aber auch Belastungen geringeren Ausmaßes führen. Voraussetzung dafür ist, dass diese für den Sportler ungewohnt sind. Wenn ein Radsportler lange nicht gelaufen ist, dann wird er bei einem normalen 10 km-Lauftraining eine deutlich höhere CK-Aktivität aufweisen als ein Laufspezialist. Zu deutlichen Anstiegen der CK-Aktivität im Leistungssport kommt es bei:

- Ungewohnter Muskelbelastung.
- Intensiver Muskelbelastung.
- Lang andauernder Muskelbelastung.
- Muskelkater und Muskelverletzung.

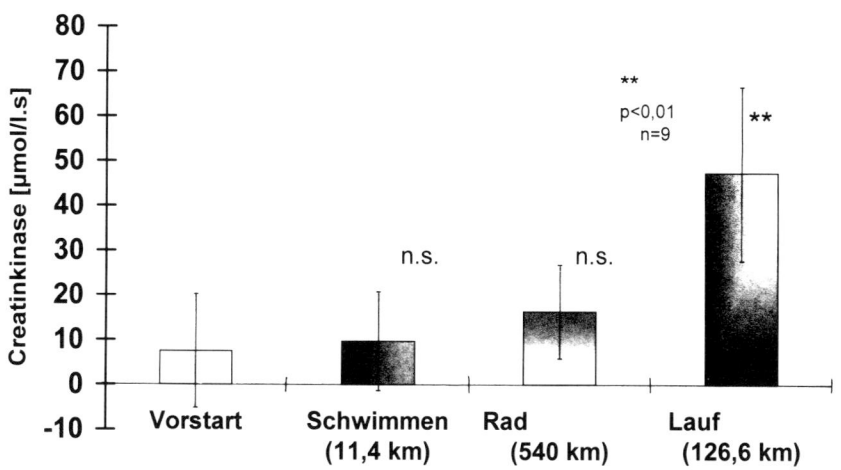

Abb. 3/7.6: Gleichzeitige Messung von Serumharnstoff und Creatinkinase in einem Höhentrainingslager. Im normalen Training laufen beide Messgrößen im Gruppenmittel (n = 9) fast parallel.

Bei Anpassung an das Trainingsmaß (Umfang, Intensität) nimmt die CK-Aktivität deutlich ab, unabhängig vom Leistungsniveau der Sportler. Führen gut Trainierte und durchschnittlich Trainierte ein vergleichbares Training aus, so bleibt bei Ersteren die CK-Aktivität gleich und bei Letzteren zeigen sich Zunahmen der CK-Aktivität. Die CK ist eine zuverlässige Messgröße zur Beurteilung des muskulären Anpassungszustandes für eine sportartspezifische Belastung. Bei der Trainingssteuerung mit der CK ist darauf zu achten, dass ein bestimmter individueller Grenzwert nicht überschritten wird. Ein Grundlagenausdauertraining führt normalerweise nur zu geringen CK-Erhöhungen (2-5 $\mu mol/s \bullet l$).

Einzelne Sportler zeigen deutliche Abweichungen, die auf Erkrankung oder andere, noch nicht eindeutige Ursachen zurückzuführen sind. Oft verlaufen bei der täglichen Belastungssteuerung die Veränderungen der CK und des Serumharnstoffs parallel. Aber es gibt Belastungssituationen, bei denen beide Messgrößen ein divergierendes Verhalten aufweisen. Demnach ist der Informationsgewinn aus Messungen von Serumharnstoff und CK unterschiedlich. Die CK muss unter bekannten Trainingsbedingungen nicht zusätzlich zum Serumharnstoff bestimmt werden.

7.7 Ammoniak

Ammoniak ist ein Stoffwechselzwischenprodukt, welches bei energetischen Engpasssituationen gebildet wird. Es entsteht bei intensiven Kurzzeitbelastungen, wenn über den glycolytischen Stoffwechselweg nicht mehr genügend ATP gebildet (resynthetisiert) werden kann. Das energieärmere ATP-Spaltprodukt, das Adenosinmonophosphat (AMP) wird zu Inosinmonophosphat (IMP) abgebaut und dabei wird Ammoniak (NH_3) gebildet. Praktisch entsteht Ammoniak bei allen intensiven Belastungen, bei denen auch Laktat entsteht. Bei zahlreichen kürzeren Belastungen verlaufen Laktat- und Ammoniakanstieg parallel (WEICKER/STROBEL, 1994). Die Dynamik der Ammoniakveränderung ist aber gegenüber dem Laktat träger. Zwischen der maximalen Laktat- und Ammoniakkonzentration besteht ein enger Zusammenhang **(Abb. 1/7.7)**.

Nach der Belastung wird Ammoniak schneller als das Laktat abgebaut. Der Anstieg des Ammoniaks ist unabhängig vom Füllungszustand des Glycogenspeichers. Demnach könnte bei gleichzeitiger Ammoniak- und Laktatmessung eine auf Glycogenverarmung beruhende Rechtsverschiebung der Laktatleistungskurve in ihrer Ursache abgeklärt werden. Die schnellen Muskelfasern (FTF) bilden bei ihrer Einbeziehung in das Bewegungsprogramm mehr Ammoniak als die langsam kontrahierenden Muskelfasern (STF).

Beziehung zwischen Ammoniak und Laktat nach Dauertests

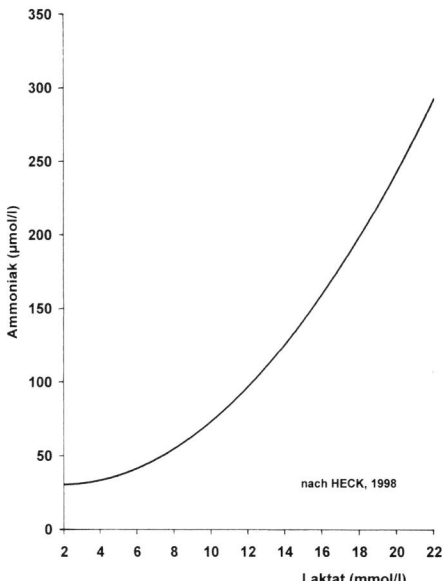

Abb. 1/7.7:
Zusammenhang zwischen dem Anstieg von Ammoniak und Laktat bei zunehmender Belastungsintensität (Daten nach HECK, 1990).

7.8 Hämatokrit und Hämoglobin

Die Abnahme der Erythrozytenzahl durch Training wurde früher als „Sportleranämie" beschrieben und stellt nur einen scheinbaren Erythrozytenmangel dar. Die Ursache ist eine Blutverdünnung **(Hämodilution)**, hervorgerufen durch die Vergrößerung des Plasmavolumens **(Hypervolämie)**. Die Hypervolämie ist eine typische Regulation bei Langzeitausdauerbelastungen, um die Sauerstoffabgabe in das Gewebe zu verbessern. Die durch die Blutverdünnung hervorgerufene „Pseudoanämie" beim Trainierten bedeutet keinen Eisenmangel. Die trainingsbedingte Hämodilution senkt den Hämatokrit und verbessert die Mikrozirkulation.

In der Belastungssteuerung spielten der Hämatokrit (HK) und das Hämoglobin (Hb) bisher keine große Rolle, sie waren Messgrößen im Routinelaborprogramm. Erst die Problematik der unerlaubten Zufuhr des Hormons **Erythropoetin (EPO)** in einigen Hochleistungssportarten machte Schutzmaßnahmen für die Athleten erforderlich. Das Erythropoetin ist ein körpereigenes Hormon, welches bei Sauerstoffmangel die Neubildung von Erythrozyten anregt. Unphysiologisch zugeführtes EPO bewirkt eine erhöhte Blutbildung und führt zur Zunahme der Sauerstofftransportkapazität (Anstieg des Hb in den Erythrozyten).

Die Erhöhung des Sauerstofftransports ist immer an die Hb-Zunahme im Blut gebunden. Auch das normale Höhentraining regt die körpereigene Bildung von EPO an. Normalerweise verlaufen die Veränderungen des HK und Hb parallel, d.h. bei HK-Abnahme sinkt infolge Blutverdünnung die Hb-Konzentration. Jedoch kann es beim Höhentraining trotz deutlicher Zunahme des HK zu einer Abnahme in der Hb-Konzentration kommen (**Abb. 1/7.8**). Bei der untersuchten Gruppe von Triathleten im Höhentraining gab es auch größere individuelle Unterschiede. Hierbei lief die Hb-Abnahme nicht parallel mit der Blutverdünnung (Hämodilution).

Die angeführten Beispiele deuten darauf hin, dass das Wechselspiel von Blutverdickung und Blutverdünnung in Trainingslagern kontrollbedürftig ist. Der Nutzen besteht im rechtzeitigen Erkennen eines Flüssigkeitsdefizits.

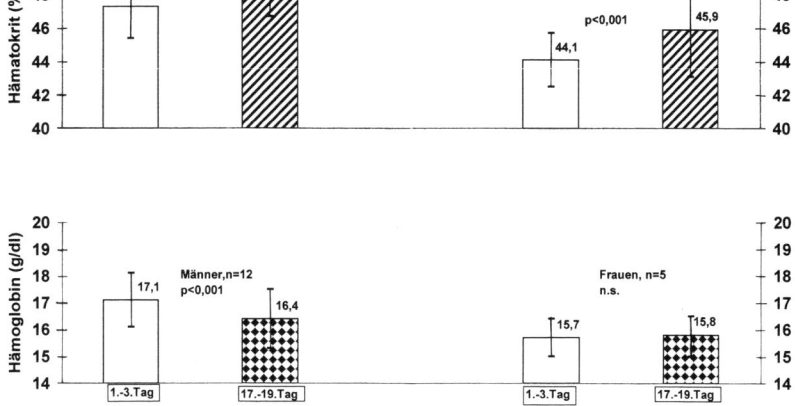

Abb. 1/7.8: Verhalten von Hämoglobin (Hb) und Hämatokrit (HK) beim Höhentraining der Triathleten. Während der HK zunimmt (Hämokonzentration), nimmt das Hb bei den Männern ab.

Auf eine untersuchungsmethodische Voraussetzung bei der Bestimmung von Hb und HK ist noch hinzuweisen. Die in der Literatur angegebenen Grenzwerte beziehen sich auf das venöse Blut, welches in den Automatenlaboren nach bestimmten Methoden analysiert wird. Die Messwerte aus dem Automatenlabor sind nicht identisch mit den Ergebnissen, die aus dem arterialisierten Ohrkapillarblut ermittelt werden. In den Trainingslagern steht für tägliche Messungen nur das Ohrblut zur Verfügung und dieses wird mit anderen Methoden analysiert (z.B. Bestimmung des Hämatokrits über Zentrifugation, so wie es original festgelegt ist).

In Höhentrainingslagern ist die tägliche Messung von Hb-Konzentration und HK nur aus dem kapillaren Ohrblut den Sportlern zumutbar. Die Messwerte aus dem arterialisierten Ohrblut sind aus eigenen Vergleichsuntersuchungen für das Hämoglobin um durchschnittlich 2 g/dl und für den Hämatokrit um durchschnittlich 2% absolut und signifikant höher als aus dem venösen Blut (Armvene). Damit ist relativ gesehen das Hämoglobin aus dem Ohrkapillarblut um etwa 10% und der Hämatokrit aus dem Ohrkapillarblut um etwa 5% höher zu veranschlagen als aus dem venösen Blut. Bei Blut-Dopingkontrollen wird, so lauten die Festlegungen bis 1999, venöses Armblut entnommen!

Die Zunahme der Hb-Konzentration beträgt pro Woche Höhentraining etwa 1%; demnach wären zwölf Wochen notwendig, um das Hämoglobinniveau von Höhenbewohnern zu erreichen. Die Höhenbewohner haben durchschnittlich 12% mehr Hämoglobin als die Flachlandbewohner.

Ein weiterer, die Sauerstoffversorgung in der Muskulatur betreffender Aspekt ist die Mikrozirkulation. Im Rahmen der Belastungssteuerung sollte die Hb-Bestimmung durch eine gleichzeitige HK-Messung ergänzt werden, da die Flüssigkeitsverschiebung im Blut die gemessene Hb-Konzentration beeinflusst. Ein HK über 50% erschwert die Fließeigenschaften des Blutes und behindert die Sauerstoffabgabe an das Gewebe. Bei einem HK-Anstieg über 55% ist die Blutviskosität deutlich erhöht und es können bereits Kapillarverstopfungen auftreten; die Gefahr von Thrombosen oder Schlaganfall ist bei einem HK von über 60% real.

Zum Schutz der Athleten und zur Sicherung der Chancengleichheit wurde bei starker Zunahme von Hb oder HK im Skilanglauf, Biathlon und im Radsport ab 1997 die zusätzliche Blutkontrolle (venöses Blut) als erweiterte Dopingkontrolle vor Wettkämpfen eingeführt. Mit diesen Maßnahmen soll einem Missbrauch von EPO vorgebeugt werden. Startverbot für vierzehn Tage besteht im Skilanglauf, wenn bei Männern der Hb-Wert von 18,5 g/dl und bei Frauen von 16,5 g/dl überschritten wird. Im Radsport orientiert man sich am Hämatokritwert. Steigt der Hämatokrit über 50% an, dann besteht ebenfalls für vierzehn Tage Startverbot. Im Biathlon ist ein HK von 52% als oberster Normalwert festgelegt. Die Grenzwer-

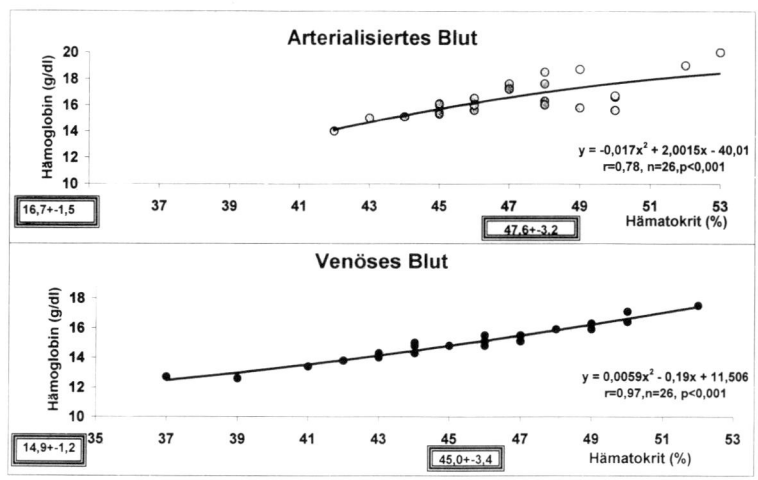

Abb. 2/7.8

te in den Sportarten sind nicht unwidersprochen und für einzelne Athleten zu niedrig, zumal unter klinischen Gesichtspunkten die physiologische Obergrenze bei 54% angegeben wird. Wie bereits erwähnt, ist bei der Beurteilung der Messwerte auf die Hämoglobin- und Hämatokrit-Bestimmungsmethoden zu achten (**Abb. 2/7.8**).

Bei Sporttreibenden sollte die untere klinische Norm des Hämoglobins von 13 g/dl für Männer und 12 g/dl für Frauen bei einem Hämatokrit von 40% (Männer) bzw. 37% (Frauen) nicht unterschritten werden. Zu niedrige Hb-Werte können ein Anzeichen für Eisenunterversorgung sein (**Tab. 1/7.8**).

7.9 Glucose

Die Blutglucosekonzentration ist hormonell reguliert und wird immer auf einem bestimmten Niveau gehalten. Bei Belastung steigt der Glucosebedarf in der Muskulatur. Zur Aufrechterhaltung der Gehirnfunktion ist ein bestimmter Glucosespiegel notwendig, sinkt dieser zu stark ab, dann gibt es Störungen im motorischen Antrieb und im Extremfall treten Gehirnfunktionsstörungen auf (**Abb. 1/7.9**).

Laborwerte des Eisenstoffwechsels im Leistungssport

Messwerte	Maßeinheit	Normbereich
Serumeisen	μ/dl (μmol/l)	M 60-160 (11-29) W 50-160 (9-29)
Transferrin	g/l	M, W 2-4
Transferrinsättigung	%	M, W 16-45
Ferritin	μg/l	M 30-400 W 30-150 nach Belastung erhöht
Haptoglobin	g/dl	0,6-3 Ruhe nach Belastung < 1
Hämoglobin*	g/l (mmol/l)	M 13-18 (8,1-11,2) W 12-16 (7,4-9,9) vom Hämatokrit beeinflusst
Hämatokrit **	%	M 40-52 W 37-47

Tab. 1/7.8:
*Nach Höhentraining Anstieg um 1-1,5 g/dl möglich, aber auch Abnahme!
Internationale Skilanglaufförderation (FIS) sperrt Sportler für 14 Tage, wenn Hämaglobin > 18,5 g/dl (M) bzw. > 16,5 g/dl (W).
** Internationale Radsportförderation (UCI) sperrt Sportler für 14 Tage, wenn Hämatokrit > 50%.
Int. Biathlonverband sperrt Athleten, wenn Hämatokrit > 52%.
M = Männer, W = Frauen

In Ruhe schwankt die Blutglucosekonzentration zwischen 4,0 bis 5,5 mmol/l (72-99 mg/dl). Solange das Muskel- und Leberglycogen noch verfügbar ist, steigt nach intensiven sportlichen Belastungen bis zu 60 min Dauer die Blutglucose an. Die Höhe des Anstieges wird vom Adrenalin beeinflusst, besonders wenn der Belastungsstress hoch ist. Die Glucose erreicht unmittelbar nach intensiven Belastungen Konzentrationen bis zu 10 mmol/l (180 mg/dl). Bleibt nach einer Belastung der Anstieg der Blutglucose aus, dann ist die Glucose nicht mehr ausreichend im Stoffwechsel verfügbar, die Glycogenspeicher sind erschöpft. Bei intensiven Belastungen sind nach etwa 90 min die Glycogenspeicher erschöpft und ihre Fortführung ist nur durch eine zusätzliche Kohlenhydrataufnahme möglich. Eine Unterzuckerung während der Belastung ist gegeben, wenn die Blutglucosekonzentration unter 3,5 mmol/l (63 mg/dl) abfällt.

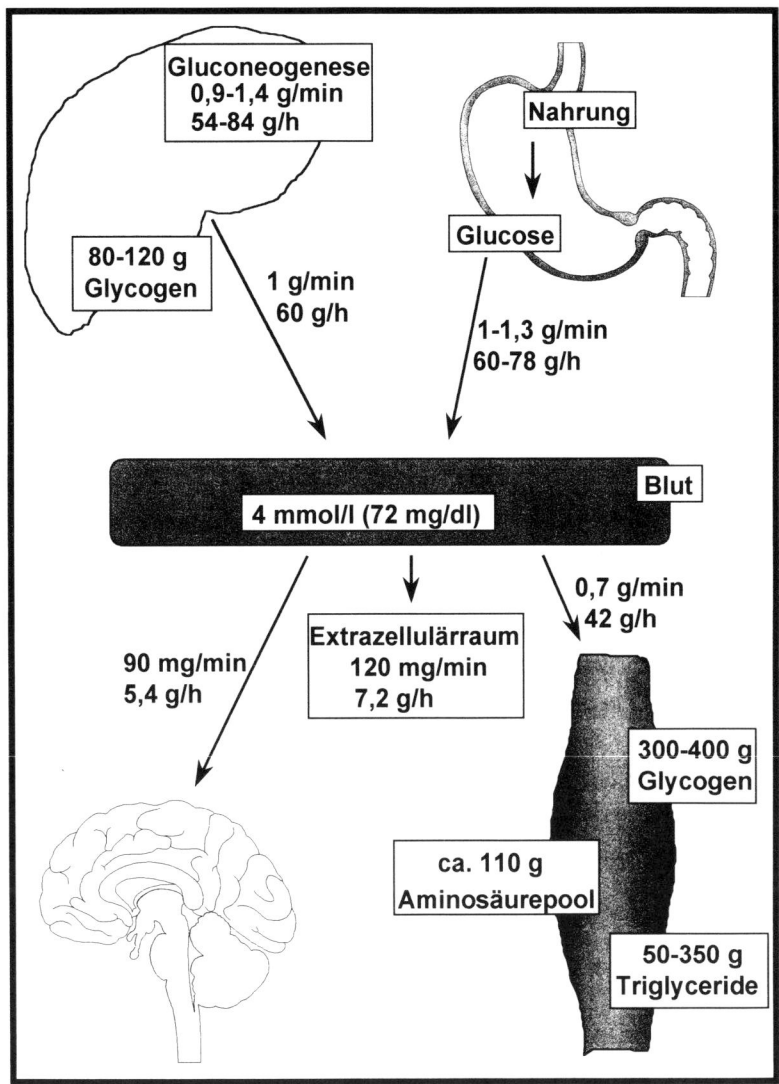

Abb. 1/7.9:
Vereinfachte Regulationsdarstellung von Zufuhr und Verbrauch der Glucose bei Belastung. Die normale Blutglucosekonzentration beträgt bei Sportlern 4 mmol/l (72 mg/dl).

Dauerbelastung mit Wasser- und Glucoseaufnahme

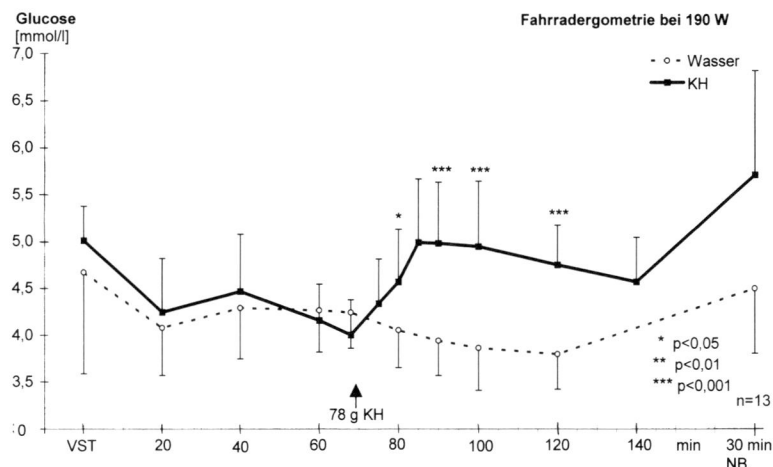

Abb. 2/7.9: Dauerbelastung auf dem Ergometer bei Wasser- und Kohlenhydrat-aufnahme. Die Einmalaufnahme von 78 g Kohlenhydraten verlängerte die Fahrzeit um 20%.

Unterlässt es der Athlet, rechtzeitig während der Belastung Kohlenhydrate aufzu-nehmen, dann muss er sein Tempo vermindern, weil die kompensatorisch einset-zende Verbrennung der freien Fettsäuren (FFS) den Energiedurchsatz in der Zeit-einheit vermindert. Der motorische Antrieb lässt während einer intensiven Belas-tung nach, wenn das Gehirn nicht mehr ausreichend mit Glucose versorgt wird, d.h. wenn die Blutglucose deutlich unter 3,5 mmol/l abfällt. Durch die Aufnahme von 50-70 g Kohlenhydrate während der Belastung steigt innerhalb von 5 min die Blutglucose an und bleibt für etwa eine Stunde erhöht **(Abb. 2/7.9)**. 1 g KH lie-fert eine Energiemenge von 4,1 kcal. Bei der Unterzuckerung genügen oft nur klei-ne Glucosemengen, um wieder normal zu reagieren.

7.10 Mineralien

Im Leistungstraining ist die Mineralstoffversorgung zur Sicherung der Belastbar-keit und Anpassung notwendig. Zahlreiche physiologische Funktionen sind ohne die ständige Zufuhr von Mineralien nicht möglich. Zu den Funktionen, an denen Mineralstoffe mit beteiligt sind, gehören osmotischer Druck, Nervenimpulsübertra-gung, Muskelkontraktion, Enzymaktivitäten u.a. Die Mineralstoffe, die als elek-trisch geladene Teilchen wandern können, werden als **Elektrolyte** bezeichnet. Be-kannte Elektrolyte sind Na^+, K^+, Ca^{2+} und Mg^{2+}.

Neben den Elektrolyten gibt es weitere Mineralien, die für die Belastbarkeitssicherung von Bedeutung sind. Insbesondere sind es Eisen, Zink, Kupfer und Chrom, die durch das Training über Schweiß und Urin erhöht ausgeschieden werden, sodass deren Kontrolle zweckmäßig ist. Bei Vorsorgeuntersuchungen steht die Kontrolle des Eisenstatus und der Magnesiumkonzentration im Vordergrund. Beim Eisen gibt es mehrere Ursachen für die Konzentrationsabnahme im Blut.

Während des Laufens auf hartem Untergrund über längere Strecken kommt es zur mechanischen Zerstörung von Erythrozyten in den Fußsohlen. Durch die verstärkte Hämolyse geht dem Körper Eisen verloren, weil der Haptoglobin-Schutzmechanismus nicht alles freigesetzte Eisen auffangen kann. Allein über den Urin gehen im Normalfall bis 20 mg Eisen pro Tag verloren. Auch im Schweiß sind größere Eisenmengen nachweisbar, die 5-50 μg/l betragen. Vegetarische Kost fördert die Eisenunterversorgung, da die Resorption des Pflanzeneisens sehr gering ist. Durch die Menstruation haben Frauen einen zusätzlichen Eisenverlust (15-30 mg/Zyklus). Insgesamt gibt es mehrere Quellen für den Eisenverlust, die gegebenenfalls genauer bei einer Unterversorgung zu analysieren sind.

Da das Spurenelement Eisen Bestandteil von sauerstoffübertragenden Verbindungen wie Hämoglobin, Myoglobin und Enzymen ist, sollte es im Leistungssport zu keiner Unterversorgung kommen. Gerade das Eisen gibt im Rahmen der Laboruntersuchungen oft Anlass zu Fehldeutungen. Repräsentativ für den Eisenstoffwechsel ist nicht die Eisenkonzentration im Blut. Die Konzentration des Eisens im Blut ist, wenn sie nur allein gemessen wird, die unzuverlässigste Messgröße für den Eisenstoffwechsel (HOFFMANN, 1995).

Am aussagefähigsten für die Kontrolle der Eisenversorgung im Leistungssport ist der Depoteisenmarker, das **Ferritin**. Das Ferritin informiert zuverlässig über den Füllungszustand der Eisendepots, im Gegensatz zum Bluteisenspiegel. Die therapeutischen Entscheidungen über die Notwendigkeit zur Substitution von Eisen können von der Serumferritinkonzentration abgeleitet werden **(Tab. 1/7.10)**. Das Ferritin wirkt auch als Protein der akuten Phase, sodass es nach anstrengenden Belastungen vorübergehend erhöht sein kann. Deshalb sind Blutabnahmen für die Analyse des Ferritins nicht unmittelbar nach anstrengenden Belastungen vorzunehmen. Die angegebenen Normalwerte für Ferritin haben eine große Schwankungsbreite. Als normal werden Konzentrationen von 23-150 μg/l bei Frauen sowie 30-400 μg/l bei Männern angegeben.

Umfangreiche Untersuchungen zum Ferritin bei Hochleistungsathleten führten zu der Erkenntnis, dass für beide Geschlechter eine mittlere Ferritinkonzentration von 40-90 μg/l oder extrem von 30-150 μg/l anzustreben ist (HOFFMANN, 1995).

Eisenunterversorgung im Leistungssport, beurteilt am Ferritin**.

Speichereisen Ferritin	Konzentration im Blut	Diagnose
Ferritin	< 12 µg/l	Erschöpfung der Eisenspeicher, Gefahr der Eisenmangelanämie
Ferritin	12 - 25 µg/l	Verminderung des Eisenspeichers
Ferritin	< 30 µg/l	Suboptimale Eisenversorgung
Ferritin	> 35 µg/l	Unterer Normalwert Männer
Ferritin	> 23 µg/l	Unterer Normalwert Frauen

Tab. 1/7.10:
** Der anzustrebende Mittelwert des Ferritins für den Leistungssportler sollte zwischen 50 bis 90 µg/l liegen. Bei Unterversorgung hat Eisenaufnahme unter ärztlicher Kontrolle zu erfolgen.

Wird ärztlich eine Eisensubstitution empfohlen (Ferritin unter 30 µg/l), dann ist eine mehrwöchige Aufnahme von täglich 100 mg zweiwertigem Eisen notwendig. Diese Dosis erhöht mit Sicherheit die Ferritinkonzentration.

Nach Infekten kommt es oft zu einer Abnahme der Serumeisenkonzentration. Eine Erniedrigung des Serumeisenspiegels ist kein Grund zur zusätzlichen Eisenaufnahme. Oft werden erniedrigte Eisenspiegel, besonders nach Infekt, als Unterversorgung fehlgedeutet. Die Senkung des Serumeisens ist eine bekannte Abwehrstrategie des Organismus beim Infekt. Im Rahmen der Immunabwehr wird durch die Senkung des Serumeisens das Bakterienwachstum gedrosselt. Die gleichzeitige Aufnahme von mehreren Mineralien kann zur gegenseitigen Resorptionsbehinderung führen. Bei der Aufnahme von Eisen wird die Resorption von Zink und Kupfer behindert.

Magnesium

Ein weiteres kontrollbedürftiges Mineral ist das Magnesium. In der Muskulatur sind 40% des Körperbestandes eingelagert. Als Bestandteil von 300 Enzymen ist das Magnesium für den Leistungssportler unentbehrlich. Das Magnesium ist beteiligt an: Energiebereitstellung, Energieübertragung, Signalübertragung bei Muskelkontraktion, Muskelentspannung, Durchblutung, Hormonwirkung u.a. wichtigen

Körperfunktionen. Die Serumkonzentration beträgt 0,75-1,10 mmol/l. Bei Absinken der Serummagnesiumkonzentration unter 0,74 mmol/l ist eine Substitution gerechtfertigt und unter 0,70 mmol/l dringend angeraten. Anzeichen für Unterversorgung sind gehäufte Muskelkrämpfe bei Belastung, Muskelhärte, Muskelzittern, Müdigkeit, Leistungsabnahme u.a.

Im Leistungstraining ist der Magnesiumbedarf höher als normal. Neben dem Schweiß ist die Ausscheidung des Magnesiums über die Nieren die größte Verlustquelle. Besonders nach anstrengenden Langzeitbelastungen, wie einem Marathonlauf, beträgt der Magnesiumverlust nach eigenen Untersuchungen bis zu 3 g/Woche. Im Leistungstraining können 300-500 mg an Magnesium pro Tag zusätzlich aufgenommen werden. Durch die Auswahl magnesiumhaltiger Mineralwässer kann die Magnesiumtablettenaufnahme vermindert werden.

8 Tests im Fitness- und Leistungsbereich

8.1 Allgemeine Hinweise und Prinzipien

Die Aussagekraft eines Tests wird vom Verhalten des Sportlers vor und während des Tests, von äußeren Testbedingungen und der Testgüte (Objektivität, Reliabilität, Validität) beeinflusst. Nicht nur der Untersucher (Leistungsdiagnostiker) benötigt umfassende Kenntnisse zur Durchführung und Auswertung von Tests, auch der Sportler kann zur Aussagekraft des Tests beitragen. Die nachfolgenden Hinweise und Prinzipien sind in diesem Sinne zu verstehen.

Allgemeine Hinweise für die Durchführung von Ausdauertests

- Für einen Ausdauertest sollte der Sportler gesundheitlich fit sein und aus ärztlicher Sicht dürfen keine Einwände gegen die Belastung bestehen.
- Vor dem Test ist nur leicht verdauliche Kost aufzunehmen, ähnlich wie vor einem Wettkampf.
- Vor jeder ergometrischen Prüfbelastung hat sich der Sportler 5-15 min aufzuwärmen.
- Bei der Auswahl der Tests sind Sportartspezifität und aktuelles Leistungsvermögen zu beachten.
- Durch die Verwendung eines Herzfrequenzmessgerätes wird eine Kontrolle über die Höhe der körperlichen Beanspruchung erreicht.
- Nach dem Test sollte ein Cool down-Programm (Ausfahren, Auslaufen u.a.) über 10 min durchgeführt werden.
- Infolge des motorischen Lerneffekts bei Ergometer- oder Feldtests sollte der erste Test als Übungstest gewertet werden.
- Die Wiederholung von leistungsdiagnostischen Tests ist erst im Abstand von 4-6 Wochen, unter vergleichbaren Bedingungen, sinnvoll.

Das Stufentestprinzip

Als leistungsdiagnostisches Prüfverfahren hat sich das Prinzip der stufenförmig ansteigenden Belastung in den Ausdauersportarten bewährt. Ziel dieses Verfahrens ist es, die Regulation des Herz-Kreislauf- und Atmungssystems und die Leistungsfähigkeit des aeroben und anaeroben Stoffwechsels zu prüfen. Die Leistungsfähigkeit der Muskulatur, des Stoffwechsels und des Herz-Kreislauf-Systems wird auf unterschiedlichen submaximalen Belastungsstufen und bei individueller Ausbelastung beurteilt. In der Praxis würde das Stufentestprinzip in den einzelnen Sportarten und Disziplinen stark ausdifferenziert. National und international gibt

es deshalb auch innerhalb der Sportarten keine einheitlichen Normen für das Testdesign, sodass die Vergleichbarkeit von Testresultaten erschwert ist. Die allgemeinen Prinzipien zur Duchführung von Stufentests sind folgende:

Allgemeine Prinzipien bei der Ausführung von Stufentests
- Die Streckenlänge oder die Belastungsdauer ist unabhängig von der Geschwindigkeit auf jeder Stufe gleich zu halten und sollte mindestens 3 min betragen.
- Der Anstieg der Geschwindigkeit bzw. der Leistung von Stufe zu Stufe richtet
  sich nach der Anzahl der Belastungsstufen und der Leistungsfähigkeit des Athleten. Innerhalb des Stufentests ist die einmal festgelegte Belastungssteige-
  rungshöhe beizubehalten. Die Belastungssteigerung erfolgt in der Regel in Pro-
  zentstufen zur Bestleistung auf der Wettkampfstrecke. Normalerweise wird zwischen 75-80% angefangen, sodass die Steigerungsstufen 75, 80, 85, 90, 95
  und/oder 100% betragen. Bei Lauftests werden Steigerungsstufen von 0,25 m/s
  oder 1 km/h bevorzugt. Auf dem Fahrradergometer beträgt die Steigerung 20
  bis 50 Watt je Stufe.
- Für die Festlegung von Trainingsgeschwindigkeit und Herzfrequenzvorgabe im
  aeroben, aerob-anaeroben und anaeroben Stoffwechselbereich sind mindestens drei Belastungsstufen notwendig. Die Genauigkeit der Testaussage erhöht
  sich mit der Anzahl der Stufen. Als optimal haben sich 5-6 Stufen für den mathematischen Ausgleich der Messpunkte erwiesen.
- Je länger die Wettkampfstrecke ist, auf die der Sportler hin trainiert, desto länger sollte die Streckenlänge oder Belastungsdauer im Stufentest gewählt werden. Ein Mittelstreckenläufer benötigt kürzere Belastungszeiten bzw. Streckenlängen im Stufentest als ein Marathonläufer.
- Nach Möglichkeit ist der Stufentest sportartspezifisch durchzuführen, d.h. Läufer führen einen Laufbandtest oder Lauf-Feldstufentest, Radfahrer einen Fahrradergometertest oder Rad-Feldstufentest, Inlineskater einen Inline-Feldstufentest
  usw. durch. Für Schwimmer wäre ein Fahrradergometertest sinnlos.

Begründung zur Testdurchführung
Die Trainingsanpassungen erfolgen nur in den Muskelgruppen, die in der jeweiligen Sportart tatsächlich beansprucht werden. Bei der Testwahl sind daher sportartspezifische Belastungsformen zu bevorzugen.

Für einen Radrennfahrer hat ein Laufbelastungstest demzufolge nur einen geringen leistungsdiagnostischen Aussagewert. Wie unterschiedlich die Höhe der aerob-anaeroben Stoffwechselschwelle in den einzelnen Sportarten entsprechend der
unterschiedlich trainierten Muskulatur sein kann, zeigt die **Abb. 1/8.1**.

Stufentest Fahrradergometer

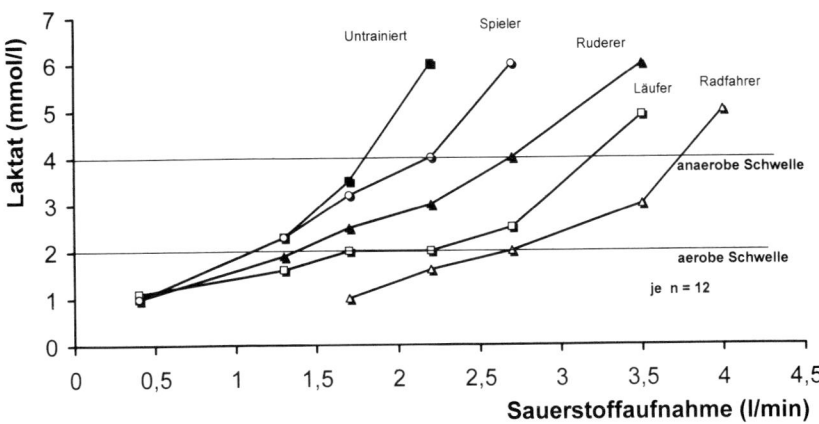

Abb. 1/8.1:
Verhalten der Laktatkonzentration im Verhältnis zur Sauerstoffaufnahme bei an-
steigender Stufenbelastung von Untrainierten und Sportlern verschiedener Sportar-
ten. Je höher die maximale Sauerstoffaufnahme war, desto weniger wurde der an-
aerobe Stoffwechsel beansprucht.

Die Rechtsverschiebung der Laktatleistungskurve ist abhängig vom Niveau und
Anteil des aeroben Trainings in der Sportart. Der Zeitaufwand für das aerobe Training ist bei Ruderern, Radfahrern und Läufern deutlich höher als der von Spielern.
Die Laktatleistungskurve ist vom Trainingsinhalt in einer Sportart abhängig, sie
liegt bei Untrainierten und Spielern extrem links und bei Läufern und Radfahrern
extrem rechts (**s. Abb. 1/8.1**).

In Bezug zur Sauerstoffaufnahme haben die Sportler mit höherer aerober Leistungsfähigkeit in der Beinmuskulatur bei vergleichbarer Ergometerbelastung eine
geringere Laktatbildung bei der Fahrradergometerbelastung. Noch deutlicher
kommen die sportartspezifischen Leistungsunterschiede bei Läufern zum Ausdruck. Die Laktat-Geschwindigkeits-Beziehung von international führenden Sprin-
terinnen und Langstreckenläuferinnen divergiert bei Laktat 4 mmol/l um beacht-
liche 1,2 m/s (**Abb. 2/8.1**).
    Die spezifische Trainiertheit von Muskulatur, Herz-Kreislauf-System und Ener-
giestoffwechsel spiegelt sich in den maximalen Laktatwerten wider. Die Mobilisa-
tion des anaeroben Stoffwechsels und damit die Höhe der Laktatbildung ist bei
den Mittelstreckenläufern höher als bei den Langstreckenläufern.

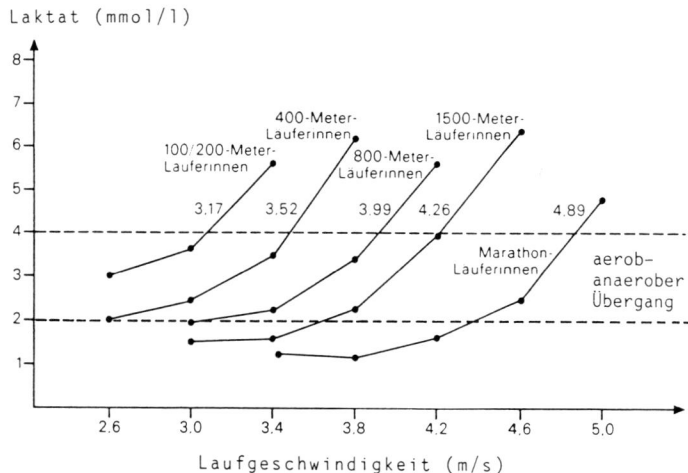

Abb. 2/8.1:
Laufgeschwindigkeit und aerob-anaerobe Stoffwechselschwelle bei verschiedenen
Hochleistungssportlerinnen. Darstellung von Mittelwerten verschiedener Kollektive
deutscher Läuferinnen der Spitzenklasse (nach HOLLMANN et al., 1986).

Bei den Marathonläufern führt die Monotonie des Trainings zum Verlust der anaeroben Mobilisationsfähigkeit. Sie können die schnell kontrahierenden Muskelfasern (FTF) nicht mehr in das Bewegungsprogramm einbeziehen, sondern nur ihre
langsam kontrahierenden Fasern (STF).

Wahl des optimalen Testdesigns

Neben der Wahl einer geeigneten sportartspezifischen Belastungsform sind Belastungsdauer und Belastungssteigerung auf jeder Stufe auf die disziplinspezifischen
Anforderungen abzustimmen. Für die Langzeitausdauersportarten ist eine möglichst lange Belastungsdauer je Stufe anzustreben, da bei zu kurzer Stufendauer
das bei einer Belastungsstufe entstehende Laktat erst bei der nächsten oder
übernächsten Stufe nachzuweisen ist. Die Zeit zum Einregulieren eines stabilen
Funktionsniveaus beträgt auf jeder Stufe, in Abhängigkeit vom Trainingszustand,
etwa 2-6 min (NEUMANN/SCHÜLER, 1994). Ausdauersportler benötigen bis zum
Erreichen eines stabilen Regulationszustandes, dem „Steady State", weniger Zeit
als Untrainierte.

Ein weiteres Kriterium für Stufentests ist der Belastungsanstieg von Stufe zu
Stufe, für den es aber keine allgemein gültigen Vorgaben gibt. In den Ausdauersportarten sollten, ausgehend von der Maximalleistung, die submaximalen Stufen

Laborchemische Standardwerte zur Gesundheitskontrolle im Leistungssport
(Originalergebnisse eines Ausdauerleistungssportlers)

Parameter	Ergebnis	Einheit	Normbereich
Leukozyten	5,8	Tsd./µl	3,8-9,0
Erythrozyten	5,3	Mill./µl	4,2-6,2
Hämoglobin	10,1	mmol/l	7,4-12
Hämatokrit	0,48	%	0,37-0,54
MCV	90	FL	85-95
MCH	1,9	Fmol	1,55-1,90
MCHC	21,2	mmol/l	18,5-22,5
Glucose nüchtern	4,14	mmol/l	3,35-5,55
Gamma-GT	26,8	U/l	< 40
GPT	21,5	U/l	< 40
Cholesterin	4,3	mmol/l	3,1-5,7
HDL-Cholesterin	1,7	mmol/l	1,0-1,8
Triglyceride	1,18	mmol/l	0,35-1,7
Harnsäure	286	µmol/l	120-416
Harnstoff	5,82	mmol/l	3,6-8,9
Kreatinin	72	µmol/l	40-110
Creatinkinase	74	U/l	bis 120
Kalium	4,3	mmol/l	3,8-5,5
Eisen	12,9	µmol/l	9,0-32
Magnesium	0,89	mmol/l	0,66-1,07
Ferritin	42	ng/ml	6-280
IgA	2,63	g/l	0,85-4,9
IgG	7,9	g/l	8-17
IgM	0,92	g/l	0,5-3,7
Haptoglobin	2,5	g/l	0,3-3,3

Tab. 1/8.1

in 5%-Schritten abgeleitet werden. Die Anfangsintensität ist bei 70-75% der Maximalleistung vorzugeben. Jede weitere Stufe ist in Intensität oder Geschwindigkeit um etwa 5% bis zur Maximalleistung zu erhöhen. In Einzelfällen sind Abweichungen möglich. Generell ist der Belastungsanstieg bei hochtrainierten Athleten geringer zu wählen als bei weniger gut Trainierten.

Labor- oder Feldtest
Labor- und Feldtests werden im Training für unterschiedliche Ziele eingesetzt. Die Labortests eignen sich zur mittel- und langfristigen Überwachung von Gesundheitszustand und Leistungsentwicklung sowie zur Bestimmung der aktuellen Leistungsfähigkeit des Sportlers. Diese Tests werden in der Regel mit einem kompletten gesundheitlichen Check gekoppelt. In lizensierten Untersuchungseinrichtungen des Leistungssports ist eine biochemische Parameterpalette zur Gesundheitskontrolle vorgeschrieben **(Tab. 1/8.1)**. Bevorzugte Messgrößen in der Leistungsdiagnostik sind Sauerstoffaufnahme, Atemminutenvolumen, Herzschlagfrequenz und Laktatkonzentration.

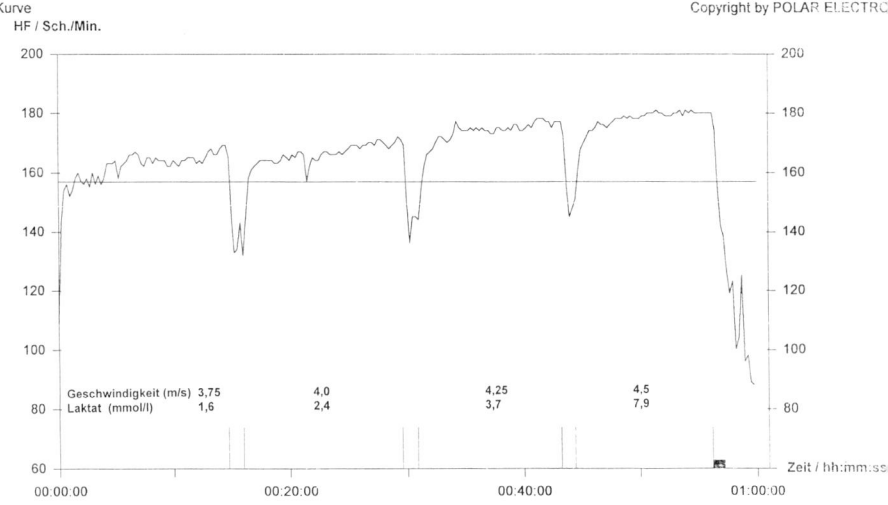

Abb. 3/8.1:
Lauf-Feldtest über 4 x 3.000 m bei einem Triathleten. Durch das von Stufe zu Stufe schnellere Laufen (3,75 bis 4,5 m/s) wird die Belastungszeit kürzer und die Beanspruchung steigt. Während der Belastung steigen Herzfrequenz (Hf) und Laktat an, es erfolgt ein Übergang vom aeroben zum anaeroben Stoffwechsel.

Feldtests werden bevorzugt zur kurz- bis mittelfristigen Kontrolle der Wirksamkeit des Trainings und für die Festlegung der Trainingsbereiche durchgeführt. Die Auswahl der Kontrollgrößen ist begrenzt.

Anhand des Testergebnisses bei Feld- und Labortests muss die Belastungsintensität für mindestens drei Trainingsbereiche bestimmt werden:
- Herzfrequenz und Geschwindigkeit für das aerobe Training (GA 1)
- Herzfrequenz und Geschwindigkeit für das aerob-anaerobe Training (GA 2)
- Herzfrequenz und Geschwindigkeit für das anaerobe Training (WSA).

Bevorzugte Messgrößen beim Feldtest sind Geschwindigkeit, Laktat und Hf. Anhand der Laktat- und Hf-Kurven kann in Abhängigkeit von der Stufenzahl und Belastungsdauer sehr differenziert die aerobe, aerob-anaerobe und anaerobe Leistungsfähigkeit diagnostiziert werden **(Abb. 3/8.1)**.

8.2 Labortests

Die Schwerpunkte der Labortests sind Fahrradergometrie und Laufbandbelastung. Über die beiden Ergometer verfügen inzwischen viele Untersuchungseinrichtungen. In der Auswahl der ergometrischen Prüfbelastung ist auf die Spezifität zu achten, d.h. diejenigen Testgeräte sind zu bevorzugen, die der Trainingsbelastung entsprechen oder nahe kommen. Das bedeutet, dass Läufer nicht auf dem Fahrradergometer oder Radfahrer nicht auf dem Laufband untersucht werden. In Kombinationssportarten, wie Triathlon, sind beide Testformen notwendig.

8.2.1 Fahrradergometrie

Auf dem Fahrradergometer werden am häufigsten Leistungsprüfungen vorgenommen. Die Leistung wird in Watt (W) gemessen. Im Sport erfolgt die Fahrradergometrie im Sitzen. In der Klinik ist unter einer bestimmten Fragestellung auch eine Ergometrie im Liegen üblich.

Anfangsbelastung
Eine Standardisierung der Anfangsbelastung hat sich nicht durchgesetzt. Im Zweifelsfall sollte niedriger begonnen werden, da diese Belastung noch für das Warmfahren nutzbar ist. Untrainierte und Kinder beginnen die Ergometrie bei 25-50 W. Bei Leistungssportlern erstreckt sich die Höhe der Anfangsstufe von 70-150 W. Wichtig ist, dass auf den ersten Belastungsstufen nur eine geringe Laktatbildung erfolgt.

In **Abb. 1/8.2.1** ist ein Stufenschema der Ergometrie im Leistungssport angeführt. Während die Stufendauer bei Untrainierten 2-3 min beträgt, wird diese
bei Leistungssportlern auf 4-5 min verlängert. In dieser Zeit stellt sich in den
Funktionssystemen noch ein „Steady/State" ein. Die bei der Fahrradergometrie
bevorzugt eingesetzten Messgrößen sind Hf, Laktat und Sauerstoffaufnahme
(Abb. 2/8.2.1).

Da der Testablauf bei der stufenförmig ansteigenden Belastung eine subjektive
Ausbelastung des Probanden beinhaltet, werden zum Abschluss der Untersuchung maximale Werte von Sauerstoffaufnahme, Hf und Laktatkonzentration angestrebt. Das gilt besonders für die sportartspezifische Kraftausdauerbelastung
auf dem Fahrradergometer **(Abb. 3/8.2.1)**. Da sich die Sportler nicht immer bis
zur Erschöpfung belasten, ist die Kenntnis der objektiven Kriterien notwendig
(Tab. 1/8.2.1).

Zur Beurteilung der Leistungsfähigkeit auf dem Rad haben sich zwei Kenngrößen
im Leistungssport besonders bewährt. Das betrifft die erreichte Leistung bei Laktat 2 oder 3 mmol/l, bezogen auf die Körpermasse (PL2 oder PL3) und die Leistung bei Versuchsende (max W/kg).

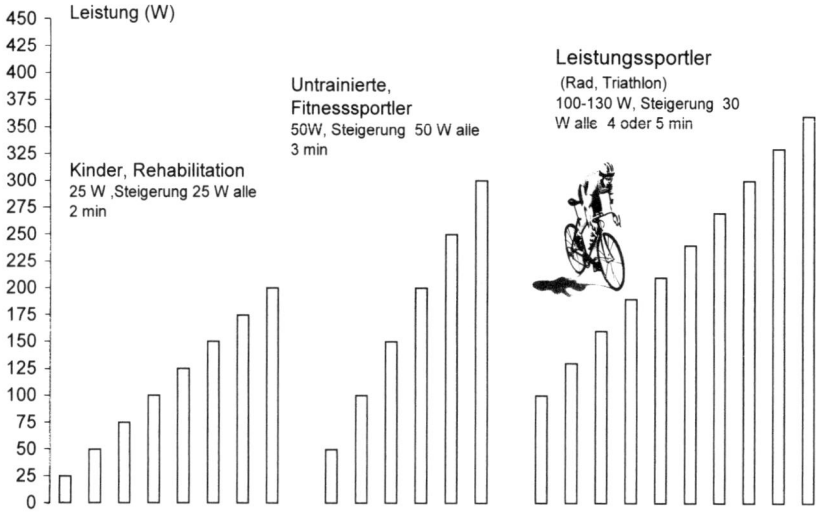

Abb. 1/8.2.1:
Wahl der Anfangsleistung bei der Fahrradergometrie in Abhängigkeit von der Leis-
tungsfähigkeit der Sportler

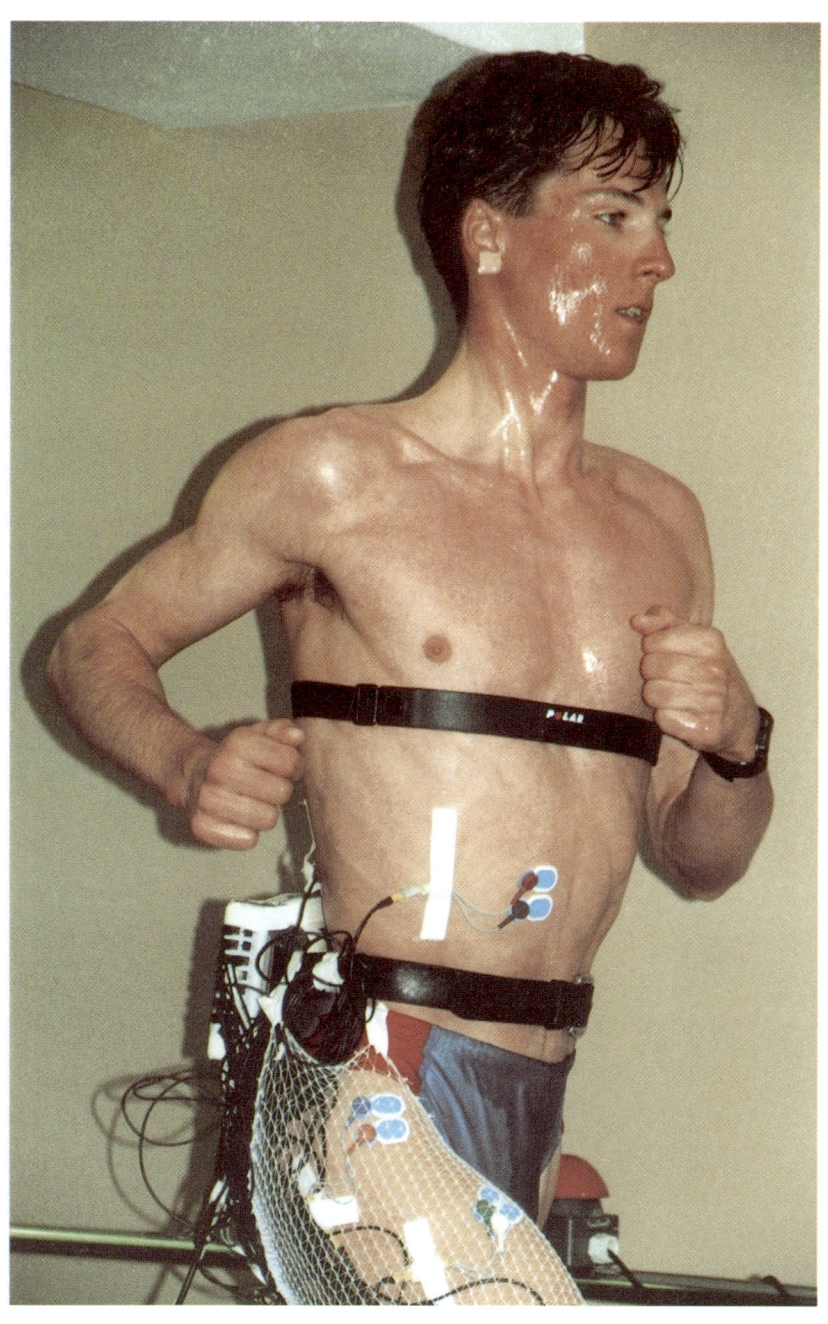

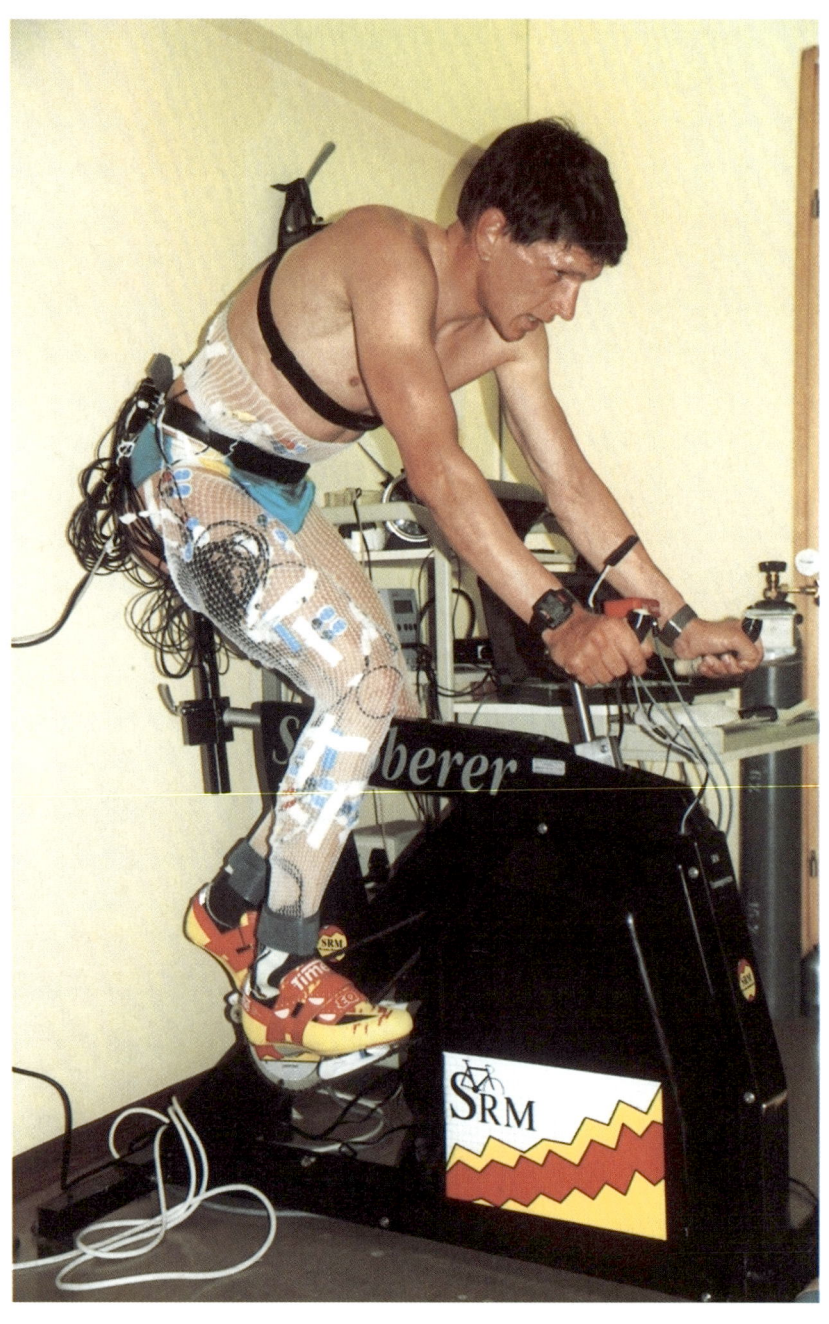

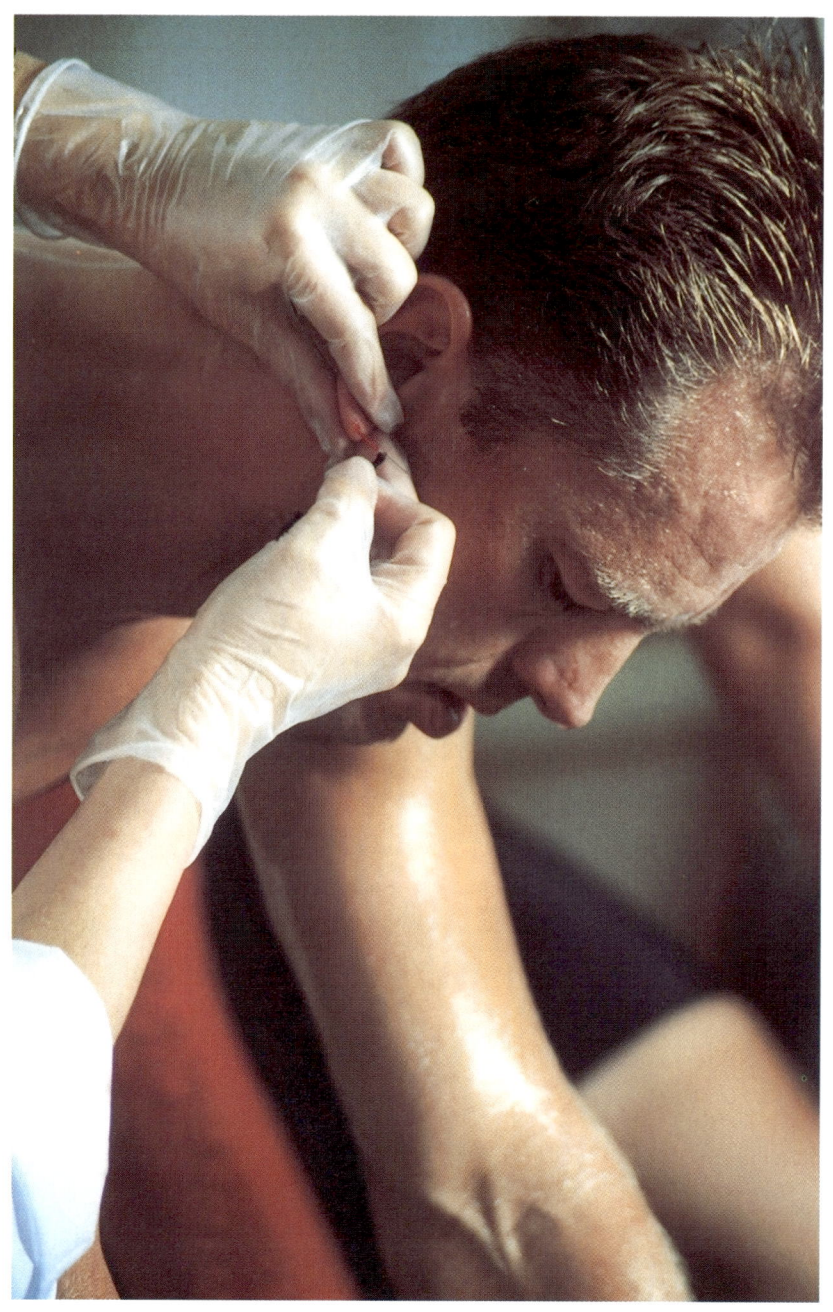

Leistungsdiagnostik am IAT-Leipzig mit dem eigenen Rad auf dem Recordtrainer Cyclus 2 mit direktem Testausdruck (Foto. J. Rosse, Leipzig)

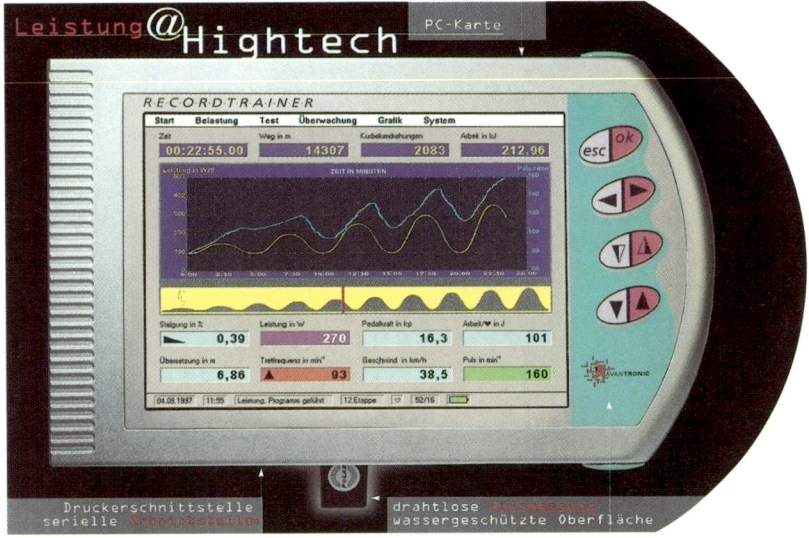

Computersteuerung des Recordtrainers Cyclus 2 mit dem Sinus-Test nach Richter (Foto: AVANTRONIC Systeme GmbH, Leipzig)

Stufentest Fahrradergometer Triathlon

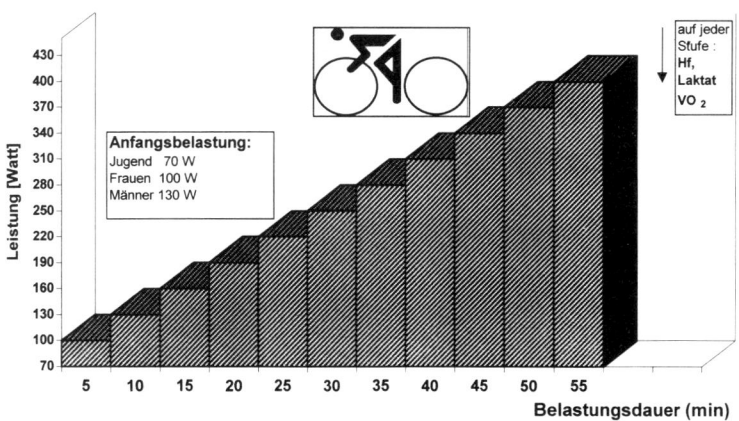

Abb. 2/8.2.1:
Stufentestprinzip bei der Fahrradergometrie. Belastet wird ohne Pause bis zur subjektiven Erschöpfung.

Kriterien der Ausbelastung bei der Fahrradergometrie im Leistungssport

Messgröße	Kriterium
Herzfrequenz (Schläge/min)	> 190 (altersabhängig)
Respiratorischer Quotient (RQ)	> 1,0
Atemäquivalent (AMV/VO_2)	> 30
Laktat (mmol/l)	> 8
Sauerstoffaufnahme (ml/min)	Abgeflachtes Ende (leveling off-Phänomen)
Leistung bei Abbruch (W/kg)	> 4,0 Frauen, > 4,5 Männer

Tab. 1/8.2.1

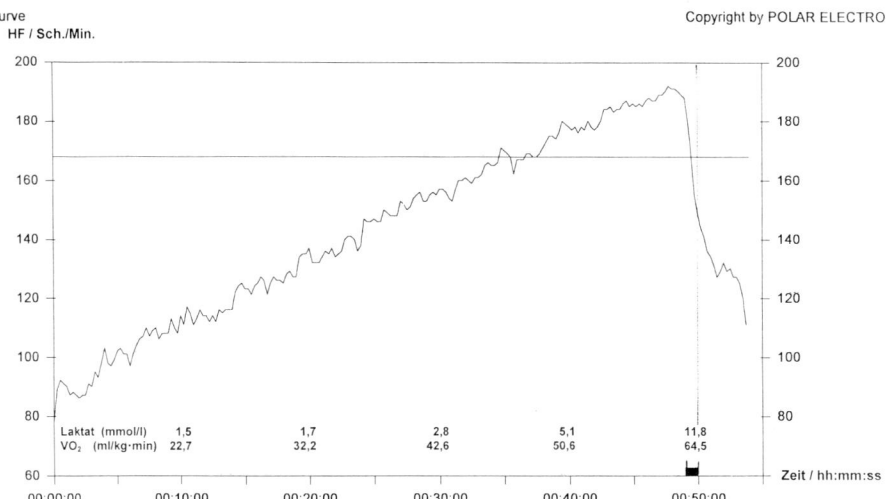

Kurve
HF / Sch./Min.

Copyright by POLAR ELECTRO

| Laktat (mmol/l) | 1,5 | 1,7 | 2,8 | 5,1 | 11,8 |
| VO₂ (ml/kg·min) | 22,7 | 32,2 | 42,6 | 50,6 | 64,5 |

Abb. 3/8.2.1:
Fahrradergometer-Stufentest eines Radsportlers. Beginn der Belastung bei 130 W und Steigerung der Belastung alle 5 min um 30 W. Dargestellt sind Herzfrequenz (Hf), Laktat und Sauerstoffaufnahme auf jeder Belastungsstufe.

Beide Messgrößen informieren über die Tretkraft, d.h. über die aerobe (submaximale) sowie maximale Kraftausdauer. Spitzenradsportler erreichen eine PL2 über 4,5 W/kg und bei Abbruch der Ergometrie eine Leistung von über 6,5 W/kg. Von dieser Tretkraft sind die normalen Athleten weit entfernt.

Im Rahmen der Trainingssteuerung Rad wird die Hf bei PL3 registriert, diese kennzeichnet die Höhe der Hf im GA 2-Training Rad.

Spezialradergometer (Cyclus 2)

Neben den herkömmlichen Fahrradergometern gibt es inzwischen eine technologische Weiterentwicklung in der Ergometrie, welche die Besonderheiten des Radfahrens beachtet und eine präzise Leistungsvorgabe und -kontrolle ermöglicht. Das portable und netzstromunabhängige CYCLUS 2 (Recordtrainer) der Fa. AVAN TRONIC (Leipzig) erlaubt einen Bremswiderstand bis 3.000 W und ist mit Computersteuerung ausgerüstet. Der Sportler kann das eigene Rennrad (Triathlonrad oder Mountainbike) in das System aufsetzen und sich in seiner gewohnten Sitzposition und Trettechnik belasten. Die Leistungsfähigkeit wird bei gewohnter Sitzposition geprüft.

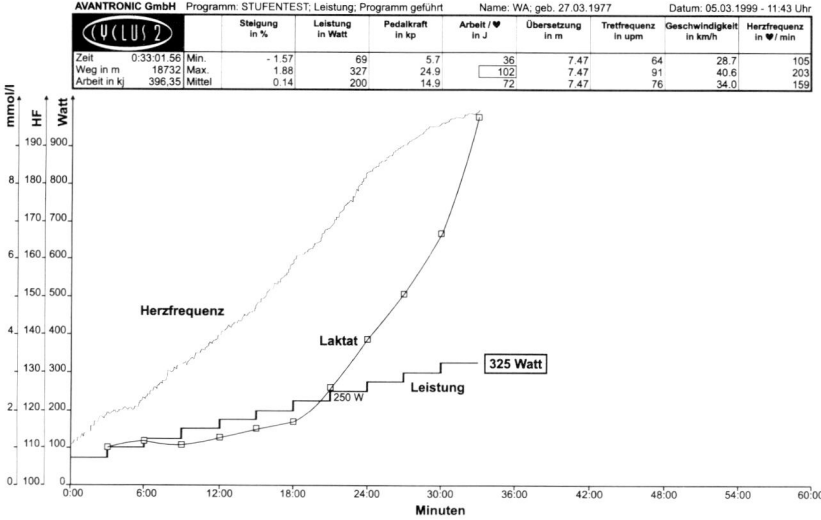

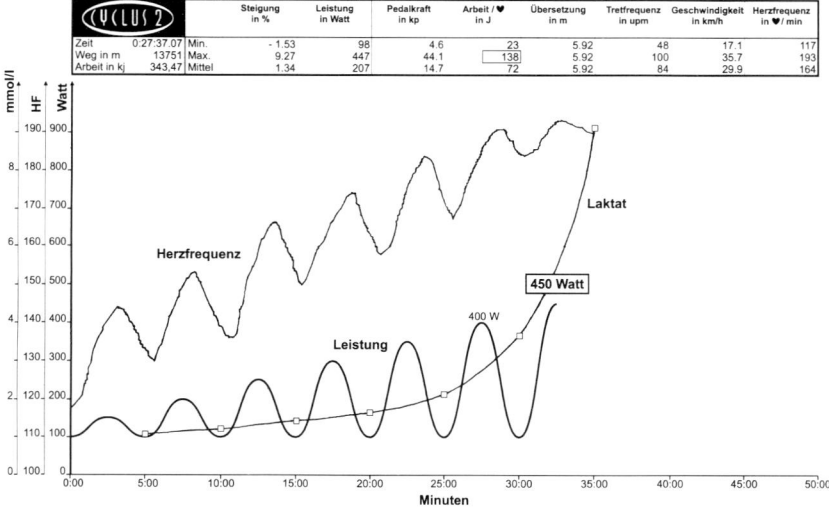

Abb. 4/8.2.1:

Vergleich von Herzfrequenz (Hf) und Laktatanstieg beim klassischen Radstufentest und Sinustest nach RICHTER (1999). Durch die ständige geführte Entlastung kann sich der Sportler höher belasten und weist einen verzögerten Laktatanstieg auf. Die Hf erholt sich und macht die Sinusfunktion zeitlich versetzt mit.

Eigene Vergleichsuntersuchungen zwischen dem LODE-Hochleistungsergometer (1.000 W) und dem Recordtrainer CYCLUS 2 ergaben übereinstimmende Resultate in den biologischen Messgrößen (Hf, Laktat, Sauerstoffaufnahme). Zusätzlich ermöglicht das neue Gerätesystem die Bestimmung der Maximaltretfrequenz (innerhalb 6 s) und der Maximalkraft (Leistung) bei einer vorher definierten Tretfrequenz. Durch Auswahl verschiedener Belastungsgrößen (Steigung, Leistung, Pedalkraft, Luftwiderstand) kann ein komplettes Radstreckenprofil mit Steigungen und Abfahrten simuliert werden.

Neu ist, dass die Belastung sinusförmig und stufenlos gesteigert und auch vermindert werden kann **(Abb. 4/8.2.1)**. Bereits bei niedrigen Tretfrequenzen (20-30 U/min) können hohe Leistungen bis 2.000 W erreicht werden. Damit ist ein gezieltes Antritts- und Sprinttraining möglich. Unter witterungsunabhängigen Bedingungen kann ein Ausdauer-, Kraft- und Schnelligkeitstraining vorprogrammiert und ausgeführt werden.

Über die integrierte Computersteuerung sind Zeit, Weg, Arbeit, Leistung, Steigung, Tretfrequenz, Geschwindigkeit, mittlere Pedalkraft, Herzfrequenz, Arbeit pro Herzschlag u.a. als Einzel-, Maximal- und Mittelwerte darstellbar. Die integrierte Schnittstelle zum PC-Drucker erlaubt den direkten Ausdruck der interessierenden Werte in tabellarischer und grafischer Form. Der klassische Stufentest kann durch einen neuartigen Sinustest verglichen werden **(s. Abb. 4/8.1)**. Dieser erlaubt das Erreichen einer höheren Leistung im Training. In der **Abb. 4/8.1** ist ein Testvergleich angeführt. Der von RICHTER (1999) entwickelte Sinus-Belastungstest erlaubt durch den kürzeren Wechsel von Belastung und Entlastung stärkere Trainingsreize. Im gewählten Beispiel wurden im Stufentest 325 W und im Sinustest 450 W am Belastungsende erreicht. Der aerob-anaerobe Übergang verlagerte sich von ca. 250 W auf 400 W und die maximale Arbeit pro Herzschlag nahm von 102 Joule/Puls auf 138 Joule/Puls zu.

Die Periodendauer bei sinusförmiger Belastung beeinflusst das Testergebnis deutlich. Die Verkürzung der Periodendauer von 5 min auf 1 min bei einem Triathleten steigerte seine Maximaltretleistung von 450 W auf 650 W **(Abb. 5/8.2.1)**. Damit kann eine veränderte muskuläre Ansteuerung, als Vorbereitung einer höheren Leistungsabgabe, trainiert werden. Die Schnellkraftleistung ist im Radsport von der optimalen Tretfrequenz mit abhängig. Das hierzu erforderliche Sprintvermögen, durch die Erbanlagen begünstigt, kann mit dem CYCLUS 2 geprüft werden. Die Sprintfähigkeit ist in den einzelnen Radsportdisziplinen und Trainingsalter unterschiedlich und natürlich bei den Sprintern im Bahnradsport am höchsten **(Abb. 6/8.2.1)**.

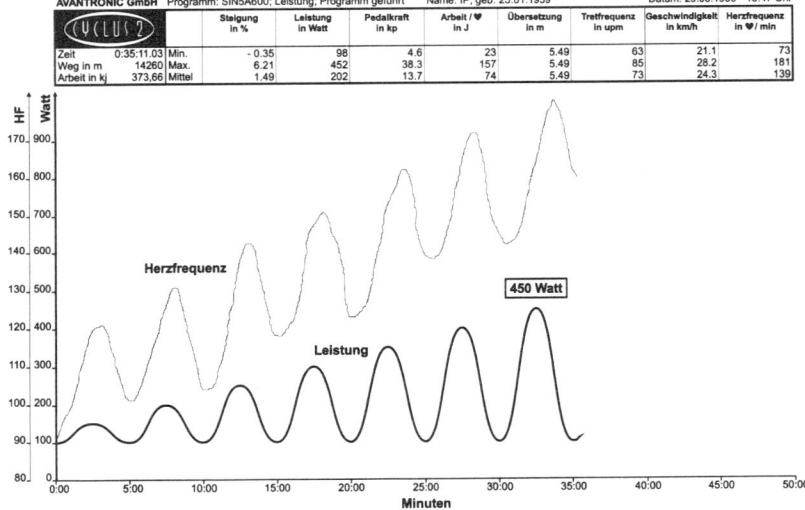

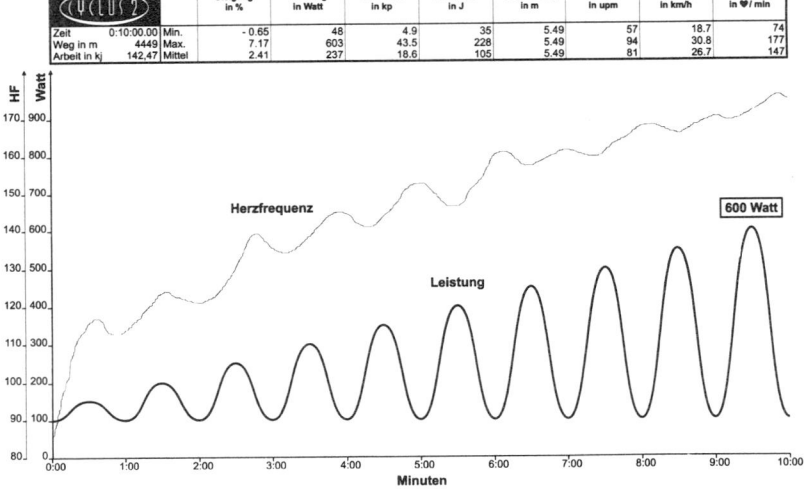

Abb. 5/8.2.1:

Auswirkung der Periodendauer beim Sinustest nach RICHTER (1999) auf Herzfrequenz und Leistung (zwei Programme). Durch die Verlängerung der Pause von 30 s auf 1 min kommt es zu einer deutlichen Veränderung des Hf-Anstieges.

Schnellkraftniveau im 200 m Radsprint
nach Richter (Luftwiderstand stufenweise elektronisch erhöht)

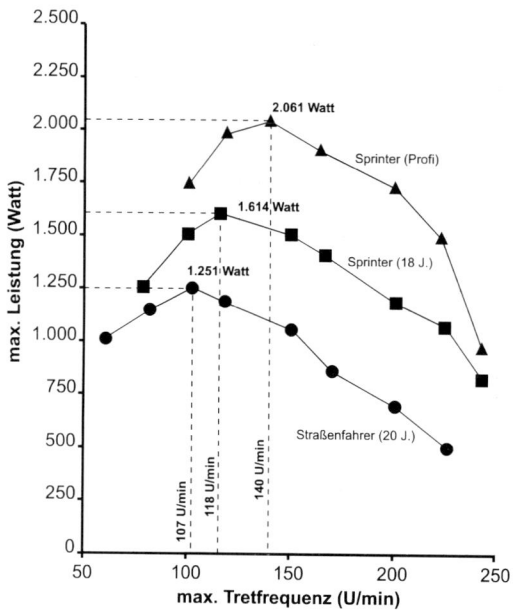

Abb. 6/8.2.1: Vergleich der maximalen Tretfrequenz (200 m Sprint) und die dabei erreichbare Leistung bei Sprintern und Straßenradsportlern

SRM-Trainingssystem

Das SRM-Trainingssystem nach SCHOBERER besteht aus einem Leistungsmesser, dem so genannten „Powermeter" und einem Rechencomputer, dem „Powercontrol". Der Powermeter ist eine Antriebsscheibe aus Aluminium, die, wasserdicht abgekapselt, zwischen Tretlager und Kettenblättern an das Straßenrad oder Mountainbike montiert werden kann. Das Drehmoment wird mit Hilfe von Dehnungsmessstreifen in eine Widerstandsänderung umgewandelt. Diese Widerstandsänderung wird als elektrische Frequenz mit Hilfe einer Sender- und Empfängerspule berührungslos induktiv auf den Fahrradrahmen übertragen. Der Powermeter ist mit Standardkettenblättern und -kurbeln (165-180 mm) erhältlich. Der Powercontrol bereitet die Signale des Powermeters auf. Angezeigt werden auf einem Display: Leistung, Herzfrequenz, Tretfrequenz, Geschwindigkeit, Distanz, Fahrzeit und Energieverbrauch. Der Powercontrol hat eine integrierte serielle Schnittstelle; damit sind die Messwerte auf einen Personalcomputer übertragbar.

8.2.2 Laufbandbelastung

Im Gegensatz zum Fahrradergometer ist auf dem Laufband die Geschwindigkeit (in m/s oder km/h) das Bezugsmaß für die Leistungsfähigkeit. Die physikalische Leistung ist auf dem Laufband neben der Bandgeschwindigkeit vom Anstiegswinkel (Sinus Alpha) abhängig. Der Anstieg auf dem Laufband wird in Grad oder Prozent angegeben **(Tab. 1/8.2.2)**.

In einigen Untersuchungsstellen wird die Laufleistungsfähigkeit bei geneigtem Band (Anstiege von 1-2%) getestet; die Athleten sind dadurch bereits bei niedrigeren Geschwindigkeiten erschöpft. Bei Geschwindigkeiten bis zu 5 m/s hat die Bandneigung von 1 bis 2° keinen größeren Einfluss auf die Laufbiomechanik. Die Kombination von Geschwindigkeit und Steigung führt bereits bei niedrigeren Geschwindigkeiten zu einer höheren inneren Beanspruchung.

Wenn Leistungssportler über längere Zeit hohe Geschwindigkeiten (> 5 m/s) bei Steigungen laufen, empfinden sie diese für ihren gewohnten Bewegungsablauf als störend. Aus diesem Grund ist es gerechtfertigt, die Tests für Leistungssportler auf flach laufenden Bändern auszuführen, zumal wenn noch Vergleiche mit Feldtests vorgesehen sind.

Grad (°) ——➤	Anstieg (%)	Anstieg (%) ——➤	Grad (°)
0,5	0,9	0,5	0,3
1,0	1,7	1,0	0,6
1,5	2,6	1,5	0,9
2,0	3,5	2,0	1,2
2,5	4,4	2,5	1,4
3,0	5,2	3,0	1,7
3,5	6,1	3,5	2,0
4,0	7,0	4,0	2,3
5,0	8,8	5,0	2,9
6,0	11,5	6,0	3,4
7,0	12,3	7,0	4,0

Tab. 1/8.2.2 : Vergleich der Anstiegssteilheit in Grad und Prozent. Neigung als Sinus-Alpha berechnet.

Varianten Stufentest Lauf

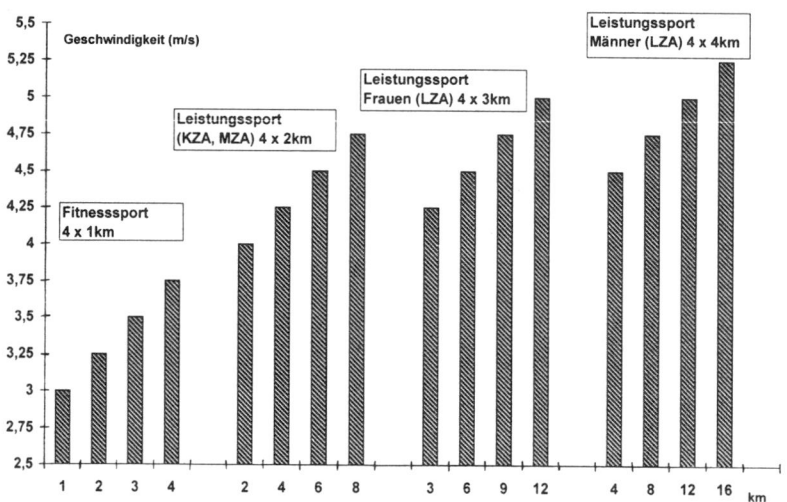

Abb. 1/8.2.2:
Streckenlängen im Laufbandstufentest, die in Abhängigkeit von der Leistungsfähigkeit des Sportlers gewählt werden.

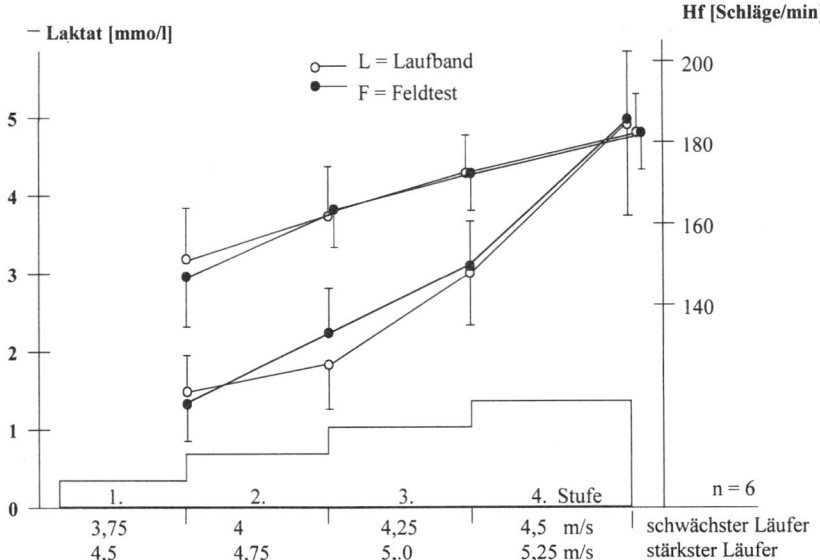

Abb. 2/8.2.2:
Vergleich von Herzfrequenz und Laktat beim Feldstufentest und Labortest. Die Messwertunterschiede waren zufällig.

Die Wahl der Streckenlänge bei Stufentests oder die Belastungsdauer auf den einzelnen Stufen ist von der Ausdauerleistungsfähigkeit der Sportler und der Leistungsstruktur abhängig **(Abb. 1/8.2.2)**.

Da sich im Lauftraining die Belastung an den Streckenlängen orientiert und auch die Feldtests streckenbezogen sind, ist für Vergleiche der Flachlauf vorteilhaft. Die Unterschiede von Laktat und Hf zwischen Feldtest und Laufbandtest (Flachlauf) sind unter diesen Bedingungen zufällig **(Abb. 2/8.2.2)**.

Aus historischen Gründen und für Vergleiche haben zahlreiche Untersuchungsstellen ihre bewährte Testmethodik beibehalten und belasten die Sportler zeitbezogen, meist 3-5 min auf jeder Stufe und bei geneigtem Band (1 bis 2° Anstieg). Beim Laufbandtest gibt es für den Leistungssportler zwei Prüfvarianten: einmal der submaximale Stufentest und zum anderen der zeitlich versetzte Kurzzeit-Maximaltest von 3-4 min Dauer. Nur beim Kurzzeit-Maximaltest kann die maximale Sauerstoffaufnahme sicher bestimmt werden.

8.2.3 Ruderergometrie

Entsprechend der Leistungsstruktur in diesen Sportarten werden die Arme als Prüfkriterium für die sportartspezifische Leistungsfähigkeit eingesetzt. Die Ruderer bevorzugen einen Armergometertest, bei dem bei 200 W begonnen wird und die Belastung alle 3 min um 50 W gesteigert wird.

Die Bremsung der Ruderergometer kann mechanisch (GJESSING-Ergometer), hydraulisch, elektromechanisch oder über den Luftwiderstand (Windradprinzip) erfolgen. Derzeit sind luftstromgebremste Ruderergometer mit fixem oder beweglichem Stemmbrett in der Routine im Einsatz.

Nach jeder Belastungsstufe werden Laktat, Hf und/oder Sauerstoffaufnahme gemessen. Angestrebt werden vier Stufen, die zur Berechnung der Laktatleistungskurve notwendig sind.

Im Kanurennsport wird streckenbezogen getestet. Gepaddelt wird 6 x 1.000 m in einem Spezialkanal oder 6 x 1.000 m auf einem Kanuergometer im Labor, welches analog dem Wasserwiderstand elektromechanisch gebremst wird. Die Anfangsgeschwindigkeit beträgt je nach Bootsklasse 3,2 bis 3,6 m/s und die Belastung wird in Stufen von 0,2 m/s erhöht.

Aus dem nach jeder Belastungsstufe bestimmten Laktat wird die Laktat-Geschwindigkeitskurve berechnet. Das Kriterium der anaerobe Schwelle ist 4 mmol/l Laktat.

8.3 Feldtests

Die Anzahl der Stufen muss bei Feldtests nicht einheitlich vorgegeben werden, jedoch sind 3-6 Wiederholungen anzustreben. Wichtig für die Geschwindigkeitsvorgabe ist, dass der aerobe Bereich, der aerob-anaerobe Übergangsbereich und der anaerobe Bereich getroffen wird. Eine vollständige Ausbelastung ist nicht immer erforderlich, weil das entscheidende Kriterium die Leistung auf submaximalen Belastungsstufen ist.

Für die Belastungsgestaltung ist bei Feldtests eine von der Leistungsfähigkeit abhängige individuelle Eingangsstufe zu bestimmen, die Höhe der stufenförmigen Belastungssteigerung sowie die Pausenlänge festzulegen. Auf standardisierte Testbedingungen ist zu achten, besonders bei der Vorgabe und Einhaltung der Geschwindigkeit.

8.3.1 Walkingtest

Ein einfacher Test zur Bestimmung der Audauerfitness ist der 2 km-Walkingtest, der 1987 vom UKK Institut in Finnland entwickelt wurde (LAUKKANEN, 1993). Der Test ist primär für Untrainierte und für Personen konzipiert, die mit einem Fitnesstraining beginnen und ihre Trainingseffekte belegen wollen. Bei diesem Test wird auf einer flachen und 2 km langen Strecke in möglichst gleichmäßigem,

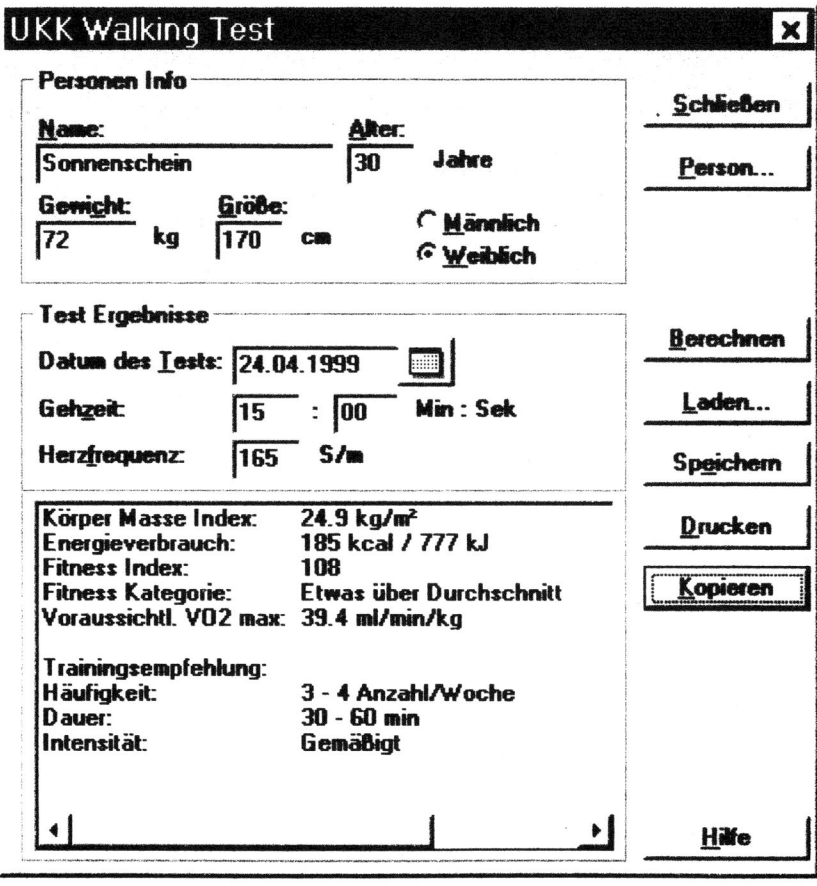

Abb. 1/8.3.1:
Auswertung eines UKK-Walkingtests mit der Analysesoftware „Precision Performance" von Fa. Polar Electro

zügigen Tempo gegangen. Laufen ist nicht erlaubt. Beim Walking ist immer mit einem Fuß der Bodenkontakt zu sichern. Die Arme werden rechtwinklig gebeugt und kräftig im Gehrhythmus seitlich am Körper vorbeigeschwungen. Die raumgreifenden Schritte werden mit kräftigem Abdruck ausgeführt.

Für den 2 -km-Walkingtest wird die genaue Gehzeit gestoppt und die Herzfrequenz sofort am Testende bestimmt. Aus Gehzeit, Herzfrequenz, Körpergewicht und Alter ist ein persönlicher Fitnessindex errechenbar (**Abb. 1/8.3.1**). Der Index wird einer Fitnesskategorie zugeordnet, die das Fitnessniveau im Verhältnis zu gleichaltrigen Personen ausdrückt. Ein Indexwert von 100 stellt den Durchschnitt der alters- und geschlechtsspezifischen Bezugsgruppe dar. Wird der Gehtest regelmäßig durchgeführt, kann der Fortschritt der Ausdauerfitness verfolgt werden.

8.3.2 Lauf-Feldtest

Der Feldstufentest im Laufen wird auf einer flachen Strecke, am besten auf einer Rundbahn (Stadion, Halle), durchgeführt. Die Eingangsstufe ist, wie in den vorangestellten Beispielen dargestellt, in Abhängigkeit von der Ausdauerleistungsfähigkeit individuell festzulegen. Im Allgemeinen wird der Test mit einer Geschwindigkeit von 4-6 min/km begonnen. Testziel ist, dass die erste Stufe im rein aeroben Stoffwechselbereich, die 2. Stufe im unteren aerob-anaeroben Übergangsbereich, die 3. Stufe im oberen Übergangsbereich an der anaeroben Schwelle und die 4. Stufe im anaeroben Bereich gelaufen wird. Die Geschwindigkeit wird in der Regel um 1-2 km/h (oder 0,25-0,5 m/s) von Belastungsstufe zu Belastungsstufe kontinuierlich erhöht. Um einen gleichmäßigen Geschwindigkeitsverlauf zu gewährleisten, sollte eine Lauftabelle mit Zeitvorgaben für alle 100 m genutzt werden (**Tab. 1/8.3.2**).

Die Länge der Teilstrecken im Stufentest ist abhängig von der aktuellen Ausdauerleistungsfähigkeit des Sportlers und der Wettkampfstrecke. Je besser die Leistungsfähigkeit des Athleten ist und je länger seine typischen Wettkampfstrecken sind, desto länger sollten die Teilststrecken beim Test sein.

Wir empfehlen, die Teilstrecken für Sportler der Spielsportarten (Fußball, Basketball, Handball, Tennis, etc.) aus dem allgemeinen Fitnessbereich auf 1.000 - 1.200 m zu begrenzen. Für Freizeitläufer sowie Triathleten (Kurzdistanz) sollten 2.000 m bevorzugt werden. Hingegen sollten ambitionierte Marathonläufer und Triathleten (Langdistanz) mindestens 3.000- oder 4.000 m-Strecken wählen. Das betrifft dann auch Leistungssportler in diesen Sportarten. Bei zu kurzen Teilstrecken (< 1.000 m) kommt es zu einer überhöhten Beurteilung der Leistungsfähigkeit. Das auf einer Belastungsstufe gebildete Laktat flutet verzögert im Blut an, es kommt noch nicht zu einer Steady State-Stoffwechselregulation. Der Sportler läuft bereits auf der höheren Stufe und das gemessene Laktat stammt noch von der vorherigen tieferen Stufe. Ein Steady/State-Zustand auf einer Stufe stellt sich in der Regel erst bei längeren Strecken (2 km oder > 6 min ein). Übersteigt die Länge der Teststrecke die Stabilität der Ausdauerleistungsfähigkeit des Sportlers, dann ermüdet er vorzeitig, bricht früher ab oder beendet den Test als Wettkampf.

Typische Teststrecken sind:

Sprintstrecken	4-6 x 400 m
Mittelstrecken	4-6 x 1.000 m
Fitnessbereich und Spielsportarten	4-6 x 1.000 m
	(oder 1.200 m = drei Stadionrunden!)
Langstreckenläufer und Freizeitsportler	4-6 x 2.000 m
Langstreckenläufer (Leistungssportler)	4 x 3.000-4.000 m
Triathlon (Kurzdistanz)	4-6 x 2.000 m
Triathlon (Leistungssport, Langdistanz)	4 x 3.000-4.000 m

Strecke	Zeit für 11,5 km/h	Zeit für 13,0 km/h	14,5 km/h	Zeit für 16,0 km/h	17,5 km/h	Zeit für 19,0 km/h	20,5 km/h
100	0:36	0:31	0:28	0:25	0:23	0:21	0:19	0:18
200	1:12	1:03	0:55	0:50	0:45	0:41	0:38	0:35
300	1:48	1:34	1:23	1:14	1:08	1:02	0:57	0:53
400	2:24	2:05	1:51	1:39	1:30	1:22	1:16	1:10
500	3:00	2:37	2:18	2:04	1:53	1:43	1:35	1:28
600	3:36	3:08	2:46	2:29	2:15	2:03	1:54	1:45
700	4:12	3:39	3:14	2:54	2:38	2:24	2:13	2:03
800	4:48	4:10	3:42	3:19	3:00	2:45	2:32	2:20
900	5:24	4:42	4:09	3:43	3:23	3:05	2:51	2:38
1.000	6:00	5:13	4:37	4:08	3:45	3:26	3:09	2:56
1.100	6:36	5:44	5:05	4:33	4:08	3:46	3:28	3:13
1.200	7:12	6:16	5:32	4:58	4:30	4:07	3:47	3:31
1.300	7:48	6:47	6:00	5:23	4:53	4:27	4:06	3:48
1.400	8:24	7:18	6:28	5:48	5:15	4:48	4:25	4:06
1.500	9:00	7:50	6:55	6:12	5:38	5:09	4:44	4:23
1.600	9:36	8:21	7:23	6:37	6:00	5:29	5:03	4:41
1.700	10:12	8:52	7:51	7:02	6:23	5:50	5:22	4:59
1.800	10:48	9:23	8:18	7:27	6:45	6:10	5:41	5:16
1.900	11:24	9:55	8:46	7:52	7:08	6:31	6:00	5:34
2.000	12:00	10:26	9:14	8:17	7:30	6:51	6:19	5:51

Tab. 1/8.3.2:
Lauftabelle: Zeitvorgaben aller 100 m

Praktische Testgestaltung

Für jede Belastungsstufe wird die genaue Laufzeit mit den dazugehörigen Herzfrequenz- und Laktatwerten erhoben. Diese Werte werden in ein Laktat- bzw. Herzfrequenz-Geschwindigkeits-Diagramm übertragen. Aus den über die Stufen (Geschwindigkeiten) ermittelten Laktat- oder Hf-Werten wird eine Laktatgeschwindigkeitskurve und/oder eine Herzfrequenz-Geschwindigkeitskurve konstruiert. Werden kleine Steigerungsstufen in der Geschwindigkeit (z.B. 0,25 m/s) gewählt, dann kommt es bei leistungsstarken Athleten nicht zu dem bekannten, stark gekrümmte (exponentiellen) Anstieg der Laktatgeschwindigkeitskurve **(Abb. 1/8.3.2)**. Die Hf steigt bei allen Testformen immer linear an, nur unterschiedlich steil. Für die Bestimmung der individuellen oder fixen aeroben oder anaeroben Schwellen gibt es mehrere Möglichkeiten **(s. Kap. 7.2)**.

Eine Leistungsverbesserung stellt sich in dem gezeichneten oder computergestützten Diagramm im Vergleich zu Vortests in einer Rechtsverschiebung von Hf- und/oder Laktatkurven dar. Das bedeutet, dass die Sportler bei gleicher Testleistung (Geschwindigkeit) niedrigere Laktat- und Herzfrequenzwerte haben. Der Aufwand zur Bewältigung einer Belastung sinkt.

Entwicklung der vL2 eines Langstreckenläufers
4 x 4 km-Stufentest

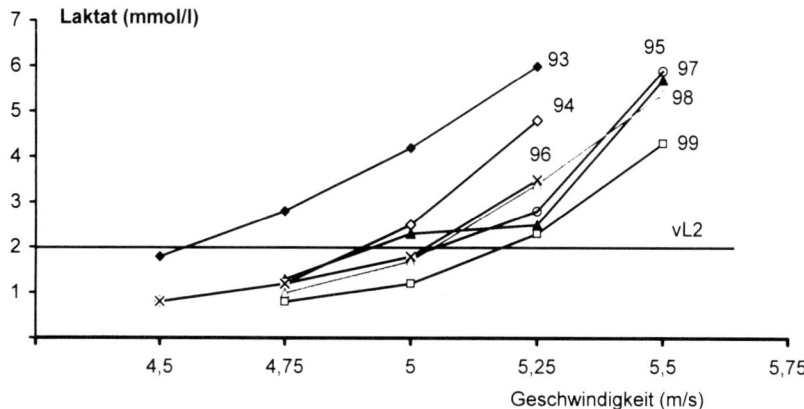

Abb. 1/8.3.2:
Verlaufskurven der Laktatkonzentration bei 2 mmol/l (vL2) beim 4 x 4 km-Stufentest über mehrere Jahre bei einem Langstreckenläufer

Lauf-Feldtest (5 x 1000 m)

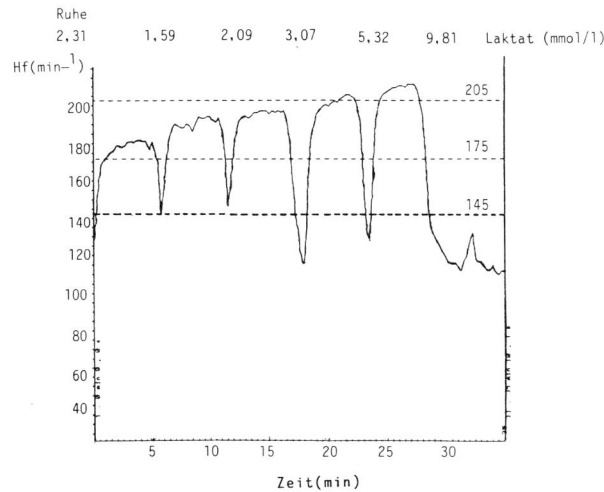

Abb. 2/8.3.2 :
Darstellung eines 5 x 1.000 m-Lauf-Feldtests einer leistungsstarken Biathletin

In **Abb. 2/8.3.2** ist ein 5 x 1.000 m-Lauf Feldtest einer Kaderathletin im Biathlon aufgeführt. Der Test wurde mit einer Geschwindigkeit von 5 min/km begonnen und mit 3:40 min/km beendet. Die Athletin erreichte auf der 1. Stufe eine Hf von etwa 180 Schlägen/min bei einer Laktatkonzentration von 1,6 mmol/l. Auf der letzten Stufe stieg ihre Hf auf 211 Schläge/min an und die Laktatkonzentration betrug 9,8 mmol/l. Zur erleichterten Bestimmung der Trainingsintensität können die Messwerte in ein Hf- bzw. Laktat-Geschwindigkeits-Diagramm eingetragen werden.

8.3.3 Feldtests im Radfahren und Mountainbiking

Der Feldstufentest im Radfahren und Mountainbiking sollte auf spezifischen sowie verkehrsberuhigten Teststrecken stattfinden. Für den Straßenradsport ist die Radrennbahn eine optimale Teststrecke, aber auch flache Straßenrundkurse oder Wendepunktstrecken mit wenig Autoverkehr sind geeignet. Der Feldtest im Mountainbiking sollte im Gelände auf einem flachen oder leicht profilierten Rundkurs ausgetragen werden **(Tab. 1/8.3.3)**.

Straßenradsport	
Hobbyfahrer, Radtouristen	4-6 x 3-4 km
Amateure, Marathonradsportler	4-6 x 6-8 km
Mountainbiking	
Hobbybiker	4-6 x 2-3 km
Amateure	4-6 x 4-6 km
Triathleten	
Kurzdistanz	4-6 x 3-4 km
Langdistanz	4-6 x 6-8 km

Tab. 1/8.3.3: Stufentestgestaltung im Straßenradsport und Mountainbiking

Das Testdesign muss auf die Leistungsfähigkeit des Sportlers und die Länge der bevorzugten Wettkampfstrecke abgestimmt werden. Der Feldtest beginnt nach 15-minütigem, lockeren Einfahren. Die erste Belastungsstufe wird in niedriger Geschwindigkeit im aeroben Bereich (z.B. Herzfrequenz 100-120 Schläge/min) gefahren. Für die Einhaltung und Erhöhung der Belastungsintensität stehen mehrere Möglichkeiten zur Verfügung:
1. Steuerung anhand der Fahrgeschwindigkeit, Erhöhung von Stufe zu Stufe um etwa 2-3 km/h.
2. Steuerung anhand der Herzfrequenz, Erhöhung von Stufe zu Stufe um 10-15 Schläge/min.
3. Steuerung anhand der Tretleistung, Erhöhung von Stufe zu Stufe um etwa 20-30 Watt.

Für die 3. Variante bietet sich das SRM-System (nach SCHOBERER) an. Das SRM-System registriert die an den Pedalen erzeugten Kräfte.
Nach jeder Belastungsstufe folgt eine kurze Pause von etwa einer Minute zur Ohrblutabnahme für die Laktatbestimmung. Die Herzfrequenz wird während des gesamten Stufentests fortwährend mit einem Herzfrequenzmessgerät bestimmt und gespeichert.

Beispiele
Rad-Feldtest über 8 x 2,4 km Straße
Ungerade Streckenlängen können aus den örtlichen Gegebenheiten resultieren, sodass deren Vorgabe kein Dogma ist. Der angeführte Test ist ein Orientierungsmaß für die kürzeren Belastungsstufen. Bei der Anwendung eines Rad-Feldtests mit einer Stufenlänge von 2,4 km und einer Belastungssteigerung von etwa 1,5 km/h ist

	Geschwindigkeit km/h	Hf min⁻¹	Laktat mmol/l	Tretfrequenz min⁻¹
Ruhe/Vorstart	-	88	2,75	-
1. Stufe	29,3	151	2,78	95
2. Stufe	31,4	159	2,78	100
3. Stufe	33,1	165	3,54	101
4. Stufe	34,5	175	4,23	98
5. Stufe	35,8	180	5,50	99
6. Stufe	37,5	184	8,39	95
7. Stufe	38,3	190	10,5	92
8*. Stufe	38,3	191	11,7	89
Erholung nach 2 min	-	135	11,9	-
nach 4 min	-	123	11,1	-

Tab. 2/8.3.3:
Ergebnisse des „Rad-Feldtests" eines 18-jährigen Triathleten. Die Angaben von Geschwindigkeit, Herzfrequenz (Hf) und Tretfrequenz sind Mittelwerte (*Abbruch des Tests nach 1,2 km, weil Vorgabe nicht mehr eingehalten wurde).

eine differenzierte Diagnostik möglich. Bei diesem Vorgehen wurden durchschnittlich acht Belastungsstufen bei einer Anfangsgeschwindigkeit von 26 km/h bei den Frauen und 30 km/h bei den Männern erreicht. Die Anfangsstufe ist stets von der Leistungsfähigkeit abhängig und kann bei Kindern und Jugendlichen weiter gesenkt werden (Tab. 2/8.3.3).

Der Hf-Verlauf (Abb. 1/8.3.3) reflektiert deutlich den stufenförmigen Belastungsanstieg. Die Laktatkonzentration erhöht sich erst nach der 3. Belastungsstufe und erreicht nach dem Testende den Maximalwert von 11,9 mmol/l. Dieser Test wurde zu Beginn der Vorbereitungsperiode im Radfahren durchgeführt. Die Grundlagenausdauerfähigkeit des Sportlers war nur mäßig entwickelt; das belegt die hohe Laktatkonzentration bereits auf den ersten Belastungsstufen.

Aufgrund von Windeinflüssen kommt es auf den ersten Belastungsstufen zu geringfügigen Schwankungen der Hf, die auf höheren Geschwindigkeitsstufen nicht mehr nachweisbar sind. Praktisch kann die Geschwindigkeit nicht genau um 1,5 km/h je Stufe erhöht werden, sodass Abweichungen von 0,8-2 km/h normal sind. Auch die Tretfrequenz bleibt während des Tests nicht konstant, sie wird den Belastungsanforderungen angepasst und nimmt bei höherer Belastung ab (s. Tab. 2/8.3.3). Diese äußeren Witterungseinflüsse erschweren die Reproduzierbarkeit von Radsport-Feldtests, vor allem für Vergleiche. Damit offenbart sich ein genereller Nachteil von Feldtests, der aber in Kauf genommen werden muss.

Rad-Feldtest über 4 x 6 km Straße

Dieser 4 x 6 km Rad-Feldtest sollte auf einer flachen 3 km-Wendepunktstrecke ausgeführt werden. Die Belastungsintensität ist auf jeder Teststufe nach Herzfrequenzvorgabe zu steuern. Die Ableitung erfolgt von der individuellen maximalen Herzfrequenz des Sportlers. Dabei ist darauf zu achten, dass die erste Stufe dem aeroben Bereich, die zweite und dritte Stufe dem aerob-anaeroben Übergangsbereich und die vierte Stufe einer vollen Ausbelastung entspricht. Von Stufe zu Stufe ist eine Hf-Erhöhung von etwa 15-20 Schlägen/min anzustreben. Dieses generelle Testprinzip lässt sich auch auf den Feldtest im Mountainbiking übertragen **(Abb. 2/8.3.3).**

Aus dem Verlauf von Hf-, Geschwindigkeits- und Tretfrequenzkurven in **Abb. 2/8.3.3** wird erkennbar, dass die Hf auf jeder Stufe auf gleichem Regulationsniveau blieb und sich Geschwindigkeit und Tretfrequenz aufgrund der äußeren Einflüsse an die Hf anpassten. Die Hf wurde von Stufe zu Stufe um durchschnittlich

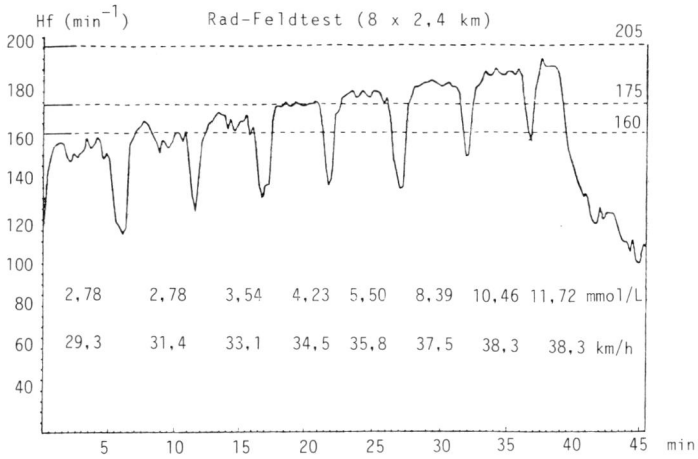

Abb. 1/8.3.3:
Verlaufskurve der Herzschlagfrequenz im „Rad-Feldtest" bei einem Nachwuchsathleten.

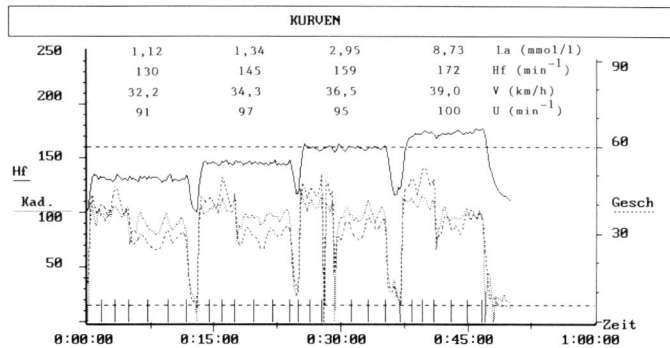

Abb. 2/8.3.3:
4 x 6 km Rad-Feldtest: zeitlicher Verlauf von Herzfrequenz, Geschwindigkeit und Tretfrequenz über die einzelnen Belastungsstufen eines Leistungssportlers

15 Schläge/min erhöht. Damit ist eine Geschwindigkeitssteigerung von etwa 2 km/h gewährleistet. Die mittlere Tretfrequenz erhöht sich auf 100 Umdrehungen/min auf der letzten Belastungsstufe. Die Laktatkonzentration erreicht 8,73 mmol/l.

Für diesen Rad-Feldtest wurde ein integrierter Radcomputer mit zusätzlicher Herzfrequenzmessung eingesetzt. Der Test kann auch mit einem Herzfrequenzmessgerät mit integrierter Geschwindigkeits- und Tretfrequenzmessung (z.B. X-Trainer von Polar) durchgeführt werden.

8.3.4 Inlinespeedskating-Feldtest

Für die Sportart Inlinespeedskating sind spezifische Labortests nur in sportmedizinischen Instituten durchführbar, die über ein entsprechend breites Laufband verfügen.

Alternative Stufentests im Laufen und Radfahren zeigen nur eine schwache Korrelation zur spezifischen Leistungsfähigkeit des Speedskaters. Die besten deutschen Speedskater (A- und B-Kader) erreichen ihre maximale Sauerstoffaufnahme (VO$_2$max) und Laktatkonzentration nicht im Laufband- oder Fahrradergometer-Stufentest, sondern nur im Speedskating-Feldtest (HOTTENROTT, 1999).

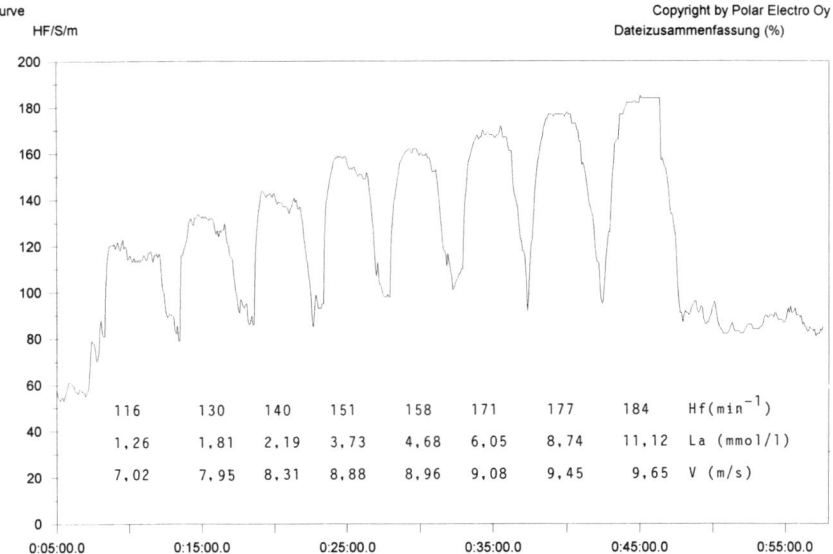

Abb. 1/8.3.4: Stufentest im Speedskating über 8 x 1.500 m. Mit der Zunahme der Geschwindigkeit erhöhen sich die biologischen Messgrößen.

Inline Speedskating Feldtest

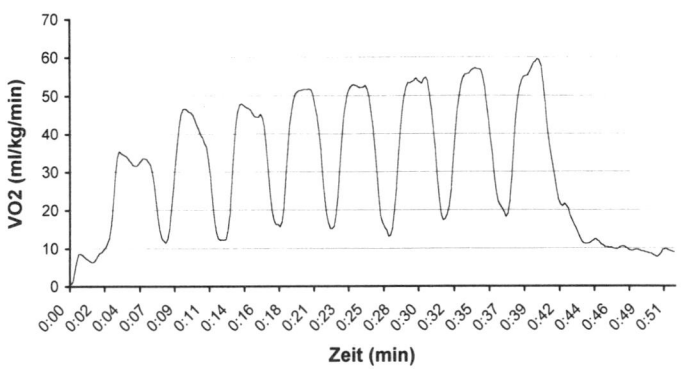

Abb. 2/8.3.4: Stufentest im Speedskating über 8 x 1.500 m. Mit der Zunahme der Geschwindigkeit steigt die Sauerstoffaufnahme von 35 auf 60 ml/kg • min an.

Unterschiede zeigen sich auch in der Höhe der Ausbelastung zwischen Rad- und Lauftest. Die Inlinespeedskater erzielen im Lauftest eine höhere kardiale Ausbelastung und im Radtest eine höhere metabolische Ausbelastung, ein Befund, der auf die Semispezifik der Radbelastung hindeutet.

Der Feldtest im Speedskating stellt besondere Anforderungen an die Organisation. Voraussetzung zur Testdurchführung ist eine Rundbahn mit einer Länge von mindestens 200 m. Auf noch kürzeren Rundkursen, wie in Sporthallen, ist eine vollständige Ausbelastung bei Leistungssportlern aufgrund der enormen Fliehkräfte in den Kurven nicht möglich. Ein weiteres Problem ist die Intensitätssteuerung auf den einzelnen Stufen, die der Sportler nicht selbstständig wie im Laufen (z.B. Lauftabelle) oder Radfahren (z.B. Herzfrequenz) realisieren kann.

Inzwischen gibt es Geschwindigkeitsmesser, die auf Speedskates montiert werden können, doch haben sie sich im praktischen Einsatz noch nicht bewährt. Eine hohe Reliabilität des Speedskating-Feldtests wurde über eine akustische Signalsteuerung alle 100 m (200 m Bahn) bzw. 150 m (30 m Bahn) erreicht. Der Sportler reguliert die Laufgeschwindigkeit nach der Taktfrequenz der Signalgebung.

Die Anfangsgeschwindigkeit ist von der Leistungsfähigkeit des Sportlers abhängig und liegt im Bereich von 22-28 km/h. Die Geschwindigkeit wird nach der 1. Stufe um drei km/h erhöht. Die Anstiegsrate reduziert sich u.a. aufgrund des zunehmenden Luftwiderstandes auf den folgenden Belastungsstufen und beträgt am Testende nur etwa 1 km/h. Nach 6-8 Belastungsstufen wird in der Regel die Maximalgeschwindigkeit bzw. volle Ausbelastung erreicht. Die Streckenlänge beträgt auf jeder Stufe 1.500 m (**Abb. 1/8.3.4 und Abb. 2/8.3.4**).

8.3.5 Schwimm-Feldtest

Die spezifische Ausdauerleistungsfähigkeit im Schwimmen lässt sich nur im Medium Wasser bestimmen. Tests auf dem Fahrradergometer oder Laufband haben für Schwimmer nur einen geringen Aussagewert für die spezifische Leistungsfähigkeit. Sie repräsentieren aber die kardiopulmonale Leistungsfähigkeit des Sportlers im Längsschnitt.

Die Durchführung eines Schwimm-Feldtests ist in der Praxis nicht ganz einfach, weil die Voraussetzungen zur Steuerung der Schwimmgeschwindigkeit aufwendig sind. Eine Lichtschrittmacheranlage ist nur in wenigen Sportbädern vorhanden. Die leistungsschwächeren Schwimmer sind erfahrungsgemäß kaum in der Lage, ohne Außensteuerung die geforderten Zeiten (Geschwindigkeiten) im Stufentest exakt einzuhalten. Um die Testreliabilität zu erhöhen, empfiehlt es sich auf jeden Fall, den geplanten Stufentest im Training zu üben.

Testdesign: Die erste Belastungsstufe wird mit 75% der aktuellen individuellen Bestzeit der Stilart absolviert. In den folgenden Stufen wird die Schwimmgeschwindigkeit jeweils um 5% auf 80, 85, 90 und 95% der Bestzeit erhöht. Die letzte Belastungsstufe wird mit maximaler Geschwindigkeit geschwommen. Nach jeder der 4-6 Belastungsstufen wird eine Pause von 60 s zur Laktatbestimmung eingelegt. Die Streckenlänge variiert zwischen 200 und 400 m, je nachdem, ob ein Sprinter oder ein Langstreckenschwimmer getestet wird **(Tab. 1/8.3.5)**.

Die Spezialschwimmer bevorzugen auf der kurzen Strecke den 8 x 200 m-Stufentest im Schwimmbad. Dieser Test wurde von PANSOLD inauguriert und hat im Schwimmsport allgemein Eingang gefunden (PANSOLD, 1977; PANSOLD et al., 1982; PANSOLD/ZINNER, 1991). Das Prinzip wird bei allen Stilarten beibehalten, nur weichen die Prozentvorgaben von der Bestzeit ab, z.B. bei Brust- oder Schmetterlingsschwimmern von den Freistilschwimmern **(Abb. 1/8.3.5)**.

Um fünf Stützpunkte für die Laktatleistungskurve sicher zu erfassen, muss der Schwimmer 8 x 200 m (Sprinter 8 x 100 m) bei 75-80% seiner Leistungsfähigkeit schwimmen. Im aeroben GA 1-Bereich wird dreimal geschwommen und die Laktatkonzentration als ein Stützpunkt gemittelt. Im Übergangsbereich erfolgen zwei Starts über 200 m bei 80-85% der Leistungsfähigkeit. Für den GA 2-Bereich wird einmal bei 85-90% geschwommen und für den WSA-Bereich auch einmal bei 95%. Zum Abschluss wird maximal geschwommen (> 95-105%). Nach jeder Strecke wird innerhalb einer Minute die Laktatkonzentration bestimmt.

Aus fünf Messpunkten wird die Laktatleistungskurve als Exponentialfunktion (e-Funktion) errechnet. Die Laktatleistungskurve ist bei den einzelnen Schwimmarten unterschiedlich.

In **Abb. 2/8.3.5** sind die Ergebnisse eines Schwimm-Feldtests über 5 x 400 m von leistungsstarken Triathleten dargestellt. Maßstab der Vorgabegeschwindigkeit war die 400 m Bestleistung. Die Geschwindigkeit wurde bei 80% der Bestleistung (4.30 min) begonnen und dann stufenförmig auf 85%, 90%, 95% und Maximalleistung gesteigert. Vor der Maximalbelastung (100%) machte der Sportler eine fünfminütige Pause. Die Pausen zwischen den submaximalen Stufen betrugen aber nur 1 min.

Kurzstreckentest	4-8 x 200 m
Langstreckentest	4-6 x 400 m
Triathlon-Schwimmtest	4-6 x 400 m

Tab. 1/8.3.5
Bevorzugte Streckenlängen in Schwimm-Feldstufentests

Laktatleistungskurven Schwimmen

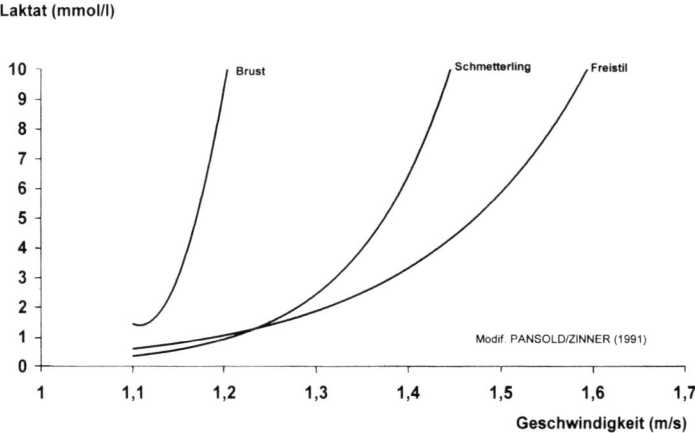

Abb. 1/8.3.5 : Ergebnisse aus dem 8 x 200 m-Schwimmstufentest bei verschiede-nen Stilarten. Modif. nach PANSOLD/ZINNER (1991)

Schwimmstufentest (5 x 400 m)

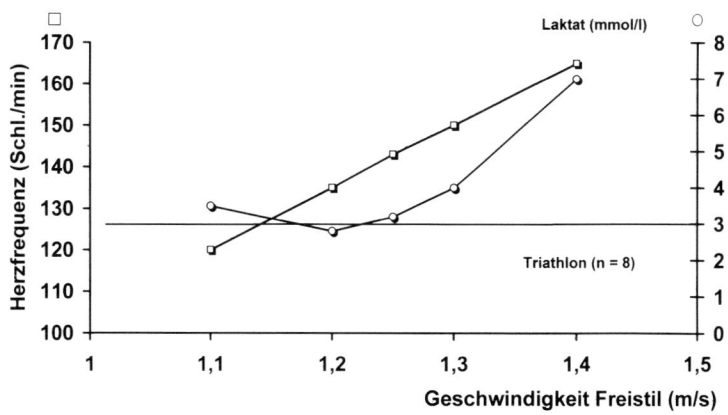

Abb. 2/8.3.5:
Verlaufskurve der Mittelwerte von Herzschlagfrequenz und Laktatkonzentration beim 5 x 400 m-Schwimmstufentest von leistungsstarken Triathleten.

Laktatleistungskurven Schwimmen (Freistil)

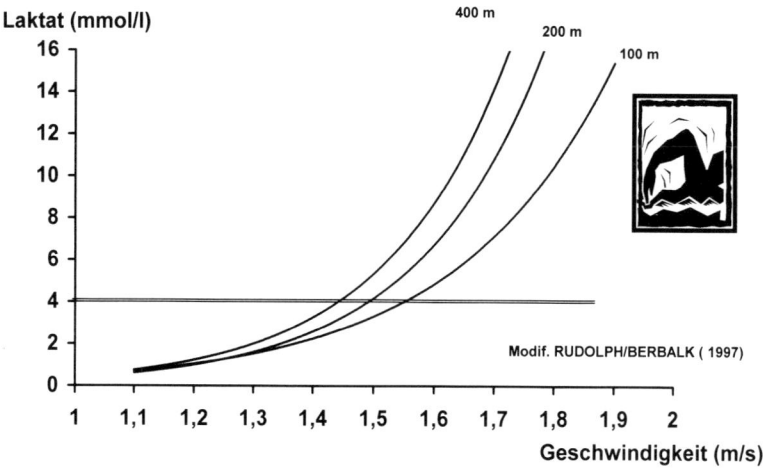

Abb. 3/8.3.5 :
Laktatgeschwindigkeitskurven bei Streckenlängen von 100 m, 200 m und 400 m
im Schwimmen. Daten nach RUDOLPH/BERBALK (1997)

Die Hf-Kurve spiegelt den zeitlichen Verlauf der Herz-Kreislauf-Beanspruchung während des Tests wider. Die Laktatkonzentration erhöht sich nach der ersten 400 m-Schwimmstrecke bei 80% überproportional. Das ist ein Anzeichen dafür, dass sich die Athleten nicht ausreichend eingeschwommen hatten. In den folgenden vier Belastungsstufen steigt das Laktat schwach exponentiell an.

Das Beispiel verdeutlicht, dass eine Belastung von 5 x 400 m Schwimmen ausreicht, um die aerobe und anaerobe Leistungsfähigkeit differenziert zu beurteilen. Aus den Untersuchungsergebnissen können Ableitungen für die Intensitätsgestaltung getroffen werden. Nach den Mittelwertsdaten wäre für das GA 1-Training im Schwimmen bei 3 mmol/l Laktat eine Geschwindigkeit von etwa 1,2 m/s oder eine Hf von 120 Schl./min notwendig. Der Anstieg der Laktat-Geschwindigkeitskurve ist im Schwimmen von der Streckenlänge abhängig **(Abb. 3/8.3.5)**. Je kürzer die Schwimmstrecke ist, desto weiter ist die Laktatgeschwindigkeitskurve nach rechts verschoben. Die Laktatfreisetzung aus dem Muskel erfolgt verzögert; auf der höheren Geschwindigkeitsstufe hat sich noch kein Gleichgewicht zwischen Laktatbildung und Transport ins Blut einstellen können. Der Einfluss der Streckenlänge beim Test hat für die GA 1-Trainingssteuerung Bedeutung.

8.3.6 CONCONI-Test

Der CONCONI-Test ist ein spezielles Stufentestverfahren zur Beurteilung der Ausdauerleistungsfähigkeit. Der Test basiert auf dem Phänomen, dass die Herzfrequenz im Bereich von etwa 120-170 Schlägen/min, in Einzelfällen bis 190 Schläge/min, mit zunehmender Leistung linear ansteigt. Wird die Belastung bis zum maximalen Bereich fortgesetzt, dann kann es zu Abweichungen vom linearen Hf-Anstieg kommen. Dieser Punkt, an dem die ansteigende Hf von der Linearität abknickt, wird als Umschlagpunkt oder Deflektionspunkt bezeichnet. Er soll den Beginn eines deutlich zunehmenden anaeroben Stoffwechsels nach CONCONI markieren. Der CONCONI-Test ist prinzipiell in allen Ausdauersportarten anwendbar. In der Praxis wird er vor allem im Rad fahren und Laufen angewandt.

CONCONI-Test auf dem Fahrradergometer
Das Stufentestprinzip wird auch bei der Bestimmung der Ausdauerleistungsfähigkeit auf dem Fahrradergometer beibehalten. Die Leistung wird von Stufe zu Stufe so gesteigert, dass die Arbeit jeweils um den gleichen Betrag erhöht wird. Für weniger Ausdauertrainierte ist eine Startleistung von 50 Watt und eine Stufener-

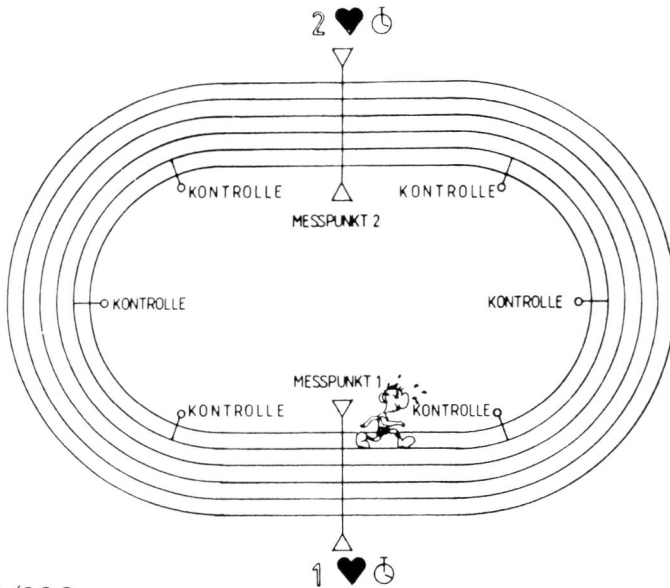

Abb. 1/8.3.6 :
Beispiel einer Testanordnung für den CONCONI-Test. Nach jeweils 200 m werden die Laufzeit und die Herzfrequenz mit einem Herzfrequenzmessgerät registriert; weitere Markierungen, beispielsweise alle 50 m, dienen der Kontrolle der Lauftempi.

Stufe	Leistung (Watt)	Zeit (s)	Herzfrequenz (Schläge/min)
1	100	180	119
2	120	150	124
3	140	130	131
4	160	110	137
5	180	100	143
6	200	90	149
7	220	80	155
8	240	75	161
9	260	70	167
10	280	65	172
11	300	60	178
12	320	55	182
13	340	55	184
14	360	50	185
15	380	50	185
16	400	45	186

Tab. 1/8.3.6:
Protokoll eines CONCONI-Tests auf dem Fahrradergometer für Leistungssportler

höhung um jeweils 10 Watt üblich. Sportler mit einem besseren Trainingszustand beginnen mit der Startleistung von 100 Watt und einer Belastungszunahme von jeweils 20 Watt **(Tab. 1/8.3.6)**. Durch die Verwechselung der Belastungssteige-rung einmal durch die Leistungsvorgabe und zum anderen durch die Zunahme der Arbeit (Arbeit mal Zeit ist Leistung), wird der CONCONI-Test teilweise falsch ge-staltet (HOTTENROTT, 1993).

CONCONI-Test im Laufen
Der Test kann auf dem Laufband oder auf einer 200- bzw. 400 m-Rundbahn durchgeführt werden. Belastet wird mit Teilstrecken von 200 m ohne Pause bei ansteigender Geschwindigkeit. Dabei soll das Produkt aus Laufstrecke und Lauf-zeit auf jeder Stufe konstant bleiben. In Abhängigkeit von der Leistungsfähigkeit ist die Anfangsgeschwindigkeit so zu wählen, dass der Sportler mindestens acht Belastungsstufen à 200 m (= 1.600 m) durchlaufen kann. Athletinnen und Athle-ten mit einer 10 km-Bestzeit zwischen 32 und 38 min können mit einem Lauftem-po von 12 km/h (= 60 s über 200 m) beginnen.

Geschwindigkeitstabelle (min : sec)

V (m/s)	V (km/h)	V (min/km)	Zeit 200m	Zeit 300m	Zeit 1000m	Zeit 2000m	Zeit 3000m	Zeit 5000m	Zeit 10000m	Zeit 21,1 km	Zeit 42,2m
2,5	9,00	6:40	1:20	2:0	6:40	13:20	20:0	33:20	66:40	140:0	281:18
2,6	9,36	6:25	1:17	1:55	6:25	12:49	19:14	32:3	64:6	134:37	270:29
2,7	9,72	6:10	1:14	1:51	6:10	12:21	18:31	30:52	61:44	129:38	260:28
2,8	10,08	5:57	1:11	1:47	5:57	11:54	17:51	29:46	59:31	125:0	251:10
2,9	10,44	5:45	1:09	1:43	5:45	11:30	17:14	28:44	57:28	120:41	242:30
3	10,80	5:33	1:07	1:40	5:33	11:07	16:40	27:47	55:33	116:40	234:25
3,1	11,16	5:23	1:05	1:37	5:23	10:45	16:08	26:53	53:46	112:54	226:51
3,2	11,52	5:13	1:02	1:34	5:13	10:25	15:38	26:02	52:05	109:23	219:46
3,3	11,88	5:03	1:01	1:31	5:03	10:06	15:09	25:15	50:30	106:4	213:6
3,4	12,24	4:54	0:59	1:28	4:54	9:48	14:42	24:31	49:01	102:56	206:50
3,5	12,60	4:46	0:57	1:26	4:46	9:31	14:17	23:49	47:37	100:0	200:56
3,6	12,96	4:38	0:56	1:23	4:38	9:16	13:53	23:09	46:18	97:13	195:21
3,7	13,32	4:30	0:54	1:21	4:30	9:01	13:31	22:31	45:03	94:36	190:4
3,8	13,68	4:23	0:53	1:19	4:23	8:46	13:09	21:56	43:52	92:6	185:4
3,9	14,04	4:16	0:51	1:17	4:16	8:33	12:49	21:22	42:44	89:45	180:19
4	14,40	4:10	0:50	1:15	4:10	8:20	12:30	20:50	41:40	87:30	175:49
4,1	14,76	4:04	0:49	1:13	4:04	8:08	12:12	20:20	40:39	85:22	171:31
4,2	15,12	3:58	0:48	1:11	3:58	7:56	11:54	19:50	39:41	83:20	167:26
4,3	15,48	3:53	0:47	1:10	3:53	7:45	11:38	19:23	38:46	81:24	163:33
4,4	15,84	3:47	0:45	1:08	3:47	7:35	11:22	18:56	37:53	79:33	159:50
4,5	16,20	3:42	0:44	1:07	3:42	7:24	11:07	18:31	37:02	77:47	156:17
4,6	16,56	3:37	0:43	1:05	3:37	7:15	10:52	18:07	36:14	76:5	152:53
4,7	16,92	3:33	0:42	1:04	3:33	7:06	10:38	17:44	35:28	74:28	149:38
4,8	17,28	3:28	0:42	1:02	3:28	6:57	10:25	17:22	34:43	72:55	146:31
4,9	17,64	3:24	0:41	1:01	3:24	6:48	10:12	17:00	34:1	71:26	143:31
5	18,00	3:20	0:40	1:00	3:20	6:40	10:00	16:40	33:20	70:0	140:39
5,1	18,36	3:16	0:39	0:59	3:16	6:32	9:48	16:20	32:41	68:38	137:54
5,2	18,72	3:12	0:38	0:58	3:12	6:25	9:37	16:2	32:03	67:18	135:14
5,3	19,08	3:09	0:38	0:57	3:09	6:17	9:26	15:43	31:27	66:2	132:41
5,4	19,44	3:05	0:37	0:55	3:05	6:10	9:16	15:26	30:52	64:49	130:14
5,5	19,80	3:02	0:36	0:54	3:02	6:04	9:05	15:09	30:18	63:38	127:52
5,6	20,16	2:59	0:36	0:54	2:59	5:57	8:56	14:52	29:46	62:30	125:35
5,7	20,52	2:55	0:35	0:53	2:55	5:51	8:46	14:37	29:14	61:24	123:23
5,8	20,88	2:52	0:34	0:52	2:52	5:45	8:37	14:22	28:44	60:21	121:15
5,9	21,24	2:49	0:34	0:51	2:49	5:39	8:28	14:07	28:15	59:19	119:12
6	21,60	2:47	0:33	0:50	2:47	5:33	8:20	13:53	27:47	58:20	117:13
6,1	21,96	2:44	0:33	0:49	2:44	5:28	8:12	13:40	27:19	57:23	115:17
6,2	22,32	2:41	0:32	0:48	2:41	5:23	8:4	13:28	26:53	56:27	113:26
6,3	22,68	2:39	0:32	0:48	2:39	5:17	7:56	13:14	26:27	55:33	111:38
6,4	23,04	2:36	0:31	0:47	2:36	5:13	7:49	13:1	26:2	54:41	109:53
6,5	23,40	2:34	0:31	0:46	2:34	5:8	7:42	12:49	25:38	53:51	108:12
6,6	23,76	2:32	0:30	0:45	2:32	5:3	7:35	12:38	25:15	53:2	106:33
6,7	24,12	2:29	0:30	0:45	2:29	4:59	7:28	12:26	24:53	52:14	104:58
6,8	24,48	2:27	0:29	0:44	2:27	4:54	7:21	12:15	24:31	51:28	103:25
6,9	24,84	2:25	0:29	0:43	2:25	4:50	7:15	12:5	24:9	50:43	101:55
7	25,20	2:23	0:29	0:43	2:23	4:46	7:9	11:54	23:49	50:0	100:28

Tab. 2/8.3.6
Lauftabelle für den CONCONI-Test. Die hervorgehobenen Zahlen stellen die aufsummierten Soll-zeiten an den 200 m-Messpunkten dar; die kleinen Zahlen dienen der Kontrolle an den 50 m-Teilstrecken.

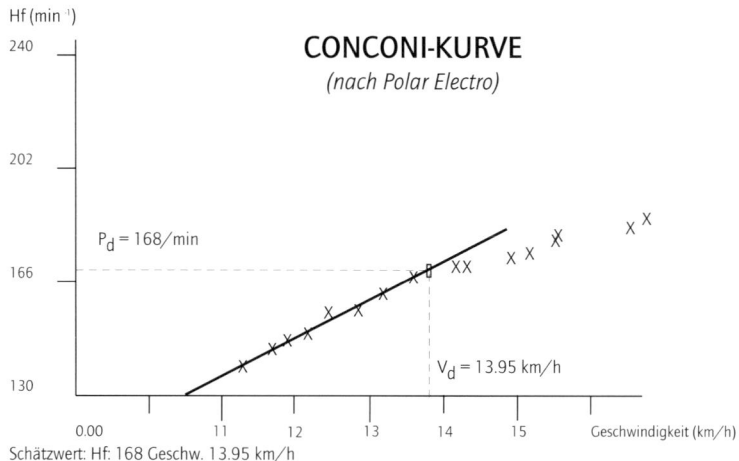

Abb. 2/8.3.6 :
Grafische Auswertung eines CONCONI-Tests mit der Software von Polar Electro. Dargestellt wird die Herzfrequenz-Geschwindigkeits-Beziehung und der Deflektionspunkt bei einer Hf von 168 Schlägen/min und einer Geschwindigkeit von 13,95 km/h eines Freizeitsportlers.

Anaerobe Leistungsfähigkeit

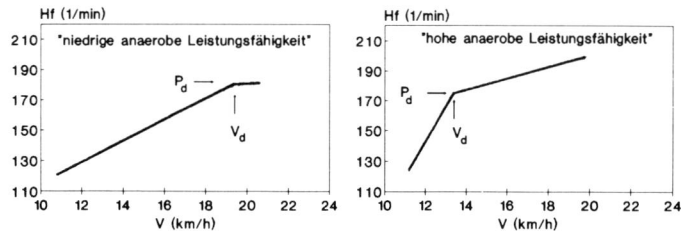

Abb. 3/8.3.6:
Prinzipdarstellung von niedriger und hoher anaerober Leistungsfähigkeit beim CONCONI-Test. Ein geringer und flacher Anstieg der Hf-Kurve nach dem Deflektionspunkt (Vd) steht für eine geringe anaerobe Leistungsfähigkeit (links); ein relativ langer und steiler Anstieg für eine hohe anaerobe Leistungsfähigkeit (rechts).

Anaerobe Leistungsfähigkeit

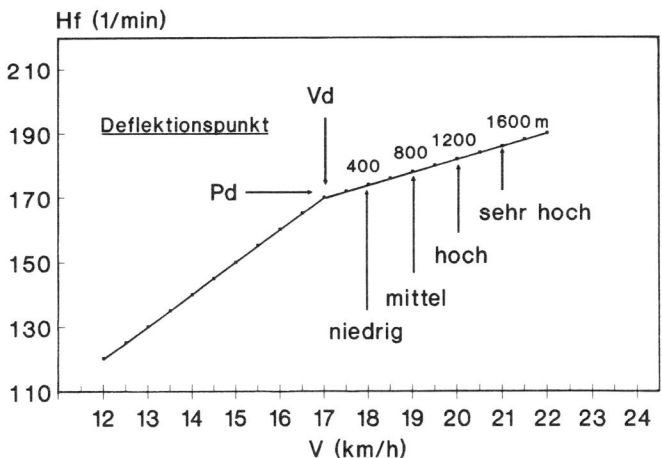

Abb. 4/8.3.6: Beurteilung der anaeroben Leistungsfähigkeit mit dem CONCONI-Test. Mit verbesserter anaerober Leistungsfähigkeit nimmt die Wegstrecke oberhalb des Deflektionspunktes zu (nach Hottenrott 1993).

Besser Trainierte wählen ein höheres, weniger gut Trainierte ein niedrigeres Anfangstempo. Unabhängig vom Starttempo wird die Laufgeschwindigkeit alle 200 m um 0,5 km/h gesteigert. Die Herzfrequenz und die exakte Laufzeit wird nach jeder Teilstrecke bestimmt, wozu ein Herzfrequenzmessgerät erforderlich ist. Der Test ist beendet, wenn der Sportler die vorgegebene Laufgeschwindigkeit nicht mehr einhalten kann bzw. eine vollständige Ausbelastung erreicht.

Um die Laufgeschwindigkeit im Feldtest kontinuierlich zu erhöhen, haben sich in der Praxis zwei Varianten bewährt:
1. Es wird auf der Rundbahn alle 10 oder 20 m eine Markierung (Hütchen) aufgestellt. Dann wird im Rhythmus der ansteigenden Laufgeschwindigkeit alle 10 oder 20 Meter ein akustisches Signal gesendet (Methode nach PROBST).
2. Die Rundbahn wird alle 50 m markiert und die Laufgeschwindigkeit wird anhand einer Lauftabelle (Tab. 2/8.3.6) gesteuert (Methode nach HOTTENROTT).

Testauswertung
Die Auswertung der Testdaten kann mit einem Softwareprogramm (z.B. Polar-Precision) oder per Hand vorgenommen werden **(Tab. 2/8.3.6)**. Bei der manuellen

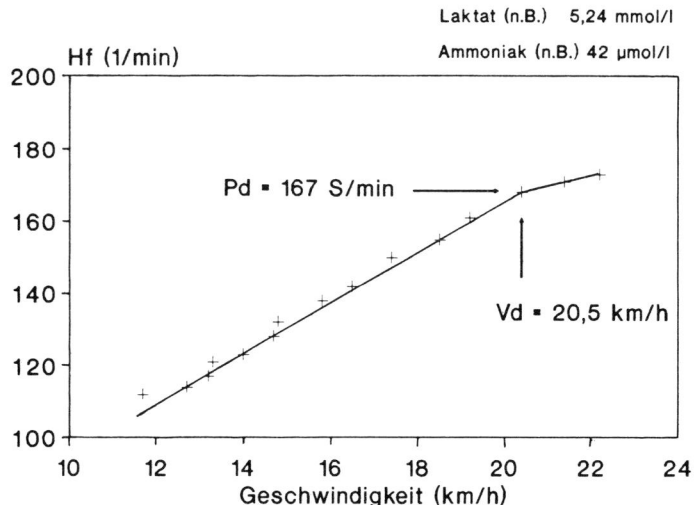

Abb. 5/8.3.6 :
Herzfrequenz-Geschwindigkeitskurve des 30-jährigen Marathonläufers R. S. mit einer Bestzeit von 2:10:02 h

Auswertung werden die Zwischenzeiten und Herzfrequenzwerte am Ende jeder 200 m-Stufe aus dem Speicher des Herzfrequenzmessgerätes gelesen, in einen Protokollbogen übertragen und anschließend grafisch dargestellt. Sind alle Punkte übertragen, wird eine Ausgleichsgerade in den linearen Bereich gelegt. Der Abknickpunkt oder die „CONCONI-Schwelle" befindet sich im oberen Hf-Bereich, wo die Wertepaare die lineare Herzfrequenzkennlinie verlassen **(Abb. 2/8.3.6)**.

Beurteilung der Ausdauerleistungsfähigkeit
Hauptkriterium für die Beurteilung der aeroben Ausdauerleistungsfähigkeit ist die erreichte Geschwindigkeit am Deflektionspunkt der Herzfrequenzleistungskurve. Je höher die erreichte Geschwindigkeit ist, desto besser ist die Grundlagenausdauer entwickelt **(s. Abb. 2/8.3.6)**. Die zurückgelegte Gesamtstrecke im Test dient zur Einschätzung der Ausdauerleistungsfähigkeit.

Am Verlauf der Hf-Kurve des CONCONI-Tests lässt sich zusätzlich die anaerobe Ausdauerfähigkeit beurteilen. Eine niedriges anaerobes Niveau liegt vor, wenn Hf und Geschwindigkeit nach Erreichen der „CONCONI-Schwelle" nur noch geringfügig ansteigen. Wenn nach dem Deflektionspunkt noch mehrere Teilstrecken gelaufen werden und Hf sowie Geschwindigkeit sich weiter erhöhen, dann kann das als hohe aerobe Leistungsfähigkeit gewertet werden. Die Hf-Kurven in **Abb. 4/8.3.6** verdeutlichen diesen Zusammenhang. Die praktisch interessierende Fra-

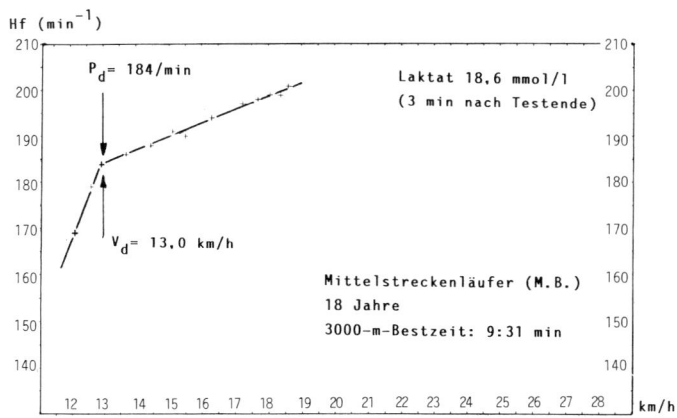

Abb. 6/8.3.6:
Herzfrequenzkurve eines 18-jährigen Mittelstreckenläufers mit einer 3.000 m-Best-
zeit von 9:31 min. Die Schwellengeschwindigkeit beträgt 13,0 km/h, bei einer Hf
von 184 Schlägen/min. Beurteilung: gerade ausreichende Ausdauerleistungs-
fähigkeit. Da er nach dem Deflektionspunkt noch 2.000 m läuft, kann ihm eine
sehr gute anaerobe Leistungsfähigkeit bestätigt werden (Abbruchlaktat ist mit
18,6 mmol/l hoch). Für eine weitere Leistungssteigerung ist die aerobe Basisleis-
tung zu verbessern.

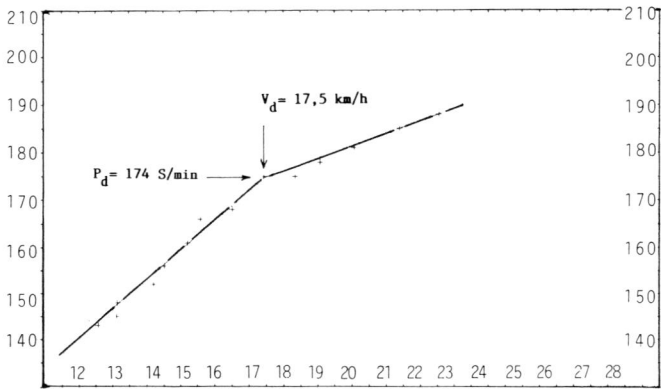

Abb. 7/8.3.6: *Herzfrequenzgeschwindigkeitskurve des 22-jährigen Mittelstrecken-*
läufers M. B. mit einer Bestzeit von 2:22 min über 1.000 m. Erläuterung im Text.

Kenngrößen der Hf-Kurve

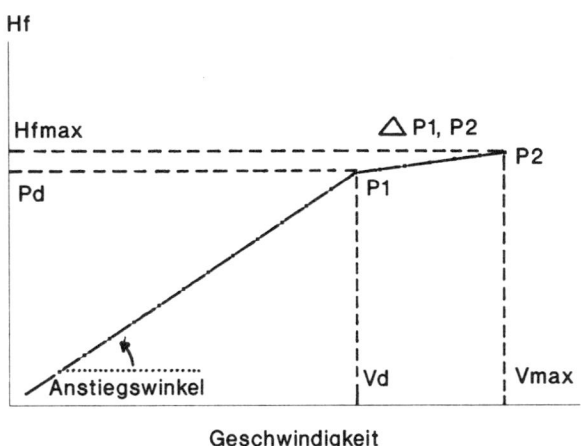

Abb. 8/8.3.6: Kenngrößen der Herzfrequenzgeschwindigkeitskurve des CONCONI-Tests für die Beurteilung der Ausdauerleistungsfähigkeit (nach HOTTENROTT, 1993). Erläuterungen im Text

ge, wie lange der Sportler bei gegebener Geschwindigkeit laufen kann, ist mit dem CONCONI-Test nicht erfassbar. Demnach können keine Aussagen zur Ausdauerstabilität gemacht werden; ein wesentlicher Nachteil des CONCONI-Tests.

Beispiele
Dargestellt ist die Hf-Kurve von R. S., der einen CONCONI-Test drei Monate vor seinem Erfolg beim Tokio Marathon 1988 mit der deutschen Rekordzeit von 2:10:02 h durchführte **(Abb. 5/8.3.6)**. Die besonderen Merkmale der Hf-Kennlinie sind: niedrige Ausbelastungsherzfrequenz, flacher Kurvenverlauf, hohe Geschwindigkeit an der CONCONI-Schwelle (21,1 km/h) sowie geringfügige Herzfrequenz- und Tempoerhöhung oberhalb des Deflektionspunktes. Obwohl die letzten 200 m in 32,4 s (22,2 km/h) gelaufen wurden, lag die Laktatkonzentration nach der Belastung nur bei 5,2 mmol/l und die maximale Ammoniakkonzentration nur bei 41 µmol/l.

Eine andere Hf-Regulation beim CONCONI-Test zeigt sich bei einem Mittelstreckenläufer. In **Abb. 7/8.3. 6** ist das CONCONI-Testergebnis von einem Mittelstreckenläufer der deutschen Spitzenklasse dargestellt. Der Sportler erreichte nach 2.000 m den Deflektionspunkt der linear ansteigenden Hf-Kurve. Der Abknickpunkt der Hf lag bei 174 Schlägen/min und die Geschwindigkeit bei 17,4 km/h.

Der Athlet war in der Lage, nach dem Hf-Abknickpunkt weitere 1.000 m mit ansteigendem Tempo zu laufen. Die Herzfrequenz erhöhte sich um 14 Schläge/min bis zur Ausbelastung und erreichte 188 Schlägen/min. Die letzten 200 m wurden in 31,7 s gelaufen, was einer Geschwindigkeit von 22,7 km/h entspricht. Die Laktatkonzentration stieg nach der Belastung auf 16,4 mmol/l an.

Der Vergleich der Hf-Kurven und Lakatwerte der beiden Sportler verdeutlicht die unterschiedliche Stoffwechselbeanspruchung für die erbrachte Leistung. Die Hf-Kurve des Mittelstreckenläufers steht beispielhaft für eine sehr hohe anaerobe Leistungsfähigkeit, hingegen die des Marathonläufers für eine sehr hohe aerobe Leistungsfähigkeit. Insgesamt lassen sich für eine ausgiebige Beurteilung der Ausdauerleistungsfähigkeit folgende Kenngrößen der Herzfrequenzgeschwindigkeitskurve des CONCONI-Tests heranziehen:

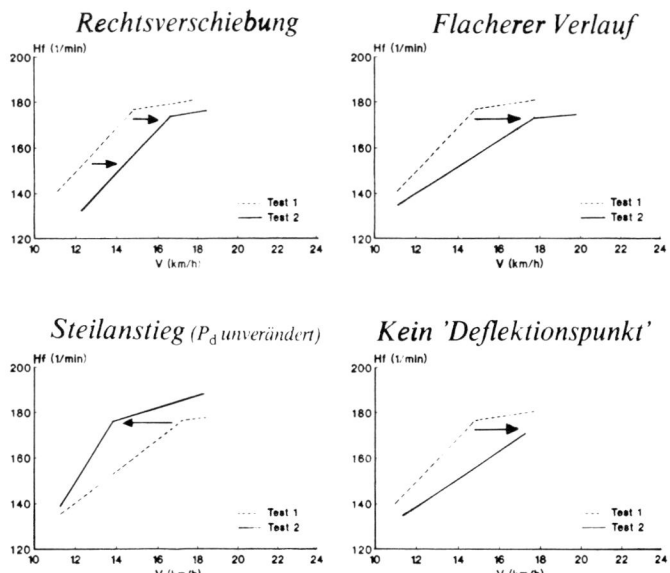

Abb. 9/8.3.6: Veränderungen der Herzfrequenzgeschwindigkeitskurve durch Ausdauertraining.

- **Deflektionspunkt (P1) mit den Messgrößen Pd und Vd**
  Der Deflektionspunkt kennzeichnet die anaerobe „CONCONI-Schwelle", die sich von der anaeroben „Laktatschwelle" unterscheidet. Je weiter rechts der Deflektionspunkt im Herzfrequenz-Geschwindigkeits-Diagramm liegt, desto höher kann die aerobe Leistungsfähigkeit angenommen werden.
- **Belastungsendpunkt (P2) mit den Messgrößen der maximalen Herzfrequenz und maximalen Laufgeschwindigkeit**
  Die maximale Herzfrequenz gilt als Kriterium der Ausbelastung des Athleten. Die maximale Geschwindigkeit charakterisiert das Niveau der Schnelligkeitsausdauer und der Mobilisationsfähigkeit.
- **Anstiegswinkel der Herzfrequenzgeschwindigkeitskurve**
  Ein kleiner Anstiegswinkel bzw. ein flacher Herzfrequenzkurvenverlauf deutet auf ein ausgebildetes Sportherz hin. Das Herz-Kreislauf-System arbeitet unter diesen Belastungsbedingungen ökonomisch.
- **Anstieg der Herzfrequenz und Geschwindigkeit zwischen Belastungsendpunkt und Deflektionspunkt (Delta P1, P2).**

Je größer der Anstieg der beiden Werte ist, desto höher ist die Ausbildung der anaeroben Leistungsfähigkeit anzunehmen.

Beurteilung der Leistungsentwicklung
Führen Sportler oder Sportlerinnen in Abständen von 4-6 Wochen einen CONCONI-Test durch, so kann es zu folgenden Veränderungen der Herzfrequenzgeschwindigkeitskurve kommen:

1. **Rechtsverschiebung der Hf-Geschwindigkeits-Kurve**
   Die Rechtsverschiebung der Herzfrequenzkurve bedeutet stets die Erhöhung der Ausdauerleistungsfähigkeit. Sie beweist, dass es zu einer positiven Umstellung und Anpassung der Organsysteme gekommen ist.
   Das Herz schlägt bei gleicher Leistung mit verminderter Frequenz, d.h. es arbeitet ökonomischer. Hingegen kann eine Linksverschiebung gleichgesetzt werden mit einer verminderten Ausdauerleistungsfähigkeit (s. Abb. 9/8.3.6), aber auch mit einer Zunahme der motorischen Leistung (Geschwindigkeit) auf kurzen Strecken.

2. **Steiler Hf-Kurvenverlauf bei gleichem Hf-Abknickpunkt**
   Zu Veränderungen in der Anstiegssteilheit der Herzkurve kann es kommen, wenn der Trainingsschwerpunkt von einem überwiegend aeroben Grundlagentraining zu einem Training mit vorwiegend intensiven anaeroben Belastungen wechselt. Dieser Zustand ist dann nachweisbar, wenn die Athleten das Vorbereitungstraining abgeschlossen haben und sich über intensiveres Training auf die Hauptwettkämpfe vorbereiten.

Nach dem Hf-Deflektionspunkt können die Sportler ihre Laufgeschwindigkeit noch steigern, indem sie bevorzugt den anaeroben Energiestoffwechsel nutzen. Ihre Muskulatur besitzt eine höhere motorische Leistungsfähigkeit **(s. Abb. 9/8.3.6)**.

3. **Flacher Hf-Kurvenverlauf**
   Ein flacherer Hf-Kurvenverlauf signalisiert den Trend zu einer verbesserten Grundlagenausdauer. Das ist besonders nach dem betonten Ausdauertraining der Fall. Generell zeigen die Kurven von Altersklassen-Sportlern und Marathon-läufern einen flacheren Anstieg als jene von Jugendlichen und Mittelstrecken-läufern (s. Abb. 9/8.3.6).
4. **Kein Deflektionspunkt („CONCONI-Schwelle" nicht nachweisbar)**
   Wird bei vollständiger Ausbelastung und Einhaltung der Geschwindigkeitsvor-gabe (siehe Tab. 2/8.3.6) kein Abknickpunkt gefunden, so kann dies auf un-genügend ausgebildete anaerobe Leistungsgrundlagen zurückgeführt werden. Diese Annahme bestätigen Befunde, bei denen die Laktatkonzentration nach vollständiger Ausbelastung im CONCONI-Test unter 4 mmol/l lag.

Herzschlagfrequenz-Leistungs-Kurven (Conconi-Test)

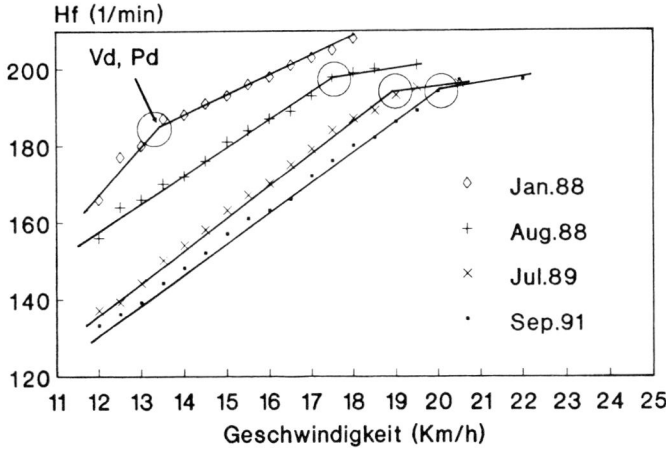

Abb. 10/8.3.6: Hf-Geschwindigkeitskurven eines jungen Sportlers während eines 4-jährigen Ausdauertrainings. Vom 1. bis zum 4. Jahr nimmt die Belastungs-Hf bei gleicher Laufgeschwindigkeit stetig ab. Die 'Rechtsverschiebungen' der Hf-Kurven belegen eine verbesserte Ausdauerleistungsfähigkeit im Laufen.

In diesem Fall sollte ein verstärktes intensives Motoriktraining erfolgen. Nach einigen intensiven Intervall-Trainingseinheiten (10 x 300 m) kann dann der CONCONI-Test wiederholt werden. Es ist zu erwarten, dass der Deflektionspunkt wieder erscheint (s. Abb. 9/8.3.6).

Jahr	Wo.	Hf_{max} min^{-1}	P_d min^{-1}	Hf_{E1} min^{-1}	Hf_{E2} min^{-1}	Hf_{E3} min^{-1}	V_{max} km/h	V_d km/h	Zeit min
1.	04	208	196	173	144	127	19,0	15,6	10:20,2
	10	202	192	165	135	132	19,5	15,8	11:15,5
	25	203	195	170	138	120	20,0	16,6	11:44,8
	31	202	192	154	132	118	19,5	17,7	11:44,5
	44	203	197	152	129	118	20,2	18,2	13:04,6
2.	01	199	193	159	129	112	19,5	18,3	13:04,2
	13	200	195	142	123	108	19,3	17,9	12:26,6
	16	204	198	155	127	113	20,2	18,6	13:01,8
	28	196	192	144	115	101	20,1	18,4	13:03,5
	31	195	190	150	125	112	20,4	18,3	13:02,6
	32	199	190	156	132	119	21,3	18,2	13:37,5
3.	03	198	193	151	122	123	20,7	18,7	12:24,7
	30	203	192	155	134	120	21,4	19,1	13:36,8
	43	201	192	160	132	105	21,2	19,0	13:37,7
4.	01	192	185	141	114	100	20,6	18,5	12:25,0
	23	202	192	159	137	119	21,2	19,0	13:37,3
	33	197	186	142	118	105	21,9	19,3	14:08,0

Tab. 3/8.3.6:
Leistungsentwicklung im Laufen bei einem jugendlichen Sportler während eines 4-jährigen Untersuchungszeitraumes anhand von CONCONI-Testergebnissen.
Legende:
Pd: Hf am Deflektionspunkt
HfE1: Erholungs-Hf nach einer Minute
V_{max}: maximale Geschwindigkeit über 200 m am Testende
Vd: Geschwindigkeit am Deflektionspunkt
Zeit: Gesamtzeit

Beispiel

Im obigen Beispiel (Tab. 5/8.3.6) wird die Leistungsentwicklung im Lauf eines jugendlichen Sportlers während eines vierjährigen Untersuchungszeitraumes aufgezeigt. Während in den ersten beiden Trainingsjahren eine kontinuierliche Leistungsentwicklung zu verzeichnen war, konnte der Leistungsstand in den darauf folgenden Jahren jeweils nur bei den Tests in der Hauptwettkampfphase verbessert werden. Die übrigen Testresultate zeigten ein geringeres bzw. konstantes Leistungsniveau.

Die erhöhte Leistungsfähigkeit zeigte sich in der verlängerten Laufzeit von 10:22 min auf 14:08 min bzw. von 2.600 m auf 4.000 m bei progressiv ansteigender Laufgeschwindigkeit des CONCONI-Tests und weiterhin an der Erholungs-Hf der ersten drei Nachbelastungsminuten **(Tab. 3/8.3.6 sowie Abb. 10/8.3.6)**.

8.3.7 COOPER-Test

Umfangreiche Erfahrungen zur Bestimmung der Ausdauerfähigkeit bei Kindern, Jugendlichen, Erwachsenen und Senioren unterschiedlicher Leistungsfähigkeit wurden mit dem COOPER-Test (COOPER, 1984) gesammelt. Auch Leistungssportler der Nichtausdauersportarten wenden den COOPER-Test an (besonders Spielsportarten) und militärische Formationen. Der Leistungszustand wird hierbei anhand der maximal zurückgelegten Strecke im Laufen innerhalb von zwölf Minuten beurteilt. Der Test erfordert eine maximale Anstrengung und darf nur von Gesunden ausgeführt werden.

Das Testergebnis wird stark von der Motivation und der richtigen Anfangsgeschwindigkeit beeinflusst. Das beste Laufergebnis wird erzielt, wenn die Belastung mit relativ gleich bleibendem Tempo durchgeführt und eine maximale Ausbelastung angestrebt wird. Dies setzt eine gewisse Testerfahrung voraus. Trotz dieser Einschränkungen ist die Aussagekraft für die Beurteilung der Ausdauerleistungsfähigkeit relativ hoch. Aus der zurückgelegten Wegstrecke kann die erreichbare maximale Sauerstoffaufnahme abgeschätzt werden (Tab. 1/8.3.7). Von einem Fußballspieler werden mindestens 3.500 m in 12 min erwartet.

Erreichte Laufstrecke (m) in 12 min	Geschätzte maximale Sauerstoffaufnahme (ml/kg • min)	Urteil zum aeroben Leistungsniveau
2.500 - 2.700	30-40	durchschnittlich
2.705 - 2.900	41-54	gut
2.905 - 3.000	46-50	gut
2.905 - 3.100	56-55	gut
3.105 - 3.300	56-60	sehr gut
3.305 - 3.400	61-65	sehr gut
3.405 - 3.600	66-70	ausgezeichnet
3.605 - 3.900	71-75	ausgezeichnet

Tab. 1/8.3.7:
Schätzwerte der maximalen Sauerstoffaufnahme aus der im COOPER - Test in 12 min aus der erreichten Streckenlänge (Männer)

Für die Steuerung des Lauftrainings ist dieser Test wenig brauchbar, weil er nur absolute Leistungsveränderungen anzeigt und nicht die Ursachen dafür. Ein Aussageverbesserung ist die Messung der Laktatkonzentration am Testende. Daraus kann der anaerobe Anteil am Zustandekommen der Laufleistung abgeschätzt werden. Eine zusätzliche Herzfrequenzmessung informiert über die Beanspruchung des Herz-Kreislauf-Systems bei dieser relativ kurzen aerob-anaeroben Maximalbelastung.

8.3.8 Submaximaler Herzfrequenz-Ausdauertest

Wesentliches Merkmal dieses Testverfahrens ist es, dass der Sportler eine standardisierte Belastung im submaximalen Intensitätsbereich ausführt. Dies entspricht im Durchschnitt einer Belastungsintensität von etwa 85% der maximalen Herzfrequenz. Die Dauer der Belastung sollte mindestens 5 min betragen.

Submaximale Standardbelastungen ermöglichen bei leistungsdiagnostischen Untersuchungen eine gute Vergleichbarkeit der Messresultate im Längsschnitt. Diese Ergebnisse eignen sich besonders zur Beurteilung von Ökonomisierungsprozessen, die sich nach längerem Ausdauertraining einstellen. Die Wirkung von Trainingseinheiten kann anhand biologischer Messgrößen quantifiziert werden.

Bei Ausdauertests werden bevorzugt Herzfrequenz, Laktat, Serumharnstoff, und Creatinkinase eingesetzt. Diese Prüfgrößen ermöglichen Hinweise zur Effizienz des Trainings und zur Beurteilung der Wirkung der eingesetzten Trainingsmethoden. Auch sind submaximale Standardbelastungen zur individuellen Verlaufskontrolle der Entwicklung der aeroben bzw. aerob-anaeroben Ausdauerleistungsfähigkeit geeignet. Das erreichte Anpassungsniveau durch Training kann erfasst werden.

In Längs- und Querschnittsstudien wurde ein „Ausdauer-Standard-Test" erprobt (HOTTENROTT, 1993). Der Lauftest wurde auf einer 400 m-Rundbahn über eine Dauer von 5 min durchgeführt. Die Geschwindigkeitsvorgabe orientierte sich an der individuellen Leistungsfähigkeit. Die Hf sollte bei der Belastung im submaximalen Bereich liegen. Ausdauertrainierte legten bei dieser Belastung zwischen 1.000 m und 1.600 m zurück. Die Laufgeschwindigkeit blieb konstant und wurde mittels einer Zeittabelle gesteuert.

In **Abb. 1/8.3.8** sind die Hf-Kurven zweier „Ausdauer-Standard-Tests" über 1.000 m eines Freizeitsportlers dargestellt. Die obere Kurve stellt die Hf-Regulation vor, die untere Kurve die Hf-Regulation nach einem sechsmonatigen Lauftraining dar.

Der Trainingsumfang des Freizeitsportlers wurde von anfänglich durchschnittlich 25 km/Woche auf 40 km/Woche im 2. Monat, 55 km/Woche im 3.Monat, 60 km/Woche im 5. Monat und 70 km/Woche im 6. Monat gesteigert. Im 4.Monat lag der Wochendurchschnitt nur bei 35 km/Woche.

Am Verlauf der Hf-Kurven wird erkennbar, dass sich die Hf in beiden Tests nach der 2. Belastungsminute auf ein stabiles Regulationsniveau einpegelt und das Ausdauertraining zur erwarteten Anpassung der Funktionssysteme führte. Die Ausdauerleistungsfähigkeit des Sportlers hat sich erhöht, kenntlich an der Abnahme der submaximalen Hf und dem verbesserten Erholungsverhalten der Hf.

Die Belastungs-Hf ist um durchschnittlich 22 Schläge/min für die gleiche Geschwindigkeit gefallen. Die Erholungs-Hf sank im Test 2 von ursprünglich 148 Schlägen/min nach drei Minuten auf 103 Schläge/min ab.

Der „Ausdauer-Standard-Test" eignet sich für die kurzfristige (tägliche) Trainingssteuerung im Fitnesssportbereich. Aus dem Verhalten der submaximalen Hf kann auf die Beanspruchung der sympathischen Aktivität und aus dem Verhalten der Erholungs-Hf auf die parasympathische Aktivität des vegetativen Nervensystems geschlossen werden.

Erhöhung der submaximalen Hf und rascher Abfall der Erholungs-Hf sind erste Anzeichen einer Restermüdung, sie können aber auch Vorboten einer beginnenden Erkrankung sein. Ein regeneratives Training oder Pause ist bei diesem Befund hilfreich.

Herzfrequenzkurve

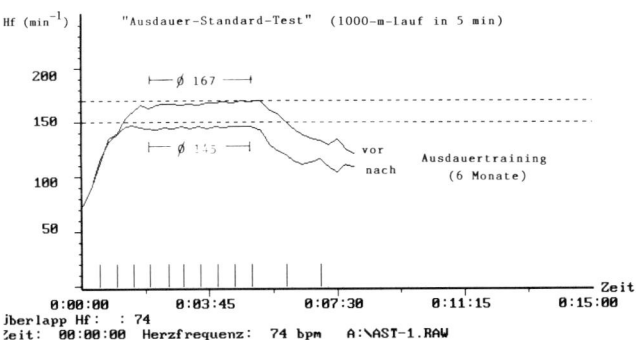

Abb. 1/8.3.8:
„Ausdauer-Standard-Test". Dargestellt werden Veränderungen im Hf-Verhalten bei einer fünfminütigen submaximalen Laufbelastung über 1.000 m vor und nach einem sechsmonatigen Ausdauertraining eines 42-jährigen Freizeitsportlers. Mit diesem „Ausdauer-Standard-Test" kann der Leistungszustand des Sportanfängers beurteilt werden, insbesondere die Ökonomisierungsprozesse im Herz-Kreislauf-System.

8.3.9 Test zur Ermittlung der maximalen Herzfrequenz

Zur Bestimmung der maximalen Herzfrequenz ist eine vollständige Ausbelastung des Herz-Kreislauf-Systems erforderlich. Dazu bieten sich Labor- oder Feldstufentests an oder eine seperater maximaler Herzfrequenz-Test. Dieser Test sollte erst nach einer intensiven Aufwärmphase von mindestens 20 Minuten Dauer durchgeführt werden. Nach der Aufwärmung wird mit annähernd maximaler Geschwindigkeit eine Strecke über mindestens 3 min gefahren, gelaufen oder geschwommen. Bei dieser sportartspezifischen Belastung wird in der Regel die maximale Herzfrequenz erreicht. Die Höhe der maximalen Herzfrequenz wird vom Trainingszustand, dem Lebensalter, dem Regenerationsgrad u.a. Faktoren beeinflusst. Zu beachten ist, dass mit zunehmendem Lebensalter die Herzfrequenz abnimmt (Hf max = 220 - Lebensalter). Dennoch erreichen gut Trainierte auch in höherem Alter in der Regel eine maximale Herzfrequenz, die deutlich über dem Mittelwert liegt (s. auch S. 99, 110).

Voraussetzung für einen Ausbelastungstest ist ein guter Gesundheitszustand und aus ärztlicher Sicht dürfen für die Ausführung einer Maximalbelastung keine Einwände bestehen. Ältere Sportler und Trainingseinsteiger sollten den Maximalbelastungstest nicht in Eigenregie durchführen, d.h. es sollte eine Begleitperson anwesend sein.

8.4 Wettkampf- und Leistungskontrolltests

8.4.1 Allgemeiner Überblick

Neben der Analyse von Wettkämpfen (s. Kap. 6) hat es sich bewährt, Leistungskontrolltests oder Trainingswettkämpfe zur Beurteilung der Leistungsfähigkeit zu nutzen. Geprüft wird die Leistung auf den Wettkampfstrecken oder bei Ausdauermehrkampfsportarten in auch nur einer Disziplin **(Tab. 1/8.4.1)**.

Die Trainingswettkämpfe sind ein wichtiges diagnostisches Prüfverfahren. Im Unterschied zum Labortest wird der Entwicklungsstand der Wettkampfleistungsfähigkeit komplex geprüft. Bei den leistungsdiagnostischen Untersuchungen im Labor werden die funktionellen Grundlagen kontrolliert, auf denen die Leistungsfähigkeit beruht. Einer komplexen Wettkampfleistung ist nicht anzusehen, auf welchen Stoffwechselgrundlagen sie aufbaut; das betrifft die Anteiligkeit des aeroben und aerob-anaeroben Energiestoffwechsels. Bei einem gleichen Wettkampfergebnis kann die innere Beanspruchung des Athleten sehr unterschiedlich ausfallen.

Praktikable Wettkampftests in Ausdauersportarten

Sportart	Leistungskontrolltests
Schwimmen	
Langstrecke	400-800 m
Triathlon	400-1.500 m
Lauf	
Mittelstrecke	1.000 m
Langstrecke	5.000-10.000 m
Triathlon	5.000-10.000 m
Rad	
Straße	40 km
Gelände (MTB)	10-20 km
Triathlon	20-40 km
Triathlon	
Kurz (1,5/40/10 km)	Sprint (0,8/20/5 km)
Lang (3,8/180/42,2 km)	Kurz (1,5/40/10 km)
Skilanglauf	5-15 km
Speedskating	3-5 km

Tab. 1/8.4.1

Eine gute Leistung kann z.B. in der Vorbereitungsperiode auf zu hohen anaeroben Stoffwechselgrundlagen beruhen, mit dem Nachteil, dass nachfolgend keine stabilen Leistungen zu erwarten sind. Ziel dieser leistungsdiagnostischen Bewertung von Wettkampfleistungen ist, herauszufinden, welche Funktionssysteme das Wettkampfergebnis limitiert haben und welches nachfolgend stärker trainiert werden müsste. Valide Testverfahren haben einen hohen Voraussagewert für die Wettkampfleistungsfähigkeit (s. Abb. 1/8.4.1).

Die Zuverlässigkeit in der Aussagekraft leistungsdiagnostischer Laborverfahren und Testmethoden spiegelt sich in der möglichen Wettkampfleistung wider.
Den praktischen diagnostischen Zugang zur Wettkampfleistung ermöglicht die Messung von Hf und Laktat. Aus diesen Messungen, während und am Ende des Wettkampfes, können Rückschlüsse auf die Beanspruchung der Organe und Systeme sowie auf den Wettkampfverlauf gezogen werden.
Im Wettkampf selbst ist die Erfassung der Hf mit einem Herzfrequenzmessgerät eine zuverlässige Kontrollgröße. Das Hf-Wettkampfprotokoll ermöglicht Trainern und Sportlern aufschlussreiche Informationen für das nachfolgende Training.

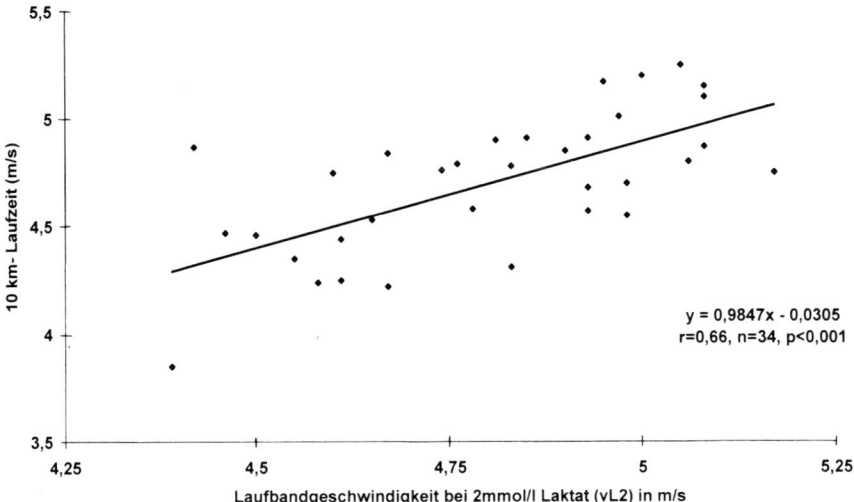

10 km-Lauf innerhalb des Kurztriathlons und Bezug zu vL2 bei KLD

Abb. 1/8.4.1: Beziehung der beim Laufbandstufentest bestimmten Geschwindigkeit bei 2 mmol/l Laktat (vL2) zur 10 km-Laufleistung beim Kurztriathlon

8.4.2. Ausgewählte Beispiele

Marathonlauf

In **Abb. 1/8.4.2** ist ein Beispiel eines Hf-Protokolls eines 22-jährigen Läufers bei einem Marathon aufgeführt. Im letzten Abschnitt des Marathons war eine abnehmende Hf erkennbar. Der Sportler hatte in den ersten beiden Stunden ein zu hohes Lauftempo gewählt. Die durchschnittliche Hf betrug während dieser Zeit 178 Schläge/min. Die Reduzierung der Laufgeschwindigkeit führte zu einer Abnahme der Hf in den nachfolgenden 59 Minuten um 22 Schläge/min auf durchschnittlich 157 Schläge/min. Berechnet man die prozentuale Verteilung der Hf, so wurden in den ersten zwei Stunden 60% und in den letzten 59 Minuten nur 6% zwischen 170 und 180 Schlägen/min gelaufen (**Abb. 1/8.4.2**).

In **Abb. 3/8.4.2** ist ein weiteres Beispiel für einen zeitlichen Verlauf der Hf im Marathon einer 29-jährigen Läuferin aufgeführt. Hier kommt es zu einem kontinuierlichen Anstieg der Hf von etwa 160 Schlägen/min auf den ersten, bis auf 185 Schlägen/min auf den letzten Laufkilometern. Die Athletin ist aus Mangel an Erfahrung den Lauf sehr behutsam angegangen, wie der Verlauf der Hf bestätigt. Eine bessere Laufzeit wäre bei einem gleichmäßigeren Tempo über die Marathondistanz möglich gewesen.

Herzfrequenzkurve

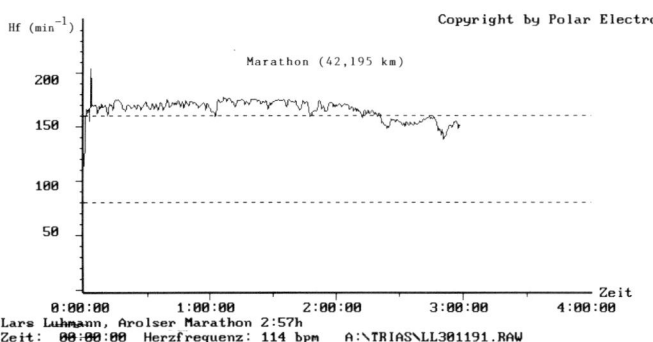

Abb. 1/8.4.2:
Zeitlicher Verlauf der Herzfrequenz (Hf) eines 22-jährigen Läufers bei einem Marathon. Die Abnahme der Hf nach zwei Stunden Lauf geht mit einem drastischen Geschwindigkeitsabfall einher.

Triathlon - Feldtest

Für eine Beurteilung der Triathlonleistungsfähigkeit genügt das Original-Wettkampfergebnis allein nicht. Auch die Verfahrensweise, irgendwann und irgendwo eine Teilkomponente des Triathlons zu prüfen, genügt nicht dem Anspruch einer komplexen Betrachtungsweise. Die Anforderungen an eine Teststrategie sind im Triathlon hoch. Aus zahlreichen Varianten hat sich für den Kurztriathlon ein Wettkampftest über 800 m Schwimmen, 20 km Rad fahren und 5 km Laufen durchgesetzt.

Wird der Wettkampf als Feldtest durchgeführt, dann sollten folgende Messgrößen registriert werden:

* Schwimmen und Laufen: Geschwindigkeit und Herzschlagfrequenz fortlaufend mit einem Herzfrequenzmessgerät kontrollieren.

* Rad fahren: Herzschlagfrequenz, Geschwindigkeit und Tretfrequenz fortlaufend (z.B. X-Trainer von Polar Electro)prüfen.

* Laktatbestimmung nach dem Schwimmen, nach dem Rad fahren und nach dem Laufen vornehmen.

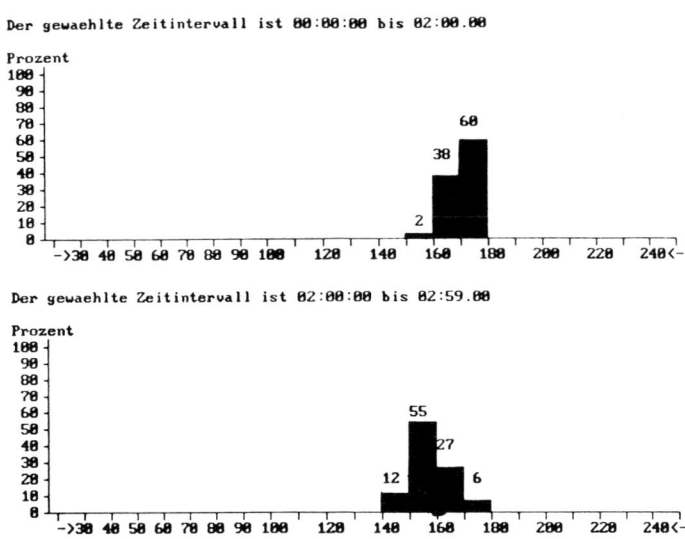

Abb. 2/8.4.2:
Prozentuale Verteilung der Hf während der ersten zwei Stunden (oben) und während der letzten 59 Minuten des Marathonlaufs. Erläuterung im Text.

Herzfrequenzkurve

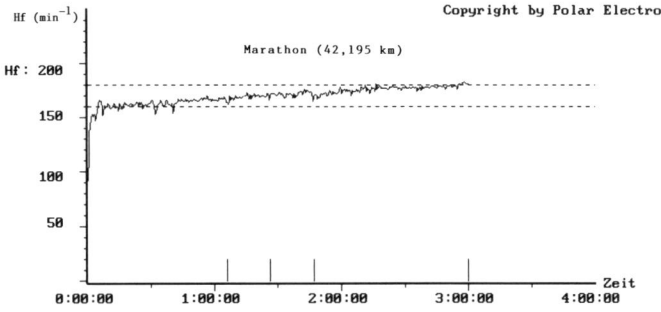

Abb. 3/8.4.2: Zeitlicher Verlauf der Hf während eines Marathonlauf einer 29-jährigen Läuferin. Nach langsamem Beginn steigerte die Athletin kontinuierlich die Laufgeschwindigkeit und die Hf nahm deutlich zu.

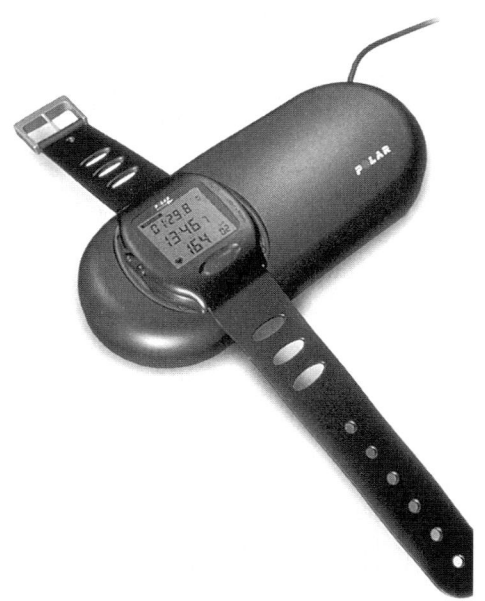

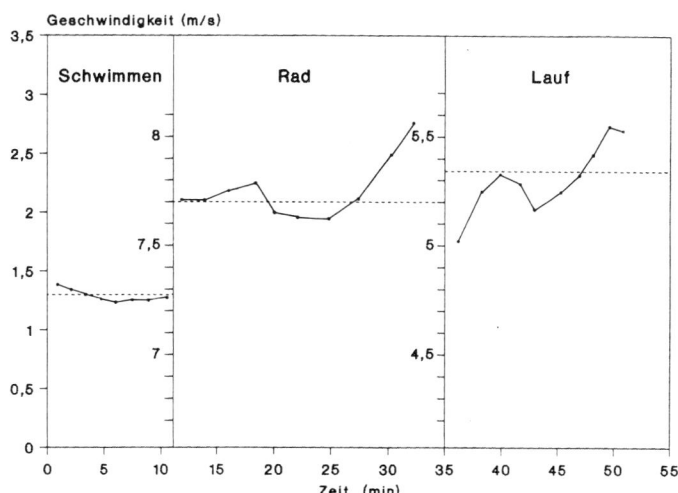

Abb. 4/8.4.2:
Geschwindigkeitsverlauf eines Sportlers im Triathlon-Wettkampfsimulationstest
über 800 m Schwimmen, 10 km Radfahren (3° Anstieg) und 5 km Lauf

Weiterhin sollte durch Videoanalysen die Bewegungsfrequenz, der Zyklusweg und die Technik fortlaufend oder zu festgelegten Zeitpunkten bestimmt werden. Von Nachteil sind die wechselnden äußeren Bedingungen beim Feldtest, die eine objektive Beurteilung der Leistung erschweren.

Triathlon-Labortest
Die Simulation eines Wettkampftests ist auch im Labor möglich. Allerdings haben nur wenige Untersuchungseinrichtungen dafür die Voraussetzung. Der am IAT Leipzig erprobte, so genannte WETTKAMPFSIMULATIONSTEST Triathlon besteht aus:
* 800 m Schwimmen auf einer 50 m-Bahn,
* 10 km Rad fahren mit eigener Rennmaschine auf einem breiten Laufband bei einem Anstellwinkel von 3° (Männer) bzw. 2° (Frauen),
* 5 km Lauf auf einem breiten Laufband bei einem Anstellwinkel von 0°.

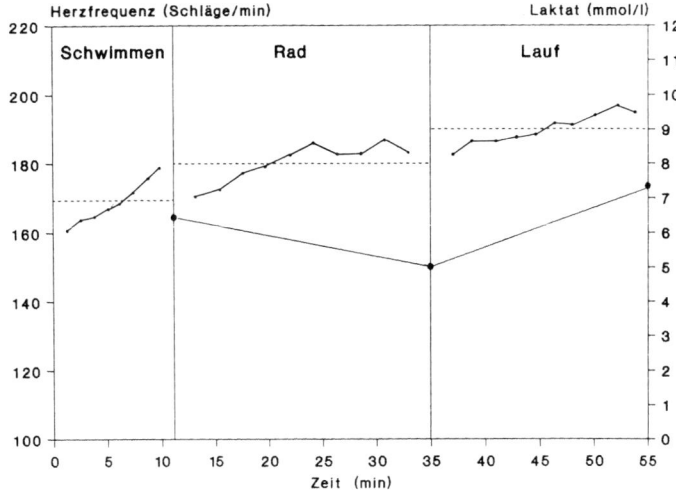

Abb. 5/8.4.2: Zeitlicher Verlauf von Herzfrequenz (Hf) und Laktatkonzentration bei einem Wettkampfsimulationstest im Triathlon. Die Hf lag im Schwimmen etwa 10 Schläge/min niedriger als im Rad fahren. Die höchste Hf wurde beim Laufen erreicht. Die energetische Sicherung des Laufs erfolgte zunehmend über den anaeroben Stoffwechsel. Am Belastungsende wiesen die Athleten eine Laktatkonzentration von 5 bis 8 mmol/l auf.

Neben biochemischen Messgrößen und der Hf kann intermittierend beim Rad fahren und Lauf die Sauerstoffaufnahme bestimmt werden.

Ein Beispiel des Geschwindigkeitsverlaufs beim Wettkampftest ist **Abb. 4/8.4.2** zu entnehmen. Beim Schwimmen reguliert sich die erhöhte Anfangsgeschwindigkeit von 1,3 m/s nach etwa 150 m auf die mittlere Geschwindigkeit über die 800 m von 1,1 m/s ein. Das Rad fahren zeigt ein relativ stabiles Niveau im Geschwindigkeitsverlauf. Vor dem Wechsel zum Laufen wird ein Endspurt eingelegt, die Durchschnittsgeschwindigkeit von 6,9 m/s erhöht sich kurzzeitig auf 7,4 m/s bei 3° Steigung.

Die Laufleistung zeigte im Geschwindigkeits-Zeit-Diagramm große Schwankungen. Der Lauf wird sehr vorsichtig begonnen, bedingt durch die Restermüdung nach dem Rad fahren. Nach einem kurzzeitigen Geschwindigkeitsrückgang bei km 3 werden die letzten 2 km mit zunehmendem Tempo gelaufen.

Am Verhalten von Hf und Laktat war der biologische Aufwand im Test beurteilbar **(Abb. 5/8.4.2)**.

9 Belastungskontrollen mittels Herzfrequenzmessung

Die Herzfrequenz (Hf) hat inzwischen einen hohen Stellenwert in der Belastungssteuerung erlangt. Voraussetzung dafür war die Lösung der technologischen Probleme, die bei der Hf-Messung unter sportpraktischen Bedingungen entstanden. Das hat auch dazu geführt, dass von den Hf-Messgeräten eine bestimmte Sportartspezifik belegbar ist. Das betrifft z.B. die ursprünglich für Läufer entwickelten finnischen Pulsmesser, die inzwischen von Fahrradcomputern ergänzt worden sind, mit deren Hilfe der Sportler noch zahlreiche andere für ihn nützliche Funktionen erfassen kann. Inzwischen bieten mehrere Hersteller zuverlässige Produkte zur Belastungssteuerung an. Diese weisen so viele Funktionen auf, dass diese im Routinebetrieb gar nicht mehr ausschöpfbar sind.

9.1 Umgang mit Herzfrequenzmessgeräten

Die rasante Entwicklung der Herzfrequenztechnologie bestimmte bisher das Hightechunternehmen Polar Electro Oy aus Finnland. 1982 brachte die Firma das erste kabellose Herzfrequenzmessgerät auf den Markt.

Die Aktionsspannungen des Herzens werden mittels Brustwandelektroden erfasst und über einen Sender drahtlos auf den Empfänger am Handgelenk – die „Herzfrequenzmessuhr" – übermittelt. Zuvor konnten EKG-genaue Bestimmungen der Herzfrequenz (Hf) nur im Labor oder über aufwendige Telemetrieanlagen vorgenommen werden. Mit der fortwährenden Messung der Hf in Training und Wettkampf erschlossen sich neue Möglichkeiten der Belastungssteuerung und -kontrolle.

Heute haben im modernen Ausdauertraining tragbare Hf-Messgeräte einen festen Platz eingenommen. Sie wurden auf die Bedürfnisse unterschiedlicher Zielgruppen weiterentwickelt, sodass derzeit eine Vielzahl von Geräten mit unterschiedlichen Optionen verfügbar ist. Testungen von Fahrradcomputern (mit PC-Auswertemöglichkeit) ergaben den empfehlenswerten Einsatz von Ciclocontrol CC HAC 4 (Fa. Ciclo), den Polar XTrainer Plus (Fa. Polar) und den Huger SPY 300 h (Fa. Huger).

Diese Geräte erlauben die zuverlässige Bestimmung von Geschwindigkeit, Höhenmessung, Herzfrequenz u.a., wie Praxistests bewiesen. Auswahl bzw. der Erwerb eines Hf-Messgerätes wird vom Einsatzzweck bestimmt.

Fitnesssportler stellen andere Anforderungen an das Messgerät als Leistungssportler oder Patienten in Rehabilitationskursen. Das einfachste Gerät stellt die fortwährende Anzeige der Herzfrequenz auf dem Display des Empfängers dar und kann zu einen Preis unter 100,- DM erworben werden. Die Preise für hochwertige und PC-auswertbare Messuhren bewegen sich derzeit zwischen 250-500 DM (s. Seite 287).

Einen Überblick über das Spektrum der weiteren Optionen bei Hf-Messgeräten liefert die **Tabelle 1/9.1.** Beim Kauf im Fachhandel ist eine sachkundige Beratung zu empfehlen.

Die richtige Trainingsbelastung ist eine Grundvoraussetzung, um die gesetzten persönlichen Ziele zu erreichen. Häufig wird das Ziel verfehlt, weil die Trainingsbe-

Verfügbare Optionen bei Herzfrequenzmessgeräten

- Mit Umschaltfunktion auf Trainingszeit und Uhrzeit
- Mit einer oder mehreren frei einstellbaren oberen und unteren Grenze und integrierter Alarmfunktion (zur Belastungssteuerung in Herzfrequenzzielzonen).
- Mit Stoppfunktion und ein oder mehreren unabhängigen Timern (z.B. Intervalltraining).
- Mit automatischer Errechnung und Anzeige von Hf-Mittelwert, Erholungs-Hf, Erholungszeit und maximaler Hf (zur Belastungskontrolle).
- Mit Speicherung von Zwischenzeiten und dazugehörigen Hf (zur Belastungsanalyse).
- Mit Speicherung der Hf in 5 s, 15 s oder 60 s-Intervallen. Speicherkapazität je nach Speicherintervall ca. 5-60 Stunden bzw. eine oder mehrere Trainingseinheiten (zur Analyse von Training und Wettkampf).
- Mit Schlag zu Schlag-(R-R) Speicherung und Bestimmung der Herzfrequenzvariabilität, Speicherkapazität etwa 40 min mit Auswertungsoption der gespeicherten Daten über ein Interfacekabel oder über ein akustisches Signal (Sonic Link) in den Computer zur Protokollierung und Analyse von Training und Wettkampf.
- Mit Radoptionen (Tages- und Gesamtkilometer, Tretfrequenz, Geschwindigkeit).
- Mit Höhenmessfunktion.
- Mit Berechnung des Kalorienverbrauchs.
- Mit Bestimmung der optimalen Trainingszone (Own-Zone).
- Mit Bestimmung der allgemeinen körperlichen Fitness (Polar-Fitness-Test).

lastungen nicht auf die individuelle Leistungsfähigkeit abgestimmt sind und das Trainingsprogramm zu über- oder unterschwellig ist. Sportler, die ihre Trainingsbelastungen mit Hf-Messungen kontrollieren, erhalten fortwährend eine Rückmeldung über die Beanspruchung des Herz-Kreislauf-Systems. Das Messen der Hf allein reicht aber nicht aus, um die komplexe Wirkung des Trainings zu erfassen.

Vor dem Training muss das Hf-Messgerät auf die geplante Trainingseinheit programmiert werden. Dazu werden die individuellen Hf-Zielzonen durch Eingabe von Ober- und Untergrenze festgelegt. Eine Belastungskontrolle über die Hf ist nun möglich, akustische Signale warnen bei Überschreiten der Grenzwerte oder weisen bei Unterschreiten auf eine zu geringe Intensität hin.

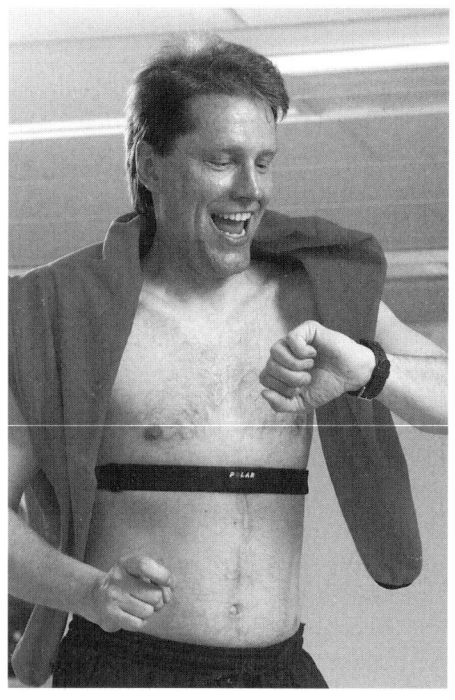

Über das Display der Herzfrequenzuhr sind die aktuellen Hf-Werte sichtbar. Die Messdatenspeicherung ermöglicht außerdem eine Kontrolle danach. Die Daten können über das Display der Uhr oder – nach einer Übertragung mittels Interface in den Personalcomputer – über ein Softwareprogramm analysiert und dokumentiert werden.

Die Hf-Werte liefern nützliche Informationen zur effektiven Regelung und Steuerung der Belastung. Trainingsprogramme können mit dem Hf-Messgerät kontrollierbar in der Praxis umgesetzt werden. Der Einsatz der Hf-Messung setzt allerdings gewisse physiologische Grundkenntnisse voraus (**s. Kap. 7.1**).

Im weiteren Verlauf dieses Kapitels werden Hinweise für die richtige Nutzung des Herzfrequenzmessgerätes in der Sportpraxis gegeben. In diesem Zusammenhang werden die wichtigsten Trainingsmethoden des Ausdauertrainings angesprochen.

Sportler beim Messen der Herzfrequenz. Der Gurt mit Sender ist so zu platzieren, dass er, wie im Bild gezeigt, unter dem Brustmuskel liegt. Der Gurt sollte fest an der Brustwand anliegen, ohne dass die Atmung behindert wird.

9.2 Belastungsmethoden (Trainingsformen)

9.2.1 Dauertrainingsmethode

Die Dauertrainingsmethode wird vorwiegend zur Ausbildung der Grundlagenausdauerfähigkeit (GA) eingesetzt. Im GA-Training werden Belastungen von mindestens 30 min Dauer im mittleren Intensitätsbereich (70-85% der Hf max) ausgeführt (s. Kap. 7.1). Bei der Dauertrainingsmethode wird zwischen der kontinuierlichen und wechselhaften Dauermethode sowie der Fahrtspielmethode unterschieden.

Kontinuierliche Dauermethode

Charakteristisches Merkmal der kontinuierlichen Dauermethode ist eine gleich bleibende Intensität. Die Belastungssteuerung lässt sich mit einem Hf-Messgerät durch Eingabe von Ober- und Untergrenze für alle Sportarten realisieren. Ein akustisches Signal ertönt, sobald die Hf außerhalb der Grenzen liegt. Bei dieser Methode ordnet sich die Geschwindigkeit der Belastungs-Hf unter.

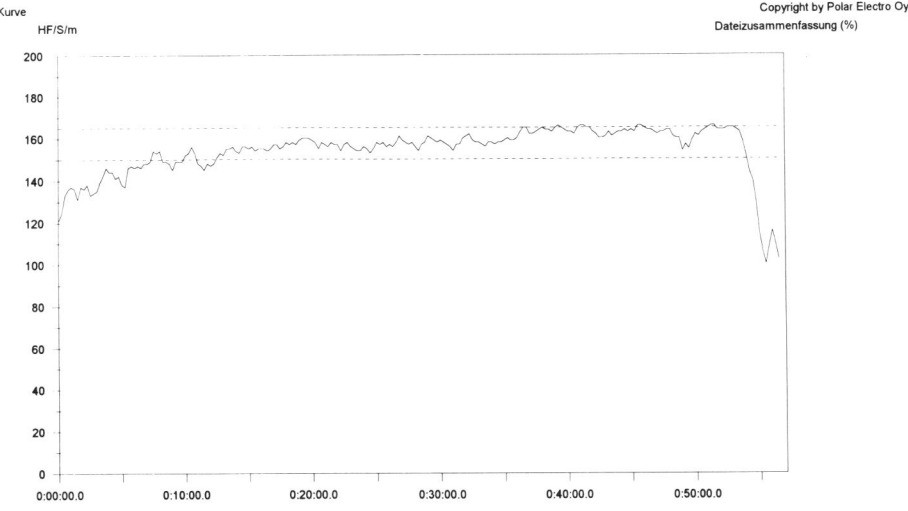

Abb. 1/9.1.:
Zeitlicher Verlauf der Herzfrequenz im Lauftraining nach der Dauermethode. Die angesteuerte Belastungsintensität zwischen der oberen und unteren Hf-Grenze wird eingehalten. Die mittlere Hf liegt bei 121 Schlägen/min.

Auf profilierten Trainingsstrecken muss der Sportler die Geschwindigkeit mehr oder weniger variieren, um den Hf-Bereich nicht zu verlassen. Ein größerer Hf-Trainingsbereich ist in diesem Fall zu programmieren. Auf flachen Trainingsstrecken macht es keine Probleme, die Hf-Grenzen einzuhalten (**Abb. 1/9.2.1**). Hierbei ist zu beachten, dass sich die Herzfrequenz mit zunehmender Belastungsdauer bei konstanter Geschwindigkeit allmählich erhöht. Ursache hierfür ist die muskuläre Ermüdung, die einen höheren biologischen Aufwand erfordert. Wird bei Ermüdung das Tempo gehalten, so steigt die Beanspruchung an und mit ihr die Hf. Der Hf-Ermüdungsanstieg beträgt bei gleich bleibender Geschwindigkeit bzw. Leistung etwa zehn Schläge pro Belastungsstunde.

9.2.2 Tempowechselmethode

Für die Durchführung des Trainings nach der Tempowechselmethode oder wechselhaften Dauermethode sollten zwei Hf-Zielzonen programmiert werden. Ein unterer Bereich wird beispielsweise für das GA 1-Training, ein oberer Bereich für das GA 2- oder WSA-Training festgelegt. Im Training kann dann zwischen beiden Intensitätsbereichen geschaltet werden.

Wechselhafte Dauermethode

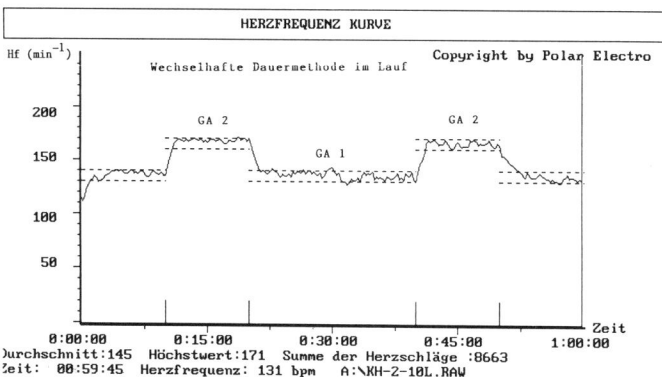

Abb. 1/9.2.2:
Wechselhafte Dauermethode im Lauf.
Der obere Hf-Bereich (160-170 Schläge/min) dient der Entwicklung der Grundlagenausdauerfähigkeit 2 (GA 2) und der untere Hf-Bereich (130-140 Schläge/min) der Entwicklung der Grundlagenausdauerfähigkeit 1 (GA 1).

Die **Abb. 1/9.2.2** verdeutlicht dieses Vorgehen bei einer Trainingseinheit im Lauf. Bei der Auswertung dieser Trainingseinheit ist zu beachten, dass die mittlere Hf von 145 Schlägen/min die Belastung nicht richtig kategorisiert. In diesem Fall sollten die Hf-Werte nach der Häufigkeit ausgewertet werden. In der Auswertungssoftware „Precision Performance" (Polar Electro) ist hierfür eine Option vorgesehen. Im obigen Beispiel wurden etwa 32 min bzw. 53% mit einer Hf zwischen 130 und 140 Schlägen/min und 18 min bzw. 30% zwischen 170 und 180 Schlägen/min gelaufen.

Fahrtspielmethode

Die Fahrtspielmethode ist eine besondere Form der Dauermethode. Hierbei wird mit wechselnden Geschwindigkeiten auf verschieden langen Streckenabschnitten ohne Pause trainiert. Für bestimmte Teilstrecken oder Zeitabschnitte werden unterschiedliche Geschwindigkeiten oder Herzfrequenzen gefordert. Viele Sportler planen das Training bei der Fahrtspielmethode nicht voraus. Sie passen die Belastungsintensität ihrem subjektiven Empfinden und dem Streckenprofil an. Methodisch wird das Training als ein „Spiel mit der Geschwindigkeit" (Schwedisch: fartleg) ausgeübt. Hf-Zielzonen sind dabei weitgehend überflüssig, eine Obergrenze kann vor Überforderungen warnen. Beim Radtraining ist die Fahrtspielmethode aufgrund der meist profilierten Strecken die Methode der Wahl **(Abb. 2/9.2.2).**

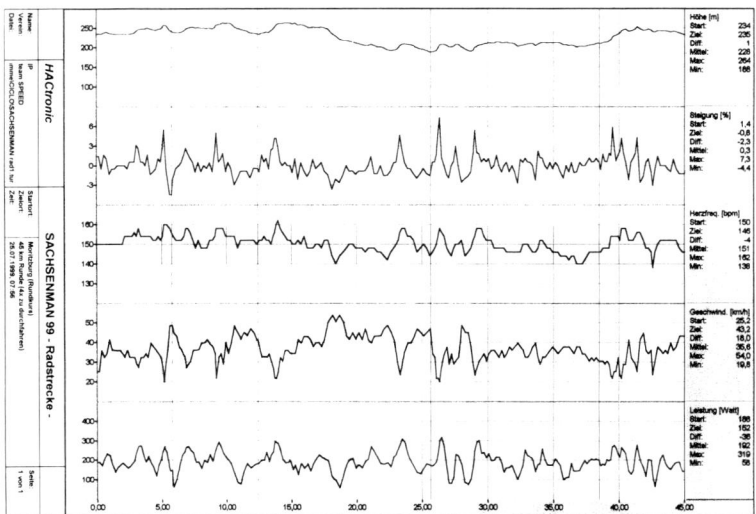

Abb. 2/9.2.2: Fahrtspielmethode beim Radtraining mit gleichzeitiger Messung des Streckenprofils (Höhendifferenz), der Herzfrequenz und der Fahrtgeschwindigkeit (Aufzeichnung mit HACtronic)

9.2.3 Intervallmethode

Die Intervallmethode ist durch einen planmäßigen Wechsel von Belastungs- und Erholungsphasen in einer Trainingseinheit gekennzeichnet. Die Erholungsphasen, auch als „lohnende Pausen" bezeichnet, führen nicht zu einer vollständigen Wiederherstellung. Bei der Intervallmethode wird zwischen der extensiven und intensiven Intervallmethode unterschieden.

Extensive Intervallmethode

Kennzeichen der extensiven Intervallmethode sind eine mittlere Belastungsintensität (GA 2-Bereich) und mittlere bis lange Intervallbelastungen (1 bis 10 min). Die Dauer der Intervallpause wird von der Dauer der Intervallbelastung bestimmt. Als Faustformel sind 50% der Belastungsphase als Pausenzeit zu kalkulieren. Die Pause wird in der Regel aktiv durchgeführt. Mit einem Hf-Messgerät kann die Intensität der Intervallbelastung durch Eingabe einer oberen Grenze und die Intensität der aktiven Pause durch Eingabe einer unteren Grenze gesteuert werden **(Abb. 1/9.2.3)**.

Intensive Intervallmethode

Kennzeichen der intensiven Intervallmethode sind hohe Belastungsintensität (WSA-Bereich), kurze Intervallbelastungen (10-60 s) und kurze, unvollständige Erholungspausen. Die Intensitätsvorgabe erfolgt vordergründig nach der Geschwindigkeit, die von Feldtests oder Wettkampftests abgeleitet wird. Mit einem Hf-Messgerät wird bei der intensiven Intervallbelastung bevorzugt über die Hf in der Pause gemessen und darüber gesteuert.

Während der Belastung ist die Hf sowieso am oberen individuellen Anschlag. Belastungs- und Erholungszeit lassen sich bei einem geeigneten Hf-Messgerät programmieren. Bei unveränderter Pausenlänge informiert die Erholungs-Hf über den ermüdenden Einfluss des Trainings auf das Herz-Kreislauf-System. Sinkt der Hf-Erholungswert von Intervall zu Intervall, so ist entweder die Erholungszeit zu kurz oder die Belastungsintensität zu hoch. Veränderungen im Programm wären vorzunehmen.

Bei einigen Hf-Messgeräten kann eine bestimmte Erholungs-Hf vorprogrammiert werden. Sinkt die Nachbelastungs-Hf auf den festgelegten Wert (z.B. 120 Schläge/min) ab, dann ertönt ein akustisches Signal. Über die Steilheit des Hf-Abfalls wird die Pausenlänge gesteuert. Die Erholungspause ist folglich variabel und wird mit zunehmender Anzahl der Belastungsphasen bzw. der zunehmenden Ermüdung verlängert. Einer ständigen Überbeanspruchung kann somit sinnvoll vorgebeugt werden.

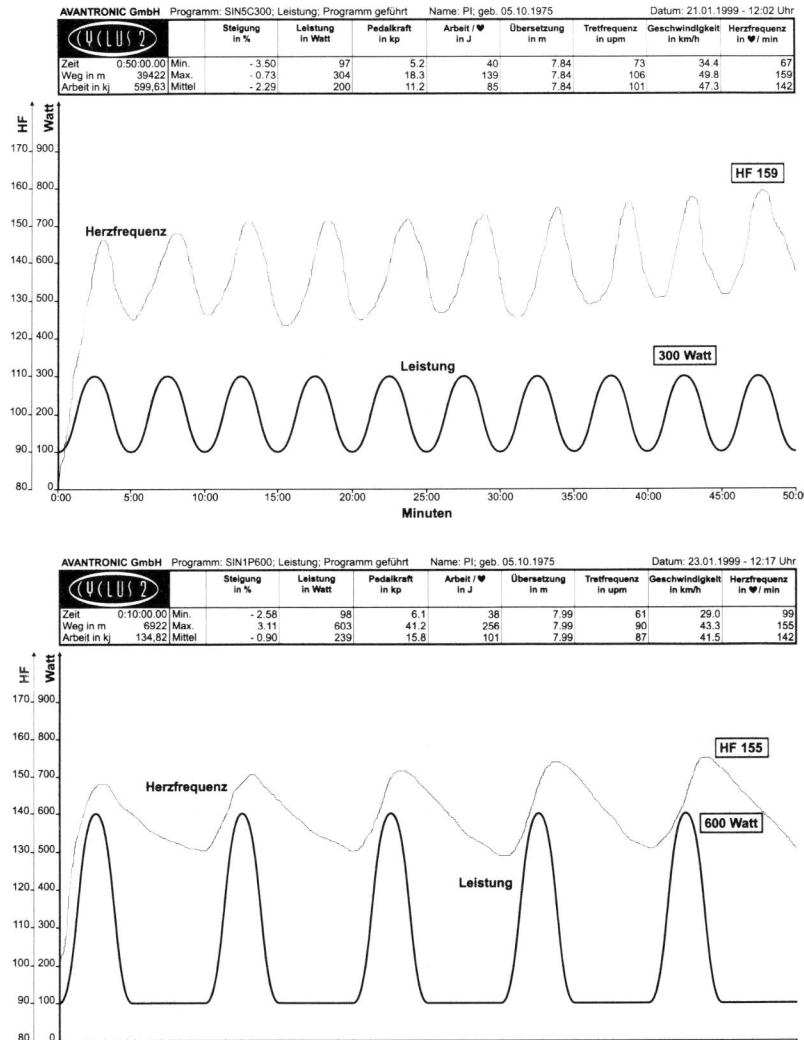

Abb. 1/9.2.3 :
Beispiel einer Verlaufskurve der Herzfrequenz (Hf) nach der extensiven Intervallme-
thode. Die sinusförmigen Belastungen und die Hf wurden mit dem neuen Cyclus 2-
System (Fa. Avantronic) aufgezeichnet.

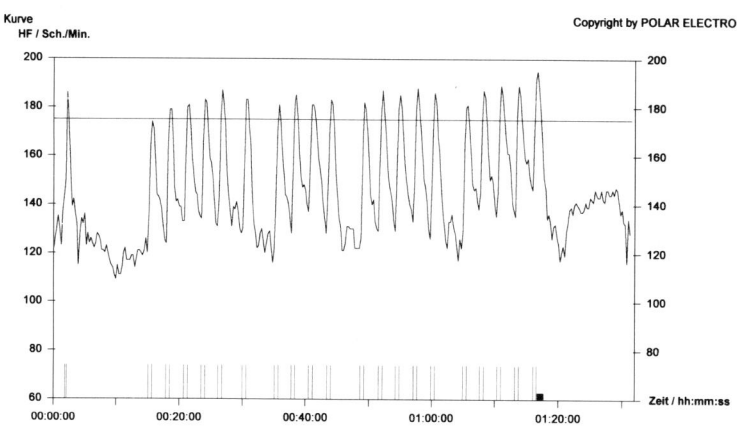

Abb. 2/9.2.3:
Beispiel eines Lauftrainings nach der intensiven Intervallmethode (20 x 200 m).

9.2.4 Wiederholungsmethode

Die Wiederholungsmethode ist dadurch definiert, dass zwischen den Belastungs-
wiederholungen die Erholungsphase zu einer nahezu vollständigen Wiederherstellung führt. Im Ausdauertraining wird die Wiederholungsmethode zur Entwicklung
der wettkampfspezifischen Ausdauerfähigkeit eingesetzt.

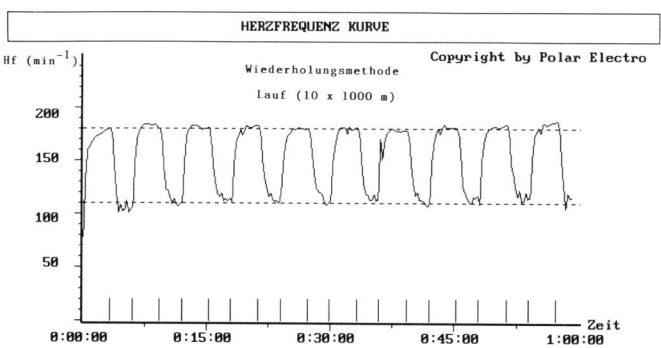

Abb. 1/9.2.4:
Beispiel einer Verlaufskurve der Herzfrequenz nach der Wiederholungsmethode.

Auch im Training sind bei der Anwendung der Wiederholungsmethode Messungen der Hf zu empfehlen. Das Hauptinteresse gilt, wie beim Intervalltraining, der Hf in der Erholungsphase. Eine Ausnahme bilden Wiederholungsbelastungen von mehreren Minuten Dauer, bei denen ebenfalls eine Orientierung an der Belastungs-Hf erfolgen kann.

9.3 Herzfrequenzmessung bei Wettkämpfen

Erfolgen Hf-Messungen während des Ausdauerwettkampfes, dann können Informationen zum Wettkampfverlauf, zur Renneinteilung, zur Herz-Kreislauf-Belastung und zur Stabilität der Leistung geliefert werden. Aus der Hf-Analyse lassen sich weitere für das Training hilfreiche Rückschlüsse ziehen, wie die folgenden Beispiele zeigen.

Triathlonwettkampf
Dargestellt wird der zeitliche Verlauf der Hf beim Kurztriathlon (1,5 km Schwimmen, 40 km Radfahren, 10 km Laufen) eines Triathleten mit mittlerem Leistungsniveau. Markiert sind die Zwischenzeiten nach dem Schwimmen, nach dem Rad fahren und bei jedem Laufkilometer. Beim Wechsel der Diziplinen kommt es zu keiner Absenkung der Hf. Die höchste Hf wird beim Laufen erreicht. Die relativ niedrige Hf beim Schwimmen ergibt sich aus der mäßigen Schwimmleistung des Athleten. Eine höhere Hf war aufgrund unvollkommener Schwimmtechnik und fehlender spezifischer Kraftfähigkeiten nicht zu erreichen **(Abb. 1/9.3)**.

Schwimmen Rad Lauf

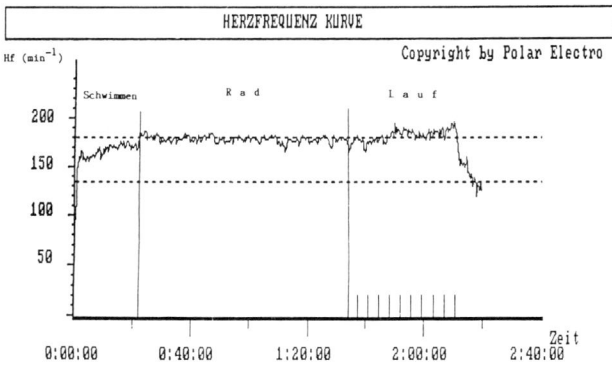

Abb. 1/9.3 :
Herzfrequenzmessung beim Kurztriathlon über alle drei Sportarten

Inlinemarathon

Beim Inlinemarathon werden Geschwindigkeiten über 40 km/h erreicht. Entsprechend hoch ist die Hf. Der Rennverlauf entscheidet, ob der Athlet den oberen Regulationsbereich der Hf erreicht.

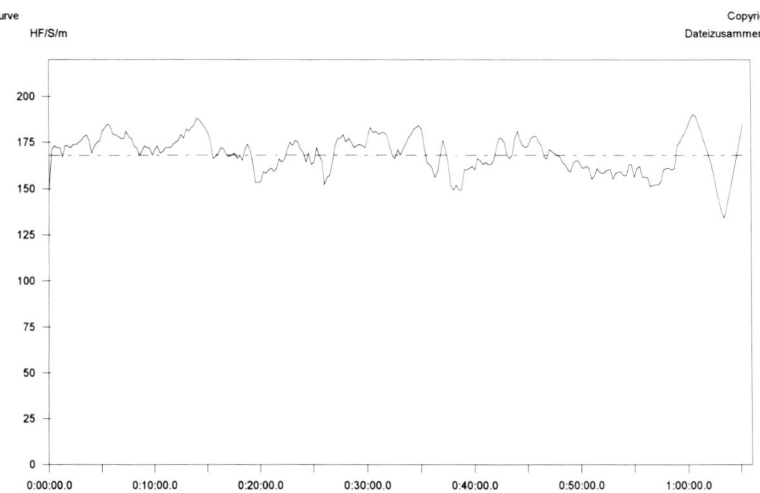

Abb. 2/9.3: Verlauf der Herzfrequenz eines international erfolgreichen Speedskaters beim Engadiner Inlinemarathon (Zeit: 1:00:38 h). Bei einer durchschnittlichen Renngeschwindigkeit von etwa 42 km/h schwankt die Herzfrequenz in einem Bereich von ± 20 Schlägen/min um den Mittelwert von 169 Schlägen/min. Im Schlussspurt erreicht der Sportler seine maximale Herzfrequenz von 189 Schlägen/min. Dies spricht für eine gute psychiche und motorische Mobilisationsfähigkeit am Ende des Rennens.

Radsport

Die Hf ist während eines Radrennens stark vom Streckenprofil abhängig. Bei zunehmender Ermüdung steigt die Hf allmählich an. Durch Einstellung von Hf-Grenzen kann der Sportler seine individuelle Belastbarkeit beim Rennen überprüfen.

In Abb. 3/9.3 werden die Verlaufskurven von Herzfrequenz, Tretleistung und Tretfrequenz des Siegers B.R. beim „Amstel-Gold-Race" über 226 km dargestellt. Die Kurven spiegeln das typische Anforderungsprofil eines Rad-Klassikers mit ständig wechselnden Belastungen und taktischen Manövern wieder.

In **Abb. 4/9. 3** ist das Verhalten der Herzfrequenz bei einem Radwettkampf über 104 km auf profilierter Strecke aufgezeichnet. Der Sportler musste immer

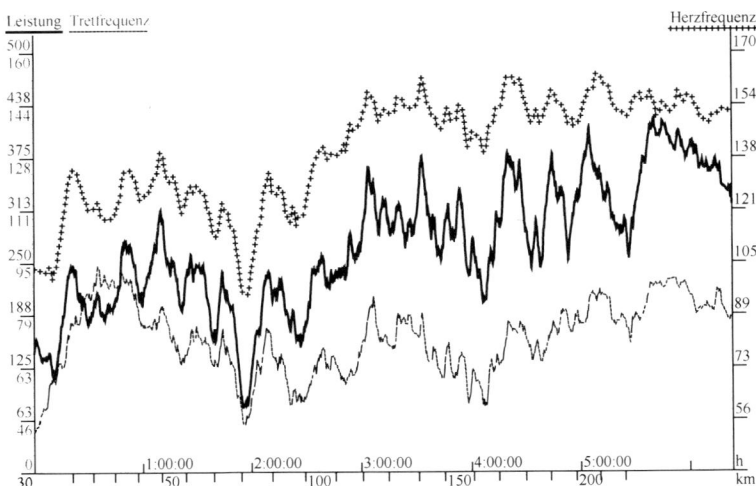

Abb. 3/9.3: Synchroner Verlauf von Herzfrequenz (obere Kurve), Tretleistung (mittlere Kurve) und Tretfrequenz (untere Kurve), aufgezeichnet mit dem Schoberer Meßsystem (SRM).

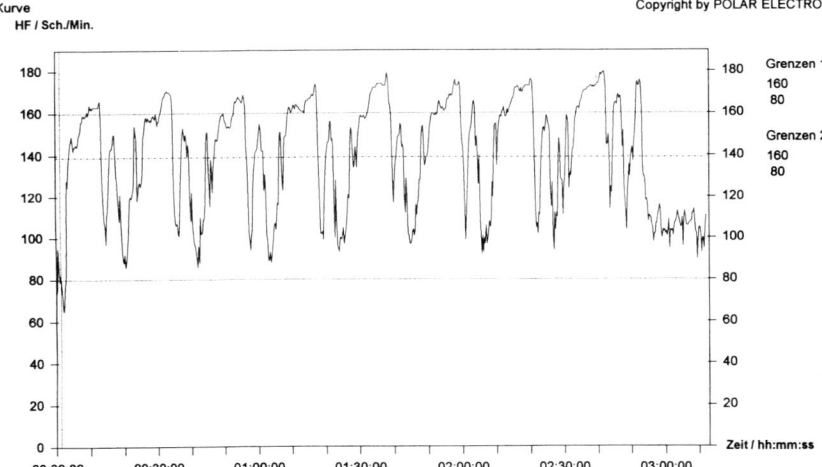

Abb. 4/9.3: Verhalten der Herzfrequenz bei einem Radwettkampf über 104 km auf profilierter Strecke. Der Sportler musste immer wieder auf einem Rundkurs das vorgegebene Profil bewältigen. Im Verlaufe des Rennens kam es zum allmählichen Hf-Anstieg und auch zur Zunahme der Hf auf Flachstrecken. Der Sportler hat sich zur Orientierung seiner Belastbarkeit Hf-Grenzwerte vorgegeben.

wieder auf einem Rundkurs das Profil bewältigen. Im Verlaufe des Rennens kam es zum allmählichen Hf-Anstieg und auch zur Zunahme der Hf auf Flachstrecken.

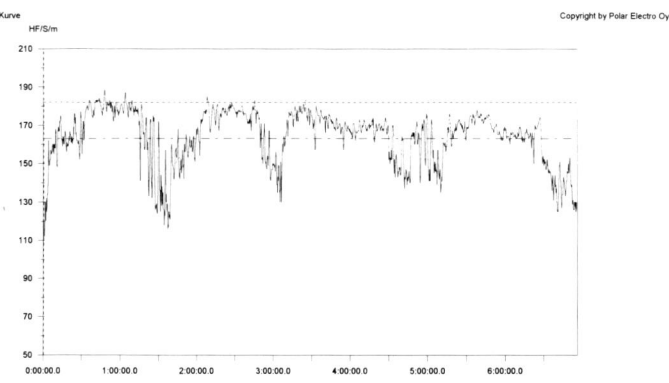

Abb. 5/9.3: Herzfrequenzverlauf des Siegers über die Marathondistanz (120 km) beim Bike Festival Gardasee. Die obere Herzfrequenzgrenze (182 Schläge/min) wird im Rennen nur kurzzeitig überschritten. Bei einer Gesamtwettkampfzeit von 6:50 h wird eine durchschnittliche Herzfrequenz von 163 Schläge/min erreicht. Dies spricht für eine extreme Gesamtbeanspruchung des Organismus.

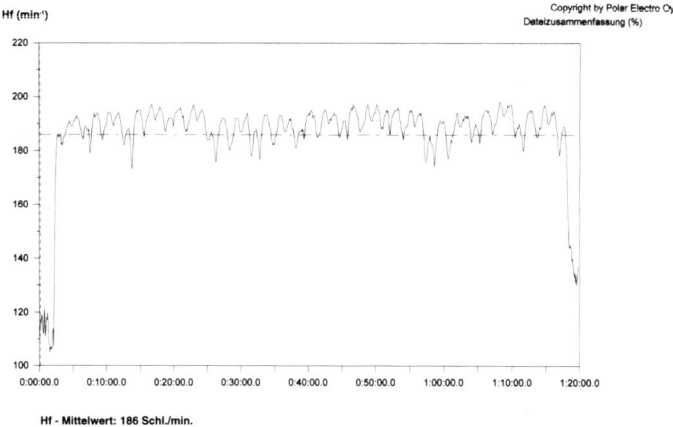

Abb. 6/9.3: Herzfrequenzverlauf beim Mountainbike-Rennen eines Elite-Fahrers über die Kurzdistanz

9.4 Herzfrequenzvariabilität

Die Herzfrequenz (Hf) ist die Zahl der Herzschläge pro Minute. Das Herz schlägt in Ruhe nicht mit einer starren Frequenz. Die Hauptantriebe der Hf gehen vom Sinusknoten im Herzen aus und unterliegen den Einflüssen des vegetativen (autonomen) Nervensystems. Das vegetative Nervensystem wird durch den antreibenden Sympathikus und bremsenden Parasympathikus (Vagus) repräsentiert. Je nachdem, welche Einflüsse überwiegen, schlägt das Herz schneller oder langsamer in Ruhe und bei Belastung (bis zu einer bestimmten Höhe).

Die unterschiedliche Zeitdauer von Herzschlag zu Herzschlag wird entsprechend den messbaren Ausschlägen in der EKG-Kurve auch als R-R-Intervall bezeichnet. Ein langes R-R-Herzzeitintervall spricht für das Überwiegen des Vagus und ein kurzes für das Überwiegen des Sympathikus. Die ständige Änderung der Herzzeitintervalle (Herzperiodendauer) wird als **Herzfrequenzvariabilität** (heart rate variability-HRV) bezeichnet.

Die Auswirkungen des Vagus und Sympathikus betreffen nicht nur die Herztätigkeit, sondern auch die Atmung, den Blutdruck und andere Körperfunktionen. Die Hf wird nicht nur vom vegetativen Nervensystem beeinflusst, sondern auch durch verschiedene Rezeptoren, die auf Temperaturveränderungen, Druck oder chemische Veränderungen ansprechen.

Der Sportler, der regelmäßig trainiert, hat eine höhere Herzfrequenzvariabilität (HRV) als ein Untrainierter. Nach Untersuchungen von BERBALK (1999) erlaubt die Messung der HRV im Leistungssport folgende diagnostischen Aussagen:

1. Information über die Balance zwischen sympathischen und parasympathischen Nervensystem. Der erhöhte Parasympathikus bewirkt eine Abnahme der Hf und eine Zunahme der HRV.
2. Kennzeichnung des Atemeinflusses. Bei Ausatmung fällt Hf ab und bei Einatmung steigt diese.
3. Das Lebensalter beeinflusst die Hf. Kinder haben eine größere HRV als Erwachsene. Mit zunehmendem Alter nimmt die HRV ab.
4. Einfluss des Tagesrhythmus. Am Morgen liegt die niedrigste Hf (Ruhepuls) vor, begleitet von der höchsten HRV.
5. Einfluss des Lagewechsels. Das Stehen erhöht die Hf und senkt die HRV.
6. Psychophysischer Zustand. Bei hoher mentaler Anspannung, die in einen Teilstress oder Gesamtstress übergeht, nimmt die HRV ab. Diese Zustände kommen im Leistungssport öfter vor und müssen rechtzeitig erkannt werden.

7. Die trainingsbedingte Abnahme der Hf in Ruhe erhöht zugleich die HRV.
8. Bei unzureichender Wiederherstellung ist die HRV erniedrigt. Dieser Befund dient in der Trainingssteuerung als wichtige Informationsgröße.
9. Mit Zunahme der Belastung steigt die Hf und damit nimmt infolge des Überwiegens des sympathischen Nervensystems die HRV ab. Ab einer Intensität von > 50% der maximalen Sauerstoffaufnahme oder 60% der maximalen Hf strebt die HRV gegen null. Die Belastungs-Hf wird zunehmend „starrer".

Durch eine neue Messtechnologie kann die HRV über eine „Polar-Uhr" bestimmt werden. Das Hf-Messgerät Vantage NV (Fa. Polar Electro) kann bis zu 4.000 einzelne Herzschläge speichern und aus diesen die Variabilität sowie die Entspannungsrate (RLX-Wert) fortlaufend errechnen. Auf dem Display des Vantage NV werden HRV und Entspannungsrate (RLX) angezeigt.

Bei Nutzung dieses Messsystems erhält der Sportler ein unmittelbares Feedback über seinen Funktionszustand. Ein Entspannungszustand in Ruhe von 20-100 ms (Millisekunden) wird angenommen. Innerhalb dieses Bereiches sind individuelle Abweichungen dann interpretierbar, wenn der Athlet seine normale Schwankungsbreite kennt. Kurzzeitige Änderungen von HRV und RLX-Wert innerhalb von 1-2 Tagen sind normale Zustandsänderungen des vegetativen Nervensystems. Die anhaltende Verminderung der Herzfrequenzvariabilität über mehrere Trainingstage ist ein Kennzeichen der unvollkommenen Regeneration oder einer sich bereits anbahnenden Überbelastung mit dem Folgezustand des Übertrainings (s. Kap. 10). Der Entspannungszustand (RLX-Wert) nimmt ab, wenn die Ruhe-Hf ansteigt (Abb. 1/9.4).

Entspannungswert RLX

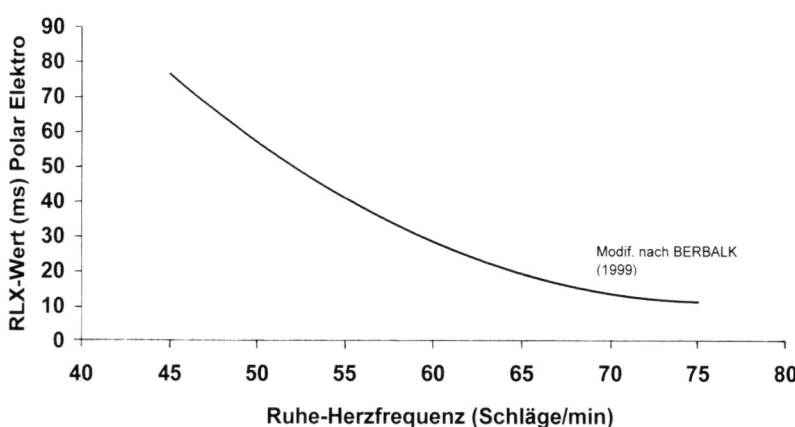

Abb. 1/9.4:
Beziehung zwischen Entspannungswert RLX und Ruheherzfrequenz. Messungen über 150 Tage bei einem Radsportler ergaben, dass mit der Zunahme des Entspannungswertes RLX die Hf in Ruhe abnahm und bei Zunahme der Ruhe-Hf der RLX-Wert sank (hohe Belastungen). Modif. nach BERBALK (1999).

Herzfrequenzkurve (R-R-Messung)

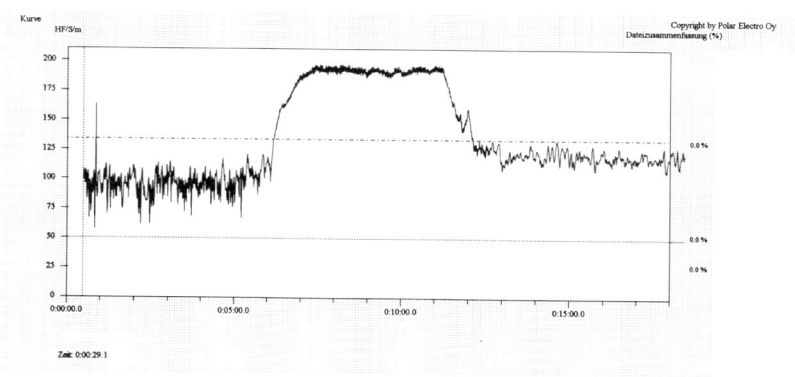

Abb. 2/9.4
Schwankung der Herzfrequenz in Ruhe, bei Belastung und in der Erholungsphase.

Streudiagramme

Ruhephase

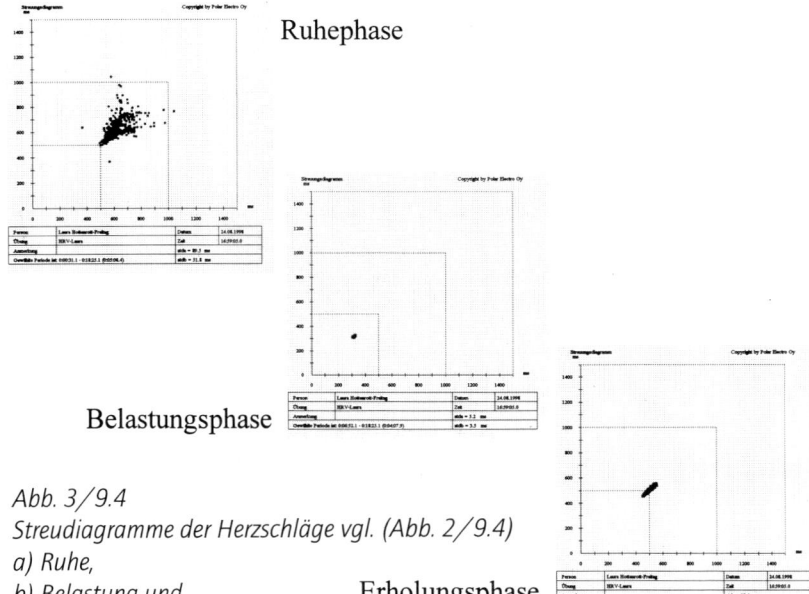

Belastungsphase

Abb. 3/9.4
Streudiagramme der Herzschläge vgl. (Abb. 2/9.4)
a) Ruhe,
b) Belastung und   Erholungsphase
c) Erholung

10 Übermüdung, Fehltraining, Übertraining

Die Ermüdung ist ein Zustand des Organismus, der nach intensiver und/oder extensiver motorischer und psychischer Beanspruchung auftritt. Im Organismus sinkt nach hohen Belastungen die Funktionsfähigkeit vorübergehend ab. Beim sportlichen Training werden Ermüdungszustände angestrebt, die eine muskuläre Wiederbelastung in der nachfolgenden Trainingseinheit des Tages oder am nächsten Tag ermöglichen. Das Zentralnervensystem ist maßgeblich am Zustandekommen der Ermüdung beteiligt.

Die Äußerungen der Ermüdung sind vielgestaltig. Im sportlichen Bereich stellt sich eine Ermüdung durch die Abnahme der Kraft, Schnelligkeit, Ausdauer und Bewegungskoordination dar. Der Sportler empfindet Anstrengung, Müdigkeit, Schmerz, nachlassenden Antrieb, Muskelsteifigkeit, Muskelschwere u.a. Diese Erscheinungen sind die Voraussetzung für Anpassungen und Leistungssteigerung. Nach der muskulären Ermüdung benötigt der Sportler Erholung. Der Ermüdungsgrad hat einen großen Einfluss auf die Erholungsprozesse. Der Erholungsprozess verläuft nach physiologischen Gesetzmäßigkeiten unterschiedlich schnell ab und führt die beanspruchten Organe und Funktionssysteme in Minuten, Stunden und Tagen auf das Ausgangsniveau zurück **(Tab. 1/10)**.

Die verminderte sportliche Leistungsfähigkeit, die im Zusammenhang mit der Nachwirkung der Wiederherstellunsprozesse nach hohen Belastungen sowie Wettkämpfen steht, ist noch kein Argument, von Übertraining zu sprechen. Die häufigste Ursache der nachwirkenden Leistungsverminderung liegt auf energetischer Ebene: Besonders das Muskelglycogen kann mehrere Tage bis zur vollen Repletion benötigen.

Nach wie vor sind die komplexen Ursachen für die Entwicklung des echten Übertrainings nicht aufgeklärt und es existieren hierfür verschiedene Erklärungsmodelle (LEHMANN et al., 1998).

Alle Formen eines Übertrainings sind Folgen einer wiederholten Fehlbelastung im Trainingsprozess. Allgemein wird das Übertraining als Folge des Missverhältnisses zwischen Training, Wettkämpfen und Wiederherstellung bezeichnet. Allerdings ist dies eine vereinfachte Darstellung eines komplizierteren physiologischen Zustandes. Die Versuche, das Übertraining willkürlich (experimentell) herbeizuführen, sind fast alle misslungen. Eine wesentliche Voraussetzung zur Herausbildung des Übertrainings ist der länger anhaltende gesamtorganismische Systemstress, ver-

Zeitlicher Ablauf der Regeneration nach sportlicher Balastung*

4-6 Minuten:	Vollständige Auffüllung entleerter Creatinphosphatspeicher in Muskulatur.
20 Minuten:	Rückkehr von Herzschlagfrequenz und Blutdruck zum Ausgangswert (nach Langzeitbelastungen länger).
20-30 Minuten:	Normalisierung der Unterzuckerung (Hypoglycämie); bei Kohlenhydrataufnahme erfolgt Blutglucoseanstieg bis 10 mmol/l.
30 Minuten:	Säure-Basen-Haushalt wieder normalisiert (Homöostase), Laktatkonzentration unter 2 mmol/l.
60 Minuten:	Nachlassen der belastungsbedingten Proteinsynthesehemmung in beanspruchter Muskulatur.
90 Minuten:	Umschlag des abbauenden (katabolen) in den aufbauenden (anabolen) Stoffwechsel. Verstärkter Proteinumsatz zur Regeneration beanspruchter Strukturen.
2 Stunden:	Erste Wiederherstellung in ermüdeter Muskulatur (Kompensationstraining möglich).
6 Stunden-1. Tag:	Ausgleich im Flüssigkeitshaushalt; Normalisierung des Hämatokrits (Rückbildung von Hämokonzentration oder Hämodilution).
1. Tag:	Wiederherstellung des Leberglycogens.
2.-7. Tag:	Repletion des Muskelglycogens in stark beanspruchter Muskulatur.
3.-4. Tag:	Wiederherstellung der verminderten Immunabwehr.
3.-5. Tag:	Auffüllung der muskulären Fettspeicher (Triglyceride).
3.-10. Tag:	Regeneration in funktionsgestörten und belastungsgeschädigten kontraktilen Proteinen und Stützstrukturen (Aktin, Myosin, Troponin, Titin u.a.) in belasteten Muskelfasern.
7.-14. Tag:	Strukturaufbau in den funktionsgestörten Mitochondrien (Enzymatische Sicherung des hohen aeroben Energiedurchsatzes, Normalisierung abgefallener Muskelleistungsfähigkeit und damit auch der VO_2 max).
1.-3. Woche:	Psychische Erholung vom gesamtorganismischen Belastungsstress. Wiederabrufbarkeit der Wettkampfleistungsfähigkeit in Kurz-, Mittel- und Langzeitausdauersportarten (LZA) I und II.
4.-6. Woche:	Regeneration nach LZA III- und LZA IV-Leistungen (z.B. Marathonlauf, 100 km-Lauf, Langtriathlon, Mehrfachlangtriathlon).

Tab. 1/10: * Zeitliche Durchschnittsangaben; individuell stark von Dauer und Intensität der Belastung sowie Leistungsfähigkeit beeinflusst.

bunden mit einer starken Störung zentraler hormoneller Achsen (Hypothalamus-Hypophysenebennierenrinde). Der Organismus muss längere Zeit bei der Belastungsbewältigung im Grenzbereich seiner Möglichkeiten arbeiten, damit sich ein Systemstress (umfassender Alarmzustand) entwickelt.

Bemerkt wird das Übertraining zuerst in der nachlassenden sportlichen Leistungsfähigkeit trotz Training und in subjektiven Störungen des Wohlbefindens (**Tab. 2/10**). Allmählich entwickelt sich eine deutlich verminderte Trainingsbereitschaft, besonders für intensive sportartspezifische Belastungen. Damit beginnen die Selbstschutzmechanismen des Körpers zu wirken. Jede Form der zentralnervalen Bremsung der Motorik ist eine Schutzreaktion vor weiterer Überlastung. Das Übertraining ist die Folge von nachlassender motorischer Aktivierung und zunehmender Ermüdung des Gesamtorganismus, die durch die normale Erholung zwischen den Trainingseinheiten nicht mehr ausgeglichen werden kann.

Chronische Ermüdung ist mit zunehmenden Störungen des Wohlbefindens verbunden und äußert sich vielfältig. Diesem Zustand kann praktisch nur durch Verminderung der Trainingsbelastung, einem Belastungswechsel oder einer längeren Trainingspause begegnet werden.

Wenn allgemein das Übertraining als Missverhältnis zwischen Training, Wettkämpfen und Wiederherstellung bezeichnet wird, so ist es doch nicht ohne weiteres möglich, diesen Zustand willkürlich herbeizuführen.

Alle kurzzeitigen Leistungsminderungen, die in einem Zusammenhang mit einer außerordentlich hohen Belastung stehen, werden teilweise mit dem Begriff des „**Kurzzeit-Übertrainings**" belegt („short-term overtraining, overreaching"). Da die Ursachen dieser Leistungsminderung meist physiologisch erklärbar sind und in überschaubaren Zeiträumen wieder zur ursprünglichen oder verbesserten Leistungsfähigkeit (Superkompensation) führen, sind sie nicht das typische Erscheinungsbild des Übertrainings.

Wird Übertraining durch Energiemangel (Muskelglycogen) hervorgerufen, dann helfen bereits zwei Tage Pause, deutlich verminderte Belastung und gezielte Kohlenhydrataufnahme. Reichen diese Maßnahmen nicht aus und ist die Trainingsbereitschaft weiterhin gestört, dann kann an Übertraining gedacht werden. Allein belastungsbedingte Strukturzerstörungen auf muskulärer Ebene und die gedrosselte Proteinsynthese führen zur verzögerten Regeneration. Ursachen dieser Regenerationsstörung sind meist ein länger einwirkender Energiemangel und/oder eine Wirkstoffunterversorgung in der hochbelasteten Muskulatur (**Tab. 3/10**).

Anzeichen für Übertraining

Im Training
- Abnahme der Leistungsfähigkeit oder Stagnation in der Leistungsentwicklung.
- Häufung von Fehlern in Koordination und Sporttechnik.
- Abnahme der Kraft für den Bewegungsvortrieb.

Im Alltag
- Psychische Störungen: Trainingsunlust, Konzentrationsschwäche, erhöhte Reizbarkeit.
- Vegetative Funktionsstörungen: Appetitlosigkeit, Schlafstörungen, Motilitätsstörungen im Magen-Darm-Trakt, Gewichtsabnahme.

Bei der Belastungssteuerung
- Ansteigen von Ruhe und Belastungsherzschlagfrequenz (Hf) um 4-10 Schläge/min.
- Verzögerte Erholung der Hf nach Belastung.
- Kompensation der Leistung mit höheren Anteilen des anaeroben Stoffwechsels (frühzeitige und höhere Laktatbildung).
- Infolge Glycogenmangel zu geringe Laktatmobilisation.

Im Gesundheitszustand
- Infektanfälligkeit steigt deutlich an (unerwartete Erkrankungen).
- Zunahme der Ruhe-Hf (> 10 Schläge/min).
- Deutliche Anstiege von Serumharnstoff und Creatinkinase nach Belastung.
- Indikatoren für Systemstress Cortisol und Katecholamine erhöht.

Tab. 2/10: Anzeichen für Übertraining

Der Körper versucht, Ermüdungszustände durch Aktivierung vieler Funktionen zu überwinden. Führt dies nicht zum Erfolg, dann werden Körperfunktionen zum Schutz der Muskulatur vor weiterer Überbelastung gedrosselt. Lang anhaltende Funktionsdrosselung leitet das Übertraining ein.

Ergibt sich aus der Art der Trainingsbelastung der Verdacht, dass die Strukturregeneration (Kraft) in der Muskulatur gestört ist, dann ist die Trainingspause auf 3-4 Tage zu verlängern und ein Nachholtraining zu unterlassen. Der sicherste Weg, die ursprüngliche Leistungsfähigkeit wiederzuerlangen, ist das **aerobe Kompensationstraining (s. Kap. 4)**. Anzeichen der Besserung ist der Rückgang der erhöhten Ruhe-Hf. Die erhöhte Serumharnstoffkonzentration sinkt deutlich um 3-4 mmol/l ab, d.h. sie erreicht wieder normale Werte von 5-7 mmol/l. Das Wohlbefinden und die Trainingslust steigen wieder an; die Zeichen vegetativer Fehlregulation verschwinden.

Trotz zahlreicher Untersuchungen zum Übertrainingszustand sind die genauen Zusammenhänge noch unklar, sodass im Rahmen der Belastungssteuerung die praktischen Verhaltensweisen vordergründig sind.

Aus der Sicht der Störung des Gleichgewichts im vegetativen Nervensystem hat ISRAEL (1976) ein sympathikotones (erregendes) und parasympathikotones (hemmendes) Übertraining unterschieden.

Das sympathikotone Übertraining ist seltener; der Sportler ist übersteuert und überaktiv, die Leistungsentwicklung stagniert. Der biologische Aufwand für die Bewältigung von Belastungen ist höher als gewohnt (Hf oder Laktat liegen über den erwarteten Werten). Diese Form des Übertrainings ist durch ausgewogene aerobe Kompensationsbelastungen, auch in anderen Sportarten, leichter zu überwinden.

Nachhaltiger ist das parasympathikotone (vagotone) Übertraining. Dieses entwickelt sich schleichend und ist nicht gleich zu erkennen. Die Ähnlichkeit mit kurzzeitigen Erschöpfungszuständen ist groß. Erhöhtes Schlafbedürfnis und Zeichen zentralnervaler Ermüdung werden mit einer Anhäufung von bestimmten Aminosäuren im Hirnstoffwechsel in Zusammenhang gebracht, sodass die Hypothese von der vegetativen Funktionsstörung erweitert wurde. Die Aminosäurenhypothese der Ermüdung geht davon aus, dass bei einem größeren Energiemangel, besonders an verzweigtkettigen Aminosäuren (Valin, Leucin und Isoleucin), die zum Ausgleich in den Hirnstoffwechsel verstärkt eingeschleuste Aminosäure Tryptophan zum Ansteigen des nervalen Überträgerstoffes 5-Hydroxytryptophan führt, der die Nervensignalübertragungen hemmt.

Zur Erklärung des Übertrainings wurden weitere Theorien aufgestellt (LEHMANN et al., 1994; NEWSHOLME, 1995; PARRY-BILLINGS et al., 1992; URHAUSEN et al., 1998 u.a.). Favorisiert wird gegenwärtig eine tief greifende Störung in den hormonellen Achsen Hypothalamus-Hypophyse-Nebennierenrinde. Ein Chaos im Immunsystem ist nicht auszuschließen.

Das Übertraining entsteht beim sportartspezifischen Training, bei dem die Grundsätze der Belastbarkeit des Organismus durch unzureichende Pausen und zu hohe Intensitätsanteile verletzt werden. Der im Leistungstraining auftretende Muskelglycogenmangel ist keineswegs die Ursache des Übertrainings.

Beim Einzeltraining kommt es seltener zum Übertraining; häufiger tritt es beim Gruppentraining auf. Im Gruppentraining wird die individuelle Leistungsfähigkeit häufiger überfordert, da das Belastungsmaß vom Leistungsstärksten vorgegeben wird. Die im Anpassungszustand schwächeren oder trainingsjüngeren Sportler werden ständig angeregt, mit etwa 3-5% höherem biologischen Aufwand die Belastungen zu bewältigen. Oft verzichten die ehrgeizigen und trainingswilligen jüngeren Sportler auf Belastungspausen.

Im Verlauf von mehreren Tagen oder Wochen steigt die muskuläre Ermüdung an und zu ihrer Überwindung wird die zentrale Stressregulation ausgelöst. Zum Schutz muss der Organismus Körperfunktionen drosseln; über den dämpfenden Teil des vegetativen Nervensystems (Vagus) geschieht das am sichersten. Durch den erhöhten, zentral ausgelösten Vagotonus wird der Gesamtorganismus vor weiterer Belastungsnachwirkung, besonders der intensiven, geschützt.

Eine wesentliche Mitreaktion bei der Drosselung der leistungsbeeinflussenden Funktionen ist die Störung der biologischen Abwehr. Die Folgen der verminderten Immunfunktion sind die überraschend auftretenden Erkrankungen vor bedeutenden Starts oder nach Trainingslagern. Die gestörte Immunfunktion ist nur durch Belastungsverminderung oder mehrtägige Pause sicher zu beheben.

Wird das Training trotz Indisposition oder Infekt weitergeführt, dann werden die energetischen Prozesse zur Belastungssicherung durch erhöhte anaerobe Stoffwechselanteile uneffektiv. Bei Belastung ist das Glycogen vorzeitig erschöpft und der Organismus wird gezwungen, verstärkt Aminosäuren und Proteine abzubauen. Der erhöhte Proteinkatabolismus ist am hohen Serumharnstoffspiegel und am Anstieg der Creatinkinase bei relativ niedriger Belastung zu erkennen.

Weitere Indikatoren für eine Fehlbelastung sind: Anstieg des Noradrenalins, Abnahme des freien Testosterons, Anstieg des Cortisols, Abfall des Eisenspiegels sowie Abnahme des Plasmaglutamins u.a.

Die vielfältigen Zeichen der Leistungverminderung, verbunden mit gestörten physiologischen Zuständen, werden auch als **Übertrainingssyndrom** (Staleness) oder **„Ausgebranntsein"** (Burn-out-Syndrom) bezeichnet (LEHMANN et al., 1998).

Bei jeder Leistungsstagnation ist das Training zu analysieren und nach möglichen methodischen Fehlern im Belastungsaufbau zu suchen. Häufig wird sich herausstellen, dass der Leistungsaufbau auf einer zu schwach entwickelten aeroben Basisleistung beruhte und durch die nachfolgende Intensivierung des Trainings, einschließlich Wettkämpfe, zur Gesamtüberforderung führte. Das Training erfolgte dann im Zustand einer zu hohen Restermüdung, mit dem Ergebnis permanenter Leistungsverschlechterung.

Wiederherstellungsfördernde Substanzen im Leistungstraining

Funktionen	Substanzen
• Energiestoffwechsel	Komplexkohlenhydrate, Creatin, verzweigtkettige Aminosäuren (BCCA), mittelkettige Fettsäuren (MCT),
• Mikronährstoffe	Magnesium, Zink, Selen, Eisen, Chrom, Vitamin C, Omega-3-Fettsäuren
• Zellschutzstoffe	L-Carnitin, Vitamin E
• Antioxidantien	Vitamin E, Selen, Vitamin C, Beta-Carotin, Vitamin Q (Ubichinon)
• Antikatabole Substanzen	Glutamin, BCCA, Aminosäuren, Beta Hydroxy-Beta-Methylbutyrat (BMB), Kohlenhydrat-Proteingemische
• Immunstimulantien	Roter Sonnenhut (Echinacea), L-Carnitin, Eberraute, Mistel, Kamille, Arnika, Salizylsäure, grüner Tee u.a.
• Pflanzliche Psychopharmaka	Johanniskraut

Tab. 3/10

Bei einem Über- oder Fehltrainingszustand ist die Fortführung der gewohnten Trainingsbelastung erfolglos, denn die Belastungsreize können nicht mehr vom Organismus adäquat verarbeitet werden.

Wenn veranschlagt wird, dass zum Erreichen eines höheren Anpassungszustandes mindestens 4-6 Wochen Training notwendig sind und die muskuläre Regeneration in Form des strukturellen Aminosäurenumbaus nur 2% bis maximal 6% am Tag beträgt, dann ist zur Überwindung des Übertrainingszustandes ein Korrekturtraining von ein bis zwei Monaten notwendig. Bei Annahme von 2% Strukturumbau (Aminosäurenaustausch) in der Muskulatur pro Tag, würden in zehn Tagen erst etwa 20% der Muskelstruktur erneuert sein.

Die Regeneration verläuft autoregulativ, d.h. ohne eigenen Einfluss ab. Aus der Sicht der Trainingsmethodik kommt es darauf an, dass dieser „Selbstheilungsprozess" nicht durch unbedachte Belastungen gestört wird. Deshalb hat das Kompensationstraining in Grenzsituationen der Belastbarkeit so eine große praktische Bedeutung. Die Stützung der Selbstheilungskräfte mit Mineralien, Vitaminen und pflanzlichen Wirkstoffen hat in diesem Zustand einen großen Nutzen (**Tab. 3/10**).

11 Komplexe Leistungsdiagnostik

Die Leistungsdiagnostik ist ein weit gefächerter Untersuchungskomplex, der auf fachspezifischen Untersuchungsstrategien aufbaut. Entsprechend der Definition wird darunter eine Untersuchung auf Belastungsgeräten (Ergometern) verstanden, die mit gleichzeitiger Erfassung biologischer Messgrößen kombiniert wird. Die Belastung umfasst alle motorischen Hauptbeanspruchungsformen: Ausdauer, Kraft, Koordination und Schnelligkeit.

Für die Überprüfung dieser konditionellen Fähigkeiten hat jede Sportart oder Disziplin eigene Vorstellungen entwickelt. Inzwischen besteht Einigkeit darüber, dass im Leistungssport die sportartspezifische oder semispezifische Belastungsprüfung zu bevorzugen ist (s. Kap. 8). Die Sportwissenschaften und die Sportmedizin im Spitzensport waren die innovativen Kräfte, die zur Weiterentwicklung der sportartspezifischen Ergometrie anregten (NEUMANN/SCHÜLER, 1994). Da durch die Prüfung einer sportartspezifischen Fähigkeit (z.B. Ausdauerfähigkeit, Kraftausdauerfähigkeit, sportartspezifische Koordinationsfähigkeit) nicht die Gesamtheit der Leistungsvoraussetzungen beurteilt werden kann, wurden die Testbatterien ständig erweitert.

Nach Irrtümern in der diagnostischen Fähigkeitserfassung, besonders in ihrer Bedeutung für die Wettkampfleistung, haben sich schließlich die Tests behauptet, deren Ergebnisse in Beziehung zur Wettkampfleistung gesichert werden konnten. Sie stellen aus diagnostischer Sicht zugleich wichtige Komponenten der sportartspezifischen Leistungsfähigkeit dar und haben im Training eine Vorrangstellung.

Mit dem Begriff der „Komplexen Leistungsdiagnostik" (KLD) wird zum Ausdruck gebracht, dass mehrere Aspekte der sportartspezifischen Leistungsvoraussetzungen geprüft werden. Personelle und finanzielle Möglichkeiten in den Untersuchungsstellen und der verfügbare Zeitaufwand für die Untersuchung haben dazu geführt, dass die möglichen Inhalte der KLD stark gekürzt wurden und sich von einer normalen Leistungsdiagnostik (LD) wenig unterscheiden.

Die frühere Vorstellung, das die KLD nur zentral (an einer Untersuchungsstelle) durchgeführt werden müsste, lässt sich heute nicht mehr realisieren. Sportverbände mit einer großen Zahl von Kaderathleten (z.B. Schwimmsport) haben ihre KLD-Standorte nach geografischen Gesichtspunkten aufgeteilt. Damit sollen auch mehrfache Anreisen für die Athleten zumutbar sein. An dieser Stelle ist festzustellen, dass es in den Teststrategien keinen Stillstand gibt. Ständig werden neue Spezialergometer entwickelt und Parameter erprobt (s. Kap. 8). In den Spitzensportverbänden unterliegen die KLD-Befunde, analog den Patientendaten beim Arzt, einem strengen Schutz. Ohnehin treffen bestimmte sportartspezifische Spezialtests nur für einen kleinen Sportlerkreis zu. Im nachfolgenden Text wird die Komplexität im Untersuchungsansatz kurz beschrieben.

Im Interesse der noch aktiven Topathleten kann keine öffentliche Dokumentation sensibler Leistungsdaten erfolgen. Die nachfolgende Darstellung zielt nicht auf Vollständigkeit ab und soll vor allem einen Überblick zur Vielfalt der sportartspezifischen Tests ermöglichen. Aus der Sicht der Komplexen Leistungsdiagnostik (KLD) in einzelnen Sportarten sind sie notwendig. Viele spezifische Tests werden bereits seit vielen Jahren durchgeführt und haben ihren Ursprung im Leistungssport der DDR.

11.1 Schwimmen

Die KLD Schwimmen setzt sich aus mehreren Tests zusammen. Diese haben zum Ziel, die Entwicklung einzelner Teilfähigkeiten gegenüber sportartspezifischen Normen zu prüfen. Die KLD Schwimmen besteht aus:
1. Ausdauerstufentest
2. Maximal- und Kraftausdauertest
3. Sprintschwimmen mit Zusatzlast
4. Analysen von Schwimmzyklus, Starten und Wenden
5. Strecksprungtest.

Ausdauerstufentest
Zur Prüfung der Ausdauergrundlagen wird der Schwimmstufentest nach PANSOLD (s. Kap. 8.3.5) angewandt. Je nach Disziplin werden 8 x 100 m, 8 x 200 m oder 4 x 400 m geprüft. Der Test ist in fünf Stufen aufgebaut. Entgegen anderen möglichen Testverfahren im Schwimmen, die zeitbezogen ablaufen, berücksichtigt dieses Vorgehen nur die realen praktischen Gegebenheiten. Durch Wiederholungen von Geschwindigkeiten auf einer Vorgabestrecke kann auf aufwendige äußere Pacemaker-Anlagen verzichtet werden.

Testausführung
1. Stufe
3 x 100 m, 3 x 200 m oder 1 x 400 m
Dieses Vorgehen sichert die Einhaltung der Schwimmgeschwindigkeit in aerober Stoffwechsellage nach dem Einschwimmen von etwa 30 min! Vor dem Test wird das Vorstartlaktat bestimmt. Die aerobe Stoffwechsellage im Schwimmen wird bei Laktat 2-3 mmol/l definiert. Die „Laktatabnahme" erfolgt bei der Pause von 60 s

nach der Strecke und 3 min nach der Serie sofort nach dem Anschlag. Zusätzlich zählt der Sportler für 10 s seinen Puls, besser sind jedoch Hf-Messgeräte. Die Intensitätsvorgabe beträgt bei 100 m Freistil 65-70% für Männer und 70-75% für Frauen, bei 200 m Freistil 75-80% für Männer und 80-85% für Frauen. Auf der 400 m Freistilstrecke ist die Intensität am höchsten, sie beträgt 80-85% für Männer und 85-90% für Frauen. Zu beachten ist bei 400 m die Verlängerung der Pause auf 3 min und die Laktatabnahme nach 1 min.

2. Stufe
2 x 100 m, 2 x 200 m oder 1 x 400 m
Hier soll in aerob-anaerober Stoffwechsellage, d.h. im aerob-anaeroben Übergangsbereich, geschwommen werden. Die Intensität wird um etwa 5% gegenüber der 1. Stufe erhöht und es wird eine Laktatkonzentration von 3-4 mmol/l erwartet.

3. Stufe
1 x 100m, 1 x 200 m oder 1 x 400 m
Die Geschwindigkeit wird weiter erhöht, mit dem Ziel, in einer Mittellage des aerob-anaeroben Stoffwechselbereiches bei Laktat 4 - 6 mmol/l zu schwimmen.

4. Stufe
1 x 100 m, 1 x 200 m oder 1 x 400 m
Weitere Geschwindigkeitserhöhung, um Laktatkonzentrationen von 4-6 mmol/l zu erreichen. Angestrebt wird der obere Regulationsbereich im aerob-anaeroben Stoffwechsel beim Schwimmen. Nach der 4. Stufe wird eine Pause von 20 min gemacht, um danach mit voller Kraft die wettkampfspezifische Schwimmgeschwindigkeit zu erreichen.

5. Stufe (Maximalgeschwindigkeit)
1 x 100 m, 1 x 200 m oder 1 x 400 m
Auf dieser abschließenden Schwimmstufe soll eine wettkampfnahe Geschwindigkeit angestrebt werden. Das biologische Maß dafür ist die Mobilisationsfähigkeit des Laktats. Erwartet werden Laktatkonzentrationen von über 10 mmol/l, die allerdings nicht sofort auftreten, sondern erst in der 4., 7. und /oder 10. Erholungsminute.

Aus den Laktatkonzentrationen wird eine Laktatleistungskurve berechnet. Bei vier Stufen muss ein Bestimmtheitsmaß (Korrelationskoeffizient) von 0,95-1,0 vorliegen. Bei fünf Stufen genügt ein r ≥ 0,92. Das Rechenprogramm ist über den Olympiastützpunkt Hamburg/Kiel zu beziehen. Die Trainer können zusätzlich die Bewegungsfrequenz messen. Die Leistungsverbesserung drückt sich in der Rechtsverschiebung der Laktatleistungskurve aus. Im Triathlon wird aufgrund der anderen Leistungsstruktur der 400 m-Stufentest bevorzugt. Zwischen jedem 400 m Schwimmen wird eine Pause von 60 s und vor der letzten Stufe von 5 min gemacht. Begonnen wird bei 80% der 400 m-Bestleistung und auf jeder höheren Stufe wird 5% schneller geschwommen.

Im Gegensatz zu den Spezialschwimmern gibt es bei den Triathleten große technische Unterschiede im Freistilschwimmen, die am Regulationsverhalten der Hf abschätzbar sind. Der schlechtere Schwimmer erreicht vorzeitig sein oberes Hf-Regulationsniveau mit typischem Steilanstieg der Hf-Kurve. Die Steigerung der Schwimmgeschwindigkeit sollte die Leistungsfähigkeit des Schwimmers berücksichtigen.

Leistungsschwache Schwimmer können nur in einem kleinen Bereich die Geschwindigkeit erhöhen, wie die Steilheit des Herzfrequenzanstieges zeigt (**Abb. 1/11.1**).

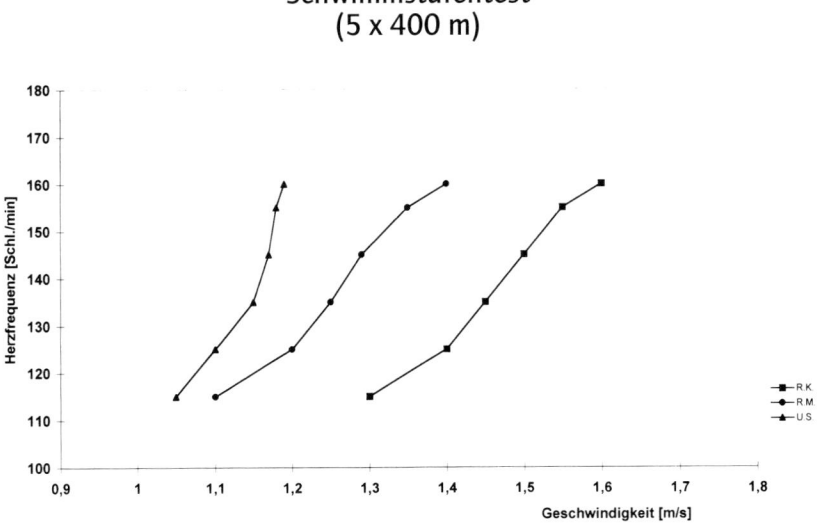

Abb. 1/11.1:
Herzfrequenzregulation beim 5 x 400 m-Schwimmstufentest bei Triathleten mit unterschiedlicher Schwimmleistungsfähigkeit

Maximal- und Kraftausdauertest

Der Armkraftzugtest wird auf einem wirbelstromgebremsten Seilzuggerät (FES Berlin) ausgeführt. In älterer Version wurde auf der mechanisch gebremsten Schwimmbank (Fa. Fahnemann) getestet. Der Schwimmer ermittelt über zehn oder zwanzig maximal ausgeführte Züge in Bauchlage (Freistilimitation) seine maximal zu entwickelnde Zugkraft. Bestimmt wird der Mittelwert aus zehn Zügen in 70 s oder zwanzig Zügen in 240 s. Nach einer Pause von 2 min wird ein Dauertest über 1, 2 oder 4 min ausgeführt. Verglichen wird die Entwicklung der gemessenen Kräfte zum Vortest.

Sprintschwimmen mit Zusatzlast

Der Schwimmer ist an ein Seil angeschlossen, welches mit einer Last von 4 kg für Männer und 3 kg für Frauen gebremst wird. Mit der angehängten Zusatzlast ist eine Strecke von 15 m in schnellstmöglicher Zeit zu durchschwimmen. Bei zwei Versuchen in der Hauptschwimmart beträgt die Messstrecke 11,5 m, auf der Bewegungsfrequenz, mittlere Geschwindigkeit und Zyklusweg gemessen werden. Spitzenschwimmer im Freistil sollten weniger als 6 s und Spitzenschwimmerinnen weniger als 7 s benötigen. Im Brustschwimmen ist die Schwimmzeit am längsten, sie sollte < 8 s bei Männern und < 9 s bei Frauen betragen. Mit diesem Test werden die Antriebsimpulse der Schwimmer bei Lastbeaufschlagung gemessen.

Analysen von Schwimmzyklus, Starts und Wenden

Der Schwimmzyklus wird über Videoaufnahmen analysiert. Prüfkriterien sind dabei die Wasserlage, die Koordination von Arm- und Beinbewegungen sowie der Armzug. Durch die sofort vorgeführte Bildanalyse bekommt der Schwimmer seinen Bewegungsablauf angezeigt und erhält Empfehlungen zu Bewegungsfehlern und zu Korrekturen in der Schwimmart. Im Längsschnitt wird die Entwicklung der Schwimmtechnik verfolgt.

Die Testbatterie wird durch Prüfung der Reaktionen beim Start und der Wende vervollständigt. Beim Startsprung werden Ausgangsstellung und Absprung nach dem Startsignal beurteilt. Kriterien sind Absprunggeschwindigkeit, Absprungwinkel, Flugzeit, Eintauchstrecke, Startzeit bis 7,5 m Anfangsgeschwindigkeit und 15 m-Zeit.

Die Normvorgaben sind aufgeschlüsselt nach den Schwimmarten (Freistil, Schmetterling, Brust und Rücken). Zum Beispiel muss die Eintauchweite des Körperschwerpunktes oder der Hände nach dem Startsprung > 3,2 m bei Frauen und > 3,5 m bei Männern betragen. Die Norm liegt bei 15 m im Freistil bei den Frauen bei 6,5 s und bei den Männern bei 5,6 s. Diese Untersuchungen werden bei Spitzenschwimmern im Testtraining und auch beim Wettkampf durchgeführt.

Die Analyse des Wendeabschnittes beim Schwimmen konzentriert sich auf die Anschwimmgeschwindigkeit, die Drehzeit, die Abstoßdauer, die Abstoßgeschwindigkeit und die Wendezeit bei 10 und 15 m. Als Drehzeit beim Freistil sind 0,7-0,8 s und als Abstoßdauer 0,25-0,30 s bei beiden Geschlechtern Normvorgabe. Die 10 m Wendezeit hat bei Frauen < 5,3 s und bei Männern < 4,9 s zu betragen.

Strecksprungtest
Geprüft wird der Strecksprung nach oben ohne Armbeteiligung. Der Absprung kann von einer dynamometrischen Plattform oder von einer Sprungmatte mit Zeitmesseinrichtung erfolgen. Flugzeit und Treibhöhe werden als Maße der Schnellkraftentwicklung gewertet. Normen für die Mindestsprunghöhe bei Schwimmern sind 40-50 cm bei Männern und 30-40 cm bei Frauen.

Zusätzlich wird im Schwimmen noch die aktive Beweglichkeit im Schultergelenk und Sprunggelenk geprüft. Aus der Gelenkbeweglichkeit wird auf die Reserven in antriebswirksamen Schwimmpositionen und widerstandsarmen Rückholphasen geschlossen.

11.2 Radsport

Die KLD im Radsport setzt sich aus folgenden Testkomplexen zusammen:
1. Tests zur Grundlagen- und Kraftausdauerfähigkeit
2. Tests zur Schnelligkeitsausdauer- und Sprintfähigkeit
3. Tests zur Schnellkraftausdauerfähigkeit (Antrittskraft)

Stufentest zur Grundlagen- und Kraftausdauerfähigkeit
Im Radsport konzentriert sich die sportartspezifische Leistungsdiagnostik auf den Radergometerstufentest. Die Belastung wird in Abhängigkeit von der individuellen Leistungsfähigkeit bei 70-150 Watt begonnen und alle 3 bzw. 4 min um 20 bzw. 30 Watt erhöht.

Kriterium der sportartspezifischen Leistungsfähigkeit (Kraftausdauer) ist die Leistung beim Abbruch (Fahrzeit). Die Leistung wird zur Körpermasse (Körpergewicht) in Beziehung gesetzt. Spitzenradsportler erreichen eine Kraftausdauer von mindestens 6 W/kg beim Ergometerstufentest. Absolute Spitzenwerte der Kraftausdauer wurden von 7,2 W/kg gemessen. Diese hohe Kraftausdauerleistungsfähigkeit wird von Kombinationsathleten (z.B. Triathlon) nicht erreicht. Beim Abbruch werden noch maximale Sauerstoffaufnahme, Hf und Laktatkonzentration bestimmt (s. Kap. 8.1).

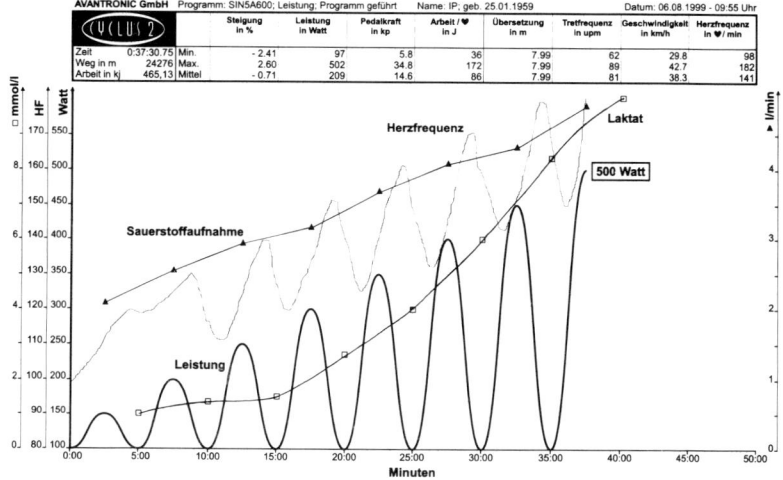

Abb. 1/11.2

Zur Beurteilung der Grundlagenausdauer wird die erreichte Leistung bei 2 oder 3 mmol/l Laktat herangezogen (PL2 oder PL3). Auch hier müssen gute Radsportler eine Leistung von über 4 W/kg erreichen (**s. Kap. 8.1.1**).

Ein 70 kg schwerer Radsportler erreicht bei 300 W eine Leistung von 4,3 W/kg und bei 400 W eine von 5,7 W/kg. Die Vorbereitung hoher Tretleistungen ist bei Ausdauerbelastungen mit Spezialergometern möglich.

Wird die Belastung sinusförmig gesteigert, dann ermöglicht die intermittierende Entlastung das Erreichen einer höheren Leistung (**Abb.1/11.2, s. auch Kap. 8.2.1**).

Tests zur Schnelligkeitsausdauer- und Sprintfähigkeit
a) Tretfrequenztest über 20 s

Bei diesem Test wird bei einem konstanten Tretwiderstand von 600 Watt die Schnelligkeitsausdauerfähigkeit über 20 s anhand der Tretfrequenzkinetik beurteilt. Je länger eine maximale Tretfrequenz bei der vorgegebenen Leistung gehalten werden kann, desto besser ist die Schnelligkeitsausdauer ausgebildet. Dieser Test hat vor allem für die Bahnradsportler Bedeutung. Spitzenbahnradfahrer erreichen im Leerlauf Tretfrequenzen bis zu 250 Umdrehungen/min (**s.Abb. 6/8.2.1**). Dabei wird das Optimum an abzugebender Leistung bereits überschritten. Bei 140 U/min werden beim 200 m-Sprint Leistungen von über 2.000 W freigesetzt. Straßenradsportler erreichen maximal 200 U/min und leisten bei 100 U/min etwa 1.200 W.

b) Isokinetischer Radtest über 75 s
Ziel dieses Tests ist es, bei einer vorher festgelegten Tretfrequenz (z.B. 90 U/min) eine maximale Gesamtleistung über 75 s zu erzielen. Analysiert wird die maximale Tretkraft während der ersten 10 s, die Tretkraft nach 75 s und die Kinetik des Leistungsabfalls. Dieser Test findet Anwendung im Straßenradsport und im Mountainbiking und wird bevorzugt mit dem SRM-System durchgeführt.

Um die Inanspruchnahme des anaeroben Stoffwechsels beim Schnelligkeitsausdauertest zu erfassen, wird im Anschluss an die Tests Laktat gemessen. Die Laktatmessung darf hierbei nicht sofort erfolgen, weil der Messwert unreal wäre. Die Messungen erfolgen mehrfach ab der 3. bis zur 20. Erholungsminute.

Tests zur Schnellkraftausdauerfähigkeit (Antrittskraft)
a) Tretkrafttest über 4 x 10 s
Zur Erfassung der spezifischen Schnellkraftausdauer wird ein 4 x 10 s Tretkrafttest mit dem eigenen Rad auf dem Laufband durchgeführt. Die vom Sportler aufgebrachte Tretkraft beim Anfahren in 10 s wird bei unterschiedlichen Kurbelumdrehungen gemessen (60-120 U/min).

b) Isokinetischer Radtest über 10 s
Im isokinetischen Messmodus wird die Maximalleistung (in Watt) während einer Belastungsdauer von 10 s bei festgelegter Tretfrequenz (z.B. 80, 90, 100 oder 110 U/min) ermittelt. Die aktive Pause zwischen den Tests sollte mindestens 5 min betragen. Die Tests geben dem Sportler zusätzlich Informationen über die Höhe der Tretfrequenz, bei der die Maximalleistung erreicht wurde.

11.3 Lauf

Die KLD im Lauf besteht aus mehreren Testvarianten.

Ausdauerstufentest
Im Vordergrund steht der Stufentest über 4 x 100, 4 x 200 m, 4 x 3.000 m oder 4 x 4.000 m (**Abb. 1/11.3**) auf flachem Laufband. Bezüglich der Testgestaltung im Laufstufentest gibt es aus historischen Gründen verschiedene Varianten. Einmal sind es die zeitbezogenen Stufentests (3-5 min Dauer auf jeder Stufe) oder streckenbezogene Stufentests von 1-4 km auf jeder Stufe. Der nächste Unterschied besteht im Anstellwinkel der Bänder. Diese werden auf 1-2° angestellt, vor allem in Untersuchungseinrichtungen der alten Bundesländer. Mit dem Ankippen der Bänder bricht der Sportler bei niedrigeren Geschwindigkeiten den Lauf ab. Bei höheren Geschwindigkeiten (> 5 m/s oder 18 km/h) können im Dauertest orthopädische Beschwerden auftreten (**Tab. 1/11.3**).

Vom methodischen Ziel abgeleitete Laufgeschwindigkeiten und ihre Stützung durch Ergebnisse bei der komplexen Leistungsdiagnostik (KLD)

Sportmethodisches Ziel	Trainingsgeschwindigkeit	Trainingsbereiche
Entwicklung der aeroben Laufgrundlagen	80-90% von vL2 Mitteldistanz: 10-18 km Langdistanz: 20-25 km	GA 1-Dauerlauf*
Entwicklung der aeroben und anaeroben Laufgrundlagen	95-100% von vL2 6-12 km	GA 2-Dauerlauf
Entwicklung der aerob-anaeroben Ausdauerleistungsfähigkeit und Vorbereitung der wettkampfspezifischen Ausdauer (WSA)	85-95% vom Wettkampf-renntempo Kurzvariante: 10-15 x 400 m Langvariante: 6-8 x 1.000 m	GA 2-Tempolauf

*Tab. 1/11.3: * GA = Grundlagenausdauer. vL2 = Geschwindigkeit bei 2 mmol/l. Laktat im 4 x 4 km-Stufentest.*

Laufbandstufentest

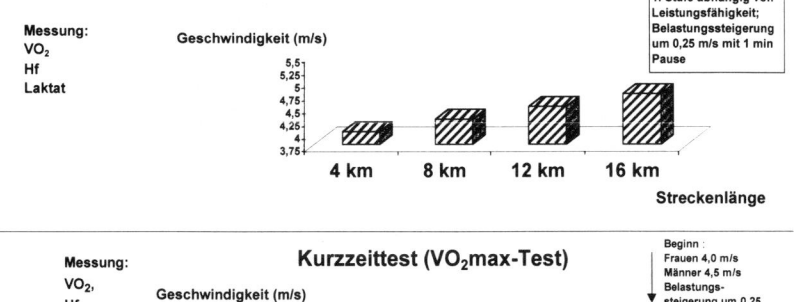

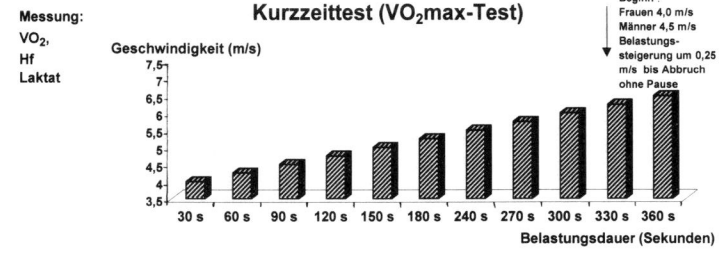

Abb. 1/11.3:
Schematische Darstellung eines Testablaufs beim submaximalen (oben) und maximalen (unten) Stufentest Lauf.

Gleich, wie die Ausdauerstufentests gestaltet werden, sie dienen alle der Bestimmung der aeroben Schwelle oder der Geschwindigkeit bei 2 mmol/l Laktat (vL2). Die vL2 ist eine zuverlässige Orientierungsgröße zur Geschwindigkeitssteuerung im aerob-anaeroben Lauftraining **(s. Tab. 1/11.3 und Kap. 8.2.2).**

Kurzzeitstufentest
Der Kurzzeitstufentest wird zeitlich abgesetzt vom Ausdauerstufentest ausgeführt (nach etwa drei Stunden Erholung). Ziel ist die Bestimmung der maximalen Sauerstoffaufnahme, der Laktatmobilisationsfähigkeit und der oberen Regulationsgrenze des Herz-Kreislauf-Systems **(s. Kap. 8.1.2).** Diese Zustände werden nach 3-4 min Belastung in hohen Geschwindigkeiten erreicht (4,5-7,5 m/s). Nur der Athlet, der seine Motorik auf dem Laufband voll einsetzen kann, erreicht sicher seine oberen Funktionsamplituden.

Tempolauftest
Der Tempolauftest ist ein typischer Test der Mittelstreckler in der Leichtathletik. Die Läufer über 800 m und 1.200 m laufen über verkürzte Distanzen 3 x 600 m bzw. 3 x 1.200 m in Richtung ihrer Zielzeit. Die Geschwindigkeitsvorgabe wird im Allgemeinen so gewählt, dass, bei 0,25 m/s Geschwindigkeitssteigerung, auf der letzten Stufe etwa 96% der Zielzeit im Wettkampf erreicht werden. Individuelle Wünsche sind vielgestaltig möglich, nur sollte die gewählte Testform in derselben Variante wiederholt werden.

Für Langstreckenläufer ist es auch möglich, dass diese 2.000 m in ihrer Wettkampfgeschwindigkeit laufen. Da begleitend zu den Tests Laktat und Hf bestimmt werden, hat der Athlet eine zusätzliche Information über seine Belastungsverträglichkeit, Kreislauf- und Stoffwechselbeanspruchung sowie Sauerstoffaufnahme. Als Verbesserung der wettkampfspezifischen Leistungsfähigkeit wird die Verminderung des biologischen Aufwandes bei der Bewältigung der hohen Geschwindigkeiten gewertet.

11.4 Triathlon

Die komplexe Leistungsdiagnostik ist im Triathlon sehr anspruchsvoll, da sie drei Sportarten zur Prüfung in kurzer Zeit einschließt. Für das Laufen wird der 4 x 4.000 m Stufentest für Männer und 4 x 3.000 m Stufentest für Frauen genutzt. Die Bestimmung der Laufgeschwindigkeit bei 2 mmol/l Laktat hat sich als eine zuverlässige Messgröße zur Beurteilung der aeroben Leistungsgrundlagen Lauf erwiesen. Im Mehrjahresverlauf kann die Verbesserung der aeroben Leistungsfähigkeit anhand dieser gut reproduziert werden.

Im Anschluss an den submaximalen Lauftest wird der Kurzzeitstufentest zur Bestimmung der maximalen Sauerstoffaufnahme (VO_2max-Test) durchgeführt. Nach 2-3 Stunden Pause wird der Stufentest im Schwimmkanal durchgeführt. Der Test geht über 6 x 2 min oder länger. Begonnen wird zwischen 0,9-1,05 m/s Geschwindigkeit und die Steigerung erfolgt um 0,05 m/s alle 2 min bis zum Abbruch. Alternativ kann der Schwimmtest auch im 50 m-Becken als 4 x 400 m Test ausgeführt werden (s. Kap. 8.3.5).

Am Folgetag wird der Fahrradergometerstufentest ausgeführt, der dem Radsportstufentest ähnelt. Die Abweichung besteht in der Anfangsstufenhöhe, die leistungsabhängig gewählt wird, sowie in der Fahrdauer auf jeder Stufe, die 5 min beträgt. Die Beurteilungskriterien sind mit denjenigen des Radsports identisch (s. Kap. 8.3.3).

Bei der Gegenüberstellung Kurztriathlon und Langtriathlon werden die unterschiedlichen Wertigkeiten der Teildisziplinen in Beziehung zum Gesamtresultat deutlich.

Durch das Windschattenfahren im Kurztriathlon wurde die Bedeutung der Teildisziplinen für das Gesamtresultat verändert. Schwimmen hat jetzt mehr Voraussetzungsfunktion, das Rad fahren mehr Zubringerfunktion und der Lauf wird zur ent-

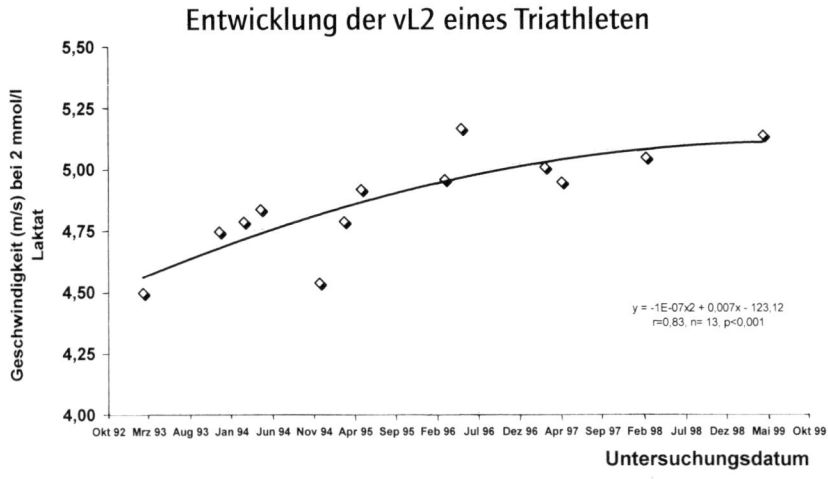

Abb. 1/11.4:
Mehrjahresverlauf der Laufgeschwindigkeit bei 2 mmol/l Laktat (vL2) eines erfolgreichen Kurztriathleten

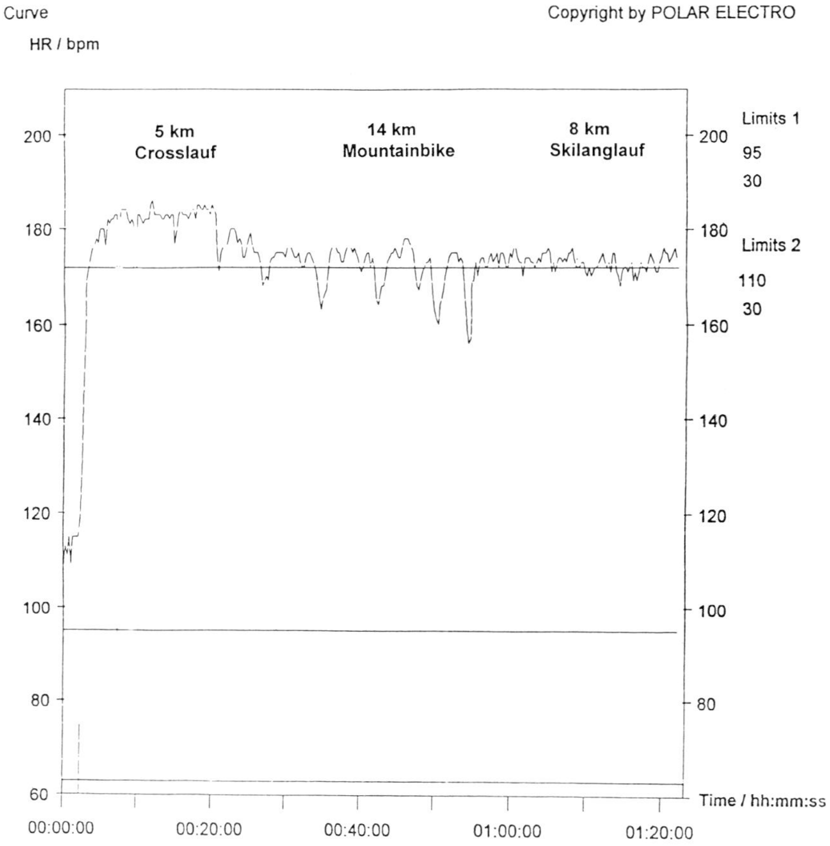

Curve

HR / bpm

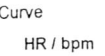

Abb. 2/11.4:
Verlauf der Herzfrequenzkurve bei einem Wintertriathlon
(5 km Crosslauf, 14 km Mountainbike, 8 km Skilanglauf).

scheidenden Disziplin. Die Entwicklung der Leistungsvoraussetzungen für die Teil-
sportarten ist diagnostisch unterschiedlich zu bewerten. Die Trainings- oder Belastungssteuerung ist im Triathlon durch die drei Sportarten anspruchsvoll, zumal
die Trainingsbereiche nicht identisch sind. Ständig kommen neue Varianten bei
Ausdauermehrkämpfen hinzu; eine davon ist der Wintertriathlon, der für vielseitige Skilangläufer sehr vorteilhaft ist **(Abb. 2/11.4)**.

11.5 Inlinespeedskating

Die komplexe Leistungsdiagnostik im Inlinespeedskating konzentriert sich auf die Testung der konditionellen Fähigkeiten Ausdauer, Kraft und Schnelligkeit. Folgende Tests kommen zur Anwendung:

Inline-Feldstufentest
Zur Bestimmung der aeroben und anaeroben Ausdauerleistungsfähigkeit wird ein Stufentest auf der Skatingbahn über 6-8 x 1.500 m durchgeführt. (**s. Kap. 8.3.4**)

	Frauen		Männer	
	Zeit (s) /	Anzahl der Schritte	Zeit (s) /	Anzahl der Schritte
30 m-Sprint aus dem Stand	4,6-4,7 s /	14-15	4,2-4,3 s /	14-15
30 m-Sprint fliegend	2,8-2,9 s /	7-8	2,4-2,5 s /	7-8

Tab. 1/11.5: Leistungsniveau im 30 m-Sprinttest (Halle) von Kaderathleten

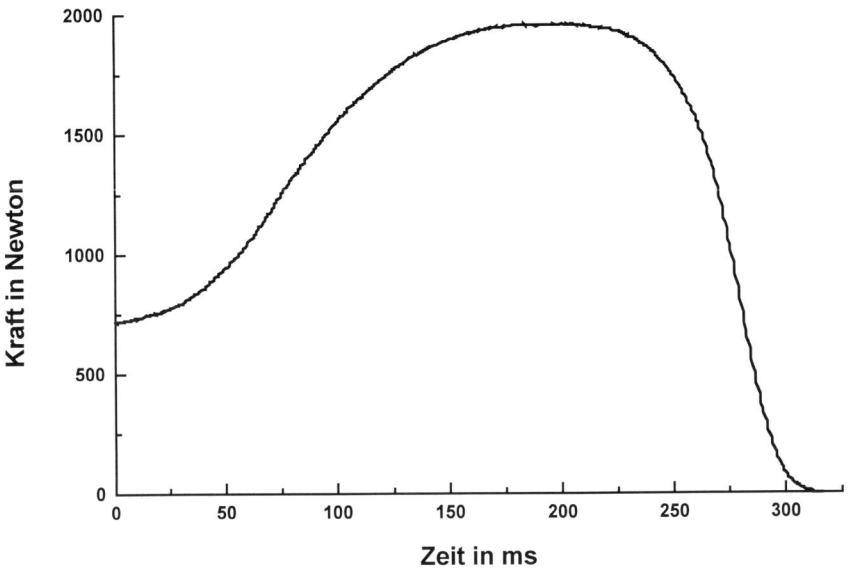

Abb.1/11.5:
Kraft-Zeit-Kurve eines Squatjumps eines international erfolgreichen Speedskaters auf den Sprintstrecken

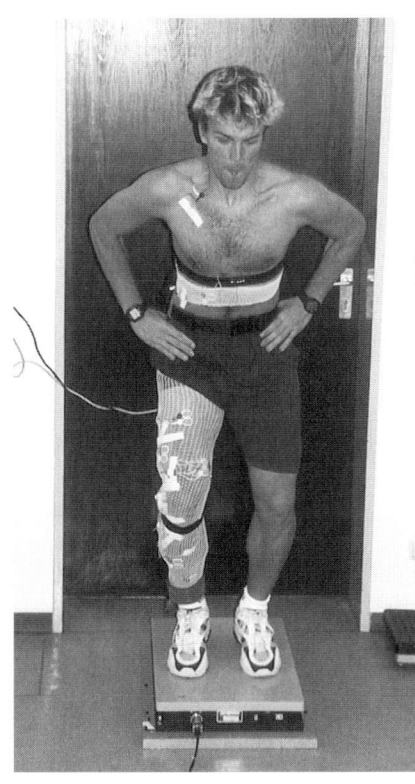

Inline-Sprinttest

Mit dem Sprinttest über 30 m kann die Schnelligkeits- und Beschleunigungsfähigkeit beurteilt werden. Ermittelt wird die Zeit und die Schrittfrequenz, die der Sportler über 30 m aus dem Stand (Antritt) oder nach maximaler Beschleunigung (fliegend) auf der Geraden benötigt (**Tab. 1/11.5**).

Semispezifischer Sprungkrafttest

Aus der Vielzahl der Sprungformen zeigt der Squatjump (Hocksprung) die höchste Korrelation zur Sprintleistung im Speedskating. Der Squatjump wird aus der tiefen Skatingposition ohne Armeinsatz auf der Kraftmessplattform durchgeführt. Bestimmt wird aus der Kraft-Zeit-Kurve u.a. der Absprungimpuls, das Kraftmaximum und die Explosivkraft (**Abb. 1/11.5**).

11.6 Skilanglauf

Ebenso wie der Triathlet muss der Skilangläufer variable äußere Widerstände mit unterschiedlichen Lauftechniken überwinden, die durch das Streckenprofil bestimmt werden. Der Skilangläufer kann durch eine Verbesserung seiner Leistungsfähigkeit in Bezug auf alle drei Geländeformen (Anstieg, Flachlauf, Abfahrt) ein besseres Gesamtresultat erreichen. Die statistischen Berechnungen zeigen aber auch, dass es die Leistungsfähigkeit im ansteigenden Gelände ist, die den höchsten Zusammenhang mit dem Skilanglaufresultat aufweist. Damit wird die Kraftausdauerfähigkeit im Skilanglauf zu einem leistungsbestimmenden Faktor.

Besonders hervorzuheben ist der Zusammenhang zwischen den Parametern des semispezifischen Armkraftzugtests mit der Leistungsfähigkeit im ansteigenden Gelände. Damit wird auch aus der Sicht des Skilanglaufs unterstrichen, dass Leistungskomponenten, die mit einem hohen Kraftanteil erbracht werden, die stabilsten Beziehungen zum Wettkampfresultat besitzen.

Die Leistungsdiagnostik setzt sich aus einem spezifischen Armkraftzugtest zusammen. Bei diesem wird die Maximal- und Schnellkraft des Skilangläufers geprüft. Abschließend wird ein 5 min Armkraftzugtest ausgeführt, bei dem die summierende Armzugkraft das Vergleichskriterium ist.

Die komplexe Leistungsdiagnostik im Skilanglauf besteht aus einem Stufentest, einem Abbruchtest und einem Krafttest auf dem Laufband sowie einem Test am Armkraftzuggerät.

Stufentest auf dem Laufband
Der Stufentest ist unter sportartspezifischen Gesichtspunkten aufgebaut und beinhaltet sechs Stufen, die in klassischer Skilauftechnik bewältigt werden. Die Stufe besteht aus einer Profilkombination von 2°, 6°, 0° und einer Abfahrt, die mit einer Steigerung um 0,15 m/s je 6 x im submaximalen Bereich bewältigt wird. Die Anfangsgeschwindigkeit beträgt 2,9 m/s.

Während des Test wird die Hf fortlaufend gemessen. Die Sauerstoffaufnahme und die Laktatkonzentration werden am Ende jeder Stufe bestimmt.

VO$_2$ max-Test:
Der VO$_2$ max - Test wird ebenfalls auf dem Laufband in klassischer Technik absolviert. Die Anfangsgeschwindigkeit beträgt 2,4 m/s, die Stufe dauert 1 Minute und der Anstiegswinkel des Bandes beträgt 6°. Die Geschwindigkeitszunahme pro 1 Minute beträgt 0,15 m/s. Gelaufen wird bis zur Ausbelastung. Fortlaufend werden Hf und Sauerstoffaufnahme gemessen. Am Ende wird die Laktatkonzentration bestimmt.

Kraftausdauertest auf dem Laufband
Der Kraftausdauertest beinhaltet die Prüfung von Teiltechniken am simulierten Anstieg (geneigtes Band). Im Mittelpunkt steht die Armarbeit mit Doppelstockschieben über mehrere Minuten.

Krafttest am Armkraftzuggerät
Mit diesem Test besteht die Möglichkeit, die beim Skilanglauf zur Vorwärtsbewegung der Körpermasse eingesetzte Kraft der Arme und des Rumpfes für die Beschleunigung einer rotierenden und gebremsten Fremdmasse zu nutzen.

Neben einem Maximalkrafttest über 10 s in der Diagonal- und Doppelstocktechnik wird abschließend ein Kraftausdauertest über jeweils 5 min ebenfalls in beiden Techniken durchgeführt.

Auf der Grundlage einer komfortablen Messtechnik sind Ergebnisse zur Leistung, zum Kraft-Zeit- sowie Kraft-Weg-Verlauf und zur Bewertung des Rechts-Links-Verhaltens beim Armzug möglich. Über die Hf-Messung kann die Herz-Kreislauf-Belastung fortlaufend erfasst werden.

Eine mögliche Laktatmessung informiert über den Einsatz des anaeroben Stoffwechsels, die Laktatkonzentration bewegt sich dabei zwischen 3 und 9 mmol/l. Die mit dem Armkraftzuggerät ermittelten Kraftwerte kennzeichnen die Kraftausdauer und stehen in einem engen und direkten Zusammenhang mit der disziplinspezifischen Wettkampfleistung im Skilanglauf (Skiroller und Skilanglauf auf Schnee). Messungen der Sauerstoffaufnahme beim Armkraftzugtest erbrachten zudem, dass hierbei nur etwa 60% der tatsächlichen VO_2 max beansprucht werden können. Das bedeutet, dass beim Armkrafttraining an Seilzuggeräten und beim Kraftschieben auf Schnee tatsächlich die lokalen Kraftfähigkeiten in der Schultergürtel-Armmuskulatur trainiert werden, nicht aber die VO_2 max.

11.7 Nutzung der Kenntnisse zur Leistungsstruktur für die Trainingssteuerung

In den zurückliegenden Jahren wurde erreicht, dass Erkenntnisse zur Leistungsstruktur im Rahmen von komplexen leistungsdiagnostischen Untersuchungen angewandt wurden und zu trainingsmethodischen Konsequenzen führten. Derartige Regressionsgleichungen, die für die leistungsdiagnostischen Daten und die Wettkampfdaten die Grundlage bilden, unterstützen die Modellierung einer allgemeinen und individuellen Leistungsstruktur, unter aktuellen und prognostischen Gesichtspunkten. Sie ermöglichen die Kennzeichnung verschiedener Lösungswege zur Leistungssteigerung bei einkalkulierbaren Kompensationsmechanismen.

Unterstützt wird damit die theoretische Begründung von leistungsdiagnostischen Ziel- und Führungsgrößen. Auch ist es möglich, die Wettkampfleistungen nach Abschluss einer Leistungsdiagnostik vorauszuberechnen. Die Darstellung von Längsschnittentwicklungen von konditionellen Fähigkeiten kann mit Hilfe von individuellen Punktprofilen erfolgen.

Neben der mathematischen Prognoseberechnung ist es aus trainingsmethodischer Sicht möglich, die Leistungsvoraussetzungen nach Ergebnissen der Leistungsdiagnostik als eine „fassbare" komplexe Größe zu formulieren. Die Auswirkungen von trainingsmethodischen Teilleistungskomponenten auf die Gesamtleistung kann somit gekennzeichnet werden. Diskrepanzen zwischen bestehenden Leistungsvoraussetzungen und tatsächlich erreichbaren Wettkampfleistungen sind darstellbar und auch bewertungsfähig.

Die Qualität der Trainingsentscheidung hängt davon ab, wie es bei Beratungen gelingt, die leistungsdiagnostischen und trainingsanalytischen Ergebnisse zusammenzuführen. Sind Trainingsanalysen nicht verfügbar oder unvollständig angefertigt, dann ist eine exakte Zuordnung der Messergebnisse zur realen Leistungsfähigkeit kaum möglich. Auf der Grundlage fasslicher und leicht überschaubarer Grundprinzipien des Trainingsaufbaus, die in der individuellen Trainingsplanung berücksichtigt werden müssen, sollten die Trainingsergebnisse im Sinne des Soll-Istvergleichs besprochen werden.

Dieses Vorgehen ist immer wieder der größte Schwachpunkt in der Trainingssteuerung. Zeitdruck, mangelhafter Kenntnisstand über den Gesamttrainingsprozess, unrationelle Abläufe bei der leistungsdiagnostischen Ergebnisgewinnung und unvollständige Trainingsanalysen sowie Kommunikationsprobleme zwischen Trainer und/oder Arzt behindern die komplexe Einschätzung des Trainings.

Deshalb ist die Selbsthilfe des Athleten bei der Steuerung seiner Beanspruchung bedeutsam. Diese besteht darin, mögliche Hilfsmittel wie die komfortablen Herzfrequenzmessgeräte (XTrainer Plus, Fa. Polar, Ciclocontrol HAC 4, Fa. Ciclosport oder Spy 300 h, Fa. Huger u.a.) zu nutzen. Von diesen gibt es auch Sonderausführungen für den Radsport, besonders die Geschwindigkeits- und Höhenmessung betreffend. Bei der Bestimmung der Trittfrequenz und bei der Höhenmessung auf dem Fahrrad liefert der Ciclocontrol CC HAC 4 zuverlässige Werte. Hilfreich sind auch kommerzielle Trainingsanalyseprogramme. Der Athlet unterliegt bei der Entwicklung der Selbststeuerungsfähigkeiten bei extensiven und intensiven Belastungen einem anspruchsvollen Lernprozess.

12 Trainingsmethodische und physiologische Leistungsreserven

Die Weiterentwicklung von Spitzenleistungen ist entscheidend vom Zugang zu neuen Trainingsreizen abhängig. Da die genetischen Voraussetzungen für hohe sportliche Leistungen sich in diesem Jahrhundert nicht verändert haben, ist die Zunahme von Leistung eine Problematik der frühzeitigen Talentauswahl, der soliden trainingsmethodischen Grundkonzeption für mehrjähriges Leistungstraining und der trainingsmethodischen Erschließung neuer und höherer Belastungsreize.

Vor Aufnahme des leistungsorientierten Trainings ist die Formulierung des Leistungsziels eine Grundvoraussetzung, da dieses über Umfang und Qualität des Trainings entscheidet. In den vorangegangenen Kapiteln sind wesentliche Trainingsprinzipien im Zusammenhang mit der Belastungssteuerung aufgeführt worden. Unter dem Aspekt der Nutzung physiologischer Leistungsreserven und der Gestaltung von höheren Trainingsreizen folgen Ausführungen zum Hitzetraining, zum Höhentraining, zum Trainingsmittelwechsel (Crosstraining) und zur Ernährung.

12.1 Klima- und Hitzetraining

In europäischen Klimazonen ist bei Saison- und Freiluftsportarten ein Klimawechsel für ein ganzjähriges Leistungstraining unabdingbar. Für das Training in warmen Klimazonen werden im zeitigen Frühjahr Mittelmeergebiete bevorzugt. Diese sind für die Anreise bequem und befinden sich in derselben Zeitzone. Dennoch nehmen längere Aufenthalte außerhalb von Europa und in anderen Zeitzonen zu.

In Ländern mit mehr als zwei Stunden Zeitdifferenz kann die Zeitumstellung problematisch werden, besonders dann, wenn gleich nach der Ankunft Wettkämpfe anstehen. Bei der Anreise in andere Zeitzonen ist pro Stunde Zeitverschiebung ein Tag zur Umstellung notwendig. Bei Flügen zu anderen Kontinenten tritt das als „Jetlag" bekannte Flugphänomen auf. Die innere biologische Uhr muss sich erst auf den neuen Tag-Nacht-Rhythmus umstellen.

Solange das noch nicht erfolgt ist, gehorchen die Körperfunktionen dem alten Rhythmus von zu Hause. Dieser Zustand macht sich durch nicht ortszeitgemäße Müdigkeit oder Munterkeit (Schlaflosigkeit) bemerkbar. Durch die Aufnahme von beruhigenden Medikamenten vor dem Schlaf, z.B. Tryptophan (eine Vorstufe von Melatonin), kann die Zeitumstellung besser überwunden werden. Bei anstehenden Wettkämpfen muss so schnell wie möglich die eigene innere Uhr auf den veränderten Tag-Nacht-Rhythmus eingestellt werden. Das kann nur bei aktiver Belastung im neuen Zeitrhythmus erfolgen. Nur bei vollständiger Zeitumstellung kann das eigene Leistungspotenzial voll aktiviert werden. Zahlreiche Spitzenathleten, die die Zeitumstellung durch zu späte Anreise zum Wettkampfort in anderen Zeitzonen unterschätzten, quittierten diesen Fehler mit schlechten (Wettkampf-) Leistungen. Bei unvollständiger Zeitumstellung fehlt den Athleten die volle Konzentration und Leistungsbereitschaft.

Hitzeakklimatisation

Aufenthalte in wärmeren Klimazonen sind durch das Verkraften von ungewohnter Hitze gekennzeichnet. Die Gewöhnung an Hitze, die Hitzeakklimatisation, dauert fünf bis zehn Tage. Bei der Hitzeakklimatisation wird zentralregulatorisch die Körperkerntemperatur abgesenkt, damit die Hautdurchblutung und die Schweißbildungsrate ansteigen kann.

Die Akklimatisation an Hitze ist sowohl für das Training als auch für bevorstehende Wettkämpfe unter Hitze (über 30°C Außentemperatur) notwendig. Die Gefahren bei längerer Hitzebelastung sind Körperüberhitzung (Hyperthermie), starke Entwässerung (Dehydratation) und vorzeitige Unterzuckerung (Hypoglycämie). Treten diese Ereignisse gleichzeitig auf, dann ist ein Zusammenbruch der Leistung kaum vermeidbar. Neuere Untersuchungen ergaben, dass die Belastungsintensität (Geschwindigkeit) für die Wärmebildung unter Hitze das größte Gefährdungspotenzial darstellt.

Für den Anstieg der Körperkerntemperatur bei einem Marathonlauf hatte die Geschwindigkeit im letzten Laufdrittel einen größeren Einfluss als die Dehydratation (NOAKES et al., 1991).

Die Leistungsreserve bei Hitzebelastungen besteht darin, dass die Ausdauerbelastung relativ langsam begonnen wird und frühzeitig, regelmäßig alle 5-15 min, Flüssigkeit aufgenommen wird (Tab. 1/12.1). Nur bei Schweißfluss kann der Körper ausreichend Wärme abgeben.

Für die Belastungssteuerung unter Hitzebedingungen ist die tägliche Gewichtskontrolle nützlich. Beträgt die Gewichtsabnahme über 2 kg, dann ist ein Flüssigkeitsdefizit wahrscheinlich. Folgende praktische Maßnahmen unterstützen die Leistungsfähigkeit bei Hitze:

- Morgendliche Gewichtskontrolle. Bei über 4% Massenabnahme ist die Trainingsbelastung zu reduzieren. Nach einer Woche Hitzetraining kann zusätzlich die Kochsalzausscheidung im Urin geprüft werden. Bei Salzdefizit sinkt der NaCl-Gehalt im Urin deutlich ab.
- Bei Hitzetraining ist auf erhöhte Salzaufnahme (NaCl) zu achten; salzhaltige Speisen sind nach der Belastung zu bevorzugen.

Hitzetraining

- Orientierungsmaß der Flüssigkeitsaufnahme sind 500-700 ml/Stunde. Mit dem Trinken ist frühzeitiger als mit der Nahrungsaufnahme zu beginnen (ab 20 min Belastung).

- Ausdauer- und Kraftausdauerleistungen (Geschwindigkeit) werden länger in der gewünschten Qualität aufrechterhalten.

- Die Herzschlagfrequenz steigt während der Belastung später an.

- Die Laktatkonzentration nimmt während der Belastung verzögert zu, die muskuläre Sauerstoffversorgung bleibt länger stabil.

- Der Anstieg der Körperkerntemperatur erfolgt verzögert.

- Die Hautdurchblutung wird nicht vorzeitig infolge eines Gesamtkörperstresses gedrosselt.

- Die „Eindickung" des Blutes (Hämokonzentration) erfolgt langsamer und bleibt bei weniger als 4% Gewichtsverlust im physiologisch tolerablen Bereich.

- Dauert die Belastung über 60 min, dann sind zusätzlich mit der Elektrolytlösung Kohlenhydratgemische von 5-8% aufzunehmen.

- Handelsübliche Sportlergetränke vereinen beide Anforderungen, d.h. sie enthalten Elektrolyte und Kohlenhydrate. Die Verträglichkeit der Sportlergetränke sollte vor bedeutenden Wettkämpfen geprüft werden.

Tab. 1/12.1: Flüssigkeitsaufnahme bei Hitzebelastungen (Hitzetraining)

- Vor, während und unmittelbar nach der Belastung sind reichlich Mineralwasser oder Elektrolytlösungen aufzunehmen.
- Das Durstgefühl ist kein Maßstab für den realen Flüssigkeitsbedarf, deshalb ist immer bewusst rechtzeitig und reichlich zu trinken (mindestens 500 ml/h, optimal 1,0-1,5 l/h Belastung).
- Bei sehr großer Hitze ist die Trainingszeit zu teilen und die einzelnen Einheiten sollten nicht über 80 min dauern. Die Pausen dienen der Abkühlung und die Körperkerntemperatur nimmt ab. Durch die Flüssigkeitsaufnahme ist das Schwitzen gesichert.
- Die Hauptgefahr beim Hitzetraining kommt nicht von der allmählichen Belastungsdehydratation, sondern vom Anstieg der Körperkerntemperatur über 40°C während der Belastung.
- Wenn die Schweißbildung während der Belastung nachlässt und die Haut auffallend trocken wird, dann ist das Training abzubrechen und ein kühler Ort aufzusuchen sowie reichlich zu trinken.
- Intensive und besonders lange Trainingseinheiten sind bei großer Hitze in der Freiluft oder in Sporthallen zu unterlassen. Bei hoher Belastungsintensität führt der große Energieumsatz bereits in kurzer Zeit zum Anstieg der Körperkerntemperatur auf 39-40°C .

Herzfrequenz bei 10°C Temperaturanstieg

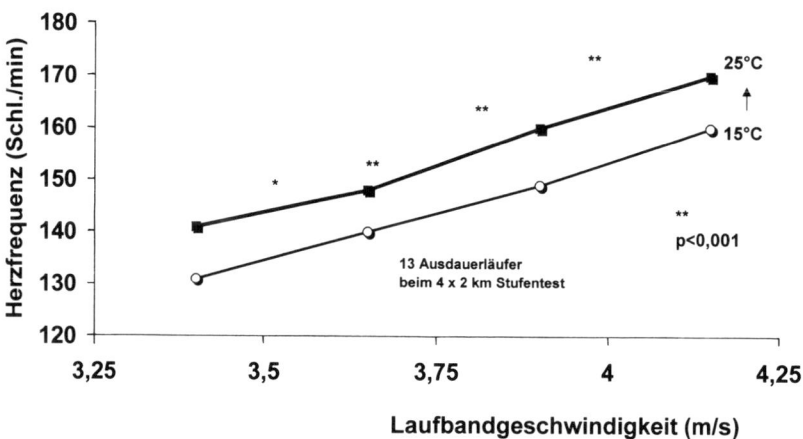

Abb. 1/12.1:
Reaktion der Herzfrequenz (Hf) bei plötzlicher Temperaturerhöhung. Hf-Mittelwerte von dreizehn Läufern, bei denen von einem Tag zum anderen die Raumtemperatur beim Stufentest um 10°C erhöht wurde.

- Die Trainings- und besonders Wettkampfbelastungen sind bei Hitze bewusst mit niedriger Geschwindigkeit zu beginnen. Der Sportler darf sich durch die Geschwindigkeit des „schnelleren" Kontrahenten (z.B. im Lauf) nicht irritieren lassen und sollte sein eigenes Tempo wählen und erst am Ende die Reserven ausspielen.

Eine wertvolle Hilfe für Hitzebelastungen ist die Hf-Messung. Die Belastungs-Hf sollte nicht über 8-10 Schläge/min über den individuellen Durchschnittswert ansteigen **(Abb. 1/12.1)**. Die Hf steigt bei Hitze umso höher an, je schneller die Fortbewegungsgeschwindigkeit ist. Zu beachten ist, dass Kinder, Frauen und Alterssportler über 50 Jahre weniger Hitze vertragen.

12. 2 Höhentraining

Das Höhentraining ist eine inzwischen international genutzte Variante der trainingsmethodischen Vorbereitung auf Leistungshöhepunkte. Bei den Olympischen Spielen 1968 in Mexiko City in 2.240 m Höhe wurde festgestellt, dass die Ausdauerleistungen einen Leistungsrückgang von 2-8% aufwiesen. Um die Leistungsabnahmen bei Starts in mittleren Höhen zu vermindern, wurde das Höhentraining präventiv in den Ausdauersportarten eingeführt. Im Prinzip erwies sich das Training in Höhen zwischen 1.800 m und 3.000 m für die Leistungsentwicklung in den Ausdauersportarten als förderlich. Jedoch wurden nach dem Höhentraining auch Leistungsmisserfolge erreicht, sodass die Positionen zum trainingsmethodischen Nutzen des Höhentrainings bis heute kontrovers sind. Das liegt zum Teil daran, dass einige Voraussetzungen für das Höhentraining nicht beachtet werden.

Unter leistungsphysiologischem Aspekt beginnt das Höhentraining ab 1.700 m über Normal (NN). Grenzen nach oben sind nicht festgelegt, jedoch überwiegen über 3.200 m die Nachteile, die realisierbare Trainingsqualität (Geschwindigkeit) nimmt objektiv zu stark ab. Spitzenathleten empfinden ein Höhentraining in 1.700-2.000 m als noch wenig störend und belasten sich im GA 1-Training fast wie gewohnt. Nur auf längeren Strecken im GA 2-Training wird die Geschwindigkeit gering zurückgenommen. Der Ausgleich des verminderten Sauerstoffpartialdruckes (Sauerstoffmangels) in mittleren Höhen erfolgt im Stoffwechsel durch die Zunahme des anaeroben Energiestoffwechsels. Diese Stoffwechselumstellung macht sich beim Höhentraining im Anstieg der Laktatkonzentration bemerkbar.

Bei vergleichbarer Belastung zur Normalhöhe (NN) kann die Laktatkonzentration um 1-3 mmol/l höher sein. Die erhöhte Glycolyse ist Ausdruck des Sauerstoffmangels und der Umstellung im Energiestoffwechsel. Als praktische Konsequenz wird im Höhentraining über 2.000 m die Laufgeschwindigkeit um 5-10% vermindert, besonders im GA 2- und WSA-Training. Durch die Geschwindigkeitsverminderung wird die Regeneration und die Entwicklung der aeroben Leistungsfähigkeit gesichert. Das Höhentraining steigert die Reizwirksamkeit des Ausdauertrainings; in den einzelnen Trainingsbereichen macht das 3-10% aus. Damit ist das Höhentraining auch ein Anreiz für den Fitnesssportler, der ohne Geschwindigkeitserhöhung die Belastungsreize beachtlich steigern kann. Für die Steuerung des Höhentrainings haben Pausen eine große Bedeutung, denn sie sichern die Regeneration und stellen die Weichen für die Wiederbelastbarkeit.

Hat der Sportler zu Beginn des Höhentrainings keine stabile aerobe Leistungsfähigkeit oder war er kurz vor der Abreise erkrankt, dann steigt das Risiko der Überforderung im Höhentraining und der Leistungsstagnation danach. Der Leistungssportler sollte ein bestimmtes aerobes Grundleistungsniveau aufweisen, welches an der maximalen Sauerstoffaufnahme (VO_2 max) messbar ist. Dieses sollte bei Männern mindestens 60 ml/kg.min und bei Frauen 50 ml/kg.min betragen. Solche Werte erreichen aktive Fitnesssportler und Leistungssportler bei Trainingsbelastungen von über zwölf Stunden/Woche.

Die Leistungsverbesserung durch das Höhentraining wird nach wie vor nur durch aktives Training erreicht. Dennoch sind derzeit verschiedene Varianten in Erprobung (Tab. 1/12.2). Bereits durch das Schlafen (Wohnen) in mittleren Höhen wird die Blutbildung angeregt und in Kombination mit einem Flachlandtraining kann sich das günstig auf die Leistungsfähigkeit auswirken (SVEDENHAG et al., 1991; LEVINE/STRAY-GUNDERSEN, 1997).

Die Tatsache der verstärkten Blutneubildung, die durch Aufenthalt und Schlafen in Räumen, die zusätzlich mit Stickstoff gefüllt sind und eine Höhe von über 2.500 m imitieren, bedeutet aber noch keine Leistungszunahme. Die positive Wirkung der Hypoxie auf die Leistungsfähigkeit ist immer noch von der Trainingsbelastung abhängig, nicht aber vom Schlafen unter Hypoxie. Durch die

Varianten des Höhentrainings	
Leben im Flachland (0-1.500 m)	Trainieren im Flachland (0-1.500 m)
Leben im Flachland (0-1.500 m)	Trainieren in Höhe (1.800-2.500 m)
Leben (Schlafen) in Höhe (2.300-2.800 m)	Trainieren im Flachland (0-1.500 m)
Leben (Schlafen) in Höhe (2.300-2.800 m)	Trainieren in Höhe (1.800-2.500 m)
Leben in Höhe (1.800-2.500 m)	Trainieren in Höhe (2.600-3.000 m)

Tab. 1/12.2

Zufuhr von Stickstoff in die in den skandinavischen Ländern gebauten Höhenhäuser wird ein Sauerstoffmangel erzeugt. Die Gaszusammensetzung wird überwiegend so geregelt, dass die Sauerstoffmangelzustände einer Höhe von über 2.500 m entsprechen. Das Schlafen in 2.500 - 3.000 m Höhe wirkt nicht als Höhenbelastung, da die vermehrte Blutneubildung und der damit verbundene Hämoglobinanstieg nicht den Belastungseffekt auf die sportartspezifische Muskulatur ersetzt.

Inzwischen besteht Einigkeit darüber, dass es leistungsphysiologisch gleich ist, ob der Sauerstoffmangel durch Unterdruck (hypobare Hypoxie) oder bei normalem Luftdruck durch Stickstoffzufuhr (normobare Hypoxie) erzeugt wird. Die Höhenhäuser sind für normobarer Hypoxie konstruiert. Die Erzeugung von Unterdruck ist technologisch aufwendiger. In der DDR wurde in Kienbaum (bei Berlin) eine große Unterdruckkammer für den Leistungssport betrieben.

Leistungsphysiologische Grundlagen des Hypoxietrainings
Beim Höhenaufenthalt kommt es zu deutlichen Umstellungen in der Atmung, im Herz-Kreislauf-System und im Stoffwechsel. Durch erhöhte Atmungs- und Herz-Kreislauf-Arbeit wird die Sauerstoffunterversorgung ausgeglichen. Demnach ist die Herzfrequenz während der Belastung stets höher als gewohnt. Mit zunehmender Höhe nimmt der Sauerstoffmangel zu. Er beträgt in mittleren Trainingshöhen 3-6 %. Das Blut hat eine große Vermittleraufgabe für den Ausgleich des Sauerstoffmangels, der z.B. in 2.300 m Höhe 5% beträgt.

Der in den roten Blutkörperchen (Erythrozyten) enthaltene Blutfarbstoff, das Hämoglobin, ist der Hauptsauerstofftransporteur. Höhenbewohner haben einen 12% größeren Hämoglobingehalt im Blut als Flachlandbewohner.

Gleich zu Beginn des Höhentrainings im Leistungssport oder des Höhenaufenthalts von Bergsteigern wird die Bildung neuer Blutkörperchen angeregt. Voraussetzung zur Blutbildung ist das Körpereisen. Deshalb sollte beim Höhentraining oder beim Bergsteigen in großen Höhen (über 5.000 m) auf die zusätzliche Eisenaufnahme geachtet werden. Die Eisenaufnahme sichert die Erythrozytenneubildung mit hohem Hämoglobingehalt. Personen mit Eisenunterversorgung kommen in Höhen schlechter zurecht. Durch den Anstieg des wasserregulierenden Hormons Aldosteron in der Höhe nimmt normalerweise der flüssige Anteil im Blut zu, der Hämatokrit sinkt. Anfangs wurde dieser Effekt als „Sportleranämie" fehlgedeutet.

Die trainingsbedingte Blutverdünnung (Hämodilution), die einen Hämatokritabfall bedeutet, ist eine physiologisch normale Regulation zur Verbesserung der Sauerstoffversorgung im bedürftigen Muskelgewebe. Der Hämatokritabfall impliziert eine Zunahme der Mikrozirkulation und damit eine bessere Sauerstoffabgabe an das Gewebe.

Der beim Höhentraining einsetzende größere Wasserverlust über die Atemwege und die Irritationen im Durstgefühl bedingen, dass es trotzdem allmählich zur Blutverdickung kommt. Diese wird an einem Ansteigen des Hämatokrits bemerkt. Beim täglichen Messen von Hämoglobin und Hämatokrit in Höhentrainingslagern konnten wir beobachten, das es bei der Mehrzahl der Sportler zur Zunahme des Hämatokrits im Verlaufe des Höhentrainings kommt (**Abb. 1/12.2**). Ein Methodenvergleich der Hämoglobin- und Hämatokritmessung ergab, dass der aus dem Ohrkapillarblut bestimmte Hämatokrit und das Hämoglobin höher waren als im venösen Armblut. Der Hämatokritwert wird im Automatenlabor mit anderen Methoden (Teilchenzählgeräte) gemessen. Die ursprünglich vorgeschriebene hochtourige Zentrifugation wird nicht durchgeführt. Der im arterialisierten Kapillarblut durch Zentrifugieren bestimmte Hämatokrit ist nach eigenen Vergleichsuntersuchungen um absolut 2% höher als im venösen Blut, welches im Automatenlabor analysiert wurde. Praktisch bedeutet das, dass ein Wert von 49% aus dem venösen Blut einem Hämatokrit von 51% aus dem arteriellen Blut entspricht. Beim Hä-

Höhentraining Triathlon (1.800 m üNN)

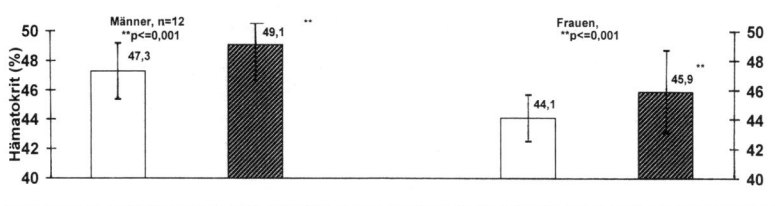

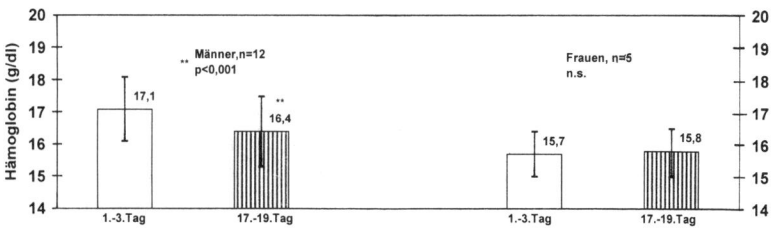

Abb. 1/12.2:
Verhalten von Hämatokrit (HK) und Hämoglobin (Hb) von zwölf Triathleten und fünf Triathletinnen in den drei ersten und den drei letzten Tagen eines dreiwöchigen Höhentrainings in 1.800 m. Während der HK signifikant anstieg, nahm das Hb signifkikant (außer bei den Frauen) ab.

moglobin beträgt der Unterschied absolut 2 g/dl, d.h. bei 17g/dl venös bedeutet das 19 g/dl arteriell. Diese Beispiele wurden gewählt, weil die gegenwärtigen Dopingbestimmungen wenig Konkretes über die Art der Blutabnahme und die Bestimmungsmethoden vorgeben. Die physiologischen Gegebenheiten der natürlichen Blutverdickung, die beim Höhentraining oder beim Extrembergsteigen üblich sind, werden noch nicht beachtet.

Energiestoffwechsel unter Hypoxie

Da die Kohlenhydrate bei ihrer Verbrennung weniger Sauerstoff benötigen als die Fettsäuren, werden sie in der Höhe bevorzugt umgesetzt. Der größere Glucosebedarf beim Höhentraining äußert sich in einer frühzeitigeren Erschöpfung des Glycogens. Der Körper versucht, den Sauerstoffmangel durch Zunahme des anaeroben Stoffwechsels zu kompensieren. Das ist durch größere Laktatbildung zu erkennen. Als positiver Nebeneffekt der erhöhten Laktatbildung steigt die Pufferkapazität des Blutes beim Höhentraining an.

Der ständige Glycogenmangel führt auch zur Zunahme der Zuckerneubildung (Gluconeogenese). Diese erfolgt überwiegend aus körpereigenen Proteinen, sodass der erhöhte Proteinumsatz und -abbau für das Höhentraining kennzeichnend ist. Der Körper schützt sich vor Überforderung in der Höhe, indem er die Schnelligkeitsmotorik drosselt. Bei intensiven Kurzzeitbelastungen kommt es zur Verminderung der maximalen Laktatbildungsrate. Dieser Befund ist in der Literatur als so genanntes **„Laktatparadoxon"** beschrieben. Im Verlauf des Höhentrainings nimmt die Motorikbremse ab, die maximale Laktatbildungsmöglichkeit steigt wieder an. Dieses Phänomen hat aber keinen Einfluss auf die Laktatbildungsrate bei vergleichbarer Belastung im Flachland. Um eine größere Säuerung trainingsmethodisch zu vermeiden, wird die Geschwindigkeit zurückgenommen. Somit gelten im Höhentraining dieselben Gesetzmäßigkeiten bei der Belastungssteuerung mit Laktat wie im Flachland.

Methodische Gestaltung des Höhentrainings

Höhentraining ist eine intensivierte Variante des Ausdauertrainings, die im Endeffekt zur Zunahme der Sauerstofftransportkapazität auf natürlichem Wege führt. Dass die Sauerstofftransportkapazität die Ausdauerleistung positiv beeinflusst, kann aus dem Missbrauch des Blutdopings oder der zusätzlichen Aufnahme von Erythropoetin (EPO) abgeleitet werden. Erst bei Höhen von über 2.000 m sollte die Trainingsgeschwindigkeit um 3-10% vermindert werden. Bei der Höhe von 1.700 - 1.800 m kann sich ein gut Trainierter fast wie im Flachland belasten, ohne die Gefahr der Überforderung. Das Höhentraining setzt sich immer mehr im Ausdauersport durch, weil der Vorteil der stabilen und höheren Entwicklung der aeroben Leistungsfähigkeit so am sichersten zu erreichen ist. Wird in mehr als drei Höhenlagern im Jahr trainiert, dann kann von „Höhenketten" gesprochen werden (REIß, 1998). Die Termine der Höhenketten sind vom Leistungshöhepunkt an zurückzurechnen. Wenn z.B. der Wettkampfhöhepunkt Mitte Juli ist, dann muss das Höhentraining Ende Juni enden. Als Höhenkette wären folgende Trainingslager von 17-22 Tagen Dauer zu planen:

1. Höhentraining Januar/Februar
2. Höhentraining April/Mai
3. Höhentraining Juni (als UWV)
4. Leistungshöhepunkt Flachland oder Höhe Mitte Juli

Für Sportler mit noch unzureichender aerober Leistungsfähigkeit (Junioren, Frauen) kann der Trainingsort vom Wohnort (Schlafen) getrennt sein. Wenn in der Höhe trainiert und im Flachland (z.B. Talstation der Seilbahn) gewohnt wird, dann

Gestaltungsvariante des Höhen- und Nachhöhentrainings

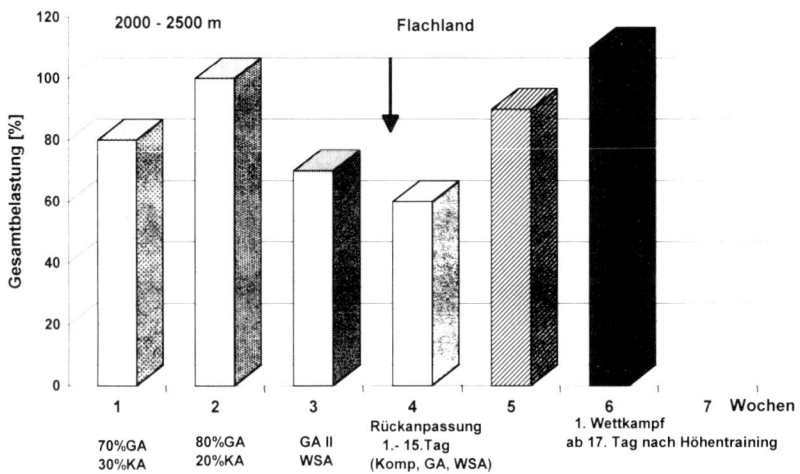

Abb. 2/12.2
Gestaltungsvariante des Höhentrainings in der unmittelbaren Vorbereitung auf einen Leistungshöhepunkt. GA = Grundlagenausdauer, KA = Kraftausdauer, GA 2 = intensives Ausdauertraining, Komp = Kompensationstraining, WSA = Wettkampfspezifisches Ausdauertraining

sind erleichterte Bedingungen für die Regeneration leistungsschwacher Sportler gegeben. In den skandinavischen Höhenhäusern wird der entgegengesetzte Weg beschritten. Die Sportler trainieren im Flachland und schlafen nachts in der imitierten Höhe. Das Schlafen in Höhenhäusern dient zur Anregung der Blutneubildung und damit zur geringen Vergrößerung der Sauerstofftransportkapazität.

Idealerweise sollte das Höhentraining mindestens drei Wochen dauern. Finanzielle Engpässe zwingen oft zu Kürzungen. Der bewährte 3:1-Belastungs-Entlastungs-Zyklus ist auch auf das Höhentraining anwendbar, indem drei Wochen belastet und in der 4. Woche im Flachland entlastet wird.

Eine Belastungsgrundvariante für Ausdauersportarten für die unmittelbare Wettkampfvorbereitung (UWV) ist der **Abb. 2/12.2** zu entnehmen. Nach drei Wochen ansteigender Belastung im Höhenlager wird die 4. Woche zur Kompensation im Flachland gebraucht und durch Taperbelastungen zum Leistungshöhepunkt hin genutzt.

Im Höhentraining ist die Belastungspause ein wichtiges Steuerinstrument zur Sicherung der Wiederbelastbarkeit. Bei der Aufstellung von Trainingsplänen ist besonders nach intensivem Höhentraining, wie dem GA 2-Training, die Pause um 15% und nach WSA-Training um 40% zu verlängern. Beim GA 1- und KA-Training kann die gewohnte Pause beibehalten werden.

Die Wirkung des Höhentrainings setzt nicht unmittelbar nach der Rückkehr ins Flachland ein. In Auswertung des Höhentrainings von über 1.000 Läufern gibt SUSLOV (1994) ein Leistungsoptimum zwischen dem 17. bis 21. Tag nach dem Höhentraining an **(Abb. 3/12.2)**. Besonders riskant sind Wettkämpfe zwischen dem 5. und 10. Tag nach dem Höhentraining, weil zu diesem Zeitpunkt über 60% der Sportler noch nicht die normale Leistungsfähigkeit erreicht hat.

Belastungssteuerung im Höhentraining

Für die Kontrolle der Belastungsintensität ist die Herzfrequenz (Hf)-Messung auch in der Höhe eine sichere Methode. Die Richtwerte sind für die Hf individuell unterschiedlich und sollten auf den Erfahrungen im Flachland aufbauen. In der Regel wird das GA-Höhentraining mit einer Hf von 130-150 Schlägen/min absolviert. Beim GA 2- oder KA-Training sind Hf-Werte in der Spannbreite von 160-180 Schlägen/min möglich. Unabhängig vom individuellen Hf-Niveau sollte beachtet werden, dass eine Zunahme der Hf über acht Schläge/min das Erreichen eines höheren Belastungsniveaus kennzeichnet. Erhöht sich während der Belastung die Hf über zehn Schläge/min, dann ist das ein sicheres Anzeichen für eine Überforderung oder ein Anhaltspunkt für gesundheitliche Indisposition.

Leistungsfähigkeit nach Training in 1.800-2.000 m Höhe
(Mittel- und Langstreckenläufer)

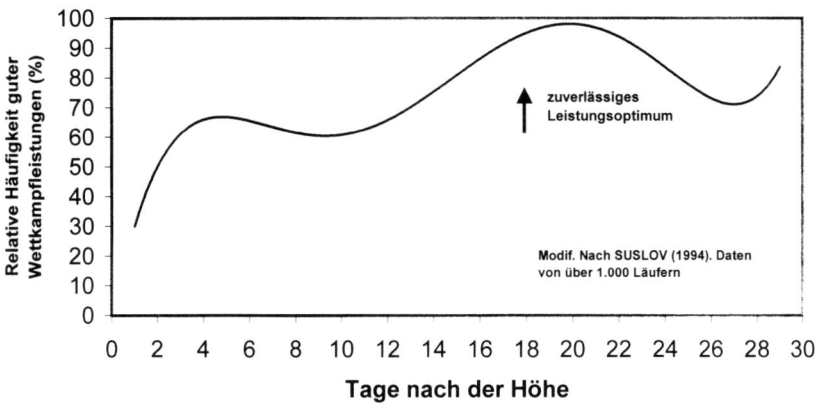

Abb. 3/12.2
Entwicklung der Leistungsabgabe nach Höhentraining. Nach anfänglicher Instabilität in der Leistungsfähigkeit ist nach etwa 17 Tagen die höchste wettkampfspezifische Leistungsfähigkeit zu erwarten.

Die Kontrolle der Erholungsfähigkeit kann durch die Bestimmung der Ruhe-Hf und /oder der Erholungs-Hf etwa 1 min nach dem jeweiligen Training erfolgen. Normalerweise sinkt die Hf in der ersten Erholungsminute um etwa 30 Schläge/min ab.

Durch die tägliche Messung des „Ruhepulses" noch im Bett ist die Erholungsfähigkeit und Belastungsverträglichkeit abschätzbar. Steigt die Hf über sechs Schläge/min über das individuelle Niveau an, dann ist das ein erster Hinweis für die zunehmende Ermüdung. Das Ansteigen der Hf über zehn Schläge/min kann ein Signal für eine beginnende gesundheitliche Störung sein. Dieser Befund sollte zur Pause oder Belastungsverminderung veranlassen.

Mit der Bestimmung der Serumharnstoffkonzentration ist die Höhe der Gesamtbelastung beurteilbar. Die Zunahme des Proteinabbaus und die Abnahme der Belastungsverträglichkeit ist am Anstieg des morgendlichen Serumharnstoffs auf über 10 mmol/l erkennbar. Reizwirksame Trainingsbelastungen liegen vor, wenn sich die Serumharnstoffkonzentration am Morgen bei Männern zwischen 7-9 mmol/l und Frauen zwischen 6-8 mmol/l bewegt. Das tägliche Ansteigen des Serumharnstoffs um 0,5-1 mmol/l ist Ausdruck des zunehmenden Proteinkatabolismus. Durch die Einlagerung von einem halben Tag Pause und eine reichliche Kohlenhydrataufnahme kann der Proteinabbau unterbrochen werden. Wenn die Serumharnstoffkonzentration in Ruhe auf 10 mmol/l an mehreren Tagen ansteigt, dann ist die Trainingsbelastung zu hoch.

Unter Hypoxiebedingungen wird durch die verstärkte Atmung mehr Flüssigkeit über die Atemwege abgegeben. Damit es nicht zur starken Bluteindickung (Hämokonzentration) kommt, ist auf eine reichliche Flüssigkeitsaufnahme zu achten. Die einfachste Kontrollmaßnahme ist das tägliche Wiegen. Eine Gewichtsabnahme von über 2 kg im Höhentraining erfordert die Überprüfung von Ernährung, Flüssigkeitsaufnahme und Belastung. Der Anstieg des Hämatokrits auf über 50% signalisiert eine zu hohe Hämokonzentration und damit einen Flüssigkeitsmangel im Höhentraining **(s. Abb. 1/12.2)**.

Nutzen des Höhentrainings für die Leistungsentwicklung
Das Lehrgangstraining in mittleren Höhen von 1.800 - 2.500 m ist eine Variante für das intensivierte Ausdauer- und Kraftausdauertrainings in den Ausdauersportarten. Das Höhentraining führt zu einer größeren Reizwirksamkeit, ohne dass die sportartspezifische Geschwindigkeit erhöht werden muss **(Abb. 4/12. 2)**.

Vorteile des Lehrgangstrainings in mittleren Höhen (1.800-2.500 m)

- 1. Trainingslager in Gruppen ist reizwirksamer als Einzeltraining, besonders für Trainingsältere.
- 2. Training unter qualifizierter Anleitung und Kontrolle ist wirksamer als Individualbelastung nach Gefühl.
- 3. Höhentraining (HT) ist immer Stressbelastung und setzt hohe aerobe Basisleistung voraus.
- 4. Im HT ist Gesamtbelastung trotz 5-10%tiger niedrigerer Geschwindigkeit hoch.
- 5. Nachbereitung des HT im Flachland mit deutlicher Belastungsverminderung sichert nachfolgende Leistungssteigerung.

Abb. 4/12.2:
Voraussetzung und Vorteile des Lehrgangstrainings in der Höhe

Ein Höhentraining sollte nur durchgeführt werden, wenn ein ausreichend hohes aerobes Leistungsniveau vorliegt und Trainingsbelastungen von über fünfzehn Stunden/Woche vertragen werden. Um Anpassungen zur Erhöhung der Sauerstofftransportkapazität auszulösen, ist ein Höhentraining von drei Wochen Dauer notwendig. Beim 3:1-Zyklus dient die 4. Woche im Flachland zur Entlastung. Da vergleichbare Geschwindigkeiten in der mittleren Höhe mit größeren anaeroben Anteilen erbracht werden, ist die Laktatbildung höher als im Flachland.

Die tägliche Belastungssteuerung mit den Messgrößen Herzfrequenz, Laktat, Serumharnstoff, Creatinkinase, Hämatokrit, Hämoglobin u.a. begrenzt die Entwicklung von Übertraining. Mit diesen Messgrößen kann besser auf Intensitätsgestaltung, Proteinabbau, Regeneration und Dehydratation Einfluss genommen werden.

Nach dem Höhentraining kommt es bei der Mehrzahl der Leistungssportler zwischen dem 5. und 10. Tag zu einer Leistungsinstabilität; erst nach dem 14. Tag ist mit einer deutlichen Zunahme der Leistungsfähigkeit zu rechnen. Individuelle Bestleistungen werden zwischen dem 17. und 20. Tag erreicht. Die Belastungsverminderung nach dem Höhentraining ist für eine erfolgreiche weitere Leistungsentwicklung notwendig. Besonders störend sind Wettkämpfe unmittelbar nach dem Höhentraining. Wird in der 1. Woche die Belastungsverminderung unterlassen, dann erhöht sich das Erkrankungsrisiko, weil das Immunsystem noch nicht wieder voll aktiv ist.

Mehrmals im Jahr wiederholtes Höhentraining („Höhenketten") erschließt Leistungsreserven und erhöht die aeroben Leistungsgrundlagen deutlich. Das Höhentraining entwickelt erfahrungsgemäß die submaximale aerobe Leistungsfähigkeit. Hingegen werden die maximalen Energieflussraten, repräsentiert durch die maximale Sauerstoffaufnahme (VO_2max), nicht oder nur gering entwickelt. Falls es zur Zunahme der VO_2max kommt, dann erst in der 3. Woche, nach entsprechendem intensiven Transformationstraining. Sportler mit relativ niedrigerer aerober Leistungsfähigkeit haben vom Höhentraining mehr Vorteile als die langjährig trainierende Topathleten.

12.3 Crosstraining

Der aus den USA stammende Begriff des „Crosstrainings" ist nicht mit dem Crosslauf in der Leichtathletik zu verwechseln. Unter Crosstraining wird der Wechsel von Trainingsmitteln verstanden, die für das Ausgleichstraining und auch für neuartige Trainingsreize geeignet sind. Ursprünglich wurde das Training in der anderen Sportart nur als eine sinnvolle Kompensationsbelastung und psychische Entspannung gesehen. Inzwischen hat die Sportart Triathlon bewiesen, dass es auch unter leistungssportlichem Aspekt möglich ist, in mehreren Sportarten nebeneinander vollwertig zu trainieren.

Meist haben die älteren Spitzenathleten Bedenken, sich in einer anderen Sportart hoch zu belasten. Erinnert sei nur an die Aversion von Läufern gegenüber dem Rad fahren oder Schwimmen. Das schnelle Umstellen auf ein anderes Motorikprogramm ist gar nicht so einfach und erfordert ein ständiges Training. Untersuchungen ergaben, dass es beim Wechsel vom Rad fahren zum Lauf zu einer Zunahme der Fußdruckbelastung und einer veränderten Arbeitsweise im Dehnungs-Verkürzungs-Zyklus beim Lauf kommt (HOTTENROTT et al., 1998). Diese Veränderungen sind insgesamt leistungsphysiologisch relevant und haben für den Triathleten einen anderen Stellenwert als für den Läufer oder Radsportler. Das Training in einer benachbarten Sportart sollte frühzeitig aufgenommen werden, damit es später keine technisch-koordinativen Probleme gibt. Das Crosstraining ist vor allem zur vorübergehenden Entlastung der sportartspezifischen Muskulatur vorteilhaft und beugt muskulären Dysbalancen vor. Herz-Kreislauf- und Stoffwechselbelastung können durch Crosstraining hochgehalten werden. Die Entlastung im sportartspezifischen Bewegungsprogramm ermöglicht bei Wiederaufnahme des spezifischen Trainings eine höhere Reizsetzung und bessere lokale Adaptabilität. Da nach heutigem Kenntnisstand die Vorteile für den Athleten bei der ganzjährigen Nutzung des Crosstrainings überwiegen, sind in **Tab. 1/12.3** einige Beispiele aufgeführt.

Spezialsportart	Triathlon	Skilanglauf	Duathlon	Radsport	Schwimmen	LA-Lauf	Inlineskating
Triathlon		xx	xxx	xxx	xxx	xxx	xx
Skilanglauf	xx		xxx	x	xx	xx	xx
Duathlon	xxx	xx			x	x	x
Radsport	xxx	xx	xxx		x	x	xxx
Schwimmen	xxx	xx	x	x		x	x
Leichtathletischer Lauf	xxx	xx	xxx	x	x		xxx
Inlineskating	xx	xx	xx	xx	x	xxx	

Tab. 1/12.3: Möglichkeiten des Sportartenwechsels im Rahmen des Crosstrainings für ausgewählte Sportarten

x	*=*	*geringe Bedeutung*
xx	*=*	*mittlere Bedeutung*
xxx	*=*	*hohe Bedeutung*

Voraussetzung für die leistungssportliche Nutzung des Crosstrainings ist, dass die Belastung in der anderen Sportart nach den Prinzipien der Reizwirksamkeit gestaltet wird. Wenn z.b. ein Triathlet im Winter Skilanglauf betreibt, dann muss er diesen bezüglich Dauer und Intensität genauso betreiben wie der Spezialist. Technische Unvollkommenheiten beim Skilanglauf, die bei Triathleten oder Leistungssportlern einer anderen Ausdauersportart normal sind, haben hierbei eine untergeordnete Bedeutung. Das Crosstraining bringt für den Spezialisten in einer anderen Sportart leistungsphysiologische und orthopädische Vorteile.

Durch den Sportartenwechsel kann die Gesamtbelastung in der Spezialsportart deutlich angehoben werden. Zu beachten ist aber, dass die sportartunspezifische oder semispezifische Belastung kein Ersatz für gezielte Belastungsreize in der Spezialsportart ist. In den Alternativsportarten sollte es zu keiner eigenständigen muskulären Anpassung kommen, d.h. der Läufer sollte nicht besser Rad fahren als laufen können. Wenn der Sportler in mehreren Sportarten leistungsstark ist, dann ist er besser in einer Kombinationssportart aufgehoben (z.B. Duathlon, Triathlon).

12.4 Energie- und Flüssigkeitsaufnahme während Belastung

Die sportliche Leistungsfähigkeit ist von der Energieaufnahme abhängig. In Abhängigkeit von der Gesamttrainingsbelastung steigt der Energieverbrauch an. Während ein Untrainierter mit 2.500 bis 3.000 kcal/Tag auskommt, benötigt ein Athlet im Leistungstraining 4.000 bis 7.000 kcal/Tag. Eine ständige Unterversorgung mit Nährstoffen führt zu einer Negativbilanz; die Körpermasse vermindert sich und die Regeneration verläuft verzögert ab. Deshalb ist die aufzunehmende Nahrungsmenge immer dem Bedarf anzupassen.

Die körpereigenen Glycogenvorräte reichen für Belastungen bis zu zwei Stunden Dauer. Bei darüber hinausgehenden Belastungen müssen ständig Kohlenhydrate (KH) aufgenommen werden. Die bevorzugte KH-Aufnahme ist deshalb notwendig, damit der Blutzuckerspiegel normal bleibt bzw. eine Unterzuckerung unter 3,5 mmol/l (< 63mg/dl) vermieden wird. Die aufzunehmende KH-Menge ist nicht groß, sie beträgt 30-60 g/Stunde. Auch für die Flüssigkeitsaufnahme gilt, dass ein bestimmter Grad an Entwässerung bei der Belastung nicht unterschritten werden darf. Übersteigt die Dehydratation 5% vom Körpergewicht, dann ist mit einer deutlichen Leistungsminderung zu rechnen. Mit diesen einführenden Bemerkungen sollte bekräftigt werden, dass die Sporternährung und die Flüssigkeitsaufnahme keine unwesentlichen Elemente für die Sicherung der Belastbarkeit und für den Leistungserhalt sind.

12.4.1 Energieaufnahme bei Belastungen

Sportliche Leistungen von wenigen Minuten bis etwa 120 min Dauer werden durch die körpereigenen Glycogenspeicher energetisch abgesichert. Demnach können etwa zwei Stunden Belastung ohne zusätzliche Energieaufnahme bewältigt werden. Ausnahmen machen hierbei Trainingszustand und die Belastungsintensität. Bei unzureichendem Trainingszustand oder maximal möglicher Belastungsintensität können die Energiespeicher bereits nach 90 min erschöpft sein, wenn keine frühzeitige KH-Aufnahme erfolgt.

Neuere Untersuchungen haben ergeben, dass die unmittelbar vor einem Start reichlich aufgenommenen Kohlenhydrate (über 60 g) bevorzugt verbrannt werden, um die Glycogenspeicher zu schonen. Vor Wettkämpfen über zwei Stunden Dauer ist eine kohlenhydratreiche und leicht verdauliche Nahrungsaufnahme stets nützlich (z.B. KH-Energieriegel). Die aufzunehmende KH-Menge sollte auf 1g pro kg Körpermasse begrenzt werden. Die KH-Aufnahme vor dem Start führt zu einer Stoffwechselregulation, bei der die überschüssig vorhandenen KH bevorzugt verbrannt werden und entsprechend die freien Fettsäuren (FFS) anteilmäßig weniger.

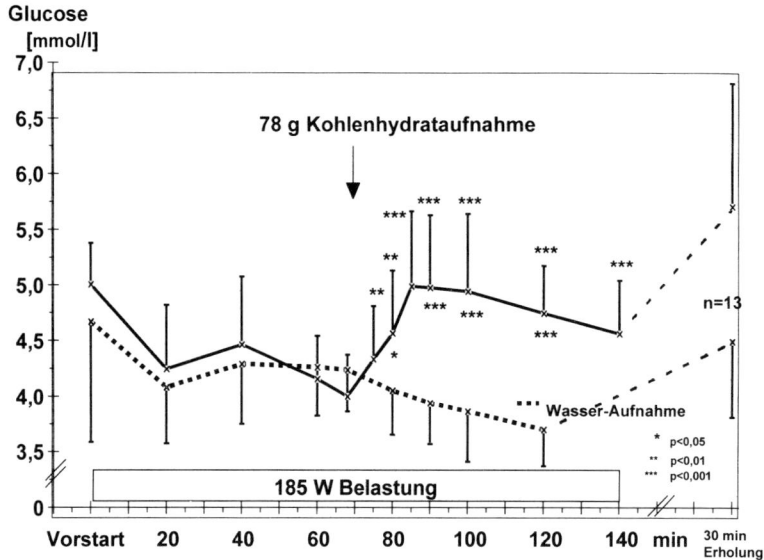

Abb. 1/12.4.1: Vergleich der Blutglucoseregulation bei einer Dauerbelastung von 185 W im Gruppenmittel bei Wasser- und Kohlenhydrat (KH)-Aufnahme (n = 13). Bei Einmalaufnahme von 78 g KH war die Blutglucose bis zur 140. Belastungsminute erhöht und die Sportler konnten durchschnittlich um 20% länger fahren im Vergleich zur Wasseraufnahme.

Die Befürchtung, dass durch die KH-Aufnahme eine zu starke Insulinausschüttung provoziert wird, hat sich bei Ausdauersportlern nicht bestätigt. Sowohl mit Kohlenhydrataufnahme als auch ohne sinkt während der ersten 20 min der Belastung der Insulinspiegel ab (KUIPERS et al., 1999). Am Anfang der Belastung sinkt die Blutglucose leicht ab, ohne dass dies für den Athleten Nachteile hätte. Der Sportler kann durch zu reichliche Nahrungsaufnahme am Anfang der Belastung Magenprobleme bekommen. Die KH-Aufnahme ist bei mehrstündigen Belastungen zur Aufrechterhaltung der Geschwindigkeit obligat. Beträgt die KH-Aufnahme nur 25-35 g/Stunde, dann wird der Fettstoffwechsel kaum beeinflusst.

Erst bei größeren Mengen aufgenommener Kohlenhydrate (etwa 40-60 g/Stunde), werden diese bevorzugt verbrannt bzw. der Fettstoffwechsel ist vermindert. Die KH können sowohl in größeren Mengen auf einmal als auch verteilt in kleineren Portionen fortlaufend aufgenommen werden. In beiden Fällen wirken die KH leistungsverbessernd **(Abb. 1/12.4.1)**.

Besteht die Absicht, durch mehrstündige Belastungen besonders den Fettstoffwechsel zu trainieren, dann sind die KH am unteren Limit aufzunehmen, da eine zu starke KH-Verfügbarkeit den Fettstoffwechsel unterdrückt. Praktisch bedeutet das für den Athleten, mit der KH-Aufnahme während der Belastung so spät als möglich zu beginnen und etwa 30 g/h aufzunehmen.

Über weitere Details zur Sportlerernährung ist in den einschlägigen Sachbüchern nachzulesen (BROUNS, 1993; GEIß/HAMM, 1990; KEUL/WITZIGMANN; 1988; KONOPKA, 1994; NEUMANN, 1998 u.a.). Neuere Untersuchungen belegen, dass geeignete Energieriegel, die aus einer Mischung von Kohlenhydraten (19 g), Fetten (7 g) und Proteinen (14 g) bestehen, den Fettsäurenumsatz besonders anregen und dabei die KH schonen (RAUCH et al., 1999).

Unmittelbar nach längeren Belastungen ist die rechtzeitige KH-Aufnahme dafür ausschlaggebend, wie schnell die Glycogenspeicher aufgefüllt werden. Bis zu einem Zeitpunkt von etwa zwei Stunden nach Belastung ist das glycogenaufbauende Enzym Glycogensynthetase noch aktiv und damit können die aufgenommenen KH schneller als Glycogen gespeichert werden.

12.4.2 Flüssigkeitsaufnahme

Die Flüssigkeitsaufnahme wird normalerweise über das Durstgefühl gesteuert. Darauf ist jedoch nicht immer Verlass. Während sportlicher Belastungen tritt erst bei einer Dehydratation von über 3% das Durstgefühl auf. Der Flüssigkeitsverlust ist während sportlicher Belastungen von der Fortbewegungsgeschwindigkeit und der Belastungsdauer abhängig.

Die Schweißbildungsrate ist mit 1-1,5 l/Stunde höher als die mögliche Kompensation über das Trinken. Das bedeutet, dass die Dehydratation bei Belastungen durch Flüssigkeitsaufnahme nicht vollständig zu kompensieren ist. Bei Hitzebelastungen (über 27°C Außentemperatur mit hoher Luftfeuchtigkeit) kommt es zu frühzeitigeren Störungen im Wasser- und Elektrolythaushalt als bei Normaltemperatur. Eine wesentliche Maßnahme zur Sicherung des Flüssigkeitshaushaltes bei Belastung ist das frühzeitige und regelmäßige Trinken in kleineren Portionen. Eine Flüssigkeitsaufnahme von mehr als 700 ml/Stunde beim Lauf und von mehr als 1,2 l/Stunde beim Rad fahren wird schlecht vertragen. Große Flüssigkeitsmengen verursachen im Magen-Darm-Trakt einen Diskomfort und können zu Leistungsminderungen führen.

Die aufgenommene Flüssigkeit sollte nicht aus dem mineralstoffarmen Leitungswasser bestehen. Die reichliche Aufnahme von Wasser, verbunden mit langsamer Laufgeschwindigkeit, kann zu der gefährlichen „Wasservergiftung" führen (NOAKES et al., 1991). Diese Situation entsteht dadurch, dass Kochsalz (NaCl) in den Darm diffundieren muss, um das Wasser zur Resorption zu befähigen. Ohne Salz im Wasser ist eine Aufnahme über den Darm nicht möglich.

Auf die Leistungsbehinderung bei Hitze hat die Laufgeschwindigkeit im letzten Drittel des Marathonlaufes (Hauptursache der Wärmebildung) einen größeren Einfluss als die allmähliche Dehydratation während des Laufes (NOAKES et al., 1991). Praktisch bedeuten diese Ergebnisse, dass die Belastung bei Hitze stets langsamer anzugehen ist als gewohnt und der Sportler sich nicht vom höheren Anfangstempo des sportlichen Gegners irritieren lassen sollte. Die wirksamste Vorbeugungsmaßnahme bei Hitzebelastungen ist, wie bereits erwähnt, die rechtzeitige und reichliche Flüssigkeitsaufnahme.

Zur Sicherung der Hitzeleistung ist ein Liter Flüssigkeit pro Belastungsstunde vorzuplanen. Das bedeutet auch, dass der Athlet einen Teil der Flüssigkeit (Wasser) zur Körperkühlung verwendet. In das Trinkwasser sind etwa 1g Kochsalz pro Liter zuzufügen. Anhand der an der Haut sichtbaren Schweißmenge kann die Stärke des Schwitzens abgeschätzt werden. Der nicht sichtbare Schweiß auf der Haut bedeutet einen Schweißverlust von etwa 0,5 l/Stunde. Ist der Schweiß deutlich sichtbar und der Athlet erscheint nass, dann ist die Schweißbildungsrate auf etwa 1 Liter/Stunde angestiegen. Abtropfender Schweiß bedeutet maximale Schweißbildung, d.h. etwa 1,5 l/Stunde.

Gut trainierte Sportler schwitzen weniger als Untrainierte oder schlecht Trainierte. Entsprechend ist der Flüssigkeitsbedarf der besseren Athleten niedriger. Eigene Untersuchungen beim Marathonlauf (19°C Außentemperatur) ergaben, dass die leistungsfähigsten Läufer durchschnittlich 0,7 l/h und die schwächeren 1,7 l/h benötigten. Auf Vorrat trinken zu wollen, ist praktisch begrenzt, dennoch sollten die Hitzebelastungen nicht im dehydrierten Zustand begonnen werden.

12.5 Supplementierung von Wirkstoffen im Leistungssport

Hier wird nicht die Versorgung mit Vitaminen und Mineralien aufgeführt. Ihr höherer Bedarf bei Sporttreibenden ist den entsprechenden Schriften zur Ernährung zu entnehmen. Die Supplementierung bestimmter Wirkstoffe ist erst ab einer stark leistungsorientierten Belastung notwendig, d.h. bei regelmäßigen Trainingsbelastungen von über zwölf Stunden/Woche (NEUMANN, 1998).

Im Sport sind vier Gruppen ergogener Substanzen bekannt, die nach wissenschaftlich gestützten Kriterien die Leistungsfähigkeit steigern, ohne die Dopingbestimmungen zu verletzen.
Zu diesen leistungssteigernden ergogenen Substanzen gehören:
1. Kohlenhydrate (KH)
2. Coffein
3. Creatin
4. Alkalische Salze

Kohlenhydrate
Der leistungssteigernde Effekt der KH leitet sich von ihrer präventiven Wirkung bei Unterzuckerung ab. Wie bereits ausgeführt, ist bei längeren Belastungen (> 120 min) die KH-Aufnahme obligat. Unterbleibt diese oder werden zu wenig KH aufgenommen, dann kommt es zur Hypoglycämie. Die Folge einer Glucosekonzentration unter 3,5 mmol/l ist der nachlassende motorische Antrieb und eine zunehmende Müdigkeit. Wird der Zeitpunkt der KH-Aufnahme während der Belastung verpasst, dann genügen bereits kleine Glucosemengen, um bereits 5 min nach Aufnahme wieder eine bessere Leistungsfähigkeit zu verspüren.
Die optimale Glucoseversorgung bei mehrstündigen Belastungen beträgt 40-80 g. Unmittelbar nach der Belastung sollten in den ersten zwei Stunden 50-100 g KH aufgenommen werden. Vor längeren Wettkämpfen ist nach dem Frühstück eine zusätzliche KH-Aufnahme von etwa 60 g von leistungsunterstützender Wirkung. Erfolgt bei längeren Belastungen eine regelmäßige und reichliche KH-Aufnahme, dann wird der Fettstoffwechsel unterdrückt und dieser weniger trainiert. Über die Zusammensetzung der KH und deren Verträglichkeit ist in den Ernährungsfachbüchern nachzulesen (BROUNS, 1993; GEIß/HAMM, 1990, KEUL/WITZIGMANN, 1988; KONOPKA, 1994; NEUMANN, 1998 u.a.).

Coffein
Die Aufnahme von 300 mg Coffein aktiviert die Gehirnfunktion, verbessert die Reaktionszeit, aktiviert die Motorik bei Kurzzeit - und Langzeitbelastungen. Durch die erhöhte Freisetzung der freien Fettsäuren (FFS) erhöht es deren Oxidation und hemmt dadurch den muskulären Glycogenabbau. Überdosierungen machen nervös und aktivieren den Kreislauf stark. Schlaflosigkeit und Magen-Darm-Probleme können die Folge sein.

Die wissenschaftlich belegte leistungssteigernde Wirkung des Coffeins war Anlass, dieses Genussmittel auf die Dopingliste zu setzen. Als Kompromiss ist die Aufnahme einer bestimmten Menge von Coffein im Leistungssport möglich. Diese Menge kann nicht exakt vorausbestimmt werden, weil die Abbaugeschwindigkeit von mehreren Faktoren abhängt. Allgemein ist bei einer festgelegten Dopinggrenze von 12 µg/ml Coffein im Urin der Genuss von 2-3 Tassen Kaffees zwei Stunden vor dem Start bedenkenlos möglich. Vorsicht ist bei der Aufnahme von kohlenhydrat- und coffeinhaltigen Braindrinks geboten. Die in Deutschland im Handel befindlichen Produkte (Red Bull, Flying Horse) enthalten pro Liter 320 mg Coffein, d.h. in einer 250 ml-Dose die Menge einer Tasse Kaffee (80 mg).

Creatin

Creatin bildet zusammen mit Phosphat die energiereiche Verbindung Creatinphosphat (CP), welche für die Muskelarbeit unentbehrlich ist. Mit dem CP-Speicher ist eine Muskelarbeit ohne Sauerstoff für eine Dauer von 10 s möglich. Werden zusätzlich zur Nahrung höhere Creatinmengen aufgenommen, dann kann die alaktazide Leistungsfähigkeit ansteigen. Voraussetzung dafür ist, dass durch die Aufnahme von 6 - 20 g Creatin täglich über fünf Tage die Muskelzelle zur erhöhten Creatinphosphatbildung angeregt wird.

Nicht alle Sportler reagieren auf die Creatinaufnahme positiv. Das aufgenommene Creatin gelangt bei gleichzeitiger Kohlenhydrataufnahme schneller in die Muskulatur. Durch die Einlagerung von Wasser in die Muskelzellen wird bei Aufnahme größerer Creatinmengen ein stärkeres Muskelspannungsgefühl erzeugt. Die hauptsächliche Wirkung des Creatins ist nicht in der unmittelbaren Leistungssteigerung beim Kurzzeitwettkampf zu sehen, sondern in der größeren Verträglichkeit intensiver und alaktazider Trainingsbelastungen. Durch die zusätzliche Creatinaufnahme wird die Verträglichkeit von Kurzzeitkraftbelastungen in Trainingsserien zur Entwicklung der Schnelligkeit und Schnellkraftleistung gefördert.

Alkalische Salze

Der Sinn der Aufnahme alkalischer Salze wurde in der Neutralisierung von Milchsäure bei intensiven Belastungen gesehen. Die Magenunverträglichkeit größerer Mengen an aufgenommenen Puffersubstanzen (Natriumphosphat, Kaliumphosphat) hat ihre Verbreitung im Sport stark eingeschränkt.

Neuerdings konnte bei einem Kalium-Eisen-Phosphat-Citrat-Komplex über den Weg der Ammoniakabpufferung im Darm eine Absenkung des Laktatanfalls bei Belastungsbeginn nachgewiesen werden. Die Wirkung besteht wahrscheinlich nicht in der Pufferung der Säuren, sondern im Abbau des gleichzeitig mit der Laktatbildung entstandenen Ammoniaks im Darm. Durch die Ammoniakabbindung im Darm hat die Leber wahrscheinlich eine höhere Oxidationskapazität für das anfallende Laktat (NEUMANN et al., 1999). Dieser Mineralkomplex ist gut verträglich und hat sich praktisch, bei entsprechender Indikation, als wirksam erwiesen.

Polar Modell- und Funktionsübersicht

Modelle	Interface Plus	XTrainer Plus	Accurex Plus	M71 ti	Coach	Protr. XT Cycle	Protrainer XT	M51/M52	Protrainer NV	M21/M22	Pacer	Fitwatch	Favor	Beat
extra große Anzeige											•	•	•	•
wasserdicht		•	•	•	•	•	•	•	•	•	•	•	•	•
Ober-/Untergrenze einstellbar (Alarm)		•	•	•	•	•	•	•	•	•	•	•	•	
Datum/Uhrzeit/Weckfunktion		•	•	•	•	•	•	•	•	•	ohne Datum •	ohne Datum •		
Stoppfunktion, Stoppuhr		•	•	•	•	•	•	•	•	•				
Speichermöglichkeit		•	•		•	•	•			•				
HF-Mittelwert/ Erholungs-HF		•	•		•	•	•	ohne Erh.-HF •	•	ohne Erh.-HF •				
OwnZone-/OwnCal-Funktion mit proz. Fettverbr.-Anteil				ohne Fettv.-A. •				•		•				
OwnIndex-Funktion								•						
OwnCode-Funktion		•	•	•	•	•	•			•				
Displaybeleuchtung Nightvision (NV)		•	•	•	•	•	•	•	•	•	•	•		
PC-Auswertung per Interface möglich		•	•		•									
Fahrradcomputerfunktion		•				•	als Option •							
Geschwindigkeitsmesser/ Fahrradhalterung		•				•								
empfohlener Verkaufspreis in DM	399,90	499,90	449,90	399,90	399,90	379,90	329,90	299,90	279,90	249,90	179,90	159,90	129,90	99,90

13 Literatur

ÅSTRAND, P.-O., / RODAHL, E.K. (1970): Textbook of Work Physiology. New York: Mc Graw-Hill.

BERBALK, A. (1997): Echokardiographische Studie zum Sportherz bei Ausdauerathleten. In: Zeitschrift für Angewandte Trainingswissenschaft 4, 34-64. Aachen: Meyer & Meyer Sportverlag.

BERBALK, A. (1999): Herzfrequenzvariabilität- ein neuer Parameter zur Belastbarkeitsdiagnostik im Leistungssport? In: ENGELHARDT, M./ FRANZ, B./ NEUMANN, G./ PFÜTZNER, A. (Hrsg.): 13. Internationales Triathlon-Symposium Erbach 1998. S. 79-98. Hamburg: Czwalina Verlag.

BROUNS, F. (1993): Ernährungsbedürfnisse von Sportlern. Berlin: Springer Verlag.

CONCONI, F./M. FERRARI, P.G./ ZIGLIO, P./ DROGHETTI, L./CODECA (1982): Determination of the anaerobic threshold by a noninvasive field test in runners. J. Appl. Physiol. Respirat. Environ. Exercise Physiol. 52 , 4, 869-873.

CONCONI, F./ GRAZZI, G./ CASONI, I./ GUGLIELMINI, C./BORSETT, C./ BALLARIN, E.: MAZZONI, G./ PATRCCHINI, M./MANFREDINI, F. (1996): The Conconi-Test: Methodology after 12 Yeras of Applications. Int.J.SportsMed. 17 (7): 509-519.

COOPER, K.H (1984): Bewegungstraining. Frankfurt: Limpert Verlag.

CRASSELT, W./ ISRAEL, S. / RICHTER, H. (1984): Schnellkraftleistungen im Alternsgang. Theorie u. Praxis Körperkultur (Berlin) 33, 423-431.

GEIß, K.-R./HAMM, M. (1990): Handbuch der Sportler-Ernährung: Hamburg: Behrs Verlag.

GROSSER, M./ BRÜGEMANN, P., /ZINTL, F. (1986): Leistungssteuerung im Training und Wettkampf. München: BLV-Verlag.

HARRE, D. (1986): Trainingslehre . 10.Aufl. Berlin: Sportverlag.

HECK, H. (1990): Energiestoffwechsel und medizinische Leistungsdiagnostik. Schorndorf: Hofmann-Verlag.

HOFFMANN, G. (1995): Der Körpereisenstatus bei Sporttreibenden und seine Beziehung zur körperlichen Belastung und Leistungsfähigkeit. Aachen: Verlag Shaker.

HOLLMANN, W., / HETTINGER, T. (1990): Sportmedizin - Arbeits- und Trainingsgrundlagen. Stuttgart -New York: Schattauer Verlag.

HOLLMANN, W./ MADER, A./ LIESE, H./ HECK, H. /ROST, R. (1986): Die aerobe Leistungsfähigkeit- Aspekte von Gesundheit und Sport. In: Spektrum der Wissenschaft. 9, 48-58.

HOTTENROTT, K. (1993): Trainingssteuerung im Ausdauersport. Hamburg; Czwalina Verlag

HOTTENROTT, K./ZÜLCH, M (1998): Ausdauertrainer Inlineskating. Hamburg, Rowohlt Taschenbuchverlag 1998.

HOTTENROTT, K.(1999): Leistungs- und Trainingsstruktur im Speedskating. In:. HÄNSEL F./PFEIFER K./WOLL A.: Lifetime-Sport Inline Skating, Schorndorf: Hoffmann Verlag

HOTTENROTT, K. / HOOS, O. / SOMMER, H.- M. (1998): Changes in Foot Pressure Distribution during a combined running and cycling exercise. In: Riehle H.J., M.V. Vieten (Hg.): ISBS'98 - Proceedings II, 192-195.

ISRAEL, S. (1976): Zur Problematik des Übertrainings aus internistischer und leistungsphysiologischer Sicht. In: Med. u. Sport (Berlin) 16, 49-53.

ISRAEL, S. (1982): Sport und Herzschlagfrequenz. Leipzig: Barth Verlag

JAKOWLEW, N. N. (1977): Sportbiochemie. Sportmed. Schriftenreihe, Bd. 14. Leipzig: J. A. Barth Verlag.

JANSSEN, P. G. J. M. (1989): Ausdauertraining: Trainingssteuerung über die Herzfrequenz- und Milchsäurebestimmung. Übersetzt vonJ. Weineck u. R. J. R. Reijnders. Erlangen: perimed Fachbuch.

KARVONEN, J./VUORIMAA, T. (1988): Heart Rate and Exercise Intensity during Sports Activities. Practical Application. Sports Med 5 ,5, 303-312

KEUL, J./WITZIGMANN,E(1988): Die Olympia-Diät. München:W.Heyne-Verlag:

KONOPKA, P. (1994): Sportlerernährung. 5. Aufl. München: BLV Sportwissen.

KREIDER, R.B./ FRY, A.C./ O'TOOLE, M.L..(1998): Overtraining in Sport. Human Illinois: Kinetics Publishers

KUIPERS, H./ FRANSEN, E. J. / KEIZER, H.A. (1999): Pre-Exercise Ingestion of Carbohydrate and Transient Hypoglycemiea During Exercise. In: Int. J. Sports Med. 20, 227-231.

LAUKKANEN, R,M.T./ OJA, P./ OJALA K.H./ PASANEN, M.E./ VUORI, I.M.(1993): Feasibility of a 2-km Walking Test for Fitness Assessment in a Population Study. In: Scan.J.Soc.Med. 20(2): 119-126

LEHMANN, M./ DIMEO, F. / HUONKER; M: (1994): Aktuelle Vorstellungen zu den Ursachen des Übertrainings: In: ENGELHARDT, M./FRANZ, B./NEUMANN, G./PÜTZNER; A: Triathlon: Medizinische und methodische Probleme des Trainings (Hrsg.) Band 9, 75-82. Hamburg: Czwalina München.Verlag.

LEHMANN, M.J./ STEINACKER, J.-M. / GASTMANN, U. (1998): Vom Übertraining zur Leistungsminderung oder Superkompensation . Sportorthopädie-Sporttraumatologie , 14.4, 181-185.

LETZELTER, M. (1978): Trainingsgrundlagen. Hamburg: Rowohlt Verlag.

LEVINE, B.D. / STRAY-GUNDERSEN, J. (1997): „Living High-Training Low": Effect of Moderate-altitude Acclimatization with Low-altitude Training on Performance. In: J. Appl. Physiol. 83, 102-112.

MADER ,A. (1994): Die Komponenten der Stoffwechselleistung in den leichtathletischen Ausdauerdisziplinen- Bedeutung für die Wettkampfleistung und Möglichkeiten zu ihrer Bestimmung. In: TSCHIENE, P. (Hrsg.): Neue Tendenzen im Ausdauertraining. Informationen zum Leistungssport . Bd. 12. Bundesausschuß Leistungssport, Frankfurt.

MARTIN, D./ Carl, K./ Lehnertz, K. (1991). Handbuch der Trainingslehre. Schorndorf: Hoffmann Verlag

MARTIN, D. / ROST, K.(1996): Standpunkte zur Weiterentwicklung des Nachwuchsstrainingssystems im deutschen Sport. Z. Angewandte Trainingswiss. 3, 3-29.

MELLEROWICZ (1975) Ergometrie. Grundriß der medizinischen Leistungsmessung. München-Berlin-Wien: Urban & Schwarzenberg

MEUSEL, H. (1996): Bewegung, Sport und Gesundheit im Alter. Quelle & Meyer Verl., Wiesbaden.

NEUMANN, G./ BERBALK, A. (1991): Umstellung und Anpassung des Organismus- grundlegende Voraussetzung der sportlichen Leistungsfähigkeit. In: BER

NEUMANN, G./PFÜTZNER, A./HOTTENTOTT, K.(1993): Alles unter Kontrolle. 1. Auflage. Aachen: Meyer & Meyer.

NEUMANN, G. /SCHÜLER, K.-P. (1994). Sportmedizinische Funktionsdiagnostik. Leipzig: Barth-Verl.

NEUMANN, G./PFÜTZNER, A. / BERBALK, A. (1998): Optimiertes Ausdauertraining. Aachen: Meyer & Meyer.

NEUMANN, G.(1998): Ernährung im Sport. Aachen: Meyer & Meyer.

NEUMANN, G./DIEFENBACH, M./BÖHME, P. (1999): Einfluß eines Kalium-Eisen-Phosphat-Citrat-Komplexes auf metabole Meßgrößen bei Fahrradergometrie. Sportmedizin und Sporttraumatologe. Im Druck.

NETT, P./ JESCHKE, D.: Sport und Medizin. Pro und Contra. (Hrsg.) München: W. Zuckschwerdt.

NEWSHOLME, E. A. (1995) Possible Biochemical Causes of Failure of the Immune and of Fatigue in the Overtaining Syndrome. In: Coching focus, Leeds 28, 14-16.

NOAKES T.D./ MYBURGH, K.H./ DU PLESSIS, J./ LANG, L./ LAMBERT, M./ VAN DER RIET, C. / SCHALL, R. (1991): Metabolic Rate, not Percent Dehydratation, Predicts Rectal Temperature in Marathon Runners. In: Med. Sci. Sports Exerc. 23, 443-449.

NOAKES, T. (1991): The Hyponatriämie of Exercise. In: Int. J. Sports Nutr.2, 205-228.

PACHE, D. (1998): Zur gegenwärtigen Situation des Altersports in Deutschland-Daten und Anregungen für die Förderung. In: MECHLING, H. (Hrsg.) Training im Alterssport. S.135-141. Schorndorf: Verlag Karl Hoffmann.

PANSOLD, B.(1977): Leistungsphysiologische Untersuchungen unter besonderer Berücksichtigung des Informationsgehaltes der Laktatkonzentration im Blut an Leistungssportlern der Sportart Schwimmen. Inauguraldissertation. E.M. Arndt-Universität Greifswald.

PANSOLD, B./ ROTH, B./ ZINNER, J./ HASART, E. / GABRIEL, B.-M.: (1982): Die Laktat-Leistungskurve- ein Grundprinzip sportmedizinischer Leistungsdiagnostik. In: Med. und Sport (Berlin) 22,1982.

PANSOLD, B. /ZINNER, J. (1991): Selection, Analysis and Validity of Sportspecific and Ergometric Incremental Test programmes. In: BACHL, N./ GRAHAM, T.E./ LÖLLGEN, H. (Eds.): Advances in Ergometry. S.180-214. Berlin: Springer-Verlag.

PARRY-BILLINGS, M./ BUDGETT, R./ KOUTEDAKIS, Y./ BLOMSTRAND, E./ BROOKS, S./ WILLIAMS, C./ OLLING, S./ BAIGRIE, R./ NEWSHOLME, E. A. (1992): Plasma Amino Acid Concentration in the Overtraining-Syndrome: Possible Effects on the Immune System. In: Med. Sci. Exerc. 24, 1353-1358.

RAUCH, H.G.L./ HAWLEY, J.A./ WOODEY, M./ NOAKES, T.D./ DENNIS, S.C. (1999). Effects of Ingesting a Sports Bar Versus Glucose Polymer on Substrate Utilisation and Ultra-endurance Performance. In: Int. J. Sports Med. 20, 252-257.

REIß, M. (1998): Hauptrichtungen des Einsatzes und der Methodik des Höhentrainings in den Ausdauersportarten. Leistungssport 28, 21-28.

REIß, M. / MEINELT, K. (1985): Erfahrungen, Probleme und Konsequenzen bei der Erhöhung der Wirksamkeit der Steuerung und Regelung des Hochleistungstrainings. In: Theorie und Praxis Leistungssport (Leipzig) 23, H.4, 26-50

REIß, M./LÖFFLER, P./ SCHMIDT, P./SCHÖN, R. (1993): Schlüsselprobleme des langfristigen Leistungsaufbaus. In: Leistungssport 23, 12-16.

REIß, M./GOHLITZ, D./ERNST, O. (1994): Untersuchungen zur wirksamen Gestaltung des kraftbetonten Grundlagenausdauertrainings. Ergebnisbericht. Institut für Angewandte Trainingswissenschaft, Leipzig.

RICHTER, G. (1999): Persönliche Information

ROST, R. /HOLLMANN, W. (1982): Belastungsuntersuchungen in der Praxis. Stuttgart-New York: Thieme Verlag.

RUNDELL; K. W. (1996). Compromissed Oxygen in Speed Skaters during Treadmill In-line skating. In: Med. Sci. Sports Exerc. 28 (1), 120-127.

SCHNABEL, G./ THIEß, G. /HARRE, D. (1994): Trainingswissenschaft, Leistung, Training, Wettkampf. Berlin: Sportverlag.

SCHULZ, H./RAUTENBERG, B./ HORN, A. /HECK, H. (1999). Herzkreislauf- und Stoffwechselverhalten beim Inline-Skaten. In:. Hänsel F./Pfeifer K./Woll A.: Lifetime-Sport Inline Skating, Schorndorf: Hoffmann Verlag.

SNYDER, A. C. , O'HAGEN, K. P., CLIFFORD, P. S., HOFFMANN, M. D. & FORSTER, C. (1993). Exercise responses to in-line skating comparison to running and cycling. Int. J. Sports Med. 14, 38-42.

SPIRDUSO, W. W. (1995): Physical Dimensions of Aging. Champaign: Illinois: Human Kinetics

STRAY-GUNDERSEN, J./ HOCHSTEIN, A./ LEVINE, B.D. (1993): Effect of 4 Weeks Altitude, Training Exposure and Training on Red Cell Mass in Trained Runners. In: Med. Sci. Sports Exerc. 25, S171.

SUSLOV, F.P.(1994): Basic Principles of Training at High Altitude. In: New Studies Athlet. (London) 9, 45-50.

SVEDENHAG, J./ SALTIN, B./ JOHANNSEN, C. / KAIJSER, L.(1991): Aerobic and Anaerobic Exercise Capacities of the Elite Middle-distance Runners after two Weeks of Training at Moderate Atitude. In: Scand. J. Med. Sci. Sports 1, 205-214.

URHAUSEN, A./GABRIEL, H. H. W./ KINDERMANN, W. (1998): Impaired Pituary Hormonal Response to Exhaustive Exercise in Overtrained Athletes. In: Med. Sci. Sports Exerc.30, 407-414.

VERCHOJANSKI, J. (1992): Ein neues Trainingssystem für zyklische Sportarten. Köln: Trainerbibliothek des DSB Bd. 29.

WEICKER, H./ STROBEL, G. (1994): Sportmedizin. Biochemisch- physiologische Grundlagen und ihre sportartspezifische Bedeutung. Stuttgart: G. Fischer

WILMORE, J. H./COSTILL, D. L. (1994): Physiology of Sport and Exercise. Champaign: Human Kinetics,.

ZINTL, F.(1990): Ausdauertraining. Grundlagen, Methoden, Trainingssteuerung. 2. Aufl., München: BLV-Verlagsgesellschaft.

14 Sachwortverzeichnis

A

B

F

G

H

L

M

S